三线建设与工业遗产研究文丛

丛书总编　段　勇

激情岁月的记忆
——聚焦三线建设亲历者

Memories of the thrill:

Studies on the Witness of the Third-front Construction

吕建昌　莫兴伟　主编

上海大学出版社
·上海·

本书系 2017 年度国家社会科学基金重大项目
（批准号：17ZDA207）阶段性成果

本书编委会

主　任　段　勇

副主任　吕建昌

委　员　（按姓氏音序排列）

　　　　　范　瑛　何可仁　胡海洋　李明成

　　　　　罗德生　莫兴伟　王刘苏粤

　　　　　徐有威　杨润萌　朱云生

成昆铁路通车典礼

渡口大桥通车典礼

飞架铁桥

开山筑路

劈开礁石通航道

铁道兵铺铁轨

1964年1月,矿山采样队开进攀枝花

人抬肩扛是攀枝花建设初期运送物资的主要方式

1971年5月21日,十九冶组织、实施朱家包包铁矿狮子山万吨级大爆破成功。这次露天爆破,共装炸药10162.2吨,爆破土石1140万立方米

电力职工高空架线

攀枝花高炉"七一"出铁

攀枝花高炉"七一"出铁庆祝大会

帐篷搭在山窝窝

修建"干打垒"住房

简易工棚

背水上山之一：小河沟打水

背水上山之二：攀崖送水

席棚里的会议室

席棚里的设计院

席棚宿舍

席棚书店

攀枝花劳模"六金花"之一的张莲花

攀枝花劳模"六金花"之一的吴修润

攀枝花劳模"六金花"之一的杨桂兰

口述史资料助力三线建设研究
（代序）

一

今年春节期间，喜剧演员贾玲导演和主演的影片《你好，李焕英》一炮打响，观众人数刷新了春节档电影的最高纪录，一时间"三线建设"成为网上热搜，点击量无数。电影的拍摄场地湖北襄阳的三线厂老建筑也成为网红打卡地。影片《你好，李焕英》走红的原因有多方面，但有一可以确定，该影片反映三线建设，讲的是三线建设的故事。贾玲是三线二代，她根据自己的经历编写的故事，对于许许多多不了解三线建设的人来说，具有吸引力。

半个世纪以前的三线建设，出于战备需要，对外保密，三线企业用单位代号××厂，通信用××信箱，提及去三线建设，都用"内迁"或"支内"代替。我清楚地记得，1972年我中学毕业，被分配到位于安徽皖南山区的一个上海小三线单位——上海后方瑞金医院工作，当时我收到的通知单上就写着"支内"，具体工作单位为"绩溪东方红医院"，徽州地区107信箱（"文革"中原"上海广慈医院"改名为"上海东方红医院"，"文革"结束后又改为"上海瑞金医院"，"绩溪东方红医院"也随之改为"上海后方瑞金医院"）。20世纪90年代以后，三线建设档案逐渐解密，社会上才知道当时所谓的"支内"，就是支援内地参加三线建设的别称，这里包括位于大西南、大西北的西部地区的大三线建设和位于二线腹地的小三线建设。今天，尽管三线建设的许多档案已经解密，但有些由三线建设发展起来的国防科工企业还在继续军工生产,依旧需要保密,因而并非所有三线建设档案都已解密,我们现在研究三线建设还有很多档案资料是看不到的。只能这么说,目前我们所能见到的官方解密文献档案依然有限,若仅仅依靠这些资料来对三线建设进行系统性研究,不可能做到充分、全面与完整。因此多方面发掘资料,尤其是收集三线建设亲历者的口述史资料,甚为重要。

　　国际史学界认为,直到在20世纪40年代末,口述史学才成为历史学科研究方法的一个分支。其实国内外史家在很早以前就已在著史中有了这方面的实践。如古希腊作家、历史学家希罗多德编撰《历史》,就大量采用了口述资料。中国早在两千多年前的汉代,司马迁编撰《史记》中也采用了一些口述资料。司马迁在《史记》的许多篇幅中都曾提到,他得知刘邦好酒色,韩信"其志与众异",张良"亡居下邳"诸事,是到刘邦、张良、萧何、韩信等西汉建国重要元勋的故里,寻访其后人及旧地遗老所得。司马迁为汉武帝时人,距汉高祖刘邦建汉朝已过半个多世纪,他通过采访那些当年跟随刘邦打天下的英雄豪杰的后代(二代、三代)及其邻里,"网罗天下放失旧闻",补充帝宫"石室金匮之书"中缺乏的资料,成就了不朽的历史巨著《史记》。

　　三线建设距今已半个多世纪,当年那些年富力强,从祖国东、中部城市奔赴西部地区的三线建设者,有不少已经离世,活着的也已进入耄耋之年。而当年那些年龄稍小,青春焕发,生机勃勃,参加三线建设的年轻人以及三线二代,现在也已头发花白,步履蹒跚。采访收集口述史资料成为当前三线建设研究的一项紧迫任务。近年,从国家层面的社科基金重大项目到省市地方社科系统的基金项目,从教育部人文社科重大项目到高校系统的社科一般项目,以收集与整理研究三线建设口述史资料的课题立项数量快速增加,都反映了三线建设研究的口述史资料收集、整理受到学界的高度重视。本辑文丛聚焦于三线建设亲历者的口述采访资料,也是对这一紧迫性的响应。

二

　　本辑文丛包括四个专题:一是聚焦于攀枝花建设时期的人与事;二是聚焦贵州遵义061基地建设,以遵义长征电器集团系统的企业为代表;三是讲述攀枝花与遵义以外地区的三线建设企业的人和事;四是三线建设回顾与研究。

攀枝花(攀钢基地)以其"得天独厚"的地理位置与蕴藏丰富的铁矿、煤矿与水资源等自然条件,成为西南地区钢铁基地建设项目的首选,是众多三线建设项目的重中之重。随着成昆铁路的通车,六盘水的煤,攀枝花的钢铁,通过铁路连接了重庆与成都,"两基一线"、"钟摆式运输"的效果显现,大西南的铁路大动脉和钢铁基地的形成,使中国西部战略后方基地的规模初步成型。书中攀枝花建设亲历者讲述的他们亲身经历的人和事,正是和这些重大项目建设紧密相连的。他们中有干部、群众、技术人员、工程兵和民工,身处不同的行业,不同的工作岗位,以不同的身份,从各自的角度,回忆攀枝花建设辛酸苦辣、艰苦奋斗的历程,多方面呈现攀枝花建设的历史面貌。口述内容中,有技术人员对攀钢高炉出铁的技术改造研究,有铁道兵修建成昆铁路攀枝花段渡口支线的经历,有电力系统职工在山上竖塔架线铺电缆的技术创新,有公路局开山建路、运输大队保证"七一出铁通路"的大会战,有矿工在露天铁矿的"朱家包包矿"实施"狮子山大爆破"的惊心动魄经历,还有服务行业的招待所员工、邮电局话务员、商店营业员等,他们在普通工作岗位上贡献青春热血,做出不平凡的成绩,成为攀枝花劳模——"六金花""八闯将"的叙事。在他们的口述中,我们可以深切感受到在那充满激情与理想的岁月,毛泽东的话"攀枝花搞不起来(指三线建设不建设好),我睡不着觉",在感情淳朴的广大攀枝花三线建设者中有多大的激励作用!

三线建设时期,国家在贵州布局建设航空、航天和电子三个工业基地,分别以011、061、083为代号。黔北061三线基地以遵义地区为中心,主要研制和生产地空导弹武器系统产品,包括35家企业,3万多名职工。其中,以由上海电器公司下属上海华通开关厂、上海人民电器厂等企业包建的遵义长征电气公司为代表。第二专题的遵义口述史资料集中回顾了长征电器集团从筹建到发展,经历调整改造,搬迁与产业升级,华丽转身,转型为文化产业,为探索三线建设工业遗产的保护利用,跨出了意义深刻的一步。"1964文化创意园"建设既是三线企业在新形势下寻求生存发展的一种创新,也是"打造一个崭新的、独具魅力的创意、时尚、休闲、怀旧的城市新地标"的实践。阅读这些口述资料,我眼前会浮现出这样的场景:半个世纪以前,一支由上海电器公司下属企业为主体抽调精兵强将组成的建设大军,离开繁华的大上海,"内迁"到西南边陲遵义。面对一片荒原,他们着手平整场地,修建厂房,开辟道路,在极其艰难困苦的环境中,开始了"长征电器公司"的创业……长征电器基地(12家企业合并而成)为国家研制和生产的电器产品与装备,用于运载火箭、潜艇、葛洲坝水电站、通讯卫星发射工程、成渝电气铁路工程等国家重点工程中。长征电器公司的建设与发展不仅推动了遵义的经济发展,还在遵义与上海之间架起了一座桥梁,把大上海的生活物资与生活方式带到了遵义,上海话也成了遵义市的一种时尚方言。一条因长征电器公司而得名的"上海路"也在遵义诞生。三线建设推动了遵义城市建设和社会文化的进步。

第三专题内容以贵州011基地安顺航空工业基地下属的三线建设企业、陕西汉中三线企业海红轴承厂以及甘肃天水市的岷山机械厂为主,还有军队系统的部分三线企业,以及司机、秘书等对参与三线建设中央领导的一些回忆。011基地是三线建设中最大的航空工业基地,下属数十个门类齐全、协作配套的航空军工企业及研究所等,集中布局在贵州省安顺附近山区。长期在山洞里工作与生活,对生活在城市中的人来说,有些神奇和不可思议。但三线建设者则以坚强的意志和乐观的精神,克服在山洞生活与工作中遇到的种种艰难,把青春年华奉献给了那个充满理想的时代。口述者范玉梅从跨出校门起就进入三线企业工作,多年在山洞生活与工作的经历,成为她一生中难以忘怀的宝贵记忆。她曾经工作过的011基地460厂旧址含菜花洞、牛洞等生产遗迹已于2018年入选国家工信部第二批"国家工业遗产名录"。

陕西汉中地区三线企业海红轴承厂由哈尔滨轴承厂负责包建,专门研制生产军用精密轴承。海红厂1967年开始兴建,1972年7月正式投产,1981年后转型生产民品,1992年实施整体脱险调迁后,搬到西安经济技术开发区。口述者是采访者的亲生母亲,她不仅讲述了建厂阶段艰苦的工作环境,而且详细地叙述了当年身为名校毕业生的她来到三线厂大山沟里,在生活上如何应对方方面面困难的经历。作为丈夫的妻子,孩子们的母亲,工厂的技术人员,在艰难的环境中要做到工作与生活两不误,女性科技人员着实要比一般男性科技人员更为艰辛,付出更多。

甘肃天水岷山机械厂职工黄士德的"岷山记忆",犹如一首无声的挽歌,表达了对岷山厂的哀悼。他是一位三线二代,十多岁时就跟随父母从北大荒的626厂举家迁到天水岷山机械厂,亲身见证了岷山机械厂的辉煌与衰落。他的回忆,字里行间充满着对岷山机械厂的热爱之情,同时也流露出对该厂最终走向倒闭的悲哀与无奈。他的回忆更多的告诉我们,即使是一家原来基础条件较为优越的三线企业,又位于城市中心地段,在改革开放以后,如果依然"等、靠、要",不锐意进取,"捧着金碗要饭",最后走向破产的结局不可避免。相比之下,其他许多三线企业在调迁时期,为生存求发展,纷纷力争挤入脱险搬迁的名单,喊出"没有条件创造条件也要上"的口号,博得了"第二次创业"的机遇。而岷山机械厂一些领导表现出来的麻木姿态,因循守旧,思想僵化,在竞争激烈的市场环境中,只能坐以待毙,应该是一种深刻的教训。

第四专题的内容,既有从中央层面到兵器工业、船舶工业、航空工业等各系统的三线建设回顾与总结,又有独立于地方政府管理的军队系统三线建设企业的回顾与研究。这部分内容主要涉及三线建设的调整改造。另外还有关于三线工业遗产保护与利用的研究等(如遵义"1964文化创意园"建设)。第二专题中虽有关于长征电器集团建设发展的口述与回忆,但在第四专题,则是从怎样保护与利用三线工业遗产的角度来讨论的。遵义建设"1964文化创意园"的实践,为西部其他城市三线工业遗产的文创园建设与运营管理,提供了启示。

三

利用口述史资料进行学术研究,并不局限于历史学,人文学科的人类学、民族学、社会学等领域,都已关注与收集口述史资料,并在研究中加以应用。口述史资料并不是历史学研究的专利。当然,在历史学领域应用最早,使用也最多,这一点是有目共睹的。但口述史资料也存在着一些难以避免的缺陷。究其原因,主要涉及口述者的年龄、个人情绪、信息掌握程度等多方面。

德国心理学家赫尔曼·艾宾浩斯(Hermann Ebbinghaus)提出的"遗忘

曲线",揭示了人类大脑对于记忆储存的遗忘规律:随着时间的推移,人类大脑的遗忘速度呈负指数规律变化。每个人或多或少地都会经历记忆障碍。随着年龄的增长,记忆力会逐渐衰退,脑海中的记忆容量会逐渐减少。记忆故障会导致记忆片段与真实情况产生偏离或扭曲,甚至相悖。在三线建设亲历者的口述史采访中,我们发现有些口述者对于某些事件的记忆,不仅在时间上搞错,甚至在人名上也张冠李戴。这主要是由于三线建设年代过去已远,口述者的年龄关系导致口述记忆发生偏差。因此我们在将口述史资料作为史料使用时,应当在口述史的准确性与客观性方面做进一步求证,与档案文献资料等相结合,以保证事实与观点论证的严谨性与科学性。

在叙事中,口述者还不可避免地会带有主观的感情色彩,并且基于个人的视角看问题,难免会有以偏概全之疑。如对三线建设中发生的同一件事的叙述,既有相同点,也有不同点,这源于他们看三线建设的角度不同,或源于各自的不同工作与生活经历,以及不同的性格与感情偏好。另外,同为三线人对三线建设历史有不同的评价,一些人对三线建设的回忆充满自豪感,也有人因当今生活待遇的落差而产生迷茫和失落感,有些人对三线建设遗产有很强的认同感和归属感,有些人则显得"敬而远之"。这些差别的存在,使我们看到了同为三线建设者的群体中对三线建设认同的多个面相。

在口述文本的编辑中,我们认为只要能看得懂,就可成为社会记忆的一部分。为了不使它脱离时空语境,保持真人真事的鲜活和面对面的亲切性,我们尽量保留一些带有较重方言的语气词和口语化叙述等,它能使三线建设研究内容更加充实、丰富,具有立体感。

就历史遗产的角度看,三线建设亲历者的口述过程,不只是单纯的忆及过去,为研究者提供口述史资料,实际上他们也参与了三线建设历史遗产的建构。历史遗产并不是固化的,它本身也是一个动态的过程,随着时代的变化,会不断地被重构。我们对三线建设文献档案资料的解读和对三线历史遗产的阐释就是一个动态的过程,三线历史遗产的阐释会随着实践、社会变迁和阐释主体的价值取向而转移。在采访者与口述者的沟通过程中,双方建立了互动关系,对以往的三线建设集体记忆产生了认同,三线建设历史遗产由此得以重构。就此而言,三线建设亲历者的口述回忆,还具有更深层次的历史遗产建构之意义。

总之,三线建设亲历者的口述史资料具有独特的价值,值得我们广泛搜集与深入挖掘。本辑文丛如能为相关读者提供资料,为研究者所利用,也就达到了编者的初衷。

上海大学中国三线建设研究中心主任
吕建昌教授
2021年4月

目 录

专题一 聚焦攀枝花

我在攀枝花主持的三件大事	顾 秀	（3）
我参与攀钢炼铁的研究	陈璟珺	（12）
攀钢钒钛科研攻关	陈厚生	（21）
我参与攀钢高炉冶炼的两个关键实验	聂仲清	（23）
技术创新制高炉	肖文启	（27）
攀钢一号高炉基础灌浇与龙洞大会战	张连本	（31）
我参加了朱家包包大爆破	彭自强	（34）
刘之祥与攀钢钒钛磁铁矿的勘探	吴焕荣	（39）
抓革命,促生产	余德星	（47）
大战渡平线,抢占坪一变	张宝安	（53）
我在攀枝花修公路	刘自明	（63）
我在攀枝花架线送电	魏华山	（73）
开矿夺煤保生产	吕 京	（77）
白天杠杠压 晚上压杠杠	吴恒泰	（82）
我为参加三线建设而自豪	张莲花	（91）
平凡工岗位做出不平凡业绩	杨桂兰	（100）
我在攀枝花当机要话务员	吴修润	（103）
无怨无悔献三线	王丕模	（113）
我记忆中的亓伟同志二三事	郜玉山	（115）

我的铁道兵岁月	吴志义	（119）
修建成昆铁路的记忆	陈远谋	（127）
发生在修成昆铁路中的几件事	汤友庭	（133）
铁师修铁路　不怕苦和死	滕官永	（136）
从一名铁道女兵到商场管理员	陈延清	（139）
从铁道兵转业当放映员	肖泽金	（145）
鼓士气・扩建烈士陵园	丁土生	（152）
攀枝花建设初期组织人事工作	陈　樵	（154）
几起几落《火线报》	陶昭上	（161）
我在"十三栋"当服务员	陈正芳	（165）
从"十三栋"的木工到管理员	欧阳围棋	（169）
我在攀枝花推广养蚕种桑	张世琼	（172）
建攀初期职业病与地方病防治	王恩辉	（176）
我在攀枝花当消防员	杨桃先	（181）
三线建设初期攀枝花的商贸组建	杨国光	（184）

专题二　聚焦遵义

关于三线建设的一段回忆	刘锦祥	（189）
投身三线建设的日子		
——从上海到长征基地的回忆	朱文源口述　杨俊发整理	（196）
支内时的一段回忆	薛锡根	（200）
难忘的岁月	彭　灿	（202）
难以忘却的两件事	傅国华	（206）
上海路的变迁	冯道谦	（210）
长征技校回忆录	雷家烈	（216）
长征十厂从筹建到投产阶段的回忆	朱怀球	（219）
忆ME系列产品技术的引进和开发	胡凯泉	（222）
有载开关技术引进开发的回忆	李正林	（225）
十年磨剑		
——漏电保护开关技术的引进开发	李高杰	（228）
回忆密集型插接式绝缘母线槽的诞生和发展	易兆林	（232）

在灾难面前
　　——长征四厂抗洪救灾恢复生产纪实 ………………… 李　凌（237）

感谢"1964"三线建设博物馆留住那份记忆 …………… 陆德峰（243）
天义厂内迁纪实 …………………………………………… 安鸿椿（247）
曾经的八五厂
　　——参观1964三线建设博物馆 …………………… 高言常（253）
贵州钢绳我的家
　　——忆激情岁月 …………………………………… 周松林（256）
三千米的追忆 ……………………………………………… 王　旭（259）
1964不能忘却的记忆 ……………………………………… 陈亚廷（262）
航天梦，中国梦
　　——忆激情岁月 …………………………………… 杨本茂（265）
061基地
　　——从艰苦创业到浴火重生 ……………………… 曹　军（267）

专题三　聚焦西部

钱敏在三线建设中 ………………………………………… 钱海皓（273）
徐驰与三线建设 …………………………………………… 刘兆东（280）
我在攀枝花见到的中央领导 ……………………………… 李力清（284）
献了青春献终身，献完终身献子孙 ……………………… 王　鹗（289）
167厂与三线建设时期的兵器工业 ……………………… 张正玉（292）

大山里的青春
　　——贵州011基地黎阳厂范玉梅口述访谈
　　　实录（节选）………………… 范玉梅　采访整理：范瑛（296）
回忆海红轴承厂的岁月 ………………… 李化英　采访整理：张慨（319）
从三线学兵连到三线企业 ……………… 李仙芝　采访整理：张慨（338）
在531工程建设的日子里 …… 付怀林、刘金华　采访整理：杨润萌（352）
辉煌与落幕：岷山厂记忆 ………………………………… 黄士德（358）

专题四　三线建设研究

三线调整改造回顾	甘子玉	（373）
三线调整时期船舶工业的调整与改造	王荣生	（377）
兵器工业三线企业调整改造的双重转型	马之庚	（380）
军队三线企业的调整改造	温尧忱	（384）
军队三线企业调整改造时期的生存发展	陈玉山	（387）
三线企业调整改造对国防科工发展的意义	王毅韧	（390）
三线建设与我国航空工业的发展	朱育理	（394）
三线建设时期的中国航空工业发展	刘　赪	（398）
三线建设研究中应该注意的几点问题	戴鞍钢	（401）
上海支援三线建设情况	张　励	（405）
"816"工程工业遗产改造的记忆再生路径分析	丁小珊	（409）
中原特殊钢厂的前半生：原国营5147厂的筹建过程探析	杨润萌	（419）
发展与隐忧：20世纪60—70年代安徽省小三线建设	张　胜　吴洁琼	（435）
以文为魂　以文聚力　以文兴旅 ——铸就1964文化创意园品牌	何可仁	（442）
1964品牌的诞生	罗德生	（449）
是遗产，更是财富	陈玉兰	（453）

后记　……………………………………………………………（458）

专题一
聚焦攀枝花

我在攀枝花主持的三件大事

采访对象：顾秀（原铁道兵五师师长，攀枝花市委第一书记）
采访地点：上海警备区第六干休所会议室
整 理 人：周璐亭，瞿颖

一、成昆铁路七一通车

1. 在攀枝花"支左"

我用了五年时间完成了《历程回望》这本书。写这本书的目的也不是为了什么。我在攀枝花有八年时间，对攀枝花感情相当深。记得"文化大革命"开始后不久，中央军委派了第一批的干部100多人到攀枝花去"三支两军"，不到四个月，第一批的人员，都被造反派打倒了，攀枝花生产停了，徐驰也被关在席棚子里，老干部基本都没有权了。随后中央军委就专门派我去攀枝花。我那个时候当铁五师的副师长，所以我就硬着头皮去。我去了以后，看到的情况是相当严重的，搞不好也要被造反派打倒。于是我就采取这个办法：让第一批的"支左"人员100多人全部回去，包括其他小单位的"支左"的全部回去，然后安排各排连营团派300个干部，包括我在内到攀枝花。这样造反派钻不到我们空子。攀枝花有七八个指挥部，包括电力指挥部、森林指挥部、十九冶等。我把原来的"支左"办公室全部推翻、改组，把攀枝花"支左"办公室原来的番号全部都改掉，把我带的排连营团300多个干部分配到各大指挥部和指挥机关，每个指挥部、各大公司，都分配一到三个。随后成立了"支左"办公室党委，我是党委书记，不能够打倒我的，我就干。那个时候我40来岁,我去了以后,攀枝花实际上都是我们的军队,我是副师长,我们这个师里有4万多人,负责修成昆线和攀枝花渡口支线。当时造反派经常来干扰成昆线,但我们那里还是照样还在生产。后来有人大致把我们的情况向总理汇报了。周总理听到这个消息就问:"昆明大乱了,西昌大乱了,成都也乱了,怎么攀枝花生产仍旧搞得很好?"

周总理知道这个情况后,告诉办公厅,打电话叫我第三天从攀枝花赶到北京。我当时想,我们攀枝花的人员都在北京开会,为什么要叫我去?可能犯了什么错误?我赶到北京后,看到四川的造反派、地方的干部、军队的干部都在京西宾馆开会,这个会已经开了一两个月了。那天晚上的会议,在京西宾馆召开,通知我也要参加。参加的人员,除了毛主席以外,其他的中央政治局委员都到了,还有四川的地方干部、军队干部好几百人呢。这个礼堂很大,闹轰轰的,我也听不清楚。进去以后,周总理问,哪一位是顾秀同志,我就站起来了。周总理讲,你的工作做得不错,你不要翘尾巴。这句话我没听明白,什么叫翘尾巴?第二天看记录上我才知道。周总理当时讲你的工作做得还不错,因为昆明啊、西昌啊、成都啊、重庆啊都在搞武斗,你们攀枝花生产没有停下来。所以他欣赏我,就认为我还是不错的。那时候开会时,每个人的位子都排好的。我的位子在门口,会议桌上摆着中央文件。我当时没有看,它摆在我的桌子上。回去以后一看呢,才知道我是三线建设委员会的委员,所以参加那次会议。会议开了不到一个礼拜,结束以后,我们准备回攀枝花了。那次会议徐驰也参加的。第二天早上,四川省委第一书记张国华对我说,四川的会议代表明天上午就回成都了。当然我也是四川的,我也要回成都啊。他说接到电话,是周总理讲的,要把我留下来,把我留在那里。如果周总理找你,你就找徐驰同志联系。徐驰呢,中央机关也好,中央部门也好,他都比较熟悉。四川省委第一书记张国华专门带着我找徐驰同志。从楼上到楼下、楼下到楼上到处找。你说过去的省委书记多么谦虚啊。找到徐驰后,张国华交代,你有事就找徐驰。徐驰同中央联系、同周总理联系。就这样他们都回四川了,把我一个人留在京西宾馆。大致情况是这样的。

2. 立下成昆铁路通车军令状

到京西宾馆,我想他们开会已经几个月了,我来北京也将近一个礼拜了,他们走了以后,我就自由了。当天下午,我要到北京王府井那儿到处转一转。我就到了门口,专门弄个外出证,不然不准出去啊。晚上,我看天气太冷了,我还是回京西宾馆。一到宾馆一看,黑板上写了几号房间的顾秀同志,参加今天晚上8点钟中央召开的会议。我一看到,饭也没有吃,就赶快地把东西整理。整理过后,就急忙跑到铁道兵大院子门口,我们西南指挥部司令员(以后当了铁道兵副司令员)何辉燕已经坐在车子上呢,看到我赶到那里,他讲赶快,要我坐他的车子。汽车飞速开往中南海。去到中南海,那个时候已经是7点多不到8点。一到那门口,警卫翻看他手中的一个本子,得知我们一个是何辉燕,铁道兵西南指挥部的司令员,一个是铁五师的师长,攀枝花的领导小组的组长,就放我们进去了。我们的车子一直开到中南海周总理的会议室门口。那天参加会议的有70多人,包括李先念都来参加了。我们进去以后,大致不到半个小时,周总理也进来了,周总理好像对我比较熟悉,他与我握手,说顾秀同志你来了,我说我来了。周总理说今天晚上开会,就是第四个五年计划,国家五年计划,第四个,修建成昆铁路很明确了,修建成昆铁路,修建襄渝线。他说成昆铁路已经推迟一年了,当时呢,我们就在那里要做汇报。汇报襄渝铁路、成昆铁路的建设情况。我们的司令员何辉燕先汇报,我补充。周总理最后怎么讲呢?成昆铁路到明年7月1日之前要通车,已经推迟了一年了。我一听这个西昌到成都这一段是铁二局负责的,那个地方武斗了,造反派太乱了,要我们修这个成昆铁路,明年7月1日之前要通车,这个任务当时交代得是很重的。我同一起去的何司令员说,我们要请铁道兵司令员刘贤权来,我说刘贤权司令员是中央军委委员,他来了,我们的担子就要轻一点,不然都要找到我们头上了。当时周总理就同意。周总理叫办公室打电话,那个时候也很方便,不到半个小时,铁道兵的刘贤权司令员就赶到了。赶到以后,看我们西南指挥部的司令员何辉燕和铁五师师长的我已经在那里了,他很奇怪。周总理讲,刘贤权司令员,明年7月1日成昆铁路要通车,你们有困难吗?又对着我和我们司令员何辉燕讲,你们有什么困难的话,找你们铁道兵司令员,司令员解决不了的问题可以找我。当时呢,铁道兵司令员就说,现在的困难,一个是木材,一个是钢材,一个是水泥,如果这些问题解决了,那么问题不大了。那么周总理意思呢?成昆铁路一定要摆在第一位,原来是摆在第四位呀。摆在第一位,好呀！周总理当时就表态了。这个我讲的没有虚的，完全是真实的情况。会议开到半夜12点钟，夜宵端出来了。这个时候我真的很感动。李先念是主席啦，他说顾秀同志，你先用，我说还是先念同志先用。他说你是周总理请来的客人，应该先用。听了这句话，我当时很激动啊：你是周总理请来的客人。会议大致开到2点钟。2点钟了，我们走了，散会了嘛。我们吃夜宵的时候啊，周总理出去了两次，进来后，专门问我吃了没有？周总理对这个细小的问题都很注意。走之前呢，周总理在会议室门口问我，什么时候回攀枝花？我说我现在等铁道兵开党委会，这个会议结束了我就回攀枝花。他握着我们两个人的手说："你们是任重道远。"周总理对我们是这样评价的。那一次修成昆铁路啊，周总理如果不表态，不请铁道兵司令员来，再怎么也修不起来。所以说为什么其他地方乱，成昆铁路不乱呢？一方面靠的是周总理讲的话，现在来讲，靠的是毛泽东说"攀枝花建不成，我睡不好"，我们就用这个办法对付造反派。任重道远，对我们很有说服力。

那个时候为什么其他地方到处都大乱了，全国各地都大乱了，只有攀枝花渡口支线、成昆铁路照常在上，这是不容易的，大家团结一条心，互相之间没有钩心斗角，只有积极地干。连、营听到我们一个号召拼命干，那个时候不是为了钱哈，钱也没有，就这样子干。成昆铁路攀枝花渡口支线通了，对我来讲，这个压力是减轻了，我们是每天晚上都工作到1点2点，我们那时候如果搞不好就撤职查办。所以成昆铁路为什么修得这样快、没有停工，就是有中央的、有周总理的指示。听到七一成昆铁路通车的消息呢，很振奋啊。那个时候，如果真的干不成的话，我这个师长也是当不成的，所以修成昆铁路啊，部队也很艰苦，生活条件也差，主要好的是什么呢？上下级之间一条心，上面交代的任务拼命去干，那个时候不是为了钱。什么钱不钱啊，吃的住的都很差。成昆铁路山洞，路，桥，桥，路，人家好像坐火车很容易，实际上啊，不是这个情况。我这个思想啊，直到现在还很感动。我们师里就有修成昆铁路牺牲的，攀枝花建设渡口支线牺牲了280多人，昆明到成都，牺牲了2 000多人。你想啊，2 000多人都是小年轻呀！都是二十一二岁、二十三四岁的小年轻啊！所以铁道兵修这个成昆铁路啊，代价是花得很大的，没有好好的东西吃，困难重重，完不成任务不行。所以现在看起来这条铁路修得不错，现在开始有些都电气化了，不像我们过去。

二、承诺攀钢七一出铁

《铁道兵之歌》现在还是经常唱的。庆祝大会是在西昌召开的,参加人员有 10 万人。有成都的、贵州的、云南的代表团。那天的会议我也参加了,开得很隆重,当时开会情况不错,有一些是请过来的,有些老百姓不请自己跑过来了。

铁五师继续留下来,为什么留下来?那就要讲到攀枝花的问题了。修攀枝花是根据周总理指示的,实际啊,困难因素更多。修攀枝花真不容易,那么这副担子落到我头上了。如果我这里动摇些,不行的话,那我一生一世就是个罪人。修攀枝花也艰苦啊,好的是什么呢?同我们修铁路基本上相似,施工各方面都差不多。那么作为我来讲,恰恰修成昆线是我领导的,攀枝花工人施工恰恰差不多。攀枝花这里的斗争相当大的。为什么呢?那一次也是个笑话。余秋里打了一个电话,要我到北京去。很突然的,秘书告诉我,要我到北京去。我带着几个秘书、工作人员从攀枝花到成都,再从成都乘飞机到北京西郊机场,下来了以后,我一看,冶金部两个司长来接我。我心里想,我这个攀枝花的市委第一书记,好像比外交官还大,居然两个司长开着胜利牌小轿车来接我。我上了车子,两个司长,一个和我坐后面,一个坐前面,我们三个人,司机开车。开了一段时间,其中一个司长讲,顾书记啊,你们攀枝花钢铁 7 月 1 日不能出铁,你向周总理、余秋里讲一下就行了。我当时那个脑子呀,不像现在也分得很清楚,两个司长来接我,可能就是为这件事情了。我呢当然也不能回绝他,我就说好好好。到达京西宾馆第二天,余秋里叫我们汇报攀枝花的情况。当时人家对攀枝花意见很大呀。攀枝花成天都要东西,你出不了铁,出不了钢,这个问题很大。余秋里专门派一个叫谢北一的建委副主任,听我们汇报。汇报那天在场的有水电部的、有林业部的、有搞钢铁的、有经济方面的各部门负责人。我们铁道兵去了一个副司令,余秋里当时很生气,第一天开会的时候看到我们,就说有人向余秋里告了我们的状。为什么呢?攀枝花出不了铁,还到处问人家要东西,现在火车站都是攀枝花的东西。所以余秋里听到这个消息,叫秘书打电话,叫我到北京,那天两个司长来接我呢,大致就是这个情况。我呢,人家对我很怀疑,为什么呢? 七一出不了铁,我那次汇报了。余秋里第一次看到我是很生气的,但第二次看到我却很高兴。那天谢北一主持会议,他说你有什么事情,你汇报两天,这是生气的话。我呢汇报了大致八个问题。我说第一,有中央领导关心;第二,有攀枝花的老百姓积极的支持;第三,有全国各地的支援。我讲到第四个问题,我说今年7月1日一定要出铁,人家听了以后就完全不同啊,先是一副脸肿起的,有些是来看我的好戏的,我说7月1日一定要出铁。至于后面第五个问题、第六个问题、第七个问题、第八个问题,人家都不要听了,就听你7月1日怎么出铁。余秋里第一次看到我很生气,看到我连手都不握,第二次看到我,老远的,手就向我伸过来。他说顾秀同志,你们搞得好,他就高兴得不得了。如果我不用脑子,另外又听两个司长的话,那就完了。余秋里也很厉害,会议结束了后,派工作组到攀枝花。我前面走,他后面组织一个小组,专门跟上。我到成都,他们从北京出发,我到攀枝花,他们到成都,他们就来这一手,厉害呀! 我如果当时听两个司长的话,不但是攀枝花出不了铁,而且我这个第一书记也当不成了。因为我一想呢,为什么呢? 你们两个钢铁司长,中央一般性接待外宾,就一个司长。两个司长啊,就要我讲这个话,最好是出不了铁,我只要讲一句话就行了,他们都松劲了,但我的压力就大了。这样的话,不但是7月1日出不了铁,7月1日成昆铁路也通不了车。因为那时"四人帮"都在反周总理呀。所以说那个时候我虽然还比较年轻,但我不糊涂,如果糊涂一点呐,就上了他们当了。所以现在你应该知道,出了铁,成昆线修通。为什么我对攀枝花很感动,因为我对攀枝花负责。

  我每次去北京,他们都对我很尊重,我思想上很高兴。周总理呢,他是综合性地讲,不是好像专门找我去讲,像研究这个成昆铁路人员,我们已经讲得很详细了。为什么呢? 那天,我也是胆子比较大的。修成昆铁路不是有张铁路地图嘛,很长的,周总理拿了一支红色铅笔。我呢,看到中央部委70多个人参加,就是请我和刘司令员去的那天。我看到这个图呢,我说总理,我们铁五师从米易到攀枝花、雅江桥,铁十师从米易到成都,铁道兵的七师、八师,他们在昆明、在楚雄。周总理不是用红色笔在图上画嘛,我就一个一个问题说给他听。如果我不讲一下,他可能还不清楚。我详细讲过后,他知道你一个是铁道兵,一个是铁五师。所以这个呢,向周总理汇报,周总理的指示也再清楚不过。一般情况回来呀,我没有敢讲,造反派一知道,肯定要来给你闹腾。攀枝花钢铁基地建设,同成昆铁路一起的,我既要领导成昆铁路建设,又要领导渡口支线、攀枝花建设。某些地方呢,攀枝花的分量要比成昆铁路重一点。成昆铁路为什么呢?有铁道兵,有铁道兵机关来帮帮忙。攀枝花呢,地方干部刚解决,主要的责任还是要我来负。那么冶金部呢,刚刚上面也讲过了。两个司长来接我,他们希望是推迟一下,少供一些材料,减轻他们的压力。但是我呢,就是反对这种做法。所以说这个里头相当有斗争。按照我汇报的时间,基本上出了铁、通了车。至于汇报呢,余秋里叫我汇报两天,我只用了两小时不到,这周总理都知道的。

三、朱家包包大爆破

  这是一个朱家包包放大炮。这一放大炮,在这个出铁以后开始的。这个里面依然斗争相当厉害。原来要七年、八年甚至十年来完成这个任务,放了这个炮呢,可以提前三至四年呢。这个是个问题呀。那么放炮之前,我们铁道兵、十九冶呀,派了1万多人在朱家包包打洞施工。对我来讲,当然是指挥了。以后呢,到北京去汇报了,洞子也打好了,炸药开始运过来了,炸药是运了100多个车皮呀。我们住在民族饭店,在那里开了两个礼拜的会议,冶金部去了一部分人,我们去了一部分人。我们是坚决同意放炮,人家呢不同意。那么这个里头是什么意思呢?也是怕负责任,放炮不成功不行呢。那么对我们来讲呢,我一天接几十个电话,攀枝花打来的说,现在我们洞子已经搞好了,炸药快要放了,一定要放炮。他们听到了的,不希望我们放炮,1万吨炸药,他们说放5 000吨,其他的不放,放两次。这个里头啊,斗争相当厉害,为什么呢?冶金部的副部长,一个在苏联留学回来的工程师,他说放这个炮很危险。他就公开这样子讲,这个里头,我说我们铁道兵修了好多年铁路了,也熟悉得很。斗了两个礼拜,攀枝花地方十几个人要放,他们有一部分人不愿意放,即使放也只同意放一半。攀枝花当时提出来,如果你放,三年到四年完成任务,如果不放,九年十年以上才能够完成。这是我书上都写的。就那么开了十几天会,在这个会议上我专门做了个讲话,我说当然攀枝花我们有些缺点,存在问题。我就把小问题拉到自己身上来了。作为攀枝花第一书记，我应该来要向你们检讨，尤其是都开了十几天的会。但是根据现在的情况，我说生米都煮成熟饭了，你不放也要放，放也要放了。最后呢，写个报告要送到周总理那里。不到两个礼拜，周总理的批示下来，请你们注意安全，同意放。放大炮时，有几个地方干部没参加。如果真是那天出了问题呀，都弄到我头上。所以这里头情况啊，人家不会知道，我也不会向他们讲的。放炮那天参加的人员可以查出来的，地方干部主要负责的是我，我是总指挥啊！我说开始放，就放了。人家都没有参加呀。放炮了以后，我看到一个报道，说放炮那天，测到了4.4级地震。我看这个报道掐头去尾后没什么内容，就花了几天时间，把当时的情况写了一个实际报道。这样子呢，将两个报道一比，我这个是实事求是的，他们那个只能是写的一半。攀枝花放炮这件事啊，搞不好，第一书记难当，也给他们动摇了。他们希望你不放，希望你放小一点。我倒想如果真正放成功了，八年换四年换三年就可以完成任务。不然的话，你三年，十年，甚至到十几年，攀枝花出铁要推迟到多少时间啊？所以，在《历程回顾》这本书上，怎么放大炮的，都有。我这个实事求是讲，都在里面，没有虚假的，经得起考验。经得起检查，经得起了解情况，我也是一个交代。我们有个指挥组，离开几里路，我们在指挥所里，当时是1234放。放了过后，做两阵放的。第一阵不是一个山头吗？第一阵放了，炮响了。第二阵就隔了两秒时间。第二阵，哗，底下全部上去。结果你放了过后一看，周边百姓都没有妨碍，一个山包就平了。斗争比修成昆线更厉害，因为这个地方干部啊，他有很多不服气，他们有技术、有知识，专门掌握在他们手里。他们没想到铁道兵也有技术、也有知识，有好多的人才呢，说干就干。他们没有这个决心说干就干。干好了以后他们不高兴，不干了以后，他们认为是可以。所以这个问题相当复杂，这个问题思想都不一致的。我们是按照毛主席的指示"攀枝花建不成，我睡不好觉"。攀枝花不通火车，还要骑着毛驴到西昌，这些都是毛主席的指示。因为当时国际形势很紧张。所以毛主席这一手还是厉害的，赶紧修攀枝花。攀枝花为什么要赶紧修呢？真正打起仗来，你在那内线不行，有好多可以搬到攀枝花一带去呀。所以呀，攀枝花当时是一个后方基地，周总理都是按照毛主席的指示，这一手也是厉害。为什么拼命修？我也感觉到，细细的小事都很重视啊。所以我也是在地方上打个电话，叫秘书请示一下。当时人家很快就回复了，不像现在。实事求是讲,那个时候我们一个是年轻,有这个勇气。一个呢,你不这样干你看当年那个时候的形势情况,差一点都不行啊,只有拼着老命干。我也是思想很感动,攀枝花以后呢,都搞得很好,一届一届的党委啊、建设啊都搞得很好。那么我去了几次也是很高兴。的确啊,希望攀枝花,那当然是更进一步地搞好啊,明天更加美好。在攀枝花七八年(后来到新疆),也是修铁路,一样的。开始更艰苦啊,吃苞谷,蔬菜都没有,我们有些指战员都病了,当铁道兵真苦啊,一年没有几天吃到青的蔬菜。新疆不是产葡萄,产葡萄干吗?我们这个战士啊,几年没有看到葡萄。以后呢,退休人走了,每人发1斤葡萄。施工更不行的,穿的都是破破烂烂,如同叫花子一样。吃蔬菜,没有,时间一长,大部分战士指甲里面都有这个棱齿,我也有些,但我这个还是比较好的。还缺氧,我蹲在这个山上几个月啊,缺氧,但是真正有勇气的话,也应该锻炼出来,也能够生死不顾。越是怕这个怕那个,越是不行。我过去打仗,在苏北48个人,最后打得只剩下5个人,5个人里头有一个带花(受伤)的,干到底。

我参与攀钢炼铁的研究

采访对象：陈璟珺（攀枝花钢铁研究院）
出生年月：1936 年 2 月
采 访 人：攀枝花中国三线建设博物馆筹备组人员
采访时间：2014 年 6 月 12 日
采访地点：攀枝花陈璟珺家中
整 理 人：廖滔，李文萍
整理时间：2018 年 6 月 29 日

一、一进单位就遇上"文革"

我是 1966 年 9 月底、10 月份到研究院的，当时已经从西南钢铁研究院调了一批大学生，还有从鞍钢调的一部分人，他们聚集在鞍钢实习，后来"文化大革命"开始了，要求回院闹革命。这个时候呢，我爱人许光奎也就跟着一道走了。当时我的女儿才 1 岁，所以我生活上就比较困难。当时我是在鞍钢钢铁研究所工作，鞍钢的领导同意我同时调走，而且办手续的过程也很快。因为那个时候，鞍钢钢铁研究所的运动已经开始了，所有的各个研究室主任啊，都是原来的老专家嘛，都已经被点名了，再往下可能就轮到我们毕业学生了，所以那个领导也希望快点办，叫我走。我就跟着西南钢铁研究院的这支队伍，一路从鞍山经北京到成都，一路抱个孩子坐了火车过来。然后不行的话，就像我们这样受照顾的人，就把报纸铺在地上，睡在那个椅子下边儿，我们这样就过来了。到了成都以后就转公共汽车，不是现在这样的公共汽车,而是那种前面有个鼻子的不太大的那种公共汽车,连坐了三天,大概是在10月6日的时候到达了西昌。那个时候的研究院有几栋建设部门的房子,就可以住在那里边儿。咱们生活就等于整个换了一个环境和位置。到了西昌,西昌的领导还是比较关心带了家属的人,那个时候有几栋干打垒的房子,我们就分到了一间住进去了,就开始了新的生活。

我被分到五支部炼钢,然后就每天到410,就是现在的新钢业,每天到那儿去劳动,就是有活儿、没活儿你都得去劳动,搬铁块,搬石焦炭儿,搬这个那个的东西,总能找得出事儿来干就是了。上班每天要步行40分钟吧,到晚上下班的时候又走回去,孩子我就交给了附近的一个老太太,由她给带着。没有办法,那个时候来的研究员啊,有孩子的很少,都是1964年、1965年毕业的大学生多,他们都还没结婚啊,没有孩子,没有这些负担啊,大部分都没有。

因为我不太了解整个形势嚜,记得有一次,一个研究所副院长,女的,在路上见到我(她已经不跟我讲话了,因为这时候害怕单独讲话被别人发现了),她说你怎么还没走,快走!她不对着我,就跟我这样讲,我说快了,然后就这样到了西昌。后来我也没同他们再联系,因为当时情况都不明,互相都害怕干扰,我到西昌后就没有工作,就是劳动。然后他们开始炼钢,搞了个槽式炉提钒,我负责搬铁块、上料,有那么十个人左右,都干这个。后来的冶金部副部长吴喜春,还当过鞍钢的总经理,他当时就在我们这一组,跟我一样劳动。他已经被提出来,劳动完了回去还要批斗。形势就是这样一个形势,所以大家就认真努力地劳动。上班的时候也没有讲话的,各人干各人的,很认真很卖劲儿。1967年,西昌就开始武斗了,一直到1968年初。

我的第二个孩子就是这时候出世的。1968年下半年,军管会就进了西昌,研究院被军管了,所有院的领导都靠边站了,所有的干部都靠边站了,研究是更谈不上了,不可能谈研究的问题了。那整天就是大的运动,大的运动就是批斗啊、批斗啊……像我们,就老老实实地叫站着就站着,叫坐着就坐着,绝不敢含糊。所以我跟他们说了一个笑话,我说要通知开会,我早上一定不吃稀饭,以免中间要站起来让人看着。不让人看着,就都低头坐在那儿。每人有一个小凳子,叫小马扎,每人自己回家就做一个,开会的时候、上班的时候就带着,随时随地就坐。我们都在铁道边开会,那时候,西昌的铁路很快就要通车了嘛。

开始有那个小型的托儿所,我就把一个孩子送到托儿所去了,另一个孩子还小,牛奶是见不着了,就想办法买那个米糊糊,这些东西我都没时间去买,然后就把这个粮票啊、钱啊都交给那个老太太,由她想办法,能买到啥就啥。还有就煮稀饭,稀饭上面的那个黏黏的米汤子给小孩吃。

二、在西昌研究室搞实验

研究院在1968年的上半年武斗,死了几个人。武斗后军管了,到了1971年,军管会撤退了。第二天,研究院的领导就出面召开会议,讨论科研问题,马上就定了哪些人立刻到哪儿,哪些人立刻干什么。我的任务就是立刻出差,我们这个专业的人,就是派三个人出差到攀枝花、到成都、到附近的一些地方。在1970年研究院有一个大的动作,就是七一出铁,研究院派了一支队伍,炼铁专业的队伍,分到高炉的每一个岗位,都分了人去帮助高炉开炉、出铁。凡是有工人的位置,都有研究院的技术人员配合,因为他们终究还懂一点儿,那些工人就更不懂了。后来这些人里边儿,有好几个人都成了炼铁厂的厂长。

1971年以后,就是军管会撤离了以后,也就开始给我们安排工作了。研究院就把人分成两部分:一部分调到各个厂、各个单位;一部分调到市里边,调了一部分,少量的。像我们带了孩子的,不能进来了,没有地方安置,只有那个席棚子,就留在西昌建研究室,因为还要做长期打算,研究院建在哪儿还不知道。许光奎就在攀枝花搞钒钛出铁,这时候科委也给下达了连续实验的通知,要搞这个事,研究院自己也提出这样的要求。这个高炉出来的铁不能铸造,仍然每年要从本溪,就是东北那边运3万吨铁到攀枝花,所以必须要把这事情给解决了。我们就在西昌建实验室,同时在那个席棚子里也搞一些简易的东西,然后就有一部分人在攀枝花、一部分人在西昌。这个人员呢,可以两边不断地往来,实验室需要谁,谁就到哪儿去,实验需要回来的,就赶快回来。当时我们大概有五六个技术员,还有三四名工人。这时候铁道兵、七机部,有一部分复员的人到研究院来了,都分到各个研究室当工人。这个就是初期的事儿。

那种在攀枝花自己单位没有基地的情况下,生活是比较困难的,厨房什么的都是简易的。有天早晨我要从攀枝花坐早车回西昌,厨房连早饭都没有,他们给我下了几根面条,吃了就上火车。那时候不是以你生活为主,前一阶段是以运动为主,现阶段是以科研为主。刚才讲的那个范院长,他每天站在一个高坡上。看哪些人没来,如果有人没有来,车子不准开,下厂的车子就等着,看他好意思不好意思这样。他的记忆力非常好,检查哪个专业没下厂,要大家都在现场去找课题去,去寻找问题,然后来立题研究,他很厉害的。但是大家都很喜欢他。最大的问题就是怎么把这个高炉,就是七一出铁的这个铁,能用到铸造上去。当时高炉出来的铁叫高炉生铁。就是你拿个榔头一砸就能把它砸碎的,里面是黢白的,这样的铁,车间的工人都不用,不肯用,坚决不用。后来我们就做实验,西昌也做,攀枝花也两边做,做得比较深的一些样品送到西昌去。这时候科委已经开始给我们一部分科研费了,拿到经费第一件事情先买了一台显微镜,放在西昌,就可以随时看样了。那时候我们单位还不属于攀钢啊,直到八几年才正式合并到攀钢。当时经费都是由上面拨下来的。

国家在铁的铸造上面有一个标准,就是各种铁都有国家标准。我们就把这些标准练成试样,用本溪铁把标准试样全部做出来,然后再用攀钢自己的铁,把料配出来,做对应的比较,然后看镜像啊,做组织啊,做检验啊,就那一系列的东西大概就演练了百八十炉吧。这样做了以后,看哪些接近标准,适合于标准,这个东西就应该是可以用的了。但是在厂子里边儿推广不是很顺利。因为工人有一种惯性,就像住家的人一样,你用惯了哪个锅,用惯了那个勺,你都不愿意变化,所以在那个现场做,向他们解释呀,做报告呀,做技术报告啊,讲清楚,为什么喜欢这么做,不这么做的话,攀枝花的经济发展是会受到影响的。后来有一次,刚好那个班长不在,我记得那个总工姓张,他等到那个班长一离开,就指挥把铁水浇了,浇了后来一打开,都是很正常的,没有出事儿,我们的心里都是知道它是能用的,但是他们不接受这件事情,我们必须找一个机会。又不能硬着来,硬着来的话下回你怎么做试验呢?实验人员到现场去看的时候是很为难的,因为别人不完全相信你,就是这个冲突啊。他才不要你浇铸他的这些东西。

你一下班我不管,我这一班我是不让你浇的,要不然在你这个班浇掉,避免那个矛盾冲突啊。等他离开的时候,上厕所或者干什么其他的事儿去了,就把它浇了。这个铁水浇的速度是很快的,它也不能慢慢来。等到他回来以后,已经凝固了。当然,有些操作工人还是比较配合的。结果这次试验班长就觉得可以了,后面慢慢的影响面就越来越大。这个事情可以,就他到处讲啊。有时候攀枝花市科委的人陪着一道下厂,就到处宣传这件事情。

到了1972年、1973年,这个事情就做得越来越充分,先拿出一个初步的报告,1974年就拿出一个完整的报告,这就马上宣传了,逐渐的,本溪生铁就不进来了,就用自己的铁了。这个突破一级一级领导向上面汇报,很快得到认可,1976年完成了两个发明的报告,都获得国家的奖项。在1974年,这些事情基本就定型了。1975年、1976年,就扩大面地推广,一个一个厂地跑,一个一个厂地在那儿待着,看你浇,浇完了看出来的东西怎么样,有没有问题,没有问题就通过,有问题再研究。因为各厂的东西各有特点,品牌和标准都完全不一样。各式各样的东西都太多了,铸铁有很多品牌的铁,一直把所有的都推广了,在1977年就基本上完成了。

三、全身心投入搞科研

同时我们在西昌也开展一些基础理论的研究,那个时候的人啊,有个最大的特点——喜欢工作,我就喜欢得不得了。为什么?好几年没有接触过专业,一天到晚搞运动或者搞武斗,也没有干什么事,都心里很不舒服,这下有活儿干了,都是很愿意的。你说晚上来干也行,只要把孩子安排好了,那时候很多人还没有孩子,都愿意做实验。同事们在一起工作,都是有活儿抢着干。没有什么你推我、我推你的,在我的印象里是没有的。只要说有事儿,大家一起合计在西昌怎么建设实验室,在那个攀枝花为啥不能建那个,在席棚子里不能建很多实验室。领导也去和市委交涉,要求把一块土地给研究院,就是咱们范院长整天跑这些事,到1976年这些事大概都有眉目了。

总而言之,院里的领导是向冶金部啊、向国家经委啊汇报的,定了钒钛铸铁的这个项目,参加全国科学大会。研究院有很多专业,那个时候的钒钛,都开始建大量的实验室了。做的人就很多,新分来的一些学生都是搞钒钛的,这个可能要到1976年左右吧。我1972年中有一次出差到攀枝花来,到矿山去,矿山已经开始做那个,已经开始在搞硫酸法了,想做这个钛白,已经开始小规模地在做,研究院已经开始用瓶瓶罐罐在做了,几十年哪,很多人奋斗几十年。

那都是一个一个的,立刻换着劳动服就上。许光奎大部分时候在攀枝花,因为我还要顾着孩子嘛。白天可以找人带,就把孩子送出去,一个送托儿所,另一个太小,就送给别人带。晚上没人管,还要带回来,所以我还要带孩子。白天工作,我们的工作偏重于加工样品,检测样品,提出看法和意见。然后这个东西赶快就带到攀枝花。他们根据这个,马上又调整现场的数据来做,就是两边不停地这么配合,配合得比较合适了,这中间技术上的,有看法争论那是正常的,就是说有些东西应该怎么配、怎么弄,那不叫争论吧,那是应该的。研究院当时有个特点,就一辆小吉普车是院长坐的,剩下的全是大解放牌。这个解放牌,如果你要做实验,就得申请用车,因为做实验,要带刀啊、枪啊。比如测温度的枪。从研究院到火车站也都要一个小时,拐拐弯弯地走。一般大家都有带东西,除了带吃的之外,还要带实验的东西,瓶瓶罐罐的呀,带着这些玩意儿走,或者带数据带些仪表,两边用啊。那时候研究院条件比较差,实验的仪器、仪表都是比较少的。有时候一个表提着两边跑。所以那个车,就不停地开。后来那个大型铸件也铸成了,受到了四川省的奖励。这个时候更重的奖励就多了,许光奎当时是全国科学大会的先进工作者,是冶金部的先进工作者,是全国侨联的先进工作者,所以当时他就是显得很有名气。

我就是对科研感兴趣,对别的事情不感兴趣。在这个做实验的同时,完成了这个实验生产报告,还同时完成了一篇基础研究的报告,题目就叫作《钒钛元素在铸铁中存在的状态和分布规律》,这个报告出来以后,别的影响没有,就是很多人愿意看。这是一个,凡是涉及钒钛的,搞钒的,搞铁的,都愿意看。第二个,很多人考工程师都比较喜欢用这篇文章,我很高兴啊,没有别的。后来我们又立别的课题,那个就不叫钒钛铸铁的研究了,就叫钒钛铸铁的推广,这在其他很多专业的备件上面,是很重要的备件,而且消耗又快,就这样,一件一件地推广。每一项都是按照正常的程序来进行研究,一直到它使用完好,才下结论。

1974年,市委把这块土地给了研究院盖房子,1978年全部盖完。从1976年开始就有人搬进来,陆陆续续地,我们大概是最后搬的。因为也无所谓,跑惯了,两边跑惯了。1978年以后就是一个一个重要的关键备件的研究,不光是钒钛铸铁,还有合金的钒钛铸铁,加上其他的东西,联合研究。那些小孩儿到这边来,就觉得好像到了天堂了。喔,这个是个房子,还有楼,没见过,没有见过这种便所,我那个儿子来的时候不到10岁,竟然在便所里待了一个小时,很高兴。这说明当时西昌的条件是怎样的难苦。

我们好像总是从不好的地方逐渐向好的地方在改进改善。过去啊,大家过得好的理由是邻居关系太好了,谁家吃点啥小孩儿都有份,然后经常在一起讲故事啊,或者带小孩儿到铁道边去玩儿啊,所以没有那个吃苦受难的感觉。实际上,现在回想起那个时候真叫困难,当时还就这么过来了。能买到一点东西,马上就叫快快快,大家到哪儿去买什么东西,就那种很自觉的,不是说我买了就不管别人了,要管别人的,没什么可遗憾了啊,遗憾也没有用。同样在北京上学的,有的人就留在北京了,现在有联系的,就那个样。当然了,可能子女要比我们的好,我们的子女困难就比较多,我两个孩子都在攀枝花,儿子那个时候太难了,刚好他10岁,上小学三年级,我们就开始瞒,女儿上了大学,儿子连大学都没考上,当然有点儿遗憾。后来想尽办法让他工作,现在在市级人民法院。唉,当然有点遗憾了,那个也不用说了,他现在都已经四十几岁了,他自己的孩子也马上要考高中了。现在这两天正担心呢,怕考不上,愁死了,我也没有办法。

许老师相对来说精神要乐观些,在那个初期,攀枝花确实是苦。进攀枝花,人人都带这么几样东西:草帽一顶,喝水用的那个碗,装水的那个桶,或者是罐、水壶。然后穿一双凉拖鞋,还有一双大头鞋,一身劳动服,也就这些东西吧。那时布票轮不到大人买衣服的,给小孩儿做内衣都不够,所以那时的人要是没有这种精神,可能就会感觉比较苦难些。走的人也很多,调走的人也很多。许老师就是有那种艰苦奋斗的精神,他从来没说过苦,回一趟西昌也笑嘻嘻地回家,总要给小孩儿带点什么小玩意儿啊,实际上是没钱买,也没东西。然后在科研上执着的精神,不管搞什么,坚决地搞,一次一次地做。到了1982以后,新大学生就逐渐分配过来了,条件也逐渐地改善了,设备仪器也在改善,他好像是有点不怕苦、不怕累的。一次做离心铸造研究,就是做设备可以旋转的,然后你往里面浇铁水,铁水在里面转,就能转出一个桶桶来。他趴在哪儿看,看里面那个运动状态,铁水一下冒出来,一直到这儿嗓子里面,他都没叫一声。我们搞铸铁的人啊,我说基础的搞铸铁的工人,年轻的学生,后分来的学生,都很有干劲儿,没有说像现在社会上讲的那些混的事儿,我没感觉到有这个事儿。我举个例子,有一次在铸造厂做实验,那个里边可以装10吨铁水的包上面的木横梁,哐当一声掉下来了,就掉在那个10吨铁水里面,铁水溅得到处都是,就像你拿一个砖头扔到盆儿里一样。我们的人呢,就在做实验,测温的那个人就靠近那里,拿仪表的两个人,在后边儿一些,但那两个人都没有跑,你知道他们干啥啦,趴着,用自己的身体把仪表盖上,那个拿着测温枪的人是往仪表这儿跑,所以他们三个人回来时,身上的劳作服烧完了,里边汗衫、背心儿都烧了一个个眼儿,但他们还要比看谁烧的眼儿多,把它当成一件好乐的事情,却没有去叫抱怨、叫苦。互相讨论了半天,这看起来像笑话似的,其实是一种精神。一直到1982年,年轻学生慢慢成长了。到了1989年,他们就都能独当一面了,就开始担任我们这儿叫作课题负责人,如果大的活就叫项目负责人,他们都担任了课题负责人。到了1992年以后,有些就进步更大了,能独当一面的有好几个,这叫普通铸造,一般铸造。现在我们已经发展了,乐观啊,真的要和现在比,现在的条件有多好啊,大家还苦兮兮的,那个时候那个条件之差哟。那个时候早晨大家能吃到馒头、吃到咸菜,那都是笑着吃的,真是乐观,革命的乐观主义。虽然大家从不提这些字,我们平时从来不会讲这些话的,但一总结,也确实是这么回事儿。整个到三线来的人,生活上都是一样的困难,大家说了一个笑话,每家便所的味儿都是一样的。如果攀钢公司后来还分点儿东西的,分点东西今天吃,大家一样,明天吃那个,领导和群众一样,差异有点儿也不算回事,没有意见的。这就是一种精神,这个精神是可以互相感染的。应该这么说,是在无声中传递的吧。在我们讨论课题或者研究课题的时候,从来没有人说大道理,我就从来不说大道理,我们就平常该怎么样就怎么样,这个你做得好就是好,做得不对,你就是要补。在什么时间之内你要把哪些事情补完,也有年轻人甚至于被说哭了的也有,这个哭才是自己反省吧。像我有时候说重了一点儿,自己会觉得后悔,但是当时因为你必然地容易说出一些比较气愤的话,因为工作没做好,这是工作上的事儿,这是公家的事儿,应该这么一说。

攀钢钒钛科研攻关

采访对象：陈厚生（历任攀枝花钢铁研究技术员、综合利用研究室副主任、主任、技术中心项目负责人、学术委员会副主任）

出生年月：1942年8月

采 访 人：攀枝花中国三线建设博物馆筹备组人员

采访时间：2013年10月23日

采访地点：攀枝花学院

整 理 人：廖滔,李文萍

整理时间：2018年3月29日

1970年咱们进攀枝花,一到那儿,当时还住席棚子呢！然后院长找我说:"省里给任务,你去,你负责。"我就开始接触钒了。过来以后就搞新流程。新流程搞了以后,就是在成都那做实验,做到差不多1979年、1980年回来,咱们院的综合楼给我们建好了,我们就全部都搬到攀枝花了。把西昌那些设备全部都搬到这里,彻底进入。给我的任务就是课题呀。我的课题大概有三四十个,都完成了,有的都转入到生产了。比如说五氧化二钒车间,解决的是原料问题。这是一个项目,完了最后改进,最后通过实验解决了,一下子原料就顺了。其中的沉淀问题（1.05分析出的问题）,我们也整了一些工艺课题,最后把整个的五氧化二钒生产线给打通。第二个是三氧化二钒的研究开发,一直给它产业化,这是国家课题,也搞出来了,也形成产业化。然后就是钒钛,这个现在也是世界最大的课题,有些是国家项目,有些是攀钢的、省里的,类似这些项目。我第一个专利就是提钒那个,五氧化二钒,烧一次就能达到那么高,叫一次焙烧提钒技术。

1985年1月份到6月份,我先在实验室研究一个礼拜,研究完就准备到厂里开始在现场做,做完了,成功,就给它稳定下来,只有形成产业化才能创出来效益。这些成果,第一,从钒这方面我们过去是靠进口的,现在国内各方面技术都不比任何一个国家差,而且我们的产量,都是世界领先的,所以这样整个让咱们国内的钒产业在世界上的地位领先。第二,新流程,是咱们钒钛矿将来唯一的一个综合利用的、符合现在科学发展的、最好的工艺。这个都要产业化以后,才能把钒、钛、铁更好地、更合理地综合利用起来。这样对我们整个经济贡献更大,才能有更多的产值。目前的这些工艺相对来说,还是浪费了一些资源,污染了环境和人,同中央几次强调科学发展观来比,还是有一定距离的。比如说钛,现在钛白生产,污染环境很严重,国家是限制发展的。目前也没有一个很好的办法解决污染问题。包括将来这个钛更先进的产品吧,就是氯化钛白,氯化的渣子是国家严格限制的,你将来怎么处理都是一个问题。

三线建设,说实在的,我当时分到这个单位的时候,说这不就是三线吗?我当时特别愿意来,从内心是这样的。可来了以后,那几年啥也没干,就是武斗、整人,然后就是叫我到学校教书,我说这不把我的专业都丢了嘛。就这种形势后悔得很,特别是武斗后,就恨不得赶紧离开这个地方。哪怕到沈阳扫大街我都愿意干,当时就是这么一个心态。没想到又开始给你恢复了,叫你回来,我还寻思着我们这实验散伙了呢,以后呢,院长就找我去搞这个项目,为什么不找别人呢,这就是机遇啦。我当时就像这些刚毕业的学生一样,完了上来就叫你当组长,而且我的两个组员呢,还都是比我早的,都是老大哥。所以一接触钒以后就开始研究,我如饥似渴地学呀,什么资料都看,那笔记你们看,都带回来了。那时候哪有计算机,什么资料也没有,书也没有,自己到处去借,到哪个单位,哪有图书馆就进去,进去就看有关于钒的内容吗,有的话马上把这一段抄下来。有的自己买回来再抄,就是这样的状态,就是恨不得赶快把它学深学透,就这么一点点积累。我多年来积累,没事儿积累了很多经验造就了我,才能使我取得这么多的成绩,才能有今天的我。要不我啥也没有,真是这个状态。

我参与攀钢高炉冶炼的
两个关键实验

采访对象：聂仲清（历任原西南钢铁研究院技术员，攀枝花钢铁研究院科研办公室工作人员，攀枝花市生产指挥组科技组干事，科委办公室负责人，业务处处长，市科协副主席、党组书记、主席，高级工程师）
出生年月：1936 年 5 月
采访时间：2013 年 5 月 30 日
采访地点：攀枝花市聂仲清家中
整 理 人：方萍，吴艳婷
整理时间：2019 年 9 月 22 日

听说攀枝花要开发钒钛磁铁矿，我就暗暗地下决心要到攀枝花来。我是 1965 年 8 月 4 日到西昌报到的。当时西南钢铁研究院在西昌的小庙，我就在这儿工作。1966 年我参加了 28 立方米的高炉冶炼实验。首先建立的是一个铁矿石的烧结实验，第二个是建立铁矿石的还原性能实验，这两个实验都做了，而且效果都还可以。后来，就作为 410 厂高炉冶炼实验的一些参考。28 立方米的钒钛磁铁矿的高炉冶炼实验，是由实验室实验接向工业实验的。它就是一个半工业实验，这个实验如果不成功的话，攀钢就建不成。它主要为攀钢的设计提供设计数据。所以西昌那个 28 立方米的高炉冶炼实验，是我们钒钛矿资源开发的非常重要的一个实验。这个实验组的组长是周传典。周传典是冶金部副部长，他来当这个组长，起到一个很重要的协调组织功能。他站在冶金部的角度，想从东北工业学院、北京钢铁学院或者从哪个研究所调个人，打个电话就来了。那时候不讲什么价钱，需要什么设备，以冶金部的名义说要支援实验，别人是无条件支持的。当然他也懂技术，他是学炼铁的，他在武钢、鞍钢当过厂长，炼铁厂的厂长，他对炼铁呢是专家。

高炉冶炼实验，主要分两部分：一部分是铁矿石的烧结实验，我们叫烧结厂或者烧结矿，就是说我们的矿石是由矿粉变成一块块的铁矿，它叫烧结矿。烧结性能怎么样，也在做实验。我们这个，现在说这个28立方米高炉冶炼实验的伟大成就或者说它的科研结果就是三句话、九个字。那么多人，一百多人，最后得出来的科研结果就是：第一，生铁的铁水含硅量是低硅素0.296。我们就给它说低硅素。第二，渣中的碱度要高，就是氧化钙要高。第三，冶炼钒钛矿不像过去只有虹口才行，必须要另外加一个喷吹口。所以我们钒钛矿实验最后的成果就是"低硅素，高碱度，加喷吹"九个字儿。说起来简单，但是，最后得出来的这个结论那是经过了几年的努力，那是上百人奋斗好几年得出来的这个结果。能够把钒钛磁铁矿中的铁、钒拿出来。钛的渣子分成两部分：铁和钒，铁和钒进入铁水，钛进入渣子。高炉冶炼最后得出这么个结果。

这个实验成果出来以后，重庆设计院就根据我们28立方米高炉的这些实验数据，给攀钢设计了1 000立方米的钒钛矿高炉的一个图纸。当时设计利用函数，1 000立方米的高炉的利用系数就是1.72。1.72是什么意思呢？就是一天24小时，1个立方米的高炉产量就是1.72吨。1 000立方米高炉，一天达到设计水平，就是1 720吨产量，就是这个概念。1970年7月1日一号高炉出铁，高炉开始出铁的时候，使用的是普通的矿，这个普通矿呢，就是和别的地方矿一样的。那就是生产没问题。后来就逐步加入钒钛矿，就是我们攀枝花的矿，加20%、30%、50%，加到百分之七八十、八九十的时候，高炉就不顺行。当时攀钢不顺行的话，劳动强度特别大，机关干部都要跑去劳动。后来呢，攀钢就请我们西南钢铁研究院派一个技术攻关组到一号高炉攻关。我们的攻关组是18个人，我是18个人之一。我当时和梅吉川同志负责资料整理。我们呢就找李元同志汇报我们工作组的看法。我们说："你攀钢高炉要达产（我们所说的达产，就是达到设计指标的意思），你就要按照我们高炉冶炼实验的科研成果来进行。"李元同志说："那好，就按照你们攻关组的意见。"然后,他就在炼铁厂召开会议,指出现在这个高炉不顺的原因,主要是过去对钒钛矿的特点没有掌握,钒钛矿和普通矿的区别最大特点就是成分上,普通矿的生铁含硅量一般都在0.8以上,我们钒钛矿的高炉实验含硅量在0.2左右。这个中间差这么大段距离。当时我们攀钢的一些管技术的同志,他们按照过去的老经验,就担心如果一旦降下来,可能炉况更不好。所以李元同志就决定由0.8降到0.6,看他们的炉顺不顺行,过去我们一般都是听领导的,决定了就那么干。就把生铁的含硅量由0.8降到0.6,炉子不但没有变坏,炉况还越来越好,所以说含硅量降低了,对炉子有好处。

经过这么一两次的运转,发现没问题。李云同志说我们再降,就由0.6降到0.5,从0.5降到0.3,最后降到0.2,高炉炉况越来越好,渣铁分开也可以。所以,这个含硅数是一步一步在这儿推广的。因为这个含硅量降下来了,但渣铁有时候还分离不好,原因就是我们高炉渣里面在还原(反应)的时候,还生成了一些氮氧化物、氮化硅、碳化钛等。这些物质熔点特别高,所以就使渣的流动性不好。于是我们就加喷吹口,往里喷压缩空气,用压缩空气里含有的氧把这些碳、氮氧化物、钛氧化物变成氧化钛、二氧化钛,使高炉渣流动性变好。开始的时候,攀钢的同志嫌麻烦,说我们弄个斜风口行不行。斜风口一试不行,还是用剩余的喷口吹。设计高炉的重钢设计院一开始设计了六个喷吹口,后来我们说先加两个,这边加一个,那边加一个。加一个好一个,后来逐步地六个都加上了。直到高炉运行非常顺畅,钒钛矿也是100%,而且高炉冶炼利用系数也达到了1.72以上的时候,我们攻关组就说,任务已经完成了。我们用这个100%的钒钛矿达到了设计指标,而且我们只用了两三个月的时间。我们说你们就按照现在的操作来生产就没问题。后来攀钢他们已经把这套设备也用上了,生产也正常了。我们说我们应该撤走了,万一有什么问题,我们再来。就这样的,我们又回到西昌去了。

这个特等奖呢,是在"文化大革命"以后开的第一次科技代表大会上获得的,我那时候已经在科技组,不在研究院了。这个奖主要是奖给冶金部的。当时奖励多少钱呢?1万元钱。当时这个钱呢,所有人都没分到。那时候西南钢铁研究院的人都是从外地来的,本地一个人都没有。唯一收入来源就是工资。工资就是你从北京来的,北京给工资,我从西安来的,西安给工资,你从哪儿调过来,哪儿给你发工资。我当时工资一个月58元,从北京来的是56元,从重庆来的可能就是53元。所以,除了这个工资是这样的,其他没有什么照顾,也没有什么补贴,什么都没有。即使如此,攀枝花一号高炉出铁,就是我们最开心的一件事。

  1970年的7月1日,通火车的典礼是在西昌火车站举行的,我当时就在西昌火车站参加庆祝活动。我们在那儿干了这么几年以后,感觉是心花怒放的,这个科研成果也好,工作成绩也好,已经表现出来了。我总结了一下,我的一生当中,主要做了两件事:第一件就是钒钛矿的资源的综合利用,开发和综合利用;另一件事呢,就是红铬矿的科学开发利用。一直弄到国务院,李克强总理有个批示,最后把攀枝花的资源定位成国家战略资源。我在科技部管科研,也是综合利用,这是一个世界性的难题。到现在为止,我们综合利用的工作并不尽如人意。有该利用的东西,我们没有利用,大家都表示遗憾。还有就是要继续努力。退休以后,我就一直宣传发展循环经济,把我们攀枝花的钢渣、铁渣、粉煤灰、外表矿,都给利用起来。这个循环经济现在在我们市里面普及率还是比较好的。废物它本来就是一种资源,你用着它,就是资源,不用,它就是废物。我这一生中的追求,就是开发利用钒钛磁铁矿资源。所以这一生中呢,说我有梦也好,有追求也好,我为之奋斗了一辈子。这个资源要科学地开发出来,它可能不是一代人要解决的问题,而是几代人要解决的问题,所以这个要继续奋斗,攀枝花要想可持续发展,必须综合利用这个资源。这个资源呢,又非常宝贵,利用它又非常难。你得科技创新,不能用老一套方法,所以攀枝花的希望还在科技创新上,这个就是他们后来人的事儿了。虽然我还在继续想做这件事儿,但我力不从心了,这得靠他们年轻的一代,他们来继续奋斗。

技术创新制高炉

采访对象：肖文启（原十九冶铆工、副科长、车间主任兼党支部书记、计划生产科副科长、安全科副科长）

出生年月：1932年8月

采 访 人：攀枝花中国三线建设博物馆筹备组人员

采访时间：2013年9月5日

采访地点：攀枝花市肖文启家中

整 理 人：吴艳婷，李文静

整理时间：2019年3月12日

我是1966年9月从山西省太原市十三冶结构厂，由冶金部配套来支援三线建设的。是成建制的、配套的150人的队伍，我也是一个副带队的人。当时呢，我们是响应毛主席的号召支援三线建设。我来三线建设的那个时候，我们十三冶召开几千人支援三线建设大会，我在那次大会上发言。我说："各位领导，各位师傅，各位同志，朋友们，我受三线建设者的委托，代表三线建设者的心愿，谢谢欢送的各位，致以崇高的革命敬礼！我们就要分手了，我们即将起程，奔向毛主席最关心的地方——三线建设的战场。到那里，我们将一切听从党的指挥和安排，努力工作，克服困难，战胜艰险，再向前进。在那里生根开花结果，坚决完成党交给的艰巨任务，为十三冶结构厂争光，为毛主席争气。"然后他们又赠送我们一面支援三线建设大红旗。我上台去接了红旗以后，就挥动了三下，表示支援三线建设。那个旗帜上绣的是"支援三线建设"，然后扛着大旗，我就下了台了。接着，就是汽车送我们到火车站。

当时支援三线建设出铁的任务,这项任务的名字叫"七〇年七一保证出铁,向毛主席献礼"。在那时候呢,是属于一期建设,最主要的是制造高炉。当时包括领导、群众都认为有问题,都说做不了。我说能干,公司的领导说:"你说能干,不行。万一将来你耽误工期怎么算呢?那可了不得,那是政治问题,是路线问题,谁承担责任?你要写个决心书或保证书、请战书。"我写了请战书以后,抄在一张大红纸上,然后领着全小组的人员,敲锣打鼓,打着红旗,向那个单位领导去请示。请示完了,这才给我们下达了任务。

下达了任务,困难也就来了,我成天在家就想啊,怎么干?干脆我就用这台叉车来叉什么,来代替行车。因为小组比较大,人员又来自四面八方,名字叫"十四连混合一组",这混合一组,我担任组长。有五大工种,这五大工种中有铆工、电焊、气焊、起重行车工。就是这么多的人。当时承担这个任务的时候,我就想啊,要想啥办法,这个38这么厚的钢板怎么办呢?一开始我就下了六块大钢板的料,下完了以后啊,有两块我就摆在氧割台上,我就喊了气焊工过来割。气焊工一看这家伙又厚又宽又长,这么老大的钢板,不敢动。我说不敢动不行,你们先在边上割一下。有三个人,我叫他们在边上割一下。一个劲地也割不透22钢板。我说的是从薄到厚,先割薄的,再割厚的,先割直的,后割那个带弯的。最后把38厚留到最后割,一旦滚床坏了,那时候我再慢慢整。我能把它调整过来。但是气焊工谁也不敢动。那怎么办呢?我就从外面找了一些余料,就是边角余料是20的,我说在那儿练,这三个人就在那儿开始割,一割崩的放炮,割得像画龙似的,曲曲弯弯的。叫他们练了三天,我一看这不行。我就和领导说,再给我调来几个人吧。领导又从别的单位调来三个年龄比较大的气焊工,他们也不敢割。不割我也让他们练,又练了几天,我说强行。他们说割坏了怎么办,我说割坏了我负责。你割的有弯,我给你磨平,我说你没割透,你再割。那如果有缺陷,我再进行补焊。补焊完了之后我再磨。就这样,我把问题解决了。

我在干的过程中找过市里领导,找过好几次。徐驰,安以文,白良玉,我都找过他们,向他们汇报这些情况。所以这项工作在干的过程中还是挺顺利地就把它完成了。除此以外,我干过二期工程。我们十九冶的领导就跟我说,肖师傅,因为这个高炉是重庆设计院设计的,重庆设计院它就改了,和原来一号高炉不一样了,上面框架全部都是螺栓组成的。热风炉也改了。原来的热风炉是一个一种型号的,半退型的,现在改成人头型,和我的脑袋是一模一样的。分三种,一种是蓄热式,一种是储热式,一种是燃烧式,各四个。哪个难度比较大? 我说这个高炉,关于这个设计问题,在制作上,我们感觉是比较烦琐。我想把它改了,改成是焊接的。我说如果要改成焊接的,我可以提前三个月完成。我们当时十九冶管生产的一把手说:"老肖,你要是能提前三个月完成,我奖励你 3 万元钱。"我说说话算数不,他说说话算数,我说当着大家的面拉钩。我就和他拉了勾。后来炼铁厂的指挥长,他也说了,他说:"老肖你真要提前三个月完成,我也奖励你 3 万元钱。"我说同样待遇,咱俩也拉钩。就这样,厂子就对我进行承包,每 1 吨就是 96 块钱,就是把它干出来。所以呢,我干完之后,完全是按照那个工期提前了整整三个月。所以我们厂的领导,每个月还给我增加一级工资,23 元钱,一直增加到干完为止。

  那时就是这样。事后呢,我们这几个人就出席渡口市、十九冶的(各种会议)。当时我是小组代表。七〇年的时候,在渡口市是标兵集体,到了省里是先进集体。我在那个渡口市那个会上讲了十多分钟。那时候就叫"讲用会",也就是在那会上发言的。以后,我们那几人也经常见面。当时来讲,我第一个(来三线),我从太原来的时候,我是自愿来的,那些人都是分配来的。自愿来的有两种:一种是南方人,是为了回老家;我呢,是为了工作,想要把工作干好,向党表示忠心。毛主席教导我们说:下定决心,不怕牺牲,排除万难,去争取胜利。当时我那日记是这么写的,就是说,困难是眼前的、暂时的,不是长久的;道路是曲折的、艰险的,是人走出来的、创造出来的;前途是光明的、宏伟的,是人创造出来的,幸福是未来人民的,是前人栽树、后人乘凉的。到这来一看,这种情况,这种局面,我当时还在想是不是唐僧取经走过的地方啊,怎么这么荒凉啊! 我看那个西游记是不是这个地方。再一想这个地方,主要是山,路远又偏僻,这儿肯定有矿山,所以就是毛主席让我们来,就是来开展这个的。所以呢,我就下定决心和大家一道克服困难,战胜困难,去完成任务,克服生活上的困难,住芦席棚,喝金沙江的黄泥水。

  最开心的第一件事是啥呢,是我们把高炉干完了。整个公司开庆祝大会,让我上台去发言。我那发言稿是那公司秘书写的。那时候开会发言,开头就得是几段毛主席语录,最后还得有几句口号,这已经在"文化大革命"中成了一个规矩。人家给我写的那个稿啊,最后有"一切想着毛主席,一切为了毛主席"这么两句口号。我当时看了看,我就琢磨,琢磨来琢磨去,我就把它改成"一切想着出铁,一切为了出铁"。大会开完了,我一下台,那个公司的领导,还有那几个人说,老肖,你胆好大啊。我说我没啥胆儿。"你怎么把这口号,把毛主席给改成出铁了,这怎么行呢,这是你呀,要是别人那可了不得了。"我说别人怎么了,反革命啊。他说,不是这个意思,反正有那么一点儿小帽子给你扣上。我说你们这个口号啊,不能把人太给僵死了。我说毛主席说了,"攀枝花建设不起来,我睡不好觉,没有资金,可以把我的稿费拿出来"。三线建设要快,要把走资派耽误的时间抢回来。我说我是从太原十三冶几千里地来到这里的,为了啥,我说为了响应毛主席的号召,响应党的号召支援三线建设,建设钢铁基地。我说毛主席想的是啥啊,是钢铁,是基地,是为了反修,为了打仗,深挖洞,广积粮,要备战备荒为人民。用什么备,用钢铁啊。我说毛主席心里想的都是钢铁。我们来到这里不就是为了建设钢都、出钢铁吗。我说,我说的是为了出铁,想得出铁,这正是符合毛主席的思想啊。我说,你们说的根本都不对。我那时候还挺狠的。说完后,大伙心里想还是有点道理啊。他说以后再给你写发言稿,你要改,你得告诉我一声。我心想,我以后也不说了,不惹这个事了。

当时来讲啊,也不委屈。因为刘少奇原来写的一本《论共产党员的修养》一书当中,其中有"委曲求全"这四个字,我作为共产党员来讲,我心里在想,只有委屈,才能求全,要想求全,没有不受委屈的。受一点委屈,作为共产党员来讲,就是无所谓的事,也是应该的事,就像毛主席提的为人民服务,为人民服务那是我们党的根本宗旨,所以我不感觉着委屈,我感觉着自豪,我感觉这心里非常亮堂,非常兴奋。最后呢,还感觉光荣。但是一条来讲,成绩也好,荣誉也好,是党和人民给的,是群众大家的支持。个人来讲,只能是代表大家的这么一个一员,作为自己来想,是应该做的工作,但做得还不够,还不全面,所以还想以后更加努力,很好地学习才行。

攀钢一号高炉基础灌浇与龙洞大会战

采访对象：张连本（原攀枝花日报社工作人员）
出生日期：1942 年 4 月
采 访 人：攀枝花中国三线建设博物馆筹备组人员
采访时间：2013 年 12 月 25 日
采访地点：攀枝花市电视台演播室
整 理 人：龙琴
整理时间：2019 年 6 月 15 日

  我那时候是坐船来的。渡口大桥还没修通呢，都是坐轮渡。坐轮渡在会理过江。当年那是诸葛亮五月渡泸，在那儿七擒孟获。以后到矿务局工作，在那时搞地质测量工作，地质测量制图，从东北老区调来的。

  那时候我参加了攀钢的一号高炉基础灌浇典礼，总指挥徐驰主持典礼。那时候弄弄坪是一片泥泞，都是席棚子。以后参加了龙洞大会战。那是副总指挥白良玉主持的。那时候 500 辆汽车 1000 人，一辆汽车，一个司机，一个装卸工。到仁和的河沟去拉沙子，给龙洞那边大会战，给龙洞煤矿。龙洞煤矿是 42 天就建成投产的，是建设最快的煤矿。那时候的攀钢高炉就需要用它那个焦煤。那时候成昆铁路还没通车呢，从六盘水调煤，运不来，就需要在建龙洞煤矿，用它那个优质焦煤。那时 500 辆汽车从仁和一直排到那个龙洞煤矿。那时候要求不要女同志，就要男的，中青年的，连装带卸。以后就参加花山会战。那时候就是有北京的京西煤矿来一个掘进队，甲级队。

39 处的也有甲级队，也有乙级队，一起会战。那时候都搞比赛，对手赛。京西煤矿装备好，都是一些进口设备。39 处的甲级队队长是吴安福，也是一个全国的劳动模范。那时跟他对着干。那时候用一般的设备。我们都是跟班的。有时候边搞测量工作，然后也跟着一起干活，帮着装车、推车、搞会战。那时候大会战都是流大汗的，革命干劲特别高。

后来拨乱反正，报社缺人，我喜欢写写画画，经朋友介绍就到了报社。1974 年 4 月，调到了攀枝花日报社。在资料室工作，收集资料就比较方便一些，收集整理了一些原始资料、第一手资料。比如邓小平当年到攀枝花审定方案时的照片，还有周恩来、朱德、彭德怀、贺龙等领导的照片，我都保存下来了，要不也都捐献给当地文物局。

一号高炉基础灌浇典礼就是徐驰主持的。他是党内冶金专家之一，冶金部的副部长。到咱这儿来，是攀枝花建设的党委书记、总指挥。头一天下雨，第二天就晴了，地下都很泥泞，那时候都穿胶靴。那时候参加典礼是人山人海，差不多有 1 万人。典礼呀都是列队，站得很整齐，徐驰的讲话很短，讲完话，然后队伍就开始撤了。设备都准备好。那些个浇灌的车，水泥浆混凝土都搅拌好了，然后就开始大量地往基础坑里灌浇。那时候河沙堆起来，一个一个都跟小山似的。那时候白良玉副总指挥在那坐镇指挥，卸了车马上就开走了。500 辆汽车一排起来像大长龙一样，看着很壮观的。

1970 年出铁，1971 年出钢，成昆铁路通车和攀钢那个一号高炉出铁，是同时的。成昆铁路没通车的时候，攀钢那些大件高炉都是从广西运到越南的河内，再从那儿通过法国那个窄轨火车运到昆明往西有个叫一平浪的地方，再从一平浪装汽车运到攀枝花。为什么不从成都走，一个是距离远，另一个是汽车运不大方便。

科学家钱伟长教授两次到攀枝花来考察，第二次带夫人来。他说攀西地区是未来工业社会的天府之国，咱成都平原有个都江堰水利工程，就四川叫天府之国。全国人大常委会副委员长费孝通也来过攀枝花视察，他认为攀枝花很有发展前途，看好攀枝花这朵大红花。李鹏总理两次到攀枝花来嘛，第一次他是任水电部副部长时陪着胡耀邦总书记来的。他当总理后又来了，他来看二滩水电站。他是在莫斯科大学读水电专业的。李鹏总理对二滩水电站特别感兴趣。他的评价就是三峡工程是工程量大，二滩水电站是技术难度高。当时是德国和意大利两个公司承包的，一个承包大坝，一个承包地下的厂房。朱镕基是任副总理的时候来的，到二滩看一看。江泽民来过两次。我那本书还送给胡锦涛一本。

我参加了朱家包包大爆破

采访对象：彭自强（历任四〇公司技术员、生产技术2组组长、车间副主任、朱家包包铁矿"革委会"副主任、矿业公司大修厂副厂长、离退休管理处处长）
出生年月：1942年8月
采访地点：攀枝花电视台演播室
整 理 人：方萍
整理时间：2018年10月3日

  1965年，渡口这个地方还刚刚开始建设，生产方面还没有多少事。这里就委托钢铁公司对我们进行代培。我呢，毕业以后就直接到本钢去了，具体就是在那培训修理汽车。当时我们实习的一百多人中，有九十多人实习了一年多后到鞍钢去继续培训，我和其他的十几个同志就继续留在本钢培训。到1967年底培训结束，我就回到渡口。

  回来了以后，当时这里还在搞"文化大革命"。我呢，就是除了平时的一些劳动，如有时到选矿厂去拖拖电缆、干点劳动以外，其他的时间就是在机关待着，没有多少别的事情。礼拜六呢，有时候机关组织劳动，我就跟机关同事一起到一号高炉基地。那时候，一号高炉正在搞会战、搞建设，有几万人在搞呢！我们就去劳动。劳动场面很热烈，很多人都在埋头苦干，挥汗大干，那个时候就是这样的。开始去的时候是堆地基，推土机在堆地基。后来就看到他们在打楼子的基础，以后就再看到砌楼子。我们去搬个砖，去拖个电缆。后面这个楼子起来以后，安砖的时候我们就拖电缆，就干这些。劳动的时候去看了一些生产现场。

7月1日出铁,7月2日开誓师大会,当时我们就在大花地。这一天我们早早地就起来了,吃个早饭,大家就在门前集合,敲锣打鼓,举着红旗。我当时呢,还走在前面,到那个现在好像是炼钢的位置吧,那里堆了一个大坪。我们去的时候,现场都已经是锣鼓喧天、红旗招展了。整个会场可能有上万人,感觉人山人海的。应该说当时还是很愉悦的。7月2日,天气挺好,挺热的。大家兴高采烈,觉得我们这个三线建设第一个战役获得了胜利!因为当时7月1日不只是我们的一号高炉出铁了,还有成昆线也在那天通车了。因为我们进来的时候没有火车,我是坐汽车进来的,也有坐货车进来的,当时觉得很高兴的。

开会的时候,好像是当时任四川省"革委会"主任的张国华来了。还有徐驰,徐驰是这里的指挥长,也是冶金部的副部长。会议开了一个多小时,大家一点倦意都没有,高兴得很。三线建设对于改变我们国家的工业布局,对于我们的国防建设都有很重要、深远的意义。另外这里也是毛主席最关心的地方,能让毛主席睡好觉,大家当时确实是很高兴。

1971年初呢,我去朱矿(朱家包包矿)的时候,狮子山大会战已经开始了。那时候就几千人在这个东山头、南山头和狮子山。主要是东山头、南山头搞剥离,狮子山呢是准备大爆破。我就在汽车连修车。当时呢,使用的是贝里托15吨载重汽车,负责狮子山的运输。四五月份的时候,狮子山那边的采矿系统,他们就打洞子了。打洞子就是打炮眼,有十几个洞子。当时呢,好像是把狮子山分成两层吧:1 395米一层,1 375米一层。到5月中旬的时候,洞子就打完了,打完后那就是组织全矿所有的力量做炸药装配。那个时候矿上编制单位是营,40-1,就是一营。那时营的所有力量就都集中到狮子山去装炸药,我也去了。好像我们是负责两个洞子的装药,我们当时的副营长叫李玉鹏,他带着我们天天在山上。大概有一个礼拜左右吧,吃在山上,住在山上,天天在那里装药。药呢,由其他运输队拉到山上的作业面,卸下来以后,我们排成一长队,就把一包包的炸药,传递进洞子里。我的个子比较小,所以在洞子里面。洞子里闷得很,装一会儿就得出来。大家轮着来,大概不超过20分钟吧,超过20分钟就会受不了,要出来换气,然后别人进去,就是那样来回换。那时候因为年轻,觉得无所谓。一包炸药好像有几十斤重哦。每个洞室有时候装一两吨药。每个巷道里面有好几个洞室。两个洞室一共装了六七天。当时呢,工作量很大,天气也很热,我们都很累,出来就到外面坐着,坐着就能睡着了。

到 20 日,山上的准备工作基本上就完成了。装完药以后,他们那个采矿系统的就要连线、装雷管,装雷管连线了准备爆破。到 20 日晚上,准备工作都做好了。当天好像起了一点云。当时,我就听他们说害怕。害怕什么呢?害怕晚上打雷。如果一打雷,那就很危险,一旦打雷 1 万多吨炸药引爆了,那个问题就严重了。另外呢,害怕坏人破坏。我们住在朱家包包的时候,经常听到山上放信号弹。这里砰,那里砰,就是放信号弹。当时警惕性很高的,害怕山上有坏人,所以组织了巡逻队,搞保卫工作。我呢,当时也被选上参加了这个巡逻队。

10 多点钟我就跑到那儿去了,那儿站满了进行巡逻警戒的人。快到 11 点了,那边就起爆了。当时我们是觉得地下有一点震,完了以后呢,就看到狮子山那个一寸头,开始是一寸头往上抛起来,接着后面又响一声,响两声,又抛起来一下子,寸头就燃起来了。另外呢,就是往两边扩散。当时那个场面挺壮观的,一个挺大的炮堆,就是"轰"的一声就起来了。哦!我们就欢呼哦!在上面一边跳,一边欢呼,大爆破成功了!成功了!成功了!

爆破完了以后呢,我们就回去了。我住的那个地方吧,离爆区大概有三四百米,因为爆破之前呢怕有什么事故,把东西都拉出来了。我的东西不多,反正就一个箱子,一点被单,用个塑料布盖着,还有个开水瓶放在外边,我那开水瓶没有装满水。结果我回去一看呢,可能有冲击波吧,塑料布吹跑了,不知道吹哪去了。开水瓶因为水没装满,被震坏了,其他的损失也没有。

剥离阶段的当时,狮子山建设的尽在搞什么设计革命。设计革命有什么,在剥离过程中间,他们有一个建设口号,叫作什么"大爆破,高阶段,土溜槽,低经线",有这么一个东西。所谓大爆破就是万吨大爆破了。高阶段呢就是他们说采查,一般都是分阶段的,一个台阶一个台阶,一个台阶一般都是 12 米,可能最高 15 米。我们这里呢是 20 米,所以叫高阶段。土溜槽呢就是我们有一个溜槽,建在 1 375 米,它的底下就是 1 345 米。1 345 米就是电机车可以进来,我们汽车拉的这个土,就倒在溜槽里面,溜槽呢就溜到机电车里面。低经线就是那个时候只进到 1 345 米,没到 1 395 米和 1 375 米。

爆破以后，我们的主要任务就是运土。有一件事情，我的印象很深。因为他们开车，有的开始不熟悉，有一个车就从溜槽的上面掉到溜槽的下面来了。就是从1 375米掉到1 345米。你看，30米高的阶段，那个车掉下去居然没有损坏多少！只是方向盘有点变形，司机没受什么大伤，可能受了点轻微小伤。后来，吊车把它吊过来以后，他就开过来了，开过来就给他修理。

我在机修连的时候，在席棚子住着，也有一件有意思的事。1971年7月份的时候，我家属来探亲了，营里照顾我，腾出一间房子，也是席棚子，就在办公室的旁边，我们住那个房子。来的第一天晚上就下大雨，那个时候雨也很怪，跟现在不一样。晚上下雨白天晴，天天都是这样的。她来的那天晚上就下雨了，结果呢就发了山洪。而我住的那个房子边上，有个排水沟。结果水把那个排水沟冲大了、冲垮了一些。第二天早上起来找不到鞋子了，原来被冲到床底下去了。就那样的，现在想想挺有意思的。

最感动的事情有，比如我身边的李玉鹏主任，就很令我感动。这个人一心一意扑在工作上，他没有多少休息时间。当然我们那时候休息时间也不多，你想我们一般都是每天休息四五个小时，其他的时间都在现场。他就有时候连四五个小时都没有。有时间就回来睡一睡，没有时间就在山上困。他那种工作精神确实值得我学习！没有什么休息，从来都是那样的，生活上也没有什么很高的要求。他喜欢唱歌，喜欢喝啤酒。另外他经常在下面，我们有时候还捉弄他嘞！他有一回出去了，我们机关的几个人就捉弄他，在他被子里面放个安全帽，再放个枕头，用被子遮着，床边又放双女同志的鞋。等他回来一看，哎，铺上怎么睡了一个女同志？他就又跑回去了。那天晚上他没睡觉，第二天早上回来一看，里面是个安全帽。那时候我们人际关系都很好，大家很愉快的，并不感觉到什么。每年过年都是我们这些工作在一起的人，欢喜得很。我过年基本上都是在他那里。就是想家，但想家也没有办法呀。

每年探亲我也没有什么东西拿。那个时候这边先生产后生活，这边也没有什么东西。每年提个这么小的包包就回去了。回去呢，那时候车上挤得很，来回挤得很。我有一次从长沙上车，差点就上不了车了，那门都不开，后来从那个窗户里爬进去的。人家给我把包提到那里，结果从那个地方上车一直站到昆明，三天三夜呢！那时候车开得慢，要走柳州，就是从那里一直站到长沙。就那样,经常是没有座位的。经常就是自己一个小包,坐在小包上,那时候年轻,没事!没得问题!

  也没有什么太高的思想认识,我只是认为呢,我应该到这个地方来,为三线建设贡献出自己的一份力。因为,作为我来说,我是党一手培养起来的,如果没有共产党,没有毛主席,就没有我的今天。反正当时这种精神积攒下来,还是很不容易的,就是当时攀枝花的这种人都是这样干的。不止我,别人还比我干得好,没有几个有怨言的,在这里干,大家都挺高兴、挺乐观的。

  当然这个呢,通过这样干呢,为我们后来的发展打下一个基础,这是大家奋斗的成果,不是我一个人的事。出了很多先进人物,他们比我们强多了,我是个平平凡凡的人,是的,平平凡凡的!

刘之祥与攀钢钒钛磁铁矿的勘探

采访对象：吴焕荣（地质学家刘之祥女婿）
整 理 人：瞿颖，韩惠玲
整理时间：2019 年 7 月 3 日

  我岳父刘之祥曾经到青海去，短时间地担任过青海省财经队的队长，那么总体上这段时间，他是以教学为主的。后来陈立夫和李书田的关系很熟，陈立夫就跟李书田说，你到西南这边来办一所学校吧，这个地方教学太缺了。李书田遵从陈立夫的意见，所以就带了一部分教师从汉中西北工学院转到西昌。西昌当时是西康省的省会，我岳父也过来了。由于李书田对我岳父的为人、对他的专业知识、对他的刻苦精神都有所了解，所以，西康技专成立不久，李书田老先生就派我岳父到西昌周围的一大片地区去进行调查考察，主要是调查这一地区的地质和矿产。1940 年的时候，也就是他到西康的时间不长，就进行了两次调查。

  第一次调查是到西康宁属北部的几个县进行的，（时间）是从 1940 年 5 月 30 日开始到 7 月 14 日，历时 46 天吧。这次是他一个人去的，当时也大概地了解了一下。当时这个地区的社会秩序，各个方面还比较好一点，所以这次就一个人去了，这个 46 天的时间也跑了很大的一块地方，7 月 14 日回来。他回来之后不久，李书田又开始策划组织另一次调查。这第二次调查，要我老岳父带队，8 月 17 日出发，到 11 月 11 日回来了。回来后就开始整理调查报告，把一些资料测绘成地质调查图，1941 年 7 月份，以学校丛刊的形式出版了两本调查报告。这个调查报告应该说产生的社会影响还是很大的。

就是1940年,李书田先生准备组织一支地质调查队伍,到西昌周围的一些地区比较能够有目的地进行一些调查考察,具体来讲,就叫康滇边区地质与矿产调查。这一次调查,李书田先生是组织者、发起者,在他心目中是有一套设想、一套计划的。为什么要进行这个调查?怎么组织?他都有一套打算的,跟这次调查关系最密切的就三个人:李书田,发起者、组织者;刘之祥,按理说是指定的领队;还有一个是常隆庆先生。所以这三个关系人当中,两个是直接涉及的,一个是组织发起的,也验收成果,是这样一种关系。

李书田在1939年的时候,有一个想法,就是要对西昌、雅安地区进行地质研究调查,当时他跟这个西康省的建设厅和西康地质调查所进行了沟通协商,这个协议大概有这几条,西康地质调查所和西康技艺专科学校,合作调查宁属地质,调查方法:第一条,高级技师由康专矿业课地质教授担任,助理技师由西康地质调查所酌派;第二条,调查区域暂以宁属为范围;第三条,调查地点及路线由西康地质调查所商同康专决定,先由与地方有切实亟需之矿产入手,出发路线均以西康为起点;第四条,调查路费由西康地质调查所调查费项下拨划;第五条,调查所获截之,矿石矿物标本应一份存西康地质调查所,一份存康专地质陈列室;第六条,调查人员暂以高级技师一人,助理技师一人为限,并带工友一名;第七条,合作调查攀枝花钒钛磁铁矿的一些情况。老先生呢,没有多少时间就给我回信了,主要内容就是回顾了攀枝花的钒钛磁铁矿的发现过程。他的回忆是这样的,刘教授先生先后在西康技专和北洋大学工作,向往学术,致力矿产调查,利于国家。

尤其是在西康技专的时候,曾于1940年5月30日至7月17日及1940年8月17日至11月11日,分别派余赴宁属北部和西部进行过两次地质和矿产调查,并写有两份地质调查报告:一份是西康宁属北部之地质矿产,一份是西康云南边区地质与矿产。这两份报告在1941年7月由学校丛刊第二号和第三号出版。调查报告中说明,这两次调查是由西康技专和西康地质调查所合作进行的。第二次调查的时候,同行者有常隆庆先生,这次调查发现了攀枝花大铁矿。当时我所以发起这两次调查,纯为开发国家资源。随和西康地质调查所的张伯颜先生共同商决,由西康技专出人(刘之祥)由西康地质调查所出钱负担经费。调查出发前,常隆庆先生临时加入刘之祥为领队。在 9 月 6 日发现攀枝花铁矿后,刘之祥写信向余报告,遂把这个消息通知了西昌的《宁远日报》,该报刊登了国立西康技专教授刘之祥在盐边县发现攀枝花大铁矿的消息。调查结束后,刘之祥负责写了两份调查报告,并受到教育部和西康省主席的表扬。采集的矿物标本共十项,分别由技专和地质调查所两处保存。写了 11 页调查报告出来之后呢,刘教授给了当时政府的经济部两份(当时欧思浩是部长),给了教育部一份(当时部长是陈立夫)。教育部看到这个报告后呢,很高兴,经济部也很高兴。所以呢,奖励这个刘教授 2 000 块,弄了一个扶贫教授。

后来过了一年吧,当时是西康省省长的刘文辉到了这个技专来了。做报告的时候,一个是表扬了刘之祥,一个是给了一个光华奖还是什么东西。从当时的情况来看呢,影响还是比较大的。这个矿物标本取回来之后呢,由西康技专的一位化学教授进行化验。化验的结果呢,就是含钒钛,就是当发现了攀枝花钒钛磁铁矿之后,刘之祥老先生当时就写信报告李书田老先生。9 月 6 日发现这个铁矿。10 月 27 日,中间隔了一个多月,那时候邮路不是很畅通,这个时间算下来呢,也是差不了太多的。收到刘之祥老先生这封信之后,李书田很高兴,所以就写了个新闻稿。这个新闻稿里面就说他们克服了很多困难,这次调查是怎么组织、怎么进行的,现在他们在哪儿发现了大铁矿。他的报刊有好几个,有《宁远报》、《重庆大公报》,还有《星星文案》之类的,列了好几个。这里面关于刘先生的,就有一句话在里面:刘之祥先生为探矿采矿副教授兼主持宁属矿产调查事宜。

这次调查呢,11 月 11 日回来,12 月开始就整理这个调查报告,就绘这个地质调查图和地理调查图两种类例。这两个报告当中,我觉得跟我们攀枝花有关系的是第二个报告。第二个报告,它的篇名叫《康滇边区地质与矿产》。这个封面破损,实际上这儿来自国立西康技艺专科学校丛刊之三,前面有一部分叫丛刊之二,就是第一次调查的。这儿的标题这就叫康滇边区地质矿产,下面是调查人刘之祥。还有一个时间,封面上有这些内容,这个调查报告呢,一个是引言,就是讲总的情况,第二讲地质情况,地质与矿产嘛,第三是矿产,第四是英文稿,就是前面引言这些内容,还有地质矿产两部分内容,都用英文写的。最后一部分呢,是 20 幅附图。

他平时跟我们当故事讲了。第一部分是整体情况,第二部分带了仪器设备,第三部分是路途遇到的一些困难和危险,第四部分是讲地质方面,第五部分讲矿产方面。他说矿产方面就发现沙金矿和煤、铜、铁等矿,也绘制了简单的矿区图,其中最有价值的是盐边县攀枝花的磁铁矿。这句话写在很多文章当中,因为它是一个记录性的东西,跟我们攀矿是直接相关的,他接着讲铁之含量可达1000万吨以上,居宁蜀第一,为全国之不可多得的大厂,距金沙江90余里,皆系下坡,运输有利,后面他对这个钢铁厂的设址,设在哪儿,提了一些方案。他说这个金沙江有水,他说金沙江永仁县大煤田质佳量多,顺江运下也省力,钢铁厂可以设在江边之倮果,以永仁县之煤,炼攀枝花之铁,天然之条件,颇为理想,又可将大湾子之磁铁矿,由雅砻顺流而下,运送倮果,同时来冶炼又可减低磁铁矿冶炼方面的困难,也可在会理县黎泽之南,沿金沙江处设大规模炼铁厂,对外交通将来有西祥公路器材及运输问题,得以解决。矿石一方面取毛估之磁铁矿,一方面取攀枝花及大湾子之矿石。连同永仁之煤,炼成焦炭,由金沙江顺流而下,如此段江水平稳,对外有险可守,将来我国之重工业之中心可以为此,他设想这一带地区,将来是我国重工业中心地区。至于具体设厂设在哪儿,他提供了三个方案。实际上,在他心目当中有一个全盘的发展计划,那么在引言之后呢,第一章,他写了六节。第一节呢,西昌县至盐源县,这一章总的是讲地质调查,就是从西昌出发到盐源这一段的地质情况;第二节是讲盐源县到盐边县这个地质情况;第三节是讲盐边县境内的地质情况;盐边县为什么单独拿出来?因为攀枝花就在盐边。这个老人想得还是挺细的。第四节盐源县至永胜县,第五节永胜县至丽江县。第六节丽江县至盐源县,这个讲的都是地质方面的一些情况。那么第二章呢?他是讲矿产。第一节他讲总论,这个就是沿途有代表性的矿产。第二节讲盐源县禄马堡这个水银矿。第三节讲盐源县禄马堡南矿山量子磁铁矿。第四节讲盐源县白岩金盐矿,这个我印象很深的就是我们家里的照片啊。白岩金那个盐场怎么这个掏出盐水来。这个好多盐包包什么的,照片上都有。第五节讲盐源县火烧碳。第六节讲盐边县弄坪砂金矿。第九节讲盐边县攀枝花磁铁矿,这个因为那个时候,从他发现矿到确定这个矿的性质,有一个化验过程。现在他按照这个发现的时候来写的。第十节讲盐边县乌拉附近的煤田。第十一节讲盐边县阿拉里附近的煤田。第十二节讲盐边县火房大湾子磁铁矿。第十三节讲盐边县大瓷坊大矿山磁铁矿。第十四节讲华坪县泥巴青煤矿。第十五节讲永胜县碗厂瓷土。第十六节讲盐源县大石包铁矿,这16节实际上是讲了16个地方的矿产资源。那么后面是这个插图目录20份。这张是他们调查的一张地质图,这是康滇调查沿路地质图,他是讲沿路地质图。沿路这些标的东西呢,都是代表一些地层,或者岩层、地质构造方面的,那么这一条路呢,实际上是咱们行进的路线。这么远,这么一个路程。

他们在沿途走一段测一段,走一段测一段,包括距离、高程这些东西都测下来了。1 000多个点,回来后画成这个地质图。起点西昌,回来的时候到西昌完全密合。这就说明了取得这些点都是有效的,是正确的。他要画出这张图来。他就查地图,这个是当时地图出版社出版的,有两个县的方位差了几度。他就写信给地图出版社,就说那两个县这个方位有出入,老先生说后来出版社没有给他回信,不知道改没改。里面都有名称的,这里面都有记载的。我数了一下,他们到的点,总共是286个。当时云南是两个县,我们这儿是四个还是五个县。另外呢,他这个地质图是做得很严密的,一个是地理图,一个是地质图。另外,这个图的图例也是很清晰的。地层结构,河流山脉,比例尺,制画的时间,制画的人,都标得很清楚。这是一张最有代表性的图。还有一张比较有代表性的图呢,就是攀枝花矿区图。发现攀枝花,就偶然的一个机会吧,就是罗明显家。他们到了攀枝花这个地区后,就住在这一家。我这个老岳父呢,他喜欢抽烟,吃了饭之后,他就叼个烟卷子,到院子里散步。院墙边上有两块石头,他觉得跟一般石头不一样,就拿起来看,发现是矿石,就很高兴。第二天早上一起来,就找常隆庆先生,他说你看看这个,这不是一般石头,这是矿石吧。这个常先生他也是地质专业的嘛,一看,哦,这是矿石。他们两个人就让保长带路,就上山去了。上去一看,这个就是露头嘛!这个露头不是一个两个地方,这地区看完了,再到另一个地方。他画的是两个山头嘛。这个是乱崖这个山头,这画了好多叉叉的都是矿的路边嘛。这儿还有一个尖包包这个地方。这张图的绘制过程呢,他也考虑得比较严格的,就是实测是一万分之一,等高线的距离是10米,那就是说这个矿山的高度还是比较高的。这个测绘人是刘之祥。

这本东西出来之后,特别是给了经济部和教育部之后,这个影响就比较大了。这次这个调查呢,是李书田先生组织,由刘先生和常先生一起去完成的。我觉得从意义上说，更重要的是体现了一种精神，一种不畏艰险、不怕困难，甚至不怕杀头风险的精神。这个调查报告里面也讲到了一些路上遇到艰险的故事。当然这个里面讲的限于篇幅，它是比较概括的，实际上具体遇到的情况，远比这个要丰富得多。这个是调查报告中理出来的，归纳起来好像是有六次还是七次吧。他们出去的时候也有充分的理想准备。比如说他们带了些礼品之类的东西，彝族同胞呢，可能比较喜欢这一些东西。他们出发之后的第一站，就住到了一个彝族人叫米佳佳的家里，这一家人口不算少。那么到了那家之后呢，就在那家住了下来了，那家也很客气，他们就把来的目的啊、要往哪去呀这些事情都跟那家人说了一下，这一家吃住安排得挺好，一点戒心都没有。实际上这一种关系呢，也是两个民族之间的关系。第二天他们走的时候，米佳佳这一家的头领，是女的，率领了她全家人，骑着马，送刘先生他们，一直送到她的地界，然后就下跪，说感谢你们啊什么的，很感人的。那么这种关系，为什么能搞得这么融洽？他们去的时候，一看这家人的态度不像有什么恶意的，那就给她的孩子照个相啊。这个照片我们都还是有的，叫米氏公主，这个照片上写的啊。另外她这个娃呢，也给她一个布头啊，一段丝线啊，大家都很高兴。这是民族关系比较好的。当时更多的遇到的是危险，是路途的艰险。比较大的危险是有一次就是路比较窄，下雨地比较湿，一不小心，马倒下去了。倒下去之后，马和人一起摔下去了。摔下去了之后，他的一条腿就被压在马身下了，就一点不能动了。水有一尺多深，下面还有淤泥，他就被压在那儿，只露了个头。他想他不能碰马，一碰马，马一翻身，把他整个都压下去了，命也没有了。他就在那儿等，把脑袋伸在水外面，等了大概一二十分钟，正好来人了，把马牵上来。牵上来这个衣服也没法换了，就这样子，也就走了。这是一次。还有一次是沿路走的时候，下面是个坡，坡也比较陡。马一滑，连人带马地就全都摔下去了。大概有十几丈深，好在马和人都没有受伤，骨头没有断，只是这儿黑一块、那儿黑一块，马和人都是一样的。这沟呢，又比较长，大概沿路走了有十多里路，有一个地方可以爬上来了，爬上来跟常先生汇合了。

还有一次也是比较危险的。对方人也比较多，把马和人都围起来了，说你们要把东西都放下。他们对枪特别感兴趣，另外麻袋里装的矿石，他们以为是鸦片之类的东西。那个时候也是相互僵持着，他们那边人又比较多，这一次呢,翻译起了很重要的作用。翻译说你们看这个麻袋里装的,不是你们要的东西,那里面都是矿石。他们是找石头的,找矿的,这些找矿的人也没钱,你拦住他们干什么呢。后来他们就自动散开了。光盐边县就遇到好几次抢劫杀人之类的事情,他们算是逢凶化吉都过来了。八十几天走那么多的路,那个地区又是蛮荒之地,这个路程下来,整个调查过程下来,吃的苦、遇到的危险都是可想而知的。说实在话,常人是难有这个胆量、难以忍受这种苦的,他们这一队人呢,都挺过来了。所以现在想起来呢,就说这个老一辈,先辈们,他们这个精神真的是值得我们学习。我岳父在报告中也写道,平时给我们讲故事也说道,他说国家需要资源啦,那我们这些搞采矿的、搞地质的人不去找这个矿、不去找资源,我们对不起人的啊,我们也对不起国家呀。所以他说,有的人是怕出去的,他说他不怕,为了国家吃这一点苦算什么呢,这是我们这一些人应该做的一些事情。实际上他这两个找矿的过程呢,都体现了他的一种精神,这些人说实在话,要说起来,说的不多,做的更多一点,是一种身体力行,一种精神体现在行动当中。

那个时候这个调查完了之后,就希望派人对这个地区进行大规模的勘察。因为他们这个主要是看露头,他们没有带挖掘工具,所以关于储量的估计,你看常先生估计是 800 多万吨,刘先生估计是 1 000 万吨多一点儿,那么如果有挖掘工具呢,他就可以进一步去估计产量。所以刘先生的报告出来后,马上送给经济部、教育部,希望有人下来进一步勘探。如果这个明确了,就希望开采。刘先生后来也叹气。哎呀!他说这国民党政府呀,你给它找了资源,它也不开。你说困难,困难有资源在那儿啊,你去开发资源不就好一点了吗?对吧,实际上国民党政府呢,从失望到失去信心。那么很自然,新中国成立后就不一样了。

新中国成立后,应该说他一直到去世,都是非常关心攀枝花的。这个有很多表现,凡是有关于攀枝花的事,他都会非常关注。因为毛主席讲,攀枝花不开发,他睡不好觉。刘先生他听了之后说:"哎呀!有希望了,有希望了,攀枝花终有这一天了,可以开发了。"讲了这些东西,实际上呢,他也是有这个愿望,到攀枝花来看一看,来看一看这个刚解放的时候,可能生活还有个稳定过程,那么这个若干年之后呢,就是秦震老先生他们在 1950 年开始的全面调查,进行地质产量的评估,这次规模是不小的,因为这一次评估情况呢,刘先生也是很关心的。

到底这个评估会有多大的产量啊,好像是10亿吨吧,产量这么大,刘先生当时真是睡不着觉,哦,这个产量那么大的矿啊。很高兴!后来"文化大革命",他也受到了一些冲击,说他就是国民党过来的,还担任过北洋大学的一些有关的领导职务。"文化大革命"之后,生产建设就恢复起来了。攀枝花即便是在"文化大革命"当中,这个三线建设实际上也是搞得红红火火的。

1964年吧,当时我们这个攀钢公司啊,生产上有些难题不太好处理,就是那个矿渣因为是含钒钛,这个黏稠度大了,就流不出来。国家对攀钢很重视,是三线建设的一个重点工程。当时16个单位组织一个攻关团队,到攀钢来进行调查研究,进行攻关。我们学校来了14个,有炼铁专家,有地质专家。地质专家主要研究就是岩层结构,矿的生成跟冶炼之间的关系,所以他们就说攀枝花这个地质情况,生成不了这个钒钛磁铁矿,它生成的是磁铁矿。炼铁家对这个炉渣这些物体进行了研究。后来大家一起攻关,就把这个问题逐步解决了,这个大概在这儿有一年的时间吧,1964年到1965年,可能一年多时间。

那么到80年代的时候呢,我们有的地质专家跑到这个地方来,来进一步考察,就是知道开采情况什么的。那么他们这些人来了之后,刘先生是很关心的,就回去之后,都去拜访或者是把他们请来。那些教授呢,对刘先生来讲,实际上都算是晚辈了。刘先生这一找,都很快、很高兴地来跟刘先生介绍,这个钢厂建设情况呀、生产规模、遇到一些什么问题,现在解决到什么程度呢,给他介绍一些情况。听了之后呢,他还是非常高兴的。那么我们攀枝花这个地方,我觉得有眼光,现在要搞这个三线博物馆,哎呀!我有时候想想,这个老先生要是活着,常先生要是活着,能够看到这一天,他们会多高兴啊!这个想象不出来呢。我们后人要把工作做好,用我们的实际成绩来为国家做贡献,也使他们亡灵得到一点安慰吧。

抓革命,促生产

采访对象:余德星(历任渡口市"革委会"秘书长,市委、市政府秘书处副处长、处长)
出生年月:1932年1月
采 访 人:攀枝花中国三线建设博物馆筹备组人员
采访时间:2013年8月9日
采访地点:攀枝花电视台演播室
整 理 人:龙琴
整理时间:2019年5月29日

铁五师在攀枝花修筑铁路

我是1965年底随铁五师到达攀枝花米易,参加修筑成昆铁路的。我是司令部的一个参谋,当时的军衔是上尉。在1967年7月份以前,主要是在铁路上跑,就是参加修筑铁路上的这些事情,1967年当"文化大革命"开始了,比较乱。部队奉中央军委和成都军区的命令,要来"支左"。1967年7月份我到渡口,以后就一直在这里工作,工作到1974年。渡口就是现在的攀枝花市,部队离开攀枝花以后啊,我们有些"支左"人员就转业到地方。我1974年转业到攀枝花,以后一直在市级机关工作。现在回忆啊,攀枝花已经是我的第二故乡。

参加攀枝花初期三线建设,我感触最深的是两个问题,因为这两个问题呢,我亲身经历比较多,也历经艰难险阻,所以这个印象深刻,终生难忘。

第一个就是修路。当时部队进入米易，是1965年底，绝大部分进入时是1966年初。那个时候部队是住在云南宣威的，除了修这个贵昆线以外，还要修到老挝的公路，西藏的话要修到尼泊尔的公路。有这样的内部消息，就是当时我们反击印度的时候，也修过吉草公路。中央军委命令我们修建成昆铁路后，当时部队就从各个地方调动，慢慢集中起来，进入攀枝花，进入米易。当时部队修建成昆铁路，是米易到三堆子这个段。这一段的长度，根据我的了解，日行大概是50多公里，再加站行的话十几公里，一共是72公里多。除了这个以外，同时还修渡口支线。因为这个成昆铁路当时是西南大三线建设当中主要工程之一，当时的三大重点工程，一个是成昆铁路，一个是渡口工业区，再一个是六盘水煤炭生产基地，这是当时大三线建设的三个主要工程。

这个成昆铁路一共大概长1 100多公里，北段是铁二局参建的，南段是我们铁道兵五个师，我们是五师，还有一师、七师、八师、十师。我们当时的编制大概有4万多人。另外的话，地方配属给我们的九附三信箱（某单位的信箱代码）、5120厂、凉山民工团，大概也有1万多人，一共是5万多人参加这个铁路建设，同时还要修渡口支线。这样的话才能把这个工业基地真的跟这个主干线连接起来。渡口支线大概是50多公里，再加上站行。这个支线，就是将渡口和这个服务区工业区弄弄坪小宝鼎、格里坪这些跟主线连接起来，还有大量的专用线，专用线大概有90公里。这个专用线大概分三片，一片是攀密地区的专用线，我记得大概是46公里，弄弄坪地区的专用线35公里，河门口到格里坪这个专用线将近10公里。铁五师在这里修了好多呢，这个主线和支线加起来大概是221.5公里。我的印象是，现在这个攀枝花管辖范围内的铁路都是铁五师在那里修建完成的。

当时啊条件很差，环境很艰苦，那时米易还没有划归攀枝花市管，还是西昌的一个县，那个时候就是10万出头的人口。当时境内的公路就只有米易城到甸沙关那里一条，到我们这儿来的话，没得公路的，所以全国各地人员到我们这儿来的时候，并不是从这条路进来，而是绕很多地方进来的。部队到了以后，要修这条铁路，首先要修公路。当时安宁河谷人烟很稀少的，因为没有路，部队的这些机器和设备都要自己抬，往山上抬。部队住的地方开始的时候都是在外面搭个帐篷，搭个草棚棚，这样子住下来的。

在米易时,我们住这个山坡坡上的,那个山上当时又没有水,部队要喝水光靠炊事班那哪里行啊,所以机关人员都要去挑水。水挑来以后,比如洗完脸什么的,你还要留着洗脚,洗完脚以后,水还要留着种菜浇菜这些。所以当时条件很艰苦。当时我们铁五师完成的任务,在这五个师当中,效率和速度都是比较高的,在铁道兵15个师当中,也是比较高的。大概是在1970年3月份,我们这个主线段路程就完成了,就是从米易到三堆子这个路径的修筑和西昌到金江车站铺轨、架桥。这个任务大概在3月份就完成了。支线的话是在1967年6月份完成的。至于说这三个片区的铁路专用线呢,大概是出铁前后完成的,那个90公里是出铁以后,像格里坪那一片。

当时我觉得修这个铁路有什么意义呢,徐驰就说你们铁五师在攀枝花修筑铁路,应该是这么个评价,就是渡口工业区的生存性、发展性、胜利性,这么"三性"。当然,这个评价的话,有它的真实性,现在看来确实也是。当时徐驰到我们部队讲话的时候说了很多理。他说没得铁路的话,我们外头的大型机械怎么运得来?朱家包包和攀煤上的铁矿怎么运到弄弄坪去?小宝鼎的煤矿怎么能够运过来?等等。所以从这个角度来看的话,他的评价也是真实的。当然我的看法呢,只是其中之一,更主要的还是要靠渡口的老干部啊、老工人啊、技术人员啊,大家同心协力来建设。从这点上,我感到我能够参加部队,能够做出这个贡献的话,我自己也感到很欣慰。

因为这个铁五师啊,在攀枝花整整待了8年,从1966年一直到1973年底才调走的,当时的话给我印象很深。我刚才说的部队能完成任务啊,跟它这个艰苦奋斗、发扬光荣传统还有关。但是也跟地方上的大力支持是分不开的。我随便举一个例哈,我记得当时,我们部队进驻到米易的时候,我们部队去的人口将近占到米易总人口的百分之六十,米易才10来万人口嘛,我们就有5万多人,我们部队的施工人员,超过米易劳动力的2倍,最重的任务就是那么小的人口,那么偏僻的地方,要把5万多人在它这个地方安排好、支援好,这确实不简单。我记得我参加过一次调查,就是1966年这一年,米易的全部劳动力,平均的话,大概每一个劳动力,在这一年里要花26个工勤为部队办事。办什么事呢?因为部队要开始施工,不管是修建,干打垒啊,住房啊,这个隧道、桥梁上用的一些材料,像盖房子的稻草,隧道里的支撑木啊,石灰啊,砖啊,蔬菜啊,副食品这一类的,就是一个农民、一个壮劳动力,一年时间中就有将近一个月的时间是用在部队上的。

再一个的话呢,当时很感动人的,就是部队进入米易安宁河沟以后,米易那么小的一个单位,它抽出了大概400多人,因为部队驻进来以后,像什么储存所啊、商店啊、银行啊,包括理发店,等等,都要开设起来,那么一个小单位,抽出这么多人来办这些东西,这是我印象深的第二个。

第三个,我记得也是在1966年的时候,米易县为了保证我们施工人员把生活调整好,他们开展一个"三献"运动。什么叫"三献"运动呢?就是献鸡、献蛋、献肉。当时的话这个具体数字呢,大概是献几百只鸡、几百斤蛋,还有好多头猪啊,很快,老百姓都把这些东西卖给供销社了,我们部队就在供销社买,这样的话就能增加供应量。米易这个地方没有什么商业,所以从这个角度来说,就是铁五师在攀枝花虽然做出了贡献,但跟当地的政府、广大群众的大力支持是分不开的,是共同完成的任务。

铁五师渡口市"支左"

当时"文化大革命"嘛,为了制止武斗,稳定局势,支持老干部、老工人,保证建设、生产不停,保证七一出铁这件事。我们师里大概是在1月份接到成都军区转达军委的命令,要五师派人到攀枝花来"支左",参加"三重两定",稳定局势。

我记得当时我们的主要任务,一是制止武斗,维持社会稳定;再一个就是怎么解放老干部,怎么能够保证生产不停产。我来的时候,徐驰还在,徐驰原来是总指挥长、核心小组组长、党委书记,他被造反派揪斗、殴打,有只眼睛完全看不到东西,基本上失明了,另一只眼睛视力只有0.3了。当时是李富春副总理和成都军区通知我们五师,要设法让徐驰离开渡口,把他送到中央去。这个是我们执行的任务,当时很秘密。你想一想,他是被揪斗的主要人员,你要把他悄悄地送走是很不容易的。

我们把徐驰送走以后,成立了一个"支左"办公室,这个当然是顾秀负责了。我们大概在1967年7月份来的,在当年年底,基本上把这个事情稳定下来了。大概在1968年的7月份,我们用"支左"办公室的名义,跟四川省"革命委员会"筹备小组,还有成都军区打报告,要求这里成立"革命委员会"。报告大概是3月二十几日批下来的。在头一年,我们已经把徐驰送走了,送到北京,国务院把他转到上海去治病去了。这个时候报告也要求徐驰回来主持工作。最后批下来以后同意成立"革命委员会",徐驰同志也回来了。

在这之后,我看了徐驰同志写的回忆文章,他说国务院余秋里、业务小组的负责人李富春从上海通知他,说收到成都军区报告,说渡口形势很好,铁五师在那里工作做得很好。那里的广大群众、军民都要求你再回渡口工作。徐驰马上就回来了,回来以后,申请成立"革命委员会"的报告已经批准了。大概在3月31日在弄弄坪开大会,当时3万多人参加,正式宣布成立渡口市"革命委员会"。当时的组成人员是:"革委会"主任徐驰,副主任顾秀、安以文。1969年底,中央又把徐驰调到四川省三线建设领导小组那儿去。徐驰一走,原来的二把手顾秀,担任核心领导小组的组长,这样的话主要担子就压到部队干部头上了。

1970年要出铁,这是中央下达的命令,所以当时这个担子是很重的。当时的主要领导,除了继续稳定局势、防止武斗,继续做好造反派的工作以外,还有一个就是大力宣传毛主席、党中央关于攀枝花建设的一系列指示。当时,我们把"攀枝花建设要快啊,不要潦草啊。""攀枝花不是钢铁厂问题,是战略问题。""攀枝花要建设,建设不好我就睡不好觉。"等等中央对攀枝花的一系列指示散发到人民群众手中,这个力量是很大的。就当时来说,为什么能保证七一出铁,说是认真贯彻党中央关于攀枝花建设的一些指示。再一个就是这个地方的老干部、老工人觉悟很高,与这个也有关系。当然与跟部队驻扎在这里稳定局势啊、怎么支持他们工作也有很大关系。

在我的印象中,一号高炉出铁是在6月28日、29日的时候,是在七一举行正式出铁仪式,7月2日开的大会。这个大会大概有5万多人参加,这个出铁的仪式准备,我们秘书处当时有好几个礼拜都是夜夜加班,整夜不眠。当时的工作量太大了,要跟党中央毛主席写致敬帖,因为渡口工业区的建设是各个省都来大力支持的,又要给各个省写感谢信,还要向中央代表团致欢迎词,还要写大会的发言稿。反正一系列活动吧。

现在有的人说,我们的庆祝大会是7月1日开的,我记得好像是7月2日,7月1日我们还开了一个会,现在我看好多材料没说这件事情了,就是欢迎代表团。我们在"十三栋"底下就是原来渡口招待所那个小礼堂里面开的会,我记得给毛主席的致敬帖,就是在那个会上读的。

以后安以文说攀枝花给毛主席的致敬帖写得很有感情,问是我写的还是别人写的,还表扬我们秘书处。那些稿子都是我们准备的。还有就是事实可以说明,只要我们认真执行毛主席、党中央关于攀枝花建设的一系列正确政策,军与民紧密团结,艰苦奋斗,就可以完成这个任务,就能够建成攀枝花。

大战渡平线,抢占坪一变

采访对象：张宝安(历任六附三工会干事,六附四组织干事,连队指导员,供电局宣传科副科长,工会办公室主任)

出生年月：1945年4月

采　访　人：攀枝花中国三线建设博物馆筹备组人员

采访时间：2013年7月9日

采访地点：攀枝花市张宝安家中

整　理　人：康黎,龙琴

整理时间：2019年3月16日

跨出校门到攀枝花

1965年8月,我从当时的水利电力部泰安电力技工学校(现在改成山东省电力学校)毕业。当时学校想把我留下来当老师,而我有个想法,年轻人嘛,还是出来闯荡闯荡,老在家里不好！后来呢,就被分到北京电力建设分局。正好这时候三线建设开始了,要从北京抽调一部分人,特别是石景山电厂的人。有某些原因吧,当时石景山电厂有些职工不愿意离开首都,离开自己的家。正好我们这个班呢,29个人,当时整个就过来了。我们都要准备到北京去报到了,学校里通知,说改了。到哪里去？说是到五百号地区。五百号地区在哪儿？说是在昆明。昆明这个城市挺好的,四季如春,是个好地方,应该去,好！我们就来了。我们就从上海坐火车,那时候全是硬座,坐到安顺,从安顺又坐汽车到昆明。到昆明以后,当时这里有个六号信箱,有人来接我们了。

　　结果来了说还不行,还得走,就坐汽车,坐什么汽车呢?就是坐解放牌大汽车。我们一个人一个行李卷,也没什么东西,晃荡晃荡就把我们拉来了。大概跑了一天半的时间,才到攀枝花。到了以后呢,住在仁和。一看,我们确实是都有点傻眼了:就仁和这边有条路,两边全是荒山,什么都没有。但是你已经来了,心里还是不大舒服。反正,一看你就是骗我们来了。我是讲的老实话,对不对啊?来了以后呢,就把我们分到六号信箱附三号,也就是前身叫"渡口送变电工程队",在哪个地方呢?就是现在渡口桥头那个地方。渡口桥头又没有房子,都是搭的席棚子。有两栋干打垒房子,公交二公司,那个对面是渡口指挥部嘛,徐驰他们都在那儿嘛,对不对啊?去了以后就住那儿。我们住了以后呢,首先就干了个小的项目:小岔河放过江线。

　　那时候放过江线和现在放不一样,概念不同了。别看那个线小,是小木船,别人给我们摇着,我们就拉,把线放过去。当时确实和现在条件没法比。我们是8月25日到这儿的,9月份开始我们就进行学习,开始干点儿活。到了1965年的10月份,因为我们人少啊,这个路线还有点多,怎么办呢?就从四川一个叫通南巴地区嘛和巴中、宣汉等好几个地方嘛,从农村招人来,叫亦工亦农合同工。大概招了三百多人,加上我们原来的人,大概有五百多人。到了1966年的2月份,就是渡平线准备上马。在上马以前呢,这些合同工,都要给他们进行培训。培训的第一个重点,就是忆苦思甜。当时的忆苦思甜啊,就是现在生活和旧社会的生活的对比,对不对啊?当时我对他们参加培训的合同工(也)讲一点东西。

　　这些人来的时候,有的人就穿了一身衣服来了,什么都没有。有的人,就背了个棉絮来了。我印象特别深的有个叫青金龙的,他来的时候,就带了棉絮,那个棉絮啊,已经看不到棉花了,全是黑的,什么都没有,怎么办呢?当时指挥部就搭建了当时六号信箱,就叫我们工程队出钱,给他们买了衣服,铺盖要发给他们,确实对他们照顾。

渡平线会战

　　完了以后,马上就进行渡平线的会战。当时会战的时候呢,渡平线,全线是147级杆塔,就是从渡口现在的501电厂到平地,其中一条11万伏的线路,这个平地变电站,当时就上马。上马呢,工作人员分成五个连队,一连、二连、三连、四连是干线路的,五连是干平地变电站的,这中间呢,还是少了一截,没人干,就是迤沙拉这个地方,怎么办呢?就组织了个青年突击队,这个青年突击队不光有男的,也有女的。当时渡平线会战的目的,主要是成昆铁路通车,给他们送电用。当时要求1970年7月1日以前必须通车,建设物资才能运得进来。

说实在的,修渡平线基本上都是我们人抬肩扛修成的,塔台、水泥、沙石、水等等都是人运上去的。当时那个背水桶啊,它的形状是这样的:这边是圆的,这边是平的,就背在上头。背在上头以后呢,把汽油桶运上去,把水倒在里头,在浇筑的时候,把那个铁皮,铺在上头,就搅拌沙石、水泥用,都是干这个。

到平地这条路线,那时候没通路,在平地2公里的地方,当时二连在那里,当时那一段水泥杆多,就用人抬,我印象很深。这个抬水泥杆不容易,因为它有十多米长,好多人,用杠子、绳子啥的,这样抬起来,但是那个抬起来以后啊,你一个人要是滑杠了以后,那么整个就要往后滑。当时有个小年轻,我记得最清楚,他就住我们院子的,实际上还不到16岁,来的时候,哎呀,抬起来压得哭。但是也没法,也得咬着牙干,你一个人不能影响了大家。因为它又不是平路,爬坡上坎的,那个地方相对来说,平地那个地方还好一点,对吧?这是一个。

第二个呢,你比如说在常青林场的三连,当时住的基本上都是帐篷和席棚子,没床,怎么办呢?就大家砍些松树棒,大概有这么粗,然后这样埋在地下,然后再竖着,横着,用铁丝绑起来,再铺点松毛(松针)垫在上面,再放一张大席子。那时候我记得好像是比现在要暖和点,所谓的就是白天杠杠压,晚上压杠杠,就这么来的。白天我要抬啊,杠杠压你啊,晚上的时候你要睡在杠杠上头啊,你就是压杠杠。

为什么说住的就在山窝窝?当时三连三排,做饭,就在外头挖个小洞,然后支三块石头,放口锅,就这样做饭,宿营就在山窝窝,就是这么来的。当时这个渡平线呢,就是我们从1965年开始,一直坚持了不到一年,我们就把它抢建起来了,因为那个打隧道要用电,成昆铁路如果没电的话什么也干不成,铁道兵确实辛苦。

那时候打隧道,就是用风枪,不像现在大型机械化作业,隧道一推就进去了。比如说,水泥杆组装起来了,把它立起来,怎么办呢?就用个支架,滑轮推立起来,后立起来埋好以后,再搭拉线,最后才是放线、紧线,对吧?所以说大战渡平线的时候,确实艰苦啊!你看从仁和到迤沙拉,从现在这个东风、仁和过去一点、翻山,没公路,全部都是走路。渔门镇,就是找了个比较宽敞的地方,作为这个线路器材的存放地,用汽车,从平地那边绕过来,可以下到这儿。其他都用人力运啊,说实在的,包括挖坑、立杆、架线,全部都是我们这些人工,没招一个民工。所以我就感觉到,四川人为什么能吃苦呢,确实我都有感觉,确实吃苦。你想在这么艰苦的条件下,都能把这线路架起来,你说现在,你说架条线路,比过去方便多了,起码汽车交通各方面都比较好的。

那时候我们干活没有礼拜天,没有节假日。国家对我们送电工人还是照顾的,一天两毛钱的津贴,一个月六块钱,就是所谓的生活补助。就在那么艰苦、那么困难的条件下,特别是到迤沙拉的时候,组织青年突击队,都是女同志啊,我爱人也参加了青年突击队的。这个女同志也得挖坑。我们出去啊,一般的,大家带饭,出去干活都不想回来吃了。炊事班的就带点馒头啊、带点咸菜之类的,背个水壶,这个水壶又不保温,冷了还不是照样要喝下。当时包括我们的职工也好,干部也好,大家就一个信念,就是对党啊,对毛主席啊,就是纯朴的深厚的感情。你既然是工人,就是来干活的,也不讲什么条件,没说要求。今天,你这个钱给少了可以不干。而那时候呢,我觉得,风气好到什么程度呢,我们那时候就是,刚来的时候啊,我爱人都只有十几元的工资。像我们嘛,来了以后 31 元 5 角,还算多的了,还算高工资了。再加 6 元钱津贴就有 37 元 5 角了,也不算少了。在当时来说哈,发了钱以后啊,也没箱子,也没柜子,怎么办呢?就放在枕头下头,没人偷。而且这个帐篷啊,两头都是敞开的,也没门,这就好。你想啊,我们在这儿住的时候,就是现在我们的这个四合院,就是个土包包,我们就住帐篷以后啊,衣服晾在外面,那时候没什么衣架,就一个铁丝,怎么办呢?把两只袖子穿铁丝上,它不是刮不掉了嘛,一个礼拜不收也丢不了,所以那时候风气淳朴。

渡口的大会战精神,也确实感动。因为三通一住,特别是通电,你没电,什么也解决不了。当然没路也不行,没水也不行,对不对啊?当然电对大工业来说,确实是个重点。因为那时候我们在架线路的时候,501电厂也在修建。我们电厂建好,他们电厂也建好了。大概是1966年底,就通电了。通电以后呢,就为这个成昆铁路输送了强大的电流,为铁道兵、为铁二局职工的施工,提供了动力,保证成昆铁路在1970年7月1日通车。

抢占坪一变

抢占坪一变是怎么回事呢?坪一变就是在弄弄坪上头的向阳变电站,过去我们叫坪一变。当时坪一变就是为了渡口、七一出铁而建的。抢占坪一变的时候,我们这个送变电工程队的人员力量少了点,怎么办呢?就从我们队抽了一个连(当时我就在一连),就是说外行要去干内行的事情。确实我们那时候,抢战坪一变的时候,就是24小时滚动上班,这个排休息,那个排就要上。当时建的时候,说实在的,也没什么施工设备,也没什么好的方法。比如说那个电抗器,那个座子有那么高,很大,是圆的,没吊车,吊车进不去,也没什么,怎么办呢?我们十几个人啊就围着把它抬起来,把它放上去。那时候,一咬牙大家就起来了。因为当时渡口总指挥部要求我们,就是在1970年的6月份以前,必须要建好投产,要保证七一出铁。就这样,我们外行就把这些事情,把变电的事情一样的给它干下来。

说实在的,那时候啊,从变电站回到这个住的地方,什么都不想,就是吃了东西就躺床上睡觉,不存在失眠,这点我觉得好,不失眠。为什么呢?因为累了,就不失眠了。一干起活来以后,什么也不想,就想着怎么完成任务。包括这个电抗器也好,上头这个铝排也好,铝排它虽然是长的、平的,但是你得保证一定的角度,我们就大家学着裹,慢慢干嘛。

当然包括我们,包括别的连队,他们也在那儿施工,包括我们队里领导,都去干。有时候晚上干到个十一二点,也是正常的,大家也没什么怨言。从这点来看,我们就出了个大战渡平线、抢战坪一变,这是我们局的两个精神。两个精神拿到现在,对我们攀枝花电业局来说,这是能起到一个激励作用的。

"远学大庆,近学铁道兵"

我觉得什么东西都可以丢,这宝贵的精神不能丢,包括现在提出来的三线精神,也不能丢。这个人啊,活着是一口气,争的是一口气,全凭这个精神和意志来决定。为什么人生了病以后啊,他就想得很多,就去世得快,而有的人就没事。我们干活的同样也是这个道理,你觉得干得好了,你就可以了。

那时好多中央领导都来了,这是对攀枝花、对三线建设的鞭策鼓励。特别是毛主席就号召,他骑着毛驴下西昌,对吧? 1965 年的时候,毛主席说过一句话:"没有钱,把我的稿费拿出来,一定要把三线建设好。"这就是个精神。为什么当时那么艰苦,党中央一号召大家就来了,弄弄坪,2 平方公里的地方,能建这个炼铁厂、炼钢厂、焦化厂之类的,就是所谓周总理说的微雕钢城。凭什么建起来的? 都是凭精神,并不是凭钱堆出来的,可以说是一种战天斗地的精神,这确实是。那时候,我们攀枝花还有个"远学大庆,近学铁道兵"。铁道兵为成昆线的建设付出了沉重的代价,沿途牺牲了好多人,铁道兵图的是什么? 当时我们只知道渡口能建设这个电厂,建个钢厂,当然那时候不懂什么钒钛磁铁矿,知道渡口的铁是很好的,做成铁锅以后,烧红了浇水都不坏。

现在有钒有钛提出来了,说明技术在不断进步、不断提高。但是我们也不能忘记过去那些辛劳的人们。那时我们还出了个"小老虎"。所谓小老虎,他年龄小,干活很卖力气,从来不偷懒。还有个所谓的"铁脚板",为什么喊他"铁脚板"呢? 鞋穿烂了,光着脚爬山,一样地背水泥、沙石,都得干啊,"铁脚板"叫彭根,他已经调到德阳去了。还有个青金龙,当时我们讲的时候,都掉眼泪,他家里太穷了,什么都没有,家里唯一的一个棉絮给他了。

知道不? 还见到中央领导。我看到贺龙的时候,就是在渡口吊桥头上,当时因为我在指挥部开会,在 501 电厂,江边建的一个小山包包下面,说是来了领导,我和几个同志就去看了。大家见了他就鼓掌,贺龙同志就和大家握手。走到跟前,我说元帅好,他就笑一笑。那时候我们觉得,一个普通的工人,能见到这么大的干部,确实不容易啊。大家一直鼓掌。

那时候也没有什么保卫人员啊把人都弄开,没有,这就说明了中央领导和咱们心连心。彭真同志,在看节目的时候,看到高兴的地方,就站起来鼓掌,在鼓掌的过程中还回头,与大家一起鼓掌。后来我们在开会的时候,在小组讨论的时候,一说到这些,大家心里就感到很激动,感到是一种幸福感,因为这么大的领导,都那么平易近人。

促进工农业生产的发展

当时啊,这个渡平线建设,是一片荒山野岭,说实在的,渡平线建设好以后,对当地的农民啊,也是个推动。因为我们还是修了些便道,对他们有好处的,特别是平地,修了个变电站以后,平地镇过去没几户人家,那时候就有一个平地林场在那儿,平地变电站修好了以后呢,当地的老百姓啊,用上电了。另外呢,这个平地变电站建好以后,马上我们又建了一条10千伏的线路,从平地到大田。沿途的农民啊,包括大田镇,都用上电了,用老百姓的话说呢,就是他们告别了煤油灯和蜡烛的时代,过去他们主要靠煤油灯照明。应当说他们在攀枝花市来说,算用电比较早的了。特别是这个从平地,我们还有条线路,三万五的线路,接到了永仁。为什么接永仁呢?一个是为了成昆线,第二个就对永仁的工农业生产的发展也起到了一定的促进作用。

应该说这条线路建好以后,线路两边的农民的观念都改变了。过去啊,他不认识这些问题,他认为他这个点煤油灯,喜欢啊,现在那个小灯泡,那时候是白炽灯,挺好的。平地变电站呢,说实在的,它主要是为炼钢、炼铁和焦化厂用电,这是个大的改变。因为攀枝花建设,三线建设,主要是为了他们钢厂炼铁。如果不通电,你白搭,你建好的高炉没用。这就是说,对我们国家来说,因为三线是个大后方,这是个基地,在当时来说,你没有钢铁确实不行,你就是打不赢人家,你就是穷,穷了就要挨打。要富怎么办?就得挖掘我们的资源,发挥我们资源优势,来解决这些问题。

我觉得,从六五年到七〇年,攀枝花发生了翻天覆地的大变化。过去没有的工业现在有了,过去路不通的地方路通了,过去不通电的电通了。路通了以后,你过去也好,现在也好,都知道,农民要想富,就要先修路。那么修路,对工业来说,更是个大的名目,交通是命脉。如果说成昆铁路不通车,那么现在咱们想想,从这儿坐汽车到成都要五天,当时那个路啊,现在就是修好了也要两天,到昆明要三天,现在一天就到了。

当时铁路通了以后,我记得我坐过一次火车,从渡口车站坐 24 个小时到成都。当时觉得与坐 5 天汽车比,坐 24 个小时都很满足了。当然根据现在的情况发展,还不满足,还需要修高铁。3 个小时就到成都,多好。从这点来看呢,就是电也好、路也好,通了以后能解决问题。你现在工业发展离不开电,农业发展离不开电,居民生活离不开电。我觉得三线建设哈,毛主席、党中央的决策是完全正确的。从个人角度来讲,如果没有三线建设,我来不到这儿,也不会出现攀枝花市,工业不发展,带动不了当地的农业,对不对啊?

三线建设我最感动的是什么?并不是说我们渡口人在干,而是全国人民都在干。那时候攀枝花需要什么,全国就支持什么。当时是运输,主要的运输就是五大车队,北京、上海、辽宁、河南、安徽这五个省市组成的车队,从成都和昆明往这儿运东西。说实在的,当时三线建设需要什么,他们就供应什么,这是一种全国人民相信你,三线建设把全国人民这个向心力凝聚在一起了,所以说三线建设,并不是说光是我们渡口人干的,是集全国人民的力量干起来的,就像这个抗震救灾一样,集全国人民之力。现在感觉是不后悔,感到值得,不能说骄傲,我没当过兵,没赶到战争年代,过去叫报效祖国。我们能干好这个毛主席、党中央号召的三线大会战,是一种荣誉,是一种幸福。就是说你要是来晚了,你还赶不上这个味道啊。我觉得人啊,需要经历点儿曲折、波折和困难。人假如说一帆风顺的话,没得意思,平平淡淡的。到了现在对我们来说,退休了,平平淡淡地过好生活。当时是年轻人,也总有点理想、一种抱负吧,特别是那时候,我们在学校受的教育是什么呢?听党的话,服从党的安排,祖国的需要就是我的理想。我们那时候入党宣誓的时候,写的就是坚决服从党的安排,确实就是这样。

现在回想回想,挺有味道的,并不说现在,哎呀,真后悔,不该来啊。你说这个地方,寸草不生,哪是人待的地方啊。当时就是说一怕麻风二怕狼,三怕晚上打黑枪。那时候呢,来到这儿确实传说这个,但是我们不怕,因为年轻气盛啊。你现在回想起来,确实感到兴奋,咱不说多了,我起码参加了这两个会战,当然后边的事情不说了。我参加这两个会战呢,就感到我这辈子,我这一生,尽到了我的义务。这个义务,并不是说强迫你做的,当然这就是工作,这个是生活必须的。但从某种意义上说,人经历了这些经历以后啊,他心胸都要开阔很多,我不是为了钱而来,也不是为了生活而生活。那时候是什么呢?我们这代人啊,我觉得是什么呢,就是生在旧社会,长在新社会。我1945年出生的,小的时候对革命先烈流血牺牲,为了祖国,为了祖国的解放和统一,建设新中国,不理解。从这之后,自己亲自干了这个。

确实一个家庭的建设,一个单位的建设,一个城市的建设,一个国家的建设,都是一砖一木起来的,每个人都要尽到自己的责任,尽到自己的力量,才能做成这件事情。我感到自己在这当中是什么呢,做了我应该做的一些事情,做了力所能及的事情,尽到了我应该尽的义务。共产党员先锋模范作用体现在哪儿呢,我觉得就体现在这些地方,艰苦的地方你要去,困难的地方你要去,我觉得这就行了,对不对?并不是说,非要去享受。

我再来给你说一件工作中不幸的事。我们是1965年8月份来的,10月份就发生了一次倒杆事故。这不是我们工程队的,是供电所的,我们同学在那儿,叫展兴成。事故发生在哪个地方呢?就是现在渡口桥这个地方。渡口桥这个地方不是有公路嘛,当时是架的木杆,后来为了需要,就想换成水泥杆了。他上去要把木杆放下来,放倒换成水泥杆。他上去以后呢,结果两边的人把拉线松了,公路两边是排水沟,当时他扎的安全带,脚扣,他没松开脚扣,就掉下来了,连着杆子一块儿摔下来。他下来以后呢,刚好掉到水沟里。本来掉在水沟里就没事了,他运气不好,那水沟里有个大石头,那么大,在地上,没挖出来,这背啊,正好砸到大石头上。当时就把他送到医院。先送到渡口医院,医院不收,又送到仁和医院,当时仁和医院比渡口医院大。后来就死了。死了以后哈,因为火化都要到昆明火化,你猜怎么办呢?不是(受伤出)血很多嘛,就用这个塑料袋,把他装好,然后用汽车拉去,也没什么棺材。拉到昆明怎么办呢?就是(用)棉絮啊,把他包起来火化的。

还有一个叫巩庆禄,我们工程队的。事故就发生在那个地方,就在现在的荷花池方向。当时也是个10千伏的线路,那时候呢,就他上去干活,自己不小心,安全带还没拴好滑下来了。还好,他没死,受了伤。受了伤以后腰脊椎就不行了。我去年回去看到他,到现在他走路还是一拐一拐的。大概就是我们同学当中,有两个人,一个是死了,一个是伤了。至于在施工中,没有发生重大伤亡事故。因为条件那么艰苦,机械化程度那么低,能够不出事故,靠的是抓安全,所谓的深入人心了。大家都处处时时小心,那时候就你关心我、我关心你,人人互相关心,该干活的时候,你看我,我看你,都互相帮助,在安全上也是这样的。三线建设大战渡平线和抢战坪一变,没发生大的事故,我觉得这确实是万幸。

我在攀枝花修公路

采访对象：刘自明（原攀枝花市移民局副局长）
采 访 人：攀枝花中国三线建设博物馆筹备组人员
采访时间：2013 年 8 月 20 日
采访地点：成都
整 理 人：何莹英，龚雪玲
整理时间：2019 年 3 月 9 日

  我们原来的单位是交通局第二公路工程局第三工程处。1964 年的时候，我们在青海省的湟源县那一段修建青藏公路。1964 年 11 月 5 日，我们单位接到通知，到云南永仁修一条国防公路。单位也说不清楚什么事，而且任务重，时间很急，要马上出发。所以接了通知没几天，11 月 8 日，我们第一批人员就出发了，到 11 月 15 日，全部离开青海。大概在 11 月 20 日，就到了宝鼎矿区的宝摩公路的工地现场，就开始施工。我们单位是整建制来的，一个工程队 500 多人，所以队伍整整齐齐、浩浩荡荡的，全部人员基本在 1964 年 11 月 20 日都到齐了。后来因为单位要扩编，我们由 500 多人扩编成一个 4 300 多人的工程处。那个时候就要招工，单位就派我去参加了招工。我就到了西充，在西充当地政府的配合下，很快把人招齐。大家就分批到大渡口，我那个时候年轻，我就带了 5 辆解放牌卡车，坐了 150 个新招的工人，我就带领他们到攀枝花。一路走，经过成都、雅安、荥经、石棉、西昌、会理，然后经过拉鲊鱼鲊渡口，经过平地再到仁和，我们在这儿花了 7 天时间，第 8 天我们就由仁和又经过 54 公里那个岔路，然后进去了。经过小宝鼎那边，然后到大宝鼎，然后就是步行到摩梭河。大宝鼎的海拔和摩梭河的海拔，相差大概七八百米，这七八百米我们就全部是步行，还要扛起自己的行李，因为连路都没有，所以当初看到的是满山松林，松树长得很好，还有茅草，羊肠小道都是滑下去的，路都走不下，就走到摩梭河底下。

当初见到这个环境还是很清幽的，也没有人，我们到了以后，因为工程紧张，很快就抓紧施工。因为我们是第四工程队，当初名称就是交通部第二公路工程局第四工程处第四工程队，那时地区的通信地址都是用信箱代号，我们单位的代号就是18号信箱附4号。因为那个时候修宝摩公路，所以它实际就是宝鼎整个矿区大会战的见证。当时煤炭指挥部还没上马，但它就等着要上马。另外就是一个地质大队，在整个宝鼎山地区钻探煤，到处都是钻机轰鸣声，但是这个钻机没有路就下不去。所以说，钻机也必须要等到我们路通，用车子拉下去，个别地方因为路不通，钻机到了以后，还靠十几个人抬一台钻机下去的。所以当初那个条件，更显出修公路的紧迫性。

我们这个工程队从老花山到摩梭河到金沙江边那个渡口，大概施工的路段有10公里，另外我们一个工程处，一共是5个工程队、3 000多人在那里施工，他们到了4月份就撤走了，就去修其他几条路去了，什么弄弄坪环线啊，还有灰大路、尾大路啊、炳大路这些支线，那些全是没有路的，所以我们工程处就承担了很多条路线。1965年2月3月的样子，上级领导要求我们一个礼拜内要开通1公里的毛路，就是只要汽车能开得过去就算毛路，汽车开得过，它的物资、人员，包括一些最简单的设备才拉得下去，不然就搞不成。

当初摩梭河桥还没修，没有桥，摩梭河的水基本干枯了，为了4号线能够上马，我们就专门给他们修了条便道，然后汽车从边坡上很陡地开到河底下，穿过河底从那边又爬上去，就绕道过去，所以我们基本上保证4月份他们煤炭指挥部的汽车能够开到那里。开到指挥部的驻地，就看到大量的煤炭队伍进去，还有旁边的地质大队的很多钻机，所以摩梭河边是一片热闹，可以这样说，每天炮声轰鸣，我估计一天是上千炮，一天放两次炮，中午放一次，下午放一次，放炮的时候，本身没什么路可走，放炮是很危险的，我记得就是你放的炮要跑到安全距离以外，因为没路可跑，那个时候还是挺危险的。

当初放炮的时候,也就是修毛路那段时间,有小伤小闹的。真正发生重大伤亡事故的,是毛路开通以后。我记得1965年9月中旬毛路已经通了,等于就要加宽,把它一下修到位,这个边坡就削得比较高,削高以后,我记得最危险的一次就是我们牺牲了两位同志,就在摩梭河桥头那个叫观音岩的地方。因为那一段比较陡,岩石又破碎,结果大家抢工期,又下了雨,尽管领导单位很重视,但是最后还是发生了不幸事故,一块大石头从半坡上掉下来,当场就砸死了一位同志,这位同志才19岁。另外一个被砸成重伤,结果在送医院救治途中也去世了。所以今天想到这些牺牲的同志就很难忘怀。这个后事处理很简单,因为我们出去的公路可通,就是我们那段路在修,而且这个出事以后,第二天就开个追悼会。他们工班同志很团结友善,大家把牺牲同志的遗体上的血迹擦干净,把衣服给他换好,木工班的同志做了两副简易的棺材,旧木板钉的。然后第二天上午10点过后,就在摩梭河桥头上面有个小转盘公路上面选了个地方,挖了两个坑,把他们埋了,墓碑就用了两块木板写上字。

因为当初一切都是很简单的,为什么呢?我们在那里施工,生活物资缺乏,材料也缺乏,都很缺乏的。所以摩梭河修桥,桥墩用的是石头,开的石头,所以打石头都是很多人在打,全是人力,没有任何机械。摩梭河中间挖桥墩的基础这些,那时候仅仅用了一台抽水机来,都是等到毛路修通以后拉了一个抽水机来,那时候是枯水嘛,还比较好办,所以说桥墩台是石头砌的,然后桥的这个梁就是木头,就在山上砍的松树,所以这个松树修的桥梁一通,意义就很大了,后来这个煤炭指挥部啊、太平矿啊,大量地上人,这个岩江矿,大量地上人,就都从这个桥走,方便多了。

我作为一个局级干部,作为普通一员,我们主要是在宝鼎矿区为矿区服务,比如说我们把宝摩公路修好,那一年维护它,我记得1965年的6月底下大雨,造成宝摩公路塌方,煤炭系统的职工进不去,当初连吃饭都成问题,那就必须要通这个路,所以我们那个工程队还必须负责从宝鼎到摩梭河的维持通车,所以哪里有塌方,就赶到哪里去抢修。从7、8、9月那几个月维持那一段通车呀,是我们一个工程队的主要任务。所以那个时候单位之间很友好、很协作,大家很团结的,你有伤病员他帮你医,需要材料,互相支援。我记得有一天有一辆给煤炭指挥部拉材料与生活物资的车,走在半路上,因为下了雨,在老花山上面,结果路面打滑,卡车一打滑就会翻车,那个司机吓得不敢开了,就停在那里,走路到我们工地请求帮助。我当初还请我们一个小推土机师傅专门开车,用小推土机把它拖住,慢慢地放了一个多小时,才放下来。如果翻了车,造成损失了多不好的,所以那个时候单位之间都是互相帮忙、团结协作的。我认为这确实也是我们攀枝花的当年建设的一个好的精神和作风。

还有这个标语我觉得很好,当初很鼓舞士气。我们来的时候,因为渡口特区是保密的,所以我们其他都不知道,就知道我们要修路,后来只知道他们煤矿要上马要怎么的,再后来才陆续通过教育宣传、领导讲话开会,逐步给我们讲了,这是渡口特区,这是毛主席最关心的地方,又要大炼钢铁,在我们宝鼎这边就是煤,这个煤就是炼钢必需的,没有我们这个煤,炼钢就不行,所以大家干劲十足的,所以当初精神挺好,我们一个工程队六百多七百人,风气也很好,朝气蓬勃的,队伍也年轻。我记得当初的这个驻地啊,尽管很简陋,我们住的是帐篷,其实都是睡在地上,割些茅草、砍些树枝垫在地上就睡了,没有床板什么的,后来才陆续砍一点树枝,用树枝绑成一个通铺,一个大床架,每个人占的宽度大概就半米多一点,就刚好睡下。所以当初还是比较辛苦一些。这个事情你就这个样子,工作劳累,生活条件很简陋,我认为都是一种精神在支撑,就是早点把这个路修好。我们那个工程队的领导、我们的队长,都很好,很能干,干劲十足,身先士卒。我们队长是攀枝花市的一个标兵,以身作则的好队长嘛。当初我们的驻地虽然简陋,就住在摩梭河底下,摩梭河也干了,没有水,那么平常我们又咋办呢,就把摩梭河的鹅卵石捡起来就在地上铺起标语,写标语没地方可写,我记得好像每个帐篷边上都用鹅卵石摆了一两条标语。

这个食堂也是很简易的,没有棚棚,只有厨房有棚棚,都在露天,也没有坐的,大家买了饭就只能蹲在地上、坐在河边石头上吃。这些用石头摆出的标语还挺鲜艳的。一看到当初的标语呀,我现在记得有几条很感动,对我鼓舞很大,对大家鼓舞很大。大家都说这个标语好。一条就是"胸怀祖国,放眼世界",那会儿我们都年轻,一看总觉得心里面都对的,这是一个。还有第二条标语,就是"团结、紧张、严肃、活泼",这一条对我们也是很实用的。第三条我记得就是传达毛主席说的那个话:"建设要快,但不要潦草。"这三条我印象最深。

这个宝摩公路是 1965 年 12 月 26 日全部竣工的,那个时候生活上很艰苦,我记得 1965 年 6 月底以前,起码我们没吃过任何新鲜蔬菜,吃的全部是什么干萝卜丝、海带、粉条,后来才买了一点魔芋。伙食团自己做魔芋,不像现在菜市场买嘛,没见过任何新鲜蔬菜,而且更要命的是缺水。我记得 1965 年的元月份,摩梭河已经断流了,但是宝鼎山上施工还有涓涓细流,所以那几个工程队住在山上,他们就靠那个生活。在山上砌个小池子,挖个坑把水蓄在里面,就靠这个来伙食团吃饭,喝开水。最初还能保证一家一盆洗脸水,后来没有水了,就只能保证伙食团煮饭,喝开水,熬稀饭。到了 2 月,摩梭河全部没水,就在摩梭河底下伙食团旁边挖坑,挖下去两三米,这样子来蓄水。到了最后取这个水也很艰难了。我记得那个时候因为水污染,人又逐渐多了,都要从摩挲河排,水也污染,有一段时间发生痢疾。我们一个工区 200 人,大概就有五十几个人得了痢疾,我也得了痢疾。我记得我就在铺上天旋地转地睡了两天,想起床都起不来。第三天,因为工程太紧张了,又支撑着上工地去。那个时候我们的同志都很好呀,大家小病都不休息,小伤也不休息,都坚持工作。我觉得是一种精神在支持大家,大家就想国家派我们来,调我们这个单位来攀枝花,这里要建钢铁(基地),当初大家就晓得钢铁在国防上的意义。

我们属于交通指挥部。1965 年的交通指挥部有 2 万多人,因为修路要修到各个地方,我通过开会呀,参加会议要资料啊,这样我也就了解了一些情况。比如弄弄坪的环行线,然后这边修这个以大渡口为中心,到灰老沟修一条路,就通小宝鼎,到这个尾矿坝,就打通了尾大路了。所以 1965 年我们单位修那么多条公路,我们在参加单位的总结会的时候,就了解了全部。就这一年战果辉煌,起码保证了"三通一住"的通,基本上保证了,不然其他单位都上不了马。真正的通,一般都是通路,1965 年底基本上都能开车去,就包括当初的弄弄坪环线。因为修公路有个原则,特别这些工期急、任务重的公路,它的施工原则都是先通后散,也包括设计一个等级的公路,那么先简单修通再说,然后汽车过得去,你的材料拉得过去,机械拉得过去,你的队伍才待得下去,你就可以大干。所以说要生存,第一个就是交通先行。我觉得这一年的付出很值得,保证了煤矿的上马,保证了地质的钻探。

当初说这个特区,这是我们的大三线,是国家的工业基地,是钢铁基地,同时这个地方的钢铁还是特殊钢铁,对国防工业特别有用。我们现在才知道钒钛对整个国防航天系统,包括整个民用的,确实是意义非凡的。所以说从指挥部开始的领导,我认为都是很能干、很吃苦耐劳的,所以我们作为普通一员,我觉得在精神上只是看到一角,但是听着他们谈这些话,我们更鼓足了信心。

我记得最初我们的一队,就在大渡口那个吊桥边上,那一段不修的话,汽车就上不到大渡口来。修那段路的时候要爆破了,最初的总指挥部就是一排平瓦房,都很简陋的,现在绝大部分都拆了,我们的一队就修那段路。在吊桥旁边有个汽车码头,走那里的码头过来,金沙江两岸都是渡船,而且渡船过的车都只能是一般的解放牌汽车,我们单位在那里修的时候,爆破的石头到处飞,指挥部就挨到里头,就挨到路边10米远的样子。结果我们有的同志就说那几个领导好,我们的石头飞那边他们也不生气,还请我们喝开水,所以大家很感动。那个时候干群关系非常好,大家见到徐驰,见到安以文,当然其他的也叫不出名字。有时候领导看到握个手,(说声)你们辛苦了!大家是非常亲近的。我觉得没有这种精神,也不得行,你搞建设搞不起来,得有这个理想,有这个责任感。我举个例子来说,像我们那支队伍招来的年轻人平均不到20岁,大家的思想都比较单纯,没想其他事,就是想着咋个快点把这个路修好,其他都没想。那个时候大家干劲挺大的,我记得抬石头要喊号子,喊的是重庆那种号子。后来我们二队的同志,他们年轻的,还把抬石头的动作都搬上了舞台。在攀枝花第一届先代会上,我们那些同志受到表扬,他们自编自演了这个抬石头的节目。因为抬石头四个人的脚步要合得起,合不起肩都要扯烂,还抬不起来,这是个真正的齐心协力的活,这个方面我们重庆的师傅们是很在行的,很能吃苦耐劳的。

那个时候没得一个收音机,没得一个照相机,所以什么都留不下来,后来回想起好多事情觉得挺有意思的,但当初就不觉得辛苦。我举个例子来说辛苦到了什么程度,礼拜天不休息,特别是4月份以前,礼拜天不休息,你要抢通车。第二个就是天黑了也得干,由于工作面太窄了,白天不行了,天黑了也得去,换班去。天黑了没得电怎么办,就打起火把,因为煤油是买得到的,所以一路打起火把。经常遇到的危险就是放炮,因为整个线路都在放炮,特别是公路回头线的地方,等于公路成之字形的时候,到处都在放炮。即使你安排得再好,有时候还是错不开,你跑没地方跑。我记得离爆破点最近的,就是五六十米远,都是用火引线点,不是用电,所以你没得地方可跑,你点了只能跑那么远,也没得路可走。那个时候听到炮一响,就见满天都是石头,这个时候就要凭经验,就是炮响后,就看天上。我记得离我最近的石头就几米远,看到了赶紧让一下。我们有的同志经验更丰富,他说你看到石头掉下来稍微偏一下,石头又不是挨着你来的,哪怕你偏一米半米,偏开一点就没事,但是确实危险。那个炮声隆隆的呀,就跟打仗一样。我们经常半夜去放炮爆破,因为你不爆破,白班挖泥巴的人就没有活干,所以就得连续干。

我们到摩梭河的时候呢,起初是捡树枝来烧、砍树枝来烧,当初人不多嘛,后来就挖出煤来。我记得是在观音岩的旁边,就是摩梭河桥头旁边一百多米处挖出一层煤来,哎呀,大家都高兴,还没看见过,这就是煤嗦。跟着就把煤拉来,有几个同志挑到伙食团上去烧。这下炊事员就高兴了,哎呀,挑煤回来了,不烧树枝了。这是第一个挖到煤的地方。第二个就是在老花山,我记得我们那个工区住在老花山那里的大概也有200人,我们那个炊事员烧煤,就在山旁边一个洞里面,炊事员自己捡煤来烧、煮饭,而且我还亲自去看了。哎呀,我说这个煤这么好呀,很亮,挖出来很大块的。这个炊事员还专挑大的,他说小的不好烧,挑亮的、挑大的,一天挑几挑就够了。还有就是离摩挲河有1公里的地方也挖出来很多煤,高兴哦,哦哟,这个地方那么多煤呀,这是宝地。我们都没有看见过挖煤的地方,亲自去体验一下,挖进去一个槽子,挖进去几米,这个煤看着是闪亮的,亮幽幽的,那就挺高兴,资源丰富,确实是个宝地。我觉得像我们这一代人,吃点苦是应该的,人生总应该是会遇到挫折,不可能一帆风顺,像我们修路修桥的人工作都是比较艰苦的,但是我觉得特别有意义。

人生能够经历到这么一段艰苦啊,我觉得咱们不谈什么大道理嘛,起码我觉得值得,起码我没有虚度。还有我过得比较充实,我见了这么奇观、这么奇特的事情,经历了这么大的场面,我觉得心里面是很高兴的。我跟很多战友同志们一说起到当年的事都觉得很好很巴适,苦是苦了,但是熬过来了,而且看到今天的攀枝花建设得那么好,那大家当然心里面更感到高兴,所以拿我个人来说，我在攀枝花干了几十年，也经过组织调动过几个地方，最后一直干到退休，像我们过去领导总结的，你们要献了青春献终身，我觉得我们就做到了，很多同志都做到这一条，是客观存在，这是工作存在，也不是你个人想怎么就怎么，我觉得这就是个机遇，对人生就是个机遇。骄傲谈不上，但是我觉得我充实，我跟我的同事跟我的朋友们摆谈，哎呀他们都说哎呀巴适，当初他们没有来成，我觉得是呀，我觉得人一辈子总要有点精神，你要说你的生活质量高，但你精神不好，光物质恐怕解决不了问题。我不晓得其他同志咋个看这个事，反正我们的同志基本上是这个看法。

我觉得我们当年进去早的同志，包括后来的同志和现在的同志，大家对整个攀枝花的建设发展都有不可磨灭的功绩，但是作为早期的建设者，我认为我们攀枝花建设是很成功的，这是很伟大的。特别是因为工作关系我接触了多方面的人和事，我觉得攀枝花这个建设是很伟大的，它是在一个特定的时刻，只有在那种特定的状况下，只有在那种精神状况下，才修得起来。这是攀枝花人的功劳。

那时虽然没有收音机，没有电视机，但我们的文娱生活并没有少。我记得我们那个工程队有一个好的党支部领导，他们就出了很多主意。比如说1965年的五一劳动节，我们自己一个工程队还开个晚会，就是一盏灯挂在那个地方，它的内容是什么呢？就是安排每个班表演一个节目。但是又确实不会表演，怎么办呢？那么就唱歌，让大家去唱歌，所以我们那个队平时开会要唱歌，大会结束要唱歌，大家都很有精神。还有就是下班的时候，有的时候要唱一下歌，唱歌也没有乐器伴奏。我记得当初唱的歌印象比较深刻的主要有三首，一首是《我们走在大路上》，另一首就是《毛主席的战士最听党的话》，还有一首《打靶归来》，还有好些都记不得了。但总的就是，唱起歌一个单位就有精神，那个摩梭河里面到了晚上又比较静，只要不施工的话，那就是唱下歌的这些呀，也是很好一件事儿。比如唱《我们走在大路上》，还挺有精神的。几百人一起唱，那个声音挺大，"我们走在大路上，意气风发斗志昂扬，毛主席领导革命队伍，披荆斩棘奔向远方"，这个歌的歌词，跟我们那个环境就差不多，整茅草整那些啊，开山就这个样子的。还有就是《毛主席的战士最听党的话》，这首歌很鼓舞人的，工地上基本到处都在唱："毛主席的战士最听党的话，哪里需要到哪里去，哪里艰苦哪安家。"一唱起来大家就轻松了,你疲劳的时候,也就是说身体疲乏,但精神感到轻松。这些歌呢,我们就感到它的韵味好,让你有精神,一唱就很有精神的。所以这个歌声起到团结的作用、凝聚的作用,同时也鼓舞了士气,我觉得这应该是一个比较好的娱乐方式吧。

第一是看露天电影,大概是1965年的3月份。那时大概是一个月放一次电影,后来地质队跟煤炭指挥部上马了,他们就放得多一点儿了。我们那个时候,大家也没得凳子,在本单位看,就在河滩捡个石头垫着坐下,如果到别的地方去看,那就是站着看。我记得从我们摩梭河桥头的工地,走到煤炭指挥部放映点的话,大概要半个小时,到大村那边的地质队的放映点,也要走半个小时,而且也都要爬坡上坎,走小路,也没得照明的,后来才买了手电筒,有人打个电筒,大家成群结队地去看电影,这就是一种乐趣。那个时候我记得看了花鼓戏《补锅》,国产电影《南征北战》,反正都是一些老电影嘛。后来地质队又放了苏联片子,煤炭指挥部也放一些,因为我们单位小嘛就排到看。

第二就是看演出。其实那个时候中央对我们很关怀的,整个攀枝花的话可以说,慰问团来的很多,因为摩梭河地区又是一个片,也有很多单位来慰问。我记得有泉州文工团、凉山文工团,还有个部队的文工团,还有郭兰英也来过。这些文工团演得都很好的,对于我来说呢,我很想看,但是我那个时候晚上经常上班,泉州文工团我是去看了的,在煤炭指挥部一个球场,哎呀,那叫人山人海呀,都要去呀,因为平常没得耍的,都要去看。我记得有一个节目最有趣,一个男生舞蹈,叫作《快乐的炊事员》。我们都说这个节目好,跳得好,特别是领舞的那个炊事班长,一看当时他切菜的那个动作做得那么好呀,跳得么有情感,整个看演出的都说这个节目特别好。当然那个时候的演出,主要是唱歌嘛,齐唱、独唱、舞蹈,还有就是三句半,还有就是打天津快板儿。我发觉这些节目都挺好的,绝大部分都是他们那些单位自编自演的。结果地质队一部分人,跟着学会了表演这个《快乐的炊事员》的舞蹈。最后开完会,我们又去看,他们自己又出来表演,当时演得非常好! 那个时候这就是一种快乐的气氛,它减轻你的疲劳,减轻了你的思想压力。我觉得当初的文体活动应该是自编自演,土生土长,大家没得任何资助,也高兴,外来的大家也积极参与,这也是支持我们当初奋战的一个重要方面。我觉得有些经验，其实今后都是可以推广的。像那个时候我们单位的党委和工会启发大家，你们没得材料你们先编点你们自己身边的好人好事嘛，比如说，助人为乐嘛，艰苦奋斗、吃苦耐劳的嘛，就表扬嘛，就用这种方式编快板，这是个主要方式。

攀枝花要发展，一定要记得过去的精神，不要忘记它，那么怎么记呢，我有个建议，比如说，把历史资料好生整理，建设资料好生整理，把将来的规划要做好，利用媒体，利用博物馆展览。还有一点，我建议利用攀枝花中小学生的教材，包括大人、大学生，给他们上这一课。我认为有必要，事情搁久了就淡漠了，要记住它是非常不容易的。要让后代人都记住，起码就要采用种种方式。我认为那里的有些标语实际上都可以长期保存，真没得标语，没得那个，我认为难以理解。我认为有些当年的好标语，甚至可以在我们主要的地方增加一些雕塑，因为攀枝花主要的地方并不多。你比如说炳草岗、大渡口或者其他那些重点片区，设点雕塑都是好事儿，一些美工雕塑，一些标语，你一看就记得。雕塑呀，我觉得应该有几种人的雕塑：一种是工人，一种是攀枝花的农民，还有就是我们的领导干部，还有就是当初的科学家、工程师。当然这个就有个比较，我认为建一些有好处的，这既是艺术，也是教育。这个精神的基本意思就是要艰苦奋斗、科学求实，敢于奉献。我们每个人都必须给社会付出一点，别光想去索取，光去享受，那是不行的。还有就是我也希望我的那些战友们，你们如果听着了、看着了，大家回忆回忆，起码我们默念自己，大家感到的是一种欣慰，看到今天的攀枝花建设，那就更高兴，看到我们攀枝花越来越发展，国家越来越强盛，攀枝花也跟国家的步伐一起走，我觉得是非常好的一件事情，我就感到满足，感到满意。

我在攀枝花架线送电

采访对象：魏华山（原十九冶二井巷电工，矿业公司物资处电工）
出生日期：1949 年 7 月
采 访 人：攀枝花中国三线建设博物馆筹备组人员
采访时间：2013 年 9 月 23 日
采访地点：攀枝花电视台演播室
整 理 人：何莹英，龚雪玲
整理时间：2019 年 4 月 6 日

  那会儿的年轻人好像都有一种很豪迈的思想，听到毛主席关心，又是三线建设，虽然咱也不知道这三线建设是什么，但总之一句话，毛主席关心的地方，咱就得去，所以我就随着那帮人来了。我是电工，我当时负责几条大线路，一个是当时修 502 电厂的时候，负责输电，输电线。再一个就是负责过江线，往烂泥田那边送电线。我们觉得在这儿还挺不错的，搭个席棚子，夜不闭户，门这么开着也没人偷。当时条件上很艰苦，生活上很艰苦，那时候有几句话是这样说的：有条件要上，没条件创造条件也要上。生活是第二，生产是第一。所以我们那时候本着这种精神工作。

军车送我们到攀枝花

  1968 年我回家探亲，回来的时候，正好路过成都，那阵儿钱又少，吃饭还要粮票。我看有两百多人吧，都是到攀枝花来，但是由于成都那儿搞武斗，车根本不通。而且那个公交公司也就是这个长途汽车，一概不通，铁路一概不通，都砸烂完了，我就告诉大家站好队，别着急，大家没有粮了，在这儿住四五天了，也没有钱了，确实是个恼火事，咱们到这成都军区去，求中国人民解放军帮个忙。到了那边，我们大概两百多人在那儿排队，我说我是这个队代表。接待者说好，你等一等。我说我把情况给你讲一讲，我们没有别的意思啊，都是想回攀枝花，钱粮都基本断绝了，我们就在这儿等着。大概过了五六分钟后，他出来了，说有炮兵司令接见你。司令他问我什么事儿，我说我们是参加渡口三线建设的，现在我们两百多人回不去了，钱粮都断了。另外还有一些同志，都一两天没吃饭了，你们军队能不能给点儿吃的。就这么一个问题，另外，那边旅馆没有钱，住不成，我说这也麻烦。我把条件一提完，那个炮兵司令就叫了一个下属，耳语了几句，然后就直接给我们表态：明天早上6点半，你们这些一个个的传达，我们整个军区给你们出车，送你们到攀枝花。另外，你们进了我们这里，我们给你拿点儿馒头，当时做了好几大笼馒头。因为我负责，后来就找了一个袋子装了，我要他们抬到旅馆去。后来跟旅馆一说，旅馆还挺好，就说你们住这儿两天就不收钱了，就没有要钱。第二天早上6点半，准时的，就是一分钟都不差，那个军区的车出来，全是解放牌的，一辆车大概35人，前面是一个小吉普，而且上面架着机枪，从雅安，然后路过乐山，最后到西昌，从西昌那边转过来，一直把我们送到攀枝花。我记得那个解放军既然给我们送来了，我们也没有别的，你到我们那儿坐一下，我们到食堂给你买点饭吃，解放军都说不，我们所有人从那车上下来都非常感动。

遇见郭兰英

第二个让我最感动的，就是1966年吧，郭兰英来到攀枝花。当时"文化大革命"开始没多久，打倒党内最大走资本主义道路当权派刘少奇还不到一个月，郭兰英带领的一大队人都来到攀枝花。那个时候我住在攀枝花。郭兰英他们来攀枝花搭的舞台，也唱过歌，唱过《南泥湾》这些革命歌曲，那歌曲也很受感动，我们当时住这儿，郭兰英也是住这儿。攀枝花因为气候干燥，洗的衣服都能一天晒干，我们下班回来一看，所有穿的脏衣服和脏袜子，折叠得整整齐齐在床上放着,我说这是谁给我们洗的。后来才知道是郭兰英大姐给我们洗的。后来我们就管她叫郭大姐。我们年轻,她也才30多岁,我们就喊着郭大姐。她就说以后你们回家探亲路过北京的时候来找我,你就提到我的名字就行了。

我总觉得郭兰英他们下来的这批人,有的还分到井下,去推车;还有的是拿那个毛丝,往翻斗车上装。我给他们说,你们这个手是弹琴的,你们最好不要做这些重体力的活。他们那些人来这儿待了两三个月,我觉得最感人的是什么?就是说能跟工人打成一片,而且放下自己歌唱家的架子,跟工人住在一起,吃在一起,那是很不简单的了。这些工人都很感动,临走的时候,开欢送会,后来又跟大家唱歌,跟大家合影。

上山放电缆线

那时候这儿是保密的地方,没有叫单位名字,都是几附几。反正八个省支援攀枝花,当时路通的时候,因为没有公交车,也没有其他车,那个车从路上走,你只要在那儿一喊,不管你是谁,这个车准停。你到副驾驶一坐,他问你到哪儿去,他就给你送到那儿去。那个时候的人就是那样乐于助人。1970年,钢花一放出来,火车一通,攀枝花也是一种喜悦。说现在攀枝花出铁了,心里非常高兴,站到外面一看,觉得半边天都是红的。自己虽然说没有干多少,很平凡,但是自己在这儿还贡献了一份力量,感到很舒服。成昆铁路是1970年通车的,1971年我就出去了一次,哎呀,那个高兴,都是看啊。特别是过那个洞子,说那么多的洞子一个接一个,修这个铁路不容易,死了那么多的战士。现在我们坐这个火车,就会想到这些烈士,想到这些解放军战士,我亲眼看到他们在打涵洞,那真是太苦了。有的战士从那洞子里出来,满身都是水,都湿透了。满身都是水啊,满脸都是灰,抱紧了钻头,那真感动人。所以那些牺牲的战士都埋在铁路边上,铁路沿线一路都是。我希望不要忘记过去,至少过去有一种精神在支撑着我们,那就是我们都是为了一个目标。走到攀枝花来的,就是来建设攀枝花的,不能忘记他们,我总是这么想,有了他们才有了我们今天幸福的生活。

当时来讲,最大的困难,就是没干过山上放线这种活。原来都是在平地上做这些线路工作,到攀枝花就不一样了,全是山,你说要是一根电缆,要是从头上拉的话,这电缆容易损坏怎么办?每隔两三米就是一个人,像蜈蚣似的一点点往上运。线路也是一样,底下这个平地上放线吧,你放线,一转就走了,没有什么拉力的。可你在山上就不行,往山上运的话,你总不能把这个往山上拽吧,你拽以后,这个拉力,这个承受力就要减少,那怎么办?那也是用人,隔一段距离就站一个人,都是小年轻,就这么点点往上拉。至于用的那电气配件,都是用人力扛上去的。还有这个角钢都是1米多长,这都是用人扛的。但是线不行,线必须用人,隔不远一个人,一点点往上走。最困难的就是上山的时候,没有路,山上的草又滑,一踩滑,掉一大堆,人都掉下来,爬起来继续往上。后来就拿这个铁钉做这个尖儿杵着,这边扛着就这么一点点地往上走。这个时候虽然是苦,但大家咬牙坚持,喊着口号,有的喊一二三,有的听我喊啊。就这么喊着口号往上拉,慢慢往上爬。要是上边碰着什么,停!一喊就停了。修这个是挺费力的。但是好了嘛,配电装置都好了,电也供上了,各个工区、各个工作岗位都有电的时候,那就好多了。等到1965年下半年,几乎全部供电。硫磺沟当时的重点是什么?那个露天矿吧,你攀钢一生产,必须要有矿石,它必须先供,包括选矿厂,它那儿打了一个洞子,往下放矿,那个是很难的,也死了不少人,在七公里,往那边去,埋了那么多死难职工。那真是用生命换来的,用鲜血换来的矿石。你比方说出现事故了,单位上照顾得还是比较好的。有的能接替工作的就接替工作,有的愿意留在攀枝花的就留在攀枝花,家属都给安排一下,这还是发挥点作用的。

开矿夺煤保生产

采访对象：吕京（历任渡口煤炭指挥部计划员、主管计划员、矿务局沿江矿计划科代理科长、矿务局计划处经济师、计划处统计科副科长、高级经济师）

出生日期：1938 年 4 月

采 访 人：攀枝花中国三线建设博物馆筹备组人员

采访时间：2013 年 7 月 16 日

采访地点：攀枝花吕京家中

整 理 人：方萍，吴艳婷

整理时间：2018 年 9 月 22 日

1964 年 9 月 25 日，我们单位通知我要到西昌去。那时候就说这个地方，不知道叫什么名字。那是下了死命令的：五天之内，必须到成都集合。但是我们来了，到了成都以后，雅安那边公路塌方了，我们就没走。又等到 10 月 5 日之后才从成都出发，10 月 12 日到这里。我来的第一天，到了仁和，就感到这个地方很荒，真是连一条路都没有。我们来的时候，从仁和到宝鼎山顶，是汽车把我们送上去的。大致 12 点左右，我们就自己担着行李，沿着一条羊肠小道，沿着山头，步行到了现在的太平乡。太平乡乡政府下面有个供销社，在供销社一个油库里面我们就住下了。住下的第一天晚上，就在那个摩梭河沟边弄了三块石头，架了一口锅，在供销社里买了点米煮饭吃。这样子过了一个礼拜以后，我第一感觉就是苦。这日子怎么过法？二十多岁一个小伙子，在这山沟沟里头要扎根，怎么扎法？有很多想法。在成都的时候,领导已经讲了,你去的时候必须把那儿的事办好,干好了以后,有机会你可以回来。就这么一句话,我就还想回去。再说我们来了以后,一天就苦干,和地质队把宝鼎矿地质资料全部拿过来,就准备太平矿的开工。

开工的时候,我主要是负责工程施工的前期准备工作。当时我们来的时候呢,省局就讲了,你们去的是两个组,一个是生产组,一个是基建组。我是属于基建组的。生产组由嘉阳煤矿他们派人来管生产,我们就在摩梭河。但是我们这两个组是相互配合的,我们这些人进来以后,第一个事儿要吃饭,要吃饭就要煮饭,煮饭就得有烧的。嘉阳那个组在小宝鼎,那里原来有一个小煤矿,开始进行恢复。在当年,他们就出了十多车煤。当时解放牌汽车就出了十多车煤。实际上这个夺煤保生活,一个是供吃、供水、供气、供电、修公路,另外就是太平矿开口开工。这几个是主要的。

造大水池之苦

这些当中体会最深的是矿区供水的这个事。矿区供水是哪一段呢?就是现在的陶家湾那个水厂,到陶家渡山顶上。参加的时候,第一件就碰到啥事儿呢?水上来,放到哪里?要搞个大水池。当时还没有水,没有砖,啥也没有,挖个大坑以后,那水要漏的嘛,那咋办呢?在我旁边就有一个原来搞土建的,名叫李光万,他说:"农村头,那个农村养猪,那个大粪坑他不是没有水泥吗?"就先挖3个四五百立方米那么个大坑,用黄泥巴加上那个山上的渣土,再弄上茅草,砍成这么长一截一截的,搅和了以后啊,就把那个坑糊起来,抹了这么厚。这个同志那时候和我们24个小时基本上住在那个坑里。当时我是备受感动的,因为我们两个一车来的。当时我也跟着他干了一天,就在稀泥糊里爬,爬过去爬过来的整啊,因为它有好几道工序,抹上了以后要用刀一刀一刀地砍,砍紧了以后,再抹,抹完以后再砍。这样搞了五六次后就把水池搞成功了。当时亓伟同志就说:"真不错!没有材料,啥没有的时候,你们真是就解决了第一个那叫陶家渡四百吨水池,用了25天时间,不到一个月。"最后水池整得差不多了,要从江边把那个管子铺上来。一路围着管子绕,抬石头,抬管子。我也参加了,抬了几回。当时我人瘦,抬不动。抬管子的时候真苦,到了中午11点的时候,实在抬不动,但是还要抬,要供水。

公路大会战

另外一件事儿呢,是那个公路大会战,公路大会战我也是间接参加的。因为我们定到 1965 年的 5 月 1 日,太平矿第一个开口,摩梭河平洞必须开工。要开工,后面接着的主要的材料,又得拉下来,得运到摩梭河来。当时只能通过公路运送,因此从宝鼎山顶到摩梭河这段公路必须在三个月内,最晚不能超过 4 月份,必须通车。当时具体联系的时候呢,我们那个王主任说:"你,这条路必须管,今天到哪里了,明天到哪里了,后天什么情况,他们有些啥事,你要弄清楚,你必须给我弄清楚。"我就把那条路画了个示意图,没有地方放,就挂在我们的那个蚊帐上。这个路有三种颜色,黑颜色是路的示意图;红颜色就是干了的,那个路通车到哪一段;还有个蓝颜色,表示施工到哪一段还不能通车。那时候几个领导天天都要来看,修到哪里去了,哪里还有什么问题啊,我就给他们标出来,这个示意图画完了以后是 4 月 15 日左右,就从宝鼎山下来了,水泥也运进来了。

摩梭河平洞开工

5 月 1 日就是摩梭河平洞开工。开工的时候,我们自己职工队伍的那些工人买了几串鞭炮庆贺了一下。另外还杀了两头猪,当时小宝鼎的生活组他们也过来了。开工的那个井口啊具体就在摩梭河口边上,就是原来的矿务局那个边上。为什么那里要开这个口?因为太平矿总共是两个大口:一个大口是在摩梭河,另一个大口就在太平乡这个方向。一个口是通风用的,一个口是运输材料的。为什么要先开这个通风口?因为通风口一进去 100 米左右就有煤。当时的 501 电厂要发电,必须先出煤。我们就把风洞打进去了以后,100 米的地方就开了个小的,这样子就可以出煤,就解决了当时 501 电厂发电用煤的问题。

为什么选在 5 月 1 日?501 电厂大概是 1965 年七八月份要开始发电,我们必须要在 5 月 1 日开口,打进去以后才能把煤拉出来,这样主要是解决了当时电厂的发电。到了 1969 年五六月份的时候,那边铁路就不通了,煤山坝那边就下死命令,你们一定要在宝鼎矿区附近找一块配煤。哎呀,我们就花了很大工夫,翻遍了这一片的地质资料,就在华坪,现在的龙洞,找了一个,一块瘦煤。9月份了,找亓伟的时候,他在"文化大革命"中受了冲击,刚刚复出,他就带着我还有几个人到了龙洞,在龙洞那儿扎根了十几天,就把那个瘦煤啊,沿着煤层打个洞进去。12月份,就正式出煤,总共花了45天,从一块荒地到出煤,整个一套45天。我们那个时候下龙洞啊,那是最艰苦的。第一个刚把那个井口发现,就要打洞,地面生活这一套基本上是没有的,就是那个席棚子,拉两张席子,两根木头这么一支,就睡在里头。那边食堂是在地面,用三块石头支起锅。

  到11月初,我们如期把那个配煤送到焦化厂。因为我们这帮人啊,都是搞建设的,对采煤这一块不熟悉,要全靠小宝鼎。因为原来只有一个任务,现在变成两个任务,在这种情况下我们怎么办呢?把小宝鼎的几个大班长叫过来,就这么以老的带新的,一个老工人带个七八个新人。带的时候,最难最害怕的是什么,是安全问题。煤矿里边最难管的就是安全,因为里头就这么一点地方,一般人看到那个石头真害怕,龇牙咧嘴的,安全问题你不把好,出了点事怎么办?龙洞就是那么困难。到正式出煤那半年,没出过事故。因为我们是坚持宁愿少给我出2吨煤,慢一点,也不能出事,宁慢不能出事!煤矿工人在里头干活就不是8个小时了,一般是11~12个小时,因为那时候每个队里头就有一个同志专门管安全的。矿厂也有这么个部门,有那么两三个人,专门管安全。每天一到上班的时候,有一个人在井口,他们那时要开班前会,班前会的主要任务就是讲安全。他们那个时候是讲得很实际,很具体,今天我这一块,条件怎么样,是个什么条件,这个环境怎么样,你们的任务,该是干啥,完成这个任务,可能会遇到些啥问题,就跟他们讲这个,讲实例。如果你们下去了以后,碰到这个事了,你们可以不干,你们就赶紧出来,告诉我们,我们再采取办法。煤矿的这个安全啊,就管到这个程度。这个制度到现在矿上还在用。在每一次大会战做方案的时候,必须有安全这一章,我们要通过文字,给大家叙述,叙述完了以后,还要在作战方案上讲清楚采取哪些方法,这是必不可少的,没有这一条,你的方案就不成功。

  那些工人最困难的,还是想家。有很多工人想家,特别是一些新工人啊,来了以后,他对这个地方不熟悉,首先要跟他们讲清楚,你来这个地方是干啥的?为了三线建设,为了要出铁。他们那时都是从农村来的,话又说回来,在1967、68年的时候,农村条件也太好,到这儿来工作,吃饭不愁。攀枝花在主食上面从来不缺,"文化大革命"时期那么乱,也从来没断过。第一次出煤是小宝鼎,当时我没有参加,因为小宝鼎那个地方实质是什么呢?它是巷道恢复啊!原来它已经有个小煤窑了,就是原来小煤窑进去以后,把巷道恢复起来,再出煤也没啥仪式,把煤拉出来拉走就完事了。真正大规模出煤的时候,是1968年到1970年,矿区全部出煤的时候是1970年,1970年是最后一个矿井。

沿江矿出煤

沿江矿出煤的时候我在,那时候开庆祝大会,彭德怀来了。彭德怀是六七月份来的。他来的时候,头一天总指挥部通知,明天有一位领导要来,是谁来不知道,你们要把你们那个江南公路整一下。因为那里都是石头路,你们矿务局要派人把那条路全部整理一下。头一天,我们机关的所有干部,大大小小的,都扛着铁锹修路,从摩梭河一直到江边,因为那时候只有一条路,修好了。彭德怀来了以后,他去四周看了一下,还上了我们后面那个山头。"煤矿很重要,没有煤就出不了铁,我没有什么大的指示,看看同志们,同志们辛苦了!"这么大年龄的中央领导了,来了以后还这么细致,令人深受感动。

我从学校出来就具体搞业务,我退休那一天,我的业务还是一大堆,整个矿区的基本建设情况,还在我手里。我这一生呢,虽然也吃了一些苦,但都是在平凡当中度过,很平凡。

白天杠杠压　晚上压杠杠

采访对象：吴恒泰（渡口市"八闯将"之一，"技术革新能手"，原任攀枝花市电业局工会主席，供电公司副局长）
出生年月：1932 年 6 月
采 访 人：攀枝花中国三线建设博物馆筹备组人员
采访时间：2013 年 6 月 28 日
采访地点：攀枝花电业宾馆
整 理 人：吴艳婷，李文静
整理时间：2019 年 3 月 21 日

架电线　修变电站

　　1964 年 11 月 12 日，我们单位总支书记找我谈话，谈话中他就说到渡口。那个时候对电力工作人员要求得很严，还要政审，比如家庭出生不好的啊，都不能来。我们那个班有个家庭成分是地主的，就把他驱出去了。我当时就准备拿笔记下，我怕搞忘了噻。总支书记说不能记，那个是保密的，只有记在脑壳上的。你记不到也没关系，驾驶员他是知道的，你们到渡口去。当时领导给我们的任务是"三线五变"，就是架设三条线路、修建五个变电站。那个时候，我们出来的人啊，党员没几个，我是共产党员，又是班长。就叫我带队，叫我准备工具。好，我就准备。叫我抓紧准备，准备好了就出发。我就准备，我还不是准备一套，我还准备两套工具。

　　那个地方那么远，总要搞充足点嘛，准备了两套工具。当时市场上买什么东西都很困难。准备两套工具都很难。我到废品堆里去找，拼了一些改用的工具，准备好了。等到11月14日，我们就出发了。出发时我们是两百零几个人，我带着这些人分乘公交公司的五辆卡车，每辆卡车装了40人。我们有个十轮车，十轮车都是报废的车，只有一个老师傅能开，用来装食堂的用具和我们的工具。我们第一天到雅安，就在雅安歇了。第二天我们住石棉，第三天我们就住西昌。西昌呢，像个县城不像一个市啊，就是几条机耕道。到西昌了以后呢，我就跟那个管理员出去转。转到那个供销社，我看到那个粉条和那个萝卜馅儿，是用两个席子捆一包，我就跟管理员说，我们到那个地方有啥子吃的，我们是不是要买三袋。那个时候一个食堂的资金，虽然只有100多元钱，但那时东西很便宜啊，我们就一样买三袋。买好了我们转出来，经过邮电局，听邮电局的广播里边说，我国第一颗原子弹爆炸成功。我还给那个说，我说这是很好的一个纪念日，我们第一颗原子弹爆炸成功了。我们第四天就去会理，第五天就到攀枝花，那个时候叫渡口。到渡口后就到仁和。以后就有人来招呼，说你们今天晚上就住在这里了。仁和仅一个旅店，住不到几个人。我就说女同志和一个岁数大的师傅住旅店，其他人就住到老乡家。在老乡家，就把自己铺盖卷打开，在地上睡一晚。第二天一早，我们在仁和简单吃了点早餐嘛，就到那渡口了。在那个渡口大桥外面，有棵大攀枝花树，当时就用三块石头架个锅，帐篷搭在山窝窝里。差不多是19日嘛，就到那里，就在金沙江边用盆子舀水上来喝。当时就有个人跟我们说，我们的第一个线路是到灰老沟煤矿。于是我就组织一些人，搭帐篷，平地基。当时进来的第一个会战，就是三通一住。当时提的口号是，人进得来，展得开。我就带了几个人，去看用电的中心点在哪里。

那个时候没得坐车条件的，我们就从渡口大桥走到灰老沟那个煤矿。去看了以后，我们就组织测量。当时也没有技术员，也没有工程师，就是我带起人，第一条线路就在那里测量。

我们测量的时候翻山越岭的，地形又不熟悉，也没有工程师，选择线路，就靠我们。我就带人干。当时山上的火箭草最厉害的，就是现在说的毛草刺嘛。我们当时喊火箭草，因为粘在布上就往里面钻，会扎到肉。当时我们来的一些女同志啊，真是受苦了。

第一条线路一个月完成后，就做从渡口到那个仁和的第二条线。做第二条线也是我带起人干的,测量啊,选线啊。当时搞工农关系啊,还有爱护农民啊。我们测量的时候,就在农民的甘蔗地里,从渡口那个老街到现在那个传染病医院啊,当时那一片全部是甘蔗地。因为11月份啊,甘蔗快要吃得了,砍了多可惜,我们就想办法还要把它保下来。我们怎么办好呢?就是把三根甘蔗捆到一起,我们一行人看得清楚就行了,要把农民的财产保下来。

第三条线路是做到煤矿,就是那个花山煤矿。那个时候我们队长也来了,书记也来了,就跟队长一起。花山在哪个位置,我们不晓得噻。我们从渡口大桥跟队长一起,还有变电站的一个班长,和我们一起,从渡口大桥就到那个矿务局,那个时候走路哦,带一壶水就出发。变电站位置看好了,线路走去再来测量。我们从花山回来的时候,路过大水井时天都黑了,我们就在大水井住下了。大水井,那个时候是啥样子的呢,就是马帮住的店子,很脏。那个时候还有蚤子,在那里住了一晚上,这一路上全部走路。

当时工作条件很艰苦的,我们上下班都是走路,很困难的。当时我们有句顺口溜:"一怕麻风,二怕狼,三怕过金沙江。"我们那条线路跨了两个麻风病区,一个就是在那个施家平,那个是严重的一个大麻风病区;第二个就是现在矿务局那个地方,也是个麻风病区。但是麻风病人是轻微的,我们就是跟一个麻风病人坐一条船过的河。就在那个502电厂,下面有个渡口,就在那儿渡江。那个是轻微的。后来我们回来的时候,我问那个船上的船主,你们这个地方怎么那么多麻风病人呢?他就跟我们说,你们上午一起过去的那个人就是麻风病人呢。我们那个变电班长听到后,就跳起来了,他说你咋个不早点说呢。所以当时我们那个情况,整个是很困难的。当然我们还好,我们预计到了,在那个地方没有蔬菜,我们买的有粉条和那个萝卜馅。但是吃几顿可以,上顿下顿都吃那个也不行,大家只有克服啊。老乡也提些建议,说木瓜还可以做菜。我说那你们卖点给我们嘛,他说你们自己去摘嘛。那时候老乡老实得很,还不晓得收钱,他说你们自己去摘嘛,那个可以炒菜吃,就那样吃也可以。

我上面谈到了三条线路,其实还有条线路,就是为了满足那个成昆铁路建设,成昆铁路打洞用的就是那条线路的电。就是在渡口那段的用电,我们就住在那个岔河。四条加起来就是"三线"。

还有就是岔河变电站、密地变电站、大河变电站，我做工作最典型的一个地方，就是在灰老沟架过江线。那又在滩上，我们就拉第一根线，在拉第一根线的时候，先做根钢丝绳，把线引过去，钢丝绳做过去以后呢，结果拖钢丝绳拖不起来。那个时候都是身强力壮的大汉，我看拖不起来，我也跳上船去拖，一起干。看那个船啊，要进水了，船要解体一样了，我就跟大家说，我们不要做了，这样会船毁人亡的。那时候我还是当班长，我们准备三天，我们动脑子，把办法想好了，再来干。当时我们那个帐篷搭在那个弄弄坪一颗大黄葛树上。那有几家人，我们就在那里，我也一起动脑子撒，发动其他的。我就把线拉了一根拉到黄葛树上，这头就绑在帐篷上，我也拿滑丝在那儿滑，滑的时候，我又绑，我也在动脑子。怎么解决这个问题，第三天我们就把大家组织起来，我说把你们想的办法都说出来。有的说，可以自动脱落呀，自动脱销啊。我说你们这些方法也不是不可以，但是有很多问题。那时候听说金沙江准备用来通航，要是拉不起来，长期在那里是个障碍，一通航就是个障碍。我就把我的想法介绍给大家看，我说这个线越拉越紧，往上面抬，自己就散开了，什么东西都掉不到金沙江里面去，绳子也掉不到金沙江里面去。大家说那个可以。好！就用我的办法。

  线路与变电站快要修完了，我们不是要回去吗？当时的徐驰、安以文那些领导来了，说这支队伍不能走，走了你再组建这支队伍，咋个组建，那支队伍那么强。那时候我们都是按时完成任务，都没拖后腿的。我们电工没拖攀枝花建设的后腿，这个"三通一住"的会战我们是圆满完成了的。我们完成任务，为什么完成那么快呢？因为生活艰苦，大家反正干完了就回去，所以早上天不亮就出去了，晚上摸黑回来，走路，带一壶水，就是走到大水井去上班。后来徐驰他们一说，那支队伍不能走，大家就闹情绪了。闹情绪我怎么办呢？我是党员，我不能闹啊。不但不能闹，还要做工作啊。当然我们当时还有个插曲，我把这个补充出来。

  因为我们总支书记来了，他那个侄女在这里，他要把他侄女弄走。他就来忽悠我们队长，让他把铺盖卷拿走，拿走了以后，以后探亲，就不用回来了。好，那个群众知道呢，那很难说啊。那时候来的，都是青年人，绝大部分是 1964 年参加工作的，才离开父母。一听说留下来了，就闹情绪，都不去吃饭啊。我怎么办，当然我就来找队长啊。我说你们这么一做，我怎么工作，增加我们的工作难度,队长还给我扣个帽子,他说你不要乱造谣哈,我说怎么乱造谣呢。我说你的铺盖卷在哪儿呢?他说你看我床上不是铺盖卷啊。我说你床上的铺盖卷是我来的时候带来的哇,我还不清楚啊。当时我们领导说了,叫我带三床备用的,万一领导来视察工作要有盖的有用的。他不说话了。

当然我只有回去,回到班里去做工作,开党员会。班里有两个党员,一个党员是个老职工,比我资格老,是解放以前的工人,变电站有个党员,于是我们就开党员会了。我说我们要注意哦,我们是共产党员,我们宣誓是干啥子,党需要我们,就看我们的实际行动。平时检验不到我们,这是关键的时候。党员会开了,我又开个团员会,团员是先进青年的进步组织,是党的预备兵,我说你们在这种情况下,要服从党的工作需要。党团员会开了以后,我又组织骨干,过去骨干表现好。我说看看我们骨干哈,平时我们只是看大家表现,我们真正表现怎么样,也就是考验我们骨干怎么样。是不是真正骨干,工作需要的时候才体现我们。会开了以后,我就组织党员、青年分配任务,你们一个带几个、一个带几个,做工作。好,一个月就把局面扭转过来了,大家又正常上班了。

后来留下来。第一个会战完了,我参加了第二个会战。第二个会战,就是大战渡平线。大战渡平线就是501电厂到平地,那时候我就指挥一切,当时是11万伏,渡平线那时候是个啥子呢?成昆铁路那上面开洞子要电,就满足那个用电。所以当时我们那个支部书记,开了动员大会,就是1965年底,开个动员大会。开了以后,搬到那个工程上去。1966年1月1日要进入现场,7月1日完工。分配我们的任务是从渡口到斑鸠湾。我们这段的工程是最恼火的一段。因为这段不通公路,全部靠人抬、人挑、背扛,全部用人工搬上去的。这是第二个会战。那个时候我是连长了,我们就做这段。这段工作很艰苦,那时候混凝土量是全工程量的百分之六十,其他都没有混凝土,我们的铁塔也大,运输的也是百分之六十以上,因为全部是人抬。所以我们也动脑子啊,我就搞了几个索道,一个就是从原来的木材厂那后面,架到那个山顶上,建了条索道。那条是机械化的。还有三堆子上过那边,又架了条下滑索道,架了三个索道,减轻劳动力。

当时我们人的生活是什么情况?在那条线路上面,我们在山顶上住一班人。山顶上人的生活,也是在那个地方挖一个洞洞,后来索道出毛病了,山顶上的人一盆水用三次。就是早上洗脸,中午洗手,晚上洗脸洗脚。在那山顶上,当时我们还背水,索道没建好以前,背水上山。那上面住的呢,就是将山上的那个木头搭个架子,上面铺些树枝、树条,当时有个说法是:"白天杠杠压,晚上压杠杠。"就是说白天用杠杠抬东西,晚上压在杠杠上睡觉。在那儿干工作,我晚上12点钟之前没有睡觉过,当时我们那个基础条件很差啊。上海还来了一个,就是技术力量强的来帮助我们、来支援我们,是个副队长,他说你每晚上来睡觉我都晓得,你是轻手轻脚的,但是我还是晓得的。他说白天你在屋里睡一下,我们在外面没问题,你放心好了,当时我是连长,别个上班你在屋里睡觉,不知道还可以,知道了就不好说啊,所以说晚上12点钟以前没睡过觉。当时那条线路的施工,最小的不到14岁,当然不到14岁那是违法的,那是童工啊!攀枝花那时候招工也很难啊,那个地方只有那些人,要不要嘛,那时候招来的合同工,比我们最大岁数大的还有几个,也只能收。你不收就招不够,那些也是隐瞒岁数来的。后来我咋知道的呢?他那个院子的人给我说,他说某某人才14岁哦。我不相信,他说真的是14岁呢,所以我就想,这么年轻,我们那个劳动强度又大,又那么辛苦,把身体弄坏了怎么办,所以我就安排他到食堂去,我说你能干你就洗点菜,不能干就要。那个人还是很积极,他说:你的心意我领了,我晓得你的意思。他说自己在外面干,不拿重的。那个时候出去干活的人,每天出去完成啥子必须完成,还有明天的任务也要完成。

大家又提出口号,"小病大干,大病坚持干"。大病到什么程度,我们在斑鸠湾住了一个排,那个排的吃水都成问题啊。攀枝花那个时候,从头年的10月份到第二年的6月份,天上一点云层都没得。太阳亮晃晃的,所以在四五月份吃水困难,在斑鸠湾那山里面,有老乡,那个时候要搞好工农关系,不跟老乡争水。工人是领导阶级,是老大哥,农民是我们的兄弟,不要争他的水,我们就吃牛脚窝舀起来的水。那个时候大肠杆菌好严重哦。吃了拉肚子,有的拉血,像那种情况都坚持干,走路打偏偏还要坚持干啊。下雨天也要干啊,所以那个时候,安以文带市里面的团组织到山上去看一看,还出了个事故。有个女同志她不晓得,就去看一看,就流产了(可能严重拉肚子所致)。

结果我们提前一天完成任务。当然荣誉也下来了,有"铁脚板"啊,有"铁肩膀"啊,有"小老虎"啊的荣誉称号。当时的攀枝花人树"五风",全渡口市我们电力是一盘棋,整个电力系统是一盘棋,因为我们差那么多的劳动力,不管你怎么加班加点,你不可能补得上那么多劳动力。结果是啥子呢,501电厂的那些干部礼拜天来,不计报酬地全部来给我们抬线。所以基本上那个时候,还有大协作风格,互相协作,但是我们的工程好,还提前完成任务。

八闯将

我还有个荣誉叫"技术革新能手"。实事求是地讲,我开始搞我的工作的时候,是闹情绪的。一个是工作强度大,一个是危险性也大。高空作业,我一看我们老师傅皮带一拴起,伸出去,一米五以外,万一有什么闪失掉下来,妈都来不及喊就完了。所以我闹情绪,我不干。那时候领导做的政治思想工作,可以说是立体的政治思想工作,党的,工会的,团的,老师傅立体式的政治思想工作。可以说是,革命要有人牺牲,我们才能有今天的生活。我们现在要搞建设,也必须要有人牺牲的。理论上的嘛,都是谁也离不开谁。电发出来,没得线路送出去,机器发动不出来,一切都是空的。社会主义建设,要有人牺牲,大家都不干怎么办,我感觉这是道理啊。后来我想通了,就说好。

我是1966年爆破压接成功的。我把那个爆破压接成功材料拿给我们电力部门,可以说全国是轰动的,就是套件压爆破压接。当然爆破压接我也不是一天琢磨成的。

我是琢磨多少年,我试验了三次,成功了。那个时候"文化大革命",没有推广出去,也没有说。反正我自己搞爆破压接。我们那个时候叫六十三电力系统单位嘛,六十三有个技术员,他来验收的时候,有施工记录表。他一看,有一个压接信息,我写的爆破压接。他一看到爆破压接,他就惊奇地问我:"凭啥子?"我说我经过了三次试验,三次试验安全拉定,破坏拉定,跟那个规程上的是吻合的。我说光滑度,还比那个水压机压的光滑度要好。我说我都用上了。好,他就没开腔了。他说第二条线的时候,做一个给我,他拿去检验。

后来他到那个十九冶设备上去检验,他说跟那个数据是吻合的。他说他准备推广,他问我,我说你推广就推广嘛。因为新的,他怕出事,就专门组织了爆破压接组推广。毛主席说过"实践出真知",所以我就去试试嘛。但是那个炸药怎么固定、怎么来爆破,是老乡给我出的主意。渡平线完成了以后,我就到库房里面去。我们库房就是一个老熟人在那里,他跟我关系好,我在里面转。他的库房有三种铁皮,其中一种0.2毫米的铁皮,宽度跟压接管的长度一样长。我就一下想起来,拿来做爆破压接实验。我就问他这个铁皮干什么用的,他说是变电站安装,可能高点低点拿来垫的,他们也没领去用过,我说我先拿一圈去试试,如果行的话我就全部拿走。我经过三次试验,成了!成了以后,就用那个油毛毡来卷。用木头整了个爆破眼,所以那个"八闯将",可能就是这样来的。又加上我在外面和大家一起干啊,一起想些办法,比如我们有设备,运过江,那时候靠船,没有桥,汽车也不能过去,就在灰老沟外面架起索道,弄弄坪上的那些杆子,变电站里的那些设备就是这样办法解决的。

我参加这个渡平线,还参加一个会战,就是平地变电站要保证七一出铁,也就是出铁会战。说你们七一送电,我们怎么完成呢?我们还要验收,验收了以后合不合格?以后我们还要烘炉,我们能七一出铁嘛?我们完成任务时间只能又提前。提前,"小病大干,大病坚持干",我们的一个支部书记,高烧到40度,住院了,他偷逃出来,都出来干啊。我反正是两班都兼到。当时安以文到工程上来过三次,那个时候市领导深入一线,来过三次也没讲过话,也没说过啥子,来现场转一圈走了。那个时候很多人,喊安大爷,叫安大爷来了,我们工程又要加码了。所以工程要加码,来了三回,他来一回变一个样。我们就组织两班,一个班干12个小时。当时502电厂和501电厂的干部,休息日都到那里来,他们来做什么呢?那么宽的铝排,那么厚的铝排,因为铝排都是卷起的,要把它弄平,开关柜啊,开关盘啊,运输那个,由我们起重班指挥,运那些。那个时候不分甲方、乙方。甲方到现场来一起干,干一样验收一样。我们做电池啊,做完还要电试。干一样,电试一样,不是做完了再做一样,而是电试一样,验收一样,工程完,验收完,就送电。

当然,还是要靠上级领导发动我们电力系统的,要什么人就给我们什么人。比如说焊工,我们那个时候焊母线,结果把电厂最高级的焊工请来焊也焊不起。那个8万伏母线,是铝管的,焊接不起来。怎么办?我们一个老队长,他是搞变电的,结果他还整来合格了。外行参加干的时候,我们跟那个指挥长也是有矛盾的。指挥长要求的意思是,做外线的人他专门干一项,专门干两项。我说你这个怎么行呢,我们不采取他的了,我们都跟原来的工程师啊,一起参战。送电队的人进来,个别也是大胆勇敢的来参加,但是我们在老师傅的指导下,干出来质量最好,因为上下一起都重视。虽然有些外行在那一起干,也重视,但是那个质量不一样。做渡平线,那个线路也是一样的,技术力量相当差,但是我们重视,那个线路上的质量是最好的,一直到现在都还很安全。在平一变电站,也是按照攀钢用电的要求,按时完成任务的。

我为参加三线建设而自豪

采访对象：张莲花（历任冶金部第一冶金建设公司三井巷的汽车驾驶员，渡口市"六金花"之一"红莲花"，攀枝花市团委书记，四川省政协法制委副主任）

出生年月：1943年2月

采访时间：2018年8月17日

采访地点：成都市张莲花家中

整 理 人：龙琴，康黎

整理时间：2019年3月10日

  我是冶金部第一冶金建设公司三井巷的汽车驾驶员。1964年支援三线建设，修铁路，修滇黔线、成昆线。那个完全是在高山峻岭里开车，什么猴儿关、老虎口、七十二道拐，都是很难开的线路，我常常跑那里。

  后来组织上决定我们要转战到攀枝花，就是当时的渡口，到那里去。1965年，我就拉了一车货，从贵州贵阳一直开到攀枝花。途经云南，人家常说云南有十八怪，火车没有汽车快，确实是这个样子的，那个大山简直是太难走了。到了仁和，在那边的"十三栋"，就看到领导和群众在那里欢迎我。当时我的热血一下子都涌上来了，觉得干劲十足。我就说我拼死拼活也要在这里干，要干就干好，干出样子来，请领导放心，让群众来监督、检查我的行动。

  到成都走石棉的时候，冬天汽车都要用防滑链才能过那个大雪山。我这个人胆子还是大的，虽然那个时候人家都说驾驶员，一个脚踩油门，一个脚踩法院大门,不知哪一天就完了,就呜呼哀哉了。当时我想,死了有什么,死了不就像睡觉一样吗?

我参加了渡口大会战。这一经历时时地激励着我,激励我用革命的乐观主义精神来工作。当时是块口石头架口锅,野菜、干菜什么的都是在锅汤里煮一煮就吃了。没有糖,没有菜,也没有水果,我们经常流鼻血,大便干结,生活是很艰苦的。但那个时候大家都把苦当作甜,甜就是在干工作当中感到充实和快乐。当时天气热到什么程度呢,这个袖子平常是弄这个长袖的,因为这袖子一卷起来胳膊上那个皮都要起泡。尾矿坝那个管子都是几吨重,要用吊车吊。别人就说,这个尾矿坝的管子谁来往上安装?我说我来干,我来开那个吊车。我除了开大货车,我也会开吊车,就开吊车去吊那个管子,到马家田来铺,一直把它铺好为止。所以起重工的师傅都在我面前竖大拇指,说我不简单,要是在半山坡吊不好那个车是要翻的呀,说我敢干一些别人不敢干的活。在外面温度四十几度的情况下,那当时就硬是一鼓作气,把它弄好了。就是这样干活的过程中,市里的领导和群众,都一直推荐我,在1966年初的市里面评选"六金花、八闯将"时,把我排在了第一名。我想我不能辜负这个排名第一,我后面还有五个小姊妹,她们也是有雄心壮志的,于是就决定大家一起干,都要在各自的岗位上干出个样子来。因为五大车队都是男同志,渡口只有我一个女同志在开车。所以市领导就号召五大车队,不光是要我一个人这样干,大家都要像我这样一起来干。就说我是"红莲花",要向红莲花学习。那个车的一边就写"远学铁道兵,近学三井巷",车的另一边上就写"向红莲花学习"。还命名我是"党和人民的好女儿"。我就觉得我必须要以实际行动干出个样子来回报这个荣誉,不要让这个荣誉沾上任何污点。

到了1966年3月15日,我们尊敬的贺老总——贺龙,来到了攀枝花,在"十三栋"门前接见我们,我心里很高兴。老总的夫人薛明,拉着我的手喊我:莲花呀,我真喜欢你呀。你看看我从北京带来的糖,我给你拿回去哈,你给你的小姐妹们。在渡口是看不到这种糖果的,她把北京带来的糖给了我一把。我把这个糖拿回来分给我的这些师兄师弟小姐妹。我们根本舍不得吃那个糖,给了谁谁都把它保存得好好的。当天接见完,就回去工作。我们的工作地点就是在朱家包包下面的兰家火山那个隧道里面。那个隧道就是我们单位负责干的,我也是在那开车运材料。你看这张照片,是我和其他人一起与贺老总的合影。当时我在那里扛着材料,我还记得好像我后面有一个男同志,也扛着这个。他还问我扛得动吗? 我就说我扛得动。这100多斤一个枕木我就扛着去装我的车。这个时候贺老总正缓缓地从对面过来看兰家火山。他一看见我就说,那个不就是张莲花吗,在"十三栋"见的六金花之一吗? 他的旁边人说是。我就说,等着我,我把这个装上。我把这个车装好了,贺老总就很高兴地说,来来来,我们照张相。于是贺老总和李井泉、徐驰、安以文,还有他们的夫人,同我和李金银一起合影照相,所以这是难得的呀。老总跟我们照相的时候,我真是含着热泪,心里想着,老总您放心,我一定好好干,我绝不辜负您的希望。

"文化大革命"开始之后,我们逐渐受到了影响。市领导就把我们这些先进分子召集在一起开会,市委书记安以文跟我说,张莲花,可能有一天也会批斗到你。批斗到你,我就希望你,第一,上台挨批斗不要哭,不要流眼泪;第二,你还要继续学毛主席著作,按照毛泽东思想的要求来全心全意地为人民服务,将革命进行到底。他还特别跟我讲了延安精神。我说这个我能做得到,我肯定不哭。我还跟他说笑,我说我一个驾驶员,斗我干什么。当时我只感到好笑,我什么也没干,觉得不会斗到我。

后来我们这个单位就要工改兵了,因为贺老总当时点到我,让我去参军,后来让我去部队学习。我在昆明学习时造反派就把我揪回来了,在那渡口大桥开了一个二十多万人参加的大会来斗我。嘿,我就感觉好笑的,当时我就想起领导跟我说的话,坚决不哭,我是一滴眼泪也没有掉。我那个时候确实是可以说记忆力非常好,毛主席的语录多少篇,每一篇是什么我都能背下来,老三篇我背得很熟的。所以他们上台来背毛主席语录。我说,你背一篇,我背一篇,谁背输了,谁就是反革命。所以他们有的人也上来背,结果就背输了。我说到底谁是反革命? 所以我这个嘴还是挺硬的。他们说我嘴厉害。但我一直在渡口老老实实干活呐。所以很多人就说有没有委屈张莲花。这一点我确实是感到很委屈的。我本来为了渡口建设,我的老父老母、亲属我都不顾了,我十年没回去过呐,就在这里没日没夜地干,最后得到这个结果。但我还是白天抓生产,就是市领导提出来的,白天抓生产,晚上咱们闹革命。晚上就被斗。这个运动,肯定是错了的,但是说是毛主席号召的,我也不敢说。我在开车的一路上,就宣传渡口建设的重要性。因为"315"是毛主席提出来的。我说我就是按照这种要求干。

后来他们就看我这么干下去,这么样宣传下去不行,就不让我开车,让我去当装卸工,这实际是对我一个女青年的羞辱吧。有一次,在兰家火山那里,也是开了二十几万人参加的大会来斗我。斗我就叫我背水泥,50公斤一袋水泥放在那台上让我背。我说背就背,你让我当装卸工,我不是跟大家一样的,跟男同志一样的,往那个车上装。再一个,叫我驮砖,我说驮就驮。我曾经就这一个手驮着,现在我的手还是很有劲的,这就是那时锻炼的结果。当然,那个时候宝鼎煤炭的人,对我还是很好的,他们就冲上台,对造反派说,你们凭什么这样斗她,她哪里有错?就问我,张莲花你吃饭了没有?我说我一天都没有吃饭了。他们问为什么?我说他们造反派从昆明把我押回来就来到这个大会,他们把我先弄到一个地主婆家里去吃饭。我说,我肯定是爱憎分明,不会到那个地主婆家里去吃饭的,我就是饿死也不去吃她的饭。宝鼎矿的人,我很感谢他们,他们就用饭盒,拿的馒头、咸菜给我送来,跟我说,张莲花,你在这里吃饭,这个人是铁,饭是钢,吃!又警告造反派说,你们哪个敢去动她!我也很理直气壮地拿起一个馒头就吃。是,人是铁,饭是钢,我不怕。这样弄来弄去的,造反派他们看斗不垮我,而且全市的那种舆论一下倒向我这一边了,他们就说,那就免去张莲花政治处副主任的职务。我心想,我本来也不想干这个,我也从来没到办公室坐一天,我本来就是个工人。所以心情很豁达。后来军代表顾秀出来讲话了。我在梅花山修铁路的时候,顾秀是那里铁五师的政委,他知道我的名字。他到这里来之后说了一句话,就是,叫张莲花开车。她是个驾驶员,凭什么叫她当装卸工,一个女的,全市也没有哪个女的当装卸工。

我装了几个月货,腰椎撞地,骨折了。骨折后,依然硬是那么又滚又爬地干了两个月。我是天生养,它自己恢复,这又好了,咬着牙又上来开车。我后来开车就不开解放牌了,开的是那个法国贝利特。贝利特是十几吨的车。有人就跟我挑战,你还敢不敢开矿山的那个40吨的拉矿车?我说我敢,我就到那个朱家包包去拉矿。那个40吨的载矿车,它的引擎都是飞机引擎,轮子有我整个人这么高。我就开这个车拉那个矿石。确实有一些人就说,哎呀,服你!所以以后又命名"我党和人民的好女儿""铁姑娘"。这个车上给我写得到处都是。

我有一次在宝鼎山上开解放牌车,方向盘失灵。那个路都是很松的,都是新开的路,一失灵就翻车了,一下子从那几十米的山上滚下去了。当时我想,这次可能就交代了吧,将革命进行到底了。我自己数的,一个滚、两个滚,咚一下下去了,滚到了山底下。哎,我这还没死。我的脸啊手啊上面都是血。当时车上还有一个人,我为了他的安全,把他抵着。车子下去以后他就顺着那山坡就爬上去。他回头一看我一脸一身都是血。我就随着他往上爬那个山。后来在宝鼎医院医生帮我进行了包扎。后来,交通部门来检查,事故原因是方向盘失灵。

有一次我开着几十吨的贝利特,下山的时候前轮爆了。轮胎爆了,车子翻下去那就是个死。我死死地把方向盘抓着,脚刹车已经不起作用了,我用手刹车硬是把车子刹住了。还有一次,下着大雾,我开车拉着很长的铁轨,车子走在那山上,那雾大得伸手不见五指,前不着村后不着店,我想必须要完成任务。我就把车门打开,右手扶着方向盘,左手扶着门,左脚站在脚踏板上,就这样看着前面那个防雾灯,中间那一点点白线,就一点一点地那么走,最终从这个雾区走出来了。所以出来以后,我这一身骨头几天都是痛的。所以在我的开车生涯里,这些惊险的动作也确实还是经常有的。那次大雾回来以后,领导和同志们都表扬我,但也说我,说你胆太大了,那晚就晚一点嘛。我说,你们交给我的任务,要求我什么时候完成,我必须要完成,再苦再累我都必须要干。有的时候出差,到贵州那一带去拉钢材,晚上半夜三点钟就要起来,底盘都冻了,要躺在车底下烤那个底盘。要打开水浇水箱,还要用摇手柄来摇水循环。那个时候必须要把那个机油摇得润滑了,才能够再去发动车子。我现在想起来,让我再那样干,再走一回,我肯定走不了,干不了那些了。那个时候靠什么?靠远大的理想。那时候我们讲社会主义,我们的理想就是实现社会主义,当时一进渡口,就给我们灌输毛主席他老人家亲自批的指示。

在建设过程中,我在彝兵团认识了一个叫达吉的女孩。达吉当时刚好跟一个铁道兵结婚。结婚后她又不知道自己怀孩子了,她参加建设,扛着百八十斤的,一袋子一袋子的炸药,能往洞子里跑着运。结果就流产了,那个血呀,从裤脚往下流。我那个时候去做达吉的工作。我说,达吉,我说你这样,你到我那去,我弄点红糖鸡蛋给你吃。那个鸡蛋也是很难弄到的呀。是要找人出去到大姚什么地方去给她买,买了就给她吃,叫她休息了那么几天。我很佩服达吉,我们攀枝花渡口建设,万吨大爆破,都有人家彝族的这个贡献,所以我跟中央三台那个记者说,你们一定要把少数民族在渡口建设中的一份功劳,把民兵团彝族兄弟和各民族兄弟的团结友爱都要写出来,给它发扬光大。

我对自己参加三线建设感到自豪。首先参加滇黔线、成昆线的建设。因为我开车都是在云贵高原上的路,所以我那时开车,拉的钢材、设备,这一些那都是常人不敢想象的。因为修铁路,铺的那个铁轨,那都是超长的,现在肯定不准你运的。那个时候为了建设,超长也得要走,后面都拖到地下,前面一看像高射炮一样的。就是这样日夜奔驰在云贵高原上,所以人家就说我是云贵高原的雄鹰。我想既然是雄鹰,咱们就开车开得像模像样的。我开车速度也比较快。男驾驶员都知道我的车号,见了都要招招手,都很友好的。那时候人与人的关系非常友好。那个年代的友谊和温情的工作,磨炼了我的志气、毅力、增长了我的才干,所以我感到很幸福。听说组织上说,我们参加渡口建设,那个政审关很严的,祖宗三代都要审查,必须要像模像样的,也就是说好人好马好人才才能到渡口去。进到渡口的人,个个都是好样的,你稍微有一点不行的话,审查就是不及格。我想着我肯定没问题,我是工人家庭出身,果然组织上公布第一榜,头榜就有我的名字。当时组织上也跟我说了,因为那里铁路还没有修通,所有的设备全是要靠汽车运输,除了我们就这几辆车之外,还有五大车队——北京车队、辽宁车队、安徽车队、河南车队和江西车队也会去支援建设。我进去以后,五大车队就逐步地往里进。这领导说就把第一批的红莲花,就是我,提名成市里的先进。那五大车队都是男同志,2号信箱只有我唯一一个女驾驶员。我当时在打擂台上,是举了手、宣了誓的,要在渡口那开好车,运好材料,一定完成组织交给的任务。所以五大车队后来就提出汽车驾驶员向红莲花学习。1970 年七一出铁就靠着五大车队。所以我认为五大车队是立了大功。这些人还有他们在攀枝花的后人,我们永远不能忘记他们。

有一次我到安徽去出差,坐在一个客车的最前面,那客车司机一直盯着我看,都把我看毛了。我说你看什么呢?他说我好像见过你,我说你在安徽,我在四川,你怎么会见过我?他说你是不是在渡口待过?我说是啊,你怎么知道?他说我是安徽车队的。我说谢谢老师傅,1970年七一出铁全靠五大车队,我们渡口人呐永远不会忘记你们。我说你停车停车,我握一握你的手。他就停下车握我的手,全车人都给我们鼓掌。所以天不转地在转,地不转人在转,我们两个就转在那里,在安徽相遇。我俩都是热泪盈眶,回忆了一下在这个渡口建设的那种情况。他就说那个时候还是小伙子,进去以后,我的妈呀,那个路那个险啊。后来领导就开大会说向张莲花学习,向红莲花学习。人家一个女孩子,都敢开这个大山,人家在这个之前在云贵高原已经修铁路,干了两年了,什么七十二道拐、猴儿关、老虎崖、梅花山,人家都去过,因为拉材料都要走那些路。这一说,后来我们这些小伙子就提出来,女同志能干的我们一定能干,我们在这里不做孬种。就这样,大家就是那时候叫打擂台吧,几个车队都是这样,所以喊这个口号。

当时市里领导开那个表彰大会是很隆重的,在炳草岗那个大工棚开会,给我发奖状,还给我别了一个奖章。我心里头很高兴的,感觉领导很信任我,奖章是对我的肯定。那个时候有排"六金花、八闯将",好像是我排在第一个,他们对我还是很信任的。我就说,领导这么信任我们,咱们一定要好好干,干出个样子来。实际上我们只是一个渡口建设的一个代表,渡口建设全部都是英雄好汉,凡是差的都进不来,能够进来的都是英雄,都是先进,所以我们只是给推出来做个代表,所以一定不能骄傲。所以大家都提出来受到表扬不骄傲,遇到困难不气馁,克服困难往上冲。那个时候我们最爱喊的口号是什么,是"下定决心,不怕牺牲,排除万难,去争取胜利"。虽然现在提起来那个时候的口号,有些人可能要笑我们,但那个口号确实是激励我们把工作干好,把艰难困苦都克服了。还有一个愚公移山的精神也激励我们,愚公能够把山削平,搬走了两座大山。我们就觉得我们一定能削平朱家包包,把矿挖出来。

1970年七一出铁的时候,就把我们这六金花、八闯将都叫到那里头看。当时那个场面呐是一片沸腾,出铁了!把嗓子都喊哑了。哎呀,热泪盈眶,互相拥抱。大家就说这是我们的力量,工人阶级有力量。咱们在这里头出了铁很快就要出钢,还要往出钢里奔。还有那个朱家包包万吨大爆破那儿,这个万吨大爆破是周总理亲自批的,他在那里喊"起爆"的,所以起爆那一天,我们是不准挨着近的。你干完了,你就在自己的工作岗位上守着。我就站在攀枝花的这个山头了看到朱家包包那边一团云冲上天,那个地晃啊晃啊就像地震一样。宣布爆破成功了,我们学着彝族人手拉着手跳锅庄舞,在那里又唱又跳地狂欢。

其实我们那个时候生活也很艰苦,最奢侈也就是买几盒罐头吧,这时候就把那个罐头拿出来开啦,大家吃,那就等于叫会餐了。那种心情,就是四川话说"不摆了"哈。

当时郭兰英很有名的。1965年那个时候,她到攀枝花去,她坐在我车上,在车上还即兴演唱了一首《南泥湾》,唱那个"花篮的花儿香"。她说是贺老总叫她来跟我的车,把我的经历要编成歌曲。我说你不要唱我。要整个地唱我们渡口。我们攀枝花那时候有文工团。文工团也编了不少文艺作品,有话剧,也有的是歌曲。我记得有一个叫《红莲花》的作品哈,还演给贺老总看了,这贺老总很高兴地拍着我的手,叫我好好干。贺老总在兰家火山又正式说了一次,张莲花,年轻人好好干,把毛主席著作学习好,按毛主席的指示干到底。我就举手说,请领导放心,我一定干到底,我一定好好干。

开始往渡口运输确实是很困难的,因为我们各单位的车子根本供不应求,而且各单位你出去拉的这个材料都是一个单位一个单位的。我们那个时候单位都叫信箱,总指挥部叫1号信箱。我们十九冶是一冶分出来的,十九冶叫2号信箱。我在那个单位叫2附13。所以一个一个单位形成不了一个核心力量,拧不成一股绳,只有形成一个拳头和拧成一股绳,用合力才能来运这些炼铁的大型的设备。你看龙门刨什么这一些都是大型设备,所有的都要靠汽车运进来,这个是前人没有做过的事情。我们这五大车队就做到了。这五大车队呀,你想想现在上路还有什么方便面吃,当时没有的,就拿一个冷馒头放到那个排气管子上面烘一烘,烘热了吃,就那样。水就用军用水壶背着那水。晚上就是在车里躺一会,打个盹,醒来又走。没有开水喝,就喝一点路边的水,哪有洗个澡。有的时候那个路是现开的路,遇到路塌方,遇到下雨天路滑,遇到下雪天轮胎打滑。有的时候运的东西会从车上甩下来或者弄偏了,那路上还得要重新起吊,再重新装车,还得要找那高级的起重工。遇上那大雾天,都是一步一挪,前面弄人弄个小旗在那指挥着,慢慢地、慢慢地往前移,就是这样运进去的。最后这个设备都组合得好,而且一次性地出铁,没有出问题。做一件事情,都是费了很大很大力气的,花了很多的功夫,而且调动了很多的人才,这个成功就是整个工人阶级的群体形成了一个合力,使得这一台戏唱得还是非常完美的。

　　当然,你说这里有没有出事故的? 也有。有的车子翻下去了,司机牺牲了,这也有。你看我们在攀枝花建设,也有很多的好汉牺牲了,所以我们那里是用血和汗堆出来(的)。渡口建设塑造了一代英雄好汉。这些英雄好汉为国做出了巨大贡献,但我们对他们的子女在各个方面都亏欠得很多。我们刚参加建设的时候,都不准带家属、不准带孩子,这些孩子都是弄到亲朋好友那里去照顾了,五六年都不能回家。等到1970年出了铁,才可以回家。有的回家以后,孩子都不认识自己的爸爸妈妈,喊阿姨叔叔。我们那个时候那么苦、那么累,大家还是那么团结、奋战,所以这一代人是真正的英雄好汉,但是后面有一些改革,比如说机构改革,房改和企业里的改制,很多保障政策没有落实到位,遗留了一些问题。所以那一代人,我一想到他们,我还是很难过的,很多人牺牲在那里了。像我这样是比较幸运的,少之又少的。朱家包包大爆破,我是看到那黄明远,那个炸药一下炸了,炸得他身上全部都是血。我就开车把他抬到车上,那个血顺着身体一直流下来、流下来。那时候火化都没有,他的妻子和孩子来,我们就用翻斗车给他弄点柴火就那么给烧了,烧了后让他家属把骨灰拿回家。我就恳请我们后来的领导和同志都不要忘记那一个阶段的历史。我认为对这一帮老人,不要忘记他们的功劳,要对他们一些实际的困难给予妥善的解决,不要忘记历史,要牢牢铭记。

平凡工岗位做出不平凡业绩

采访对象：杨桂兰（四川省劳模，"六金花"之一）

那时在生活条件上，我们都是严格要求自己，能为国家多节约的我们就要多节约。我们烧砖的时候，两三天就把一副手套烧穿了，晚上回来我们就要把那些旧手套收集起来，由我们救助小组来补手套。手背上没烂的剪来补在手指上，我们平时看到那些男同志的衣服脏了，还去把男同志的衣服拿过来洗，洗好了以后，还送去宿舍里面。男同志他们都非常感激的。所以我们这个小组在我们一砖厂确实是树立了一个榜样。当时那个标语上就写道"学杨桂兰小组，赶杨桂林小组，要超杨桂兰小组"。那个标语上都那样写起的，我们干活回来，都受到欢迎。

还有就是我记得最清楚的一次。那是十一的时候，当时通知我说毛主席要接见我们。就进京国庆观礼，组织上还把我的那些棉衣都准备好了，才通知我。后来我们单位上有个人说我的父亲以前当过伪保长，所以最后就没让我去。组织上还找我谈话，叫我不要背任何思想包袱。但是我觉得非常遗憾。当时我们六金花中不是有个张莲花吗，张莲花过了就是我，我过了就是吴修润，吴修润过了就是王燕秋、吴德素，还有一个李祥志，我们六个。所以我没去成，就让吴修润去参加了观礼。我当时感到很委屈，哭了。当时就觉得能够见到毛主席，是一生当中的好机会。所以说感到最委屈的事情还是这一件。

当时提出来的口号，就是战斗天地，七一必须要出铁，不管任何时候，只要是领导一发话，那我们就必须要去。当时我们有个同志啊，我最感动的是那点,就是把自己的那个棉毯,抱起去盖砖坯。因为那个草席不够,把自己的那个棉毯抱起去。哎呀,我说你看你这个棉毯。一下雨你盖在那个砖胚上更湿透了。但是这确实说明我们的同志对国家财产的爱护。也有的人讽刺我们,有时候还要给我们找一些麻烦为难我们,觉得既然我们是先进嘛,就把他们的鞋子啊、衣服啊都给我们洗嘛。当然这种人毕竟是极少数的,大多数的人还是很尊重我们的。

我是1969年结婚的。我爱人当时是我们班的班长。他是大班长,我是小组长。慢慢在工作中反正就认识了,最后结婚了。结婚后我生了三个小孩。没得抱怨和后悔。虽然我们在工作当中受了点苦、受了点累,但是我觉得我这一生还是比较值得的,做了一点点工作,领导看得见,大家群众看得见,所以说我们没得任何抱怨的。我们就觉得我这一生呢,我也年轻过,我现在我很羡慕你们年轻人。我说如果我再年轻了10岁20岁,那我还是要为攀枝花建设多出点力,再好好地干一下。所以说我在教育我那几个娃娃一定要把工作干好。虽然我们上一代确实是把这个攀枝花基础打好了,那么这个建设,肯定还是要你们来建设、你们来逐步巩固与完善的。

攀枝花这个城市现在建设得相当不错,特别是看到攀枝花现在建设得那么美好。那么我感觉到我们第一代建设者还是非常的骄傲。我们不怕任何艰苦。你们男同志能办到的事,我们女同志同样也能办到。反正凝成一股力量,就要和男同志来比,所以说当时就是知难而上的好姑娘。

我们那个时候还是自己对自己要有所约束的,因为要艰苦朴素、艰苦奋斗。这个是我们的传统,我们必须要记住,就是这种想法。想穿还是想穿,你想我第一次到北京去,因为我们穿的都是布鞋,我到成都以后,我就买了一双皮鞋。回到成都后,就把皮鞋又好好收起来,不敢穿了。我们出差在火车上,我们还要帮人家做好事。我最记得的就是张莲花去四川省参加学习毛主席著作积极分子代表大会,她看到那个老婆婆,穿得很烂,她是农村里的,农村里的鞋子,也就是我说的很土的那种鞋子。最后张莲花就去买了一双鞋子给那个老婆婆换上。我非常感动,她确实是我们的榜样。

我年轻时还是很爱娱乐的。我们那次去了八个人,大家兴高采烈的,来到攀枝花就要为攀枝花建设奋斗一辈子,就是为攀枝花献青春,献终身,献子孙,大家提的就是这句话,那我们现在做到了,那就扎根在攀枝花,应该秉承我们的这种艰苦奋斗的精神,我觉得这个艰苦奋斗的精神是攀枝花的精神,因为当时我们学习大庆就是学习大庆工人的艰苦奋斗的精神,吃苦耐劳。这种艰苦朴素的精神还是要发扬下去。记得那次代表渡口十几万大军,去北京参加学习毛主席著作积极分子代表大会,那个时候确实高兴。一天唱歌啊,讲故事啊,做好事啊。回来以后,也是那样,把北京的一些变化,把我们的会议精神分享给我们小组的人。我觉得那个时候确实是非常高兴的。我们那个时候又年轻。大家都说啊,笑啊。虽然我们工作太辛苦、太劳累,但只要休息一下,第二天精神又来了。

还有一次就是1966年的时候,国家歌舞团的郭兰英他们到我们渡口来慰问演出,就在我们那个一砖厂舞台上。当时对我采访了以后,就把我的事迹编了一首歌,在那演唱了。歌的内容已经忘了,反正就是咋个学习我们,把先进事迹讲出来。那个时候我们的宣传工作也做得好。我们也有过广播员。基本就是每天早上8点钟,就跟着上班同志就一起去了,去了以后就到工地上了解那些好人好事,然后,就马上编写播送了。播送哪个单位完成了什么,哪个人又做了什么好事等。

确实我觉得我们渡口为什么建设得那么快,就是在宣传工作上起了决定性的作用。思想工作做得相当好,所以说大家就是这样不怕苦不怕累的,有吃苦耐劳的精神。我们小孩生了以后呢,我们厂里不是办了个幼儿园嘛,反正就是56天产假满了以后,就把他送到幼儿园去。然后我们该上班的照样上班。我们一砖厂不是还有个那个农场嘛,就在总发那个地方,星期天,我们就把小孩带到那里去了以后,就拔一把花生杆摆在那里,然后铺块裹被,把小孩放在上面,我们就该挖地的挖地,该种红薯的种红薯,该种花生的种花生。我们就还做我们的事情,没耽误过工作。那个时候的小孩,大人开会时就只有锁在家里面,那时候家里都是那种泥巴地,比起现在的小孩确实有点作孽,确实当个妈妈不容易,不好当的,所以说男同志也非常理解我,他们也觉得,确实一个女同志不容易,她要带孩子,工作中确实又少不了你,所以说最后我们那个车间主任说了,你们有什么事情不要麻烦杨桂兰了。

我在攀枝花当机要话务员

采访对象：吴修润（原攀枝花邮电局话务班班长，攀枝花"六金花"之一）
出生日期：1943年7月
采 访 人：攀枝花中国三线建设博物馆筹备组人员
采访时间：2013年9月4日
采访地点：攀枝花电视台演播室
整 理 人：何莹英，龚雪玲
整理时间：2019年4月27日

我是1964年11月份来攀枝花的，当时我是在四川江津专区邮电局当话务员。在1964年10月份的一天，我们局领导找我谈话，说中央和国务院各部委的领导要在四川渡口开一个非常重要的会议，这个会议的内容是国家一级机密，所以决定抽你去当话务员，确保这次通信的畅通，要求保守国家机密，不能泄密，这是话务员的起码要求。同时说走的时间比较急，要我在第二天晚上就要坐火车到成都，到成都后，有人接站，随后把我送到渡口去。问我有什么问题没有。我就说好吧，服从组织上的安排，绝对保证完成任务。就这样把手头的工作交代之后，第二天晚上，就由局里面的一个老师送我到火车站，坐火车到成都。到了成都站后，省邮电管理局人事处的康老师到火车站来接我。接我后就马上到他的办公室去，在办公室里就向我交代，说这次是去确保重点通信，国家一级重点通信，是因为党中央和国务院各部委的领导，在渡口开一个非常重要的会议，这个会议是决定是否建钢铁厂的问题，是国家的一级机密，就叫我保守国家机密嘛，所以不能跟家里面打电话、写信，还有就是不要跟任何人说。同时，到渡口，一路上都有人接送。到成都的第二天早上，就把我送上了汽车站，坐汽车到雅安，后头经过荥经和石棉，然后到西昌。这沿途上都是邮电局的人接我和送我，都是住在邮电局的。当时是非常机密的一件事情，不能对任何人说，所以住也住在邮电局后头。到了西昌了以后，决定从西昌坐汽车到攀枝花的时候，又有一个变化，就是让我坐一辆军车，上面全是解放军，大概有三十几个，我现在认为可能是警卫排的，全是男同志，只有我一个老百姓，我一个女同志。上了那个车后，就到会理住了一晚，第二天就从会理到鱼鲊，鱼鲊就是金沙江，会理的这半边叫鱼鲊，会理的那半边叫拉鲊，就是云南省管的。当时我们坐那个船到金沙江中间的时候，有个解放军就来喊说，快回过头看一眼四川呐。然后我心头就在想，我是确保四川的重点通信，怎么到了这个地方，要离开四川了呢，但是又是一个女同志，又不好跟别人说。到了岸边，就是到了拉鲊了，有一个解放军下了船后说到云南了。我才知道我是到云南来了。这个时候反正就跟着解放军一起走了。那时候才二十来岁，没有很多的社会知识，比较浅薄，和他们一起坐的车子到了仁和。当时仁和那条街很短，只有几十户人家，只有一条街，解放军就把我送到那个地方。当时那个地方叫邮电局，那时候邮电局只有几个人来确保通信，领导是从西昌县抽来的两个局长。一个是陶局长，一个是刘局长，解放军把我交给局长后就走了。

  我把我省邮电管理局给我开的介绍信交给局长他们看，原来我是来守电话的，局长就和我谈了，说这次你到这个地方来是确保三线重点通信，是确保中央领导的重点通信，有国务院、冶金部、铁道部、交通部，还有电力部、煤炭部、商业部、粮食部、林业部，好多部的都是领导，来参加了这个会议，要保证首长的电话畅通，特别是和北京的电话要确保畅通。这次只有你一个人，吃住都要在机房里，会有人给你送饭。当时领导就和我这样谈了，各部领导在大田开会，决定攀枝花三线建设上不上。当时不叫攀枝花，叫渡口。渡口建设上不上马的问题，这个是国家一级机密。当时话务员接电话是什么情况呢？比如说你和谁打电话，我是绝对知道你的内容的，你的内容我是一清二楚的，所以对话务员的要求是非常非常严格的，要保守国家机密。所以我在我那个地区，当时坐的是保密台，接的是首长电话，所以叫我来保这个通信,要保守国家一级机密,不准给家里写信,不准给家里打电话,反正不能出去接触外人,只能在你那个地方。所以那几天我就在机房里面,没走哪里去,大概就是这样。

后来听说大田会议决定攀枝花攀钢上马了。都说毛主席对渡口建设非常的关心,他说三线建设不好,他睡不好觉,他说他不放心,要骑毛驴到西昌。还有说那个三线建设的话,是和帝国主义争时间、抢速度,意思就是说不能再耽误了。还有提出来说,如果建设钢铁厂的经费不够,毛主席要把他的稿费都拿出来搞建设。可以想象毛主席当时对渡口的建设何等重视与急迫。说中央各部委领导在开会的时候就决定要上马,就是说有条件也要上,没有条件创造条件也要上。那时候攀枝花的条件的确是很艰苦,真是到处都是野草丛生,你想只有仁和那一条街,要进来那么多队伍,要吃住,那确实是非常非常困难。所以就说中央领导决定的事有条件要上,没有条件创造条件也要上。这样子决定了之后,后面没有多久,各路建设大军就陆陆续续开进攀枝花。当时来的时候,只有我一个人守电话,后来又从云南楚雄州抽了个李老师来,一起换到我们这里守电话,这样就多一个人呢。

1964年底开了会,决定攀枝花上马、各路建设大军开进攀枝花的时候,那些中央领导有些没有回北京,包括当时西南局三线建设委员会的霍光华主任都没有回成都。那时候我们都在攀枝花过春节,那些领导很平易近人,对我们就像对小孩子一样非常关心,春节那个联欢晚会,那些领导还唱他们家乡的民歌,哎呀,闹热得很。特别是我年龄最小,他们岁数还要大点,他们就给我好吃的,让我参加晚会,我确实觉得很高兴。我接电话的时候,我就是每个电话百分之百保证接通,没有落下一个电话。所以那些领导对我都很好,很喜欢我。那会儿就是贺主任,还有那些部的领导,徐驰指挥长,还有副指挥长是冶金部基建司的李司长,还有那时徐驰的秘书瞿新庭,反正那些领导很平易近人,而且他们在那么艰苦的条件下工作,确实我觉得北京那些房子多好,这些地方都是农民的房子,包括我们都住的是农民的房子,搭的都是通铺,拿根木头,两根板凳放着,木头棒棒砌起,就在那个床上睡,没有电灯,点蜡烛,就是这样。

攀枝花上马以后,仁和就住不下了,就要往渡口迁。当时渡口修了个招待所,1栋至"十三栋",是云南建筑公司修的。那时候叫101工地,就是现在的市建一公司，他们修的1栋到"十三栋"。当时1栋修起来后，住的就是上海医疗队、北京医疗队。招待所的2栋就是总指挥部，那到时候叫渡口建设总指挥部，李飞平市长当副指挥长。3栋住的是总指挥部政治部，政治部主任就是安以文安书记，他是重庆钢铁厂的党委书记，调到这里当政治部主任。还有4栋、5栋都是指挥部的各处室，这些基本都是从中央各部委抽来的，电力部的，交通部的，都抽在这里，坐这些办公室。那些办公室叫干打垒，一楼一底泥巴房子，泥巴墙筑的房子，只有一楼一底。我们邮电局就从仁和搬到了招待所7栋，我们和设计院住在一栋楼。当时我们的机房在干打垒房子里，我们人住的是油毛毡席棚房子，用席子把周围遮起的，遮个丑就了事了，顶顶上就是油毛毡，条件是非常艰苦的。我们话务员的女同志，就隔一间屋出来，打一个通铺，大家在上面睡通铺，就像在电视上看到的解放军，一个人住一格那样住。而且那时吃的水都是浑浊的，从金沙江水直接抽上来的，水浑的时候，口渴要喝水，就拿白明矾，在水桶里搅一下，把水澄清后，就用这个水来煮饭、烧开水喝。洗衣服还不舍得用那些水哦，洗衣服就用浑水洗，那会儿的生活条件就是这样。

到了渡口以后，那时候就宣布"三通一住"大会战，就是要求要路通，路是先行；电通，就是电力架电线，还有就是包括我们邮电局的电话通；还有水通，凡是有工地的地方，都要有水，哪怕是浑水都要抽到工地上去；一住，就是要那些人住得下来，晚上要有遮风挡雨的地方睡觉。当时我们参与了"三通一住"的大会战。这大会战的确是个很感人的场面呢。那会儿是各路建设大军开进攀枝花的时候，交通是先行，真是说的逢山开路、遇水搭桥。那些工人进来之后，到处都插上旗子，这里是这个突击队，那边是那个单位，像我们住在大渡口的时候，看到弄弄坪山上，爆破声、吆喝声、机器轰鸣声，响成一片，真的分不清楚，那个情景非常的感人！大家就是想着怎么加快攀枝花的建设，让毛主席他老人家睡好觉，要和帝国主义抢时间，怎么把攀枝花建设快点，要求快点出钢铁。还有就是这些人，不分白天昼夜地干，晚上你看弄弄坪那些路，灯火通明，真是一点都不假。还有当时交通先行的，还有五大车队，为了攀枝花进来那么多人要吃要住，就运送物资，还有攀枝花攀钢的那些设备都是通过五大车队运进来的，那五大车队有北京车队、山东车队、河南车队、辽宁车队，还有就是安徽车队。那五大车队对攀枝花的建设，真是作出了不可磨灭的贡献。连我自己都觉得那些师傅们真是值得称赞,不分白天黑夜地开车把那些东西运进来,我觉得在攀枝花的建设史上真是要记下他们不可磨灭的事迹。

还有就是电通。电力工人当时为了架通整个攀枝花的电也是很辛苦的,那个铁塔,大家是抬、背、扛运上山的,那是我们亲自看见的,是很多人一长串,挑起那个铁塔费劲地喊号子,使劲地往山上拉、往山上运。那个山上确实没有路的,我那时候才体会到路是人走出来的,而且野草丛生,完全是这些人——攀枝花建设大军去把这些路走出来的。要保证电通,还包括我们邮电局也有一个电通——电话通,当时指挥最灵敏的最快捷的就是电话,所以我们为了保证这个工地各个单位的电话畅通,那是要架电话线,包括我们这些女同志,我们都去,我们话务员除了上班,比如我今天是值上午班,我下午就要和工程队的人一起去架线,在山坡上抬电杆,挖洞子,栽电杆,架线。那个时候我都爬过电线杆子,经常爬电线杆子架线。那时候3米多高的电线杆,我一会儿就爬上去了,可以接线这些。那时候我没那么胖,只有70多斤,上电线杆架线这些,目的就是为了保证电话的畅通、通信的畅通。我记得架宝鼎线时,宝鼎那里的河门口有条河,架那个线非常非常困难,有危险。那时我们工程队的队长徐老师,他就站在河中间,从宝鼎把线拉下来,从河中间把线拉到河另一边,那时船差点都翻了的。说实在话,那些人不怕牺牲,把毛主席的语录记得非常非常清楚,"下定决心,不怕牺牲,排除万难,去争取胜利"。硬是这个语录支持着我们,不要怕牺牲,一切困难都不在话下。这是一个。还有就是住宿,这么多人要住下来,咋办呢?就干打垒,就整席棚子房子、油毛毡房子,我们都要参与整那个油毛毡房子,拿木头钉。那时候我都上了房顶盖油毛毡,这一切都做,男同志能办到的,女同志也要办到。还有说,领导在场和领导不在场要一个样,黑夜工作和白天工作一个样。那时候加班加点,晚上都要去做事情,都要上班,所以说提出了几个"一个样"。攀枝花人确实是吃得起苦的,没叫过一声苦和累,这个"三通一住"大会战胜利结束后,几万人在攀枝花都能有吃有住,那时候生活条件的确很艰苦,吃的是粉条、海带,没有蔬菜,但是从没哪个说过这个伙食不好的,大家一心想的就是加快攀枝花建设的问题。

保证"三通一住"大会战通信的畅通过后,我就负责接电话。我的代号叫21号话务员,那时候我们对外是不公开自己姓名的,就用代号。我对我自己有那么几个要求:第一,凡是经过我手接的电话,我一定要保证百分之百的接通率,不让一个电话漏接。攀枝花对外的通信电话非常多,就是到北京的各部,到那几个省,还有内部的电话,那些工地上的电话,是非常复杂的,那个电话到成都线又只有么两条线,要保证电话接通的话,就要做好回叫电话。一个是要保证接通率百分之百,一个就是要做好回叫的电话。当你那个电话第一个要接到北京没接通,我就了解你是挂北京的哪个地方,北京哪个部,哪个处,找哪个人,我把这些记录下来。没有接通的时候,你腾出时间去做你的工作,我这里等到线路空了,我帮你把这个单位叫到,把人找到,然后再过来叫你接这个电话,就让他们腾出更多时间加快攀枝花建设,就是能够保证电话百分之百的接通。当时那些人说的是,你只要找到21号话务员接电话,你电话绝对百分之百接通,没有一个漏接电话。第二,就是苦练基本功。当时攀枝花有个特殊情况,对外又是很保密的,叫信箱代号,对内又叫单位名称,有的又叫信箱代号,有的叫电话号码,所以为了保证电话的准确率,那就是要苦练基本功。这个电话的准确率要达到那个程度,就是说你说出9号信箱,我就知道是交通指挥部,它的电话号码是126号。如果你说要接电力指挥部的电话,我就知道是6号信箱,它的电话是123号。煤炭指挥部矿务局下面的像2附2号信箱就是冶金指挥部。2附1号信箱就是重庆冶金设计院。当时那儿电话很多,我就知道是186号,你反正说号码我会晓得单位,你说单位我就知道电话号码,我也知道信箱代号。这样的话,接起电话来就能保证电话的准确率,达到百分之百。第三,就是走访用户。就是为了掌握用户的分布情况,电话能及时接通,不耽误时间。比如走访用户的话,我可以了解你那个单位,在哪里,你的电话在哪个办公室,你的周围又有哪些办公室。那个时候走访用户不是轻而易举的,那时候不通公共汽车的,完全靠步行,像弄弄坪,像密地,像冶金指挥部,我都是步行的,去走访了解用户的分布情况。然后的话,比如这个电话打不通,我就要其他电话请他帮我喊,这样子保证电话接通,只要挂我这里来,要保证他们电话接通,像北京挂来电话,武汉挂来电话,保证他们百分之百迅速接通。还有就是,自己虽然是个话务员,在上班的时候就不管上班下班,为了加快攀枝花建设,不分内外,不是你话务员的事情也要干。你架线也要去干,修总机也要去干,修电话机我也能修,什么都要去做。当时攀枝花有个《火线报》,那个时候没电视台,《火线报》就是介绍攀枝花的各工程建设的一些进展情况,有些什么事情,就由《火线报》发布信息。当时那个报纸不要钱的,我们就要送到工地上去,我们邮电局的这些人就把这些报纸背到工地上去发给那些工人,发给那些建设大军,我记得我也是走到攀枝花去的,背着几十斤重的报纸到密地、小攀枝花那些去送。那时候不知道苦啊,也不知道累,只知道干活,好像有使不完的劲,真有使不完的劲,如果你当时到那个地方,看见那个场面,真是很激励你自己的。由于我的工作做得比较好,领导还是很满意,那时候就有很多感谢信、感谢电话,表扬21号话务员。我确实做了我应该做的工作,被命名为"红色话务员"。虽然在一个小小的总机房,门一尺多点宽吧,那个总机就是这样,要说心怀祖国、放眼世界,的确是这样说。接好每一个电话,接通每一个电话,为攀枝花加快渡口建设做出自己的贡献,把我命名为攀枝花的"六金花"和学习毛主席著作的标兵,当时授金花称号和学习毛主席积极分子标兵,都在弄弄坪的革命大工棚中进行的。

其实我做了我应该做的工作。我觉得当时我们"六金花"和"八闯将",实际上是渡口建设第一代人的缩影。当时凡是参加攀枝花建设的人个个都是这样,从不叫苦和累,从不讲任何条件,从不计报酬,只是想怎么让毛主席他老人家放心睡好觉,怎么和帝国主义争时间快点建设。我觉得,他们那些为加快攀枝花建设的精神、那些高尚品德确实值得我们称赞。记得在那个大工棚,闹热得很,里面座无虚席。当时是我们的指挥长安书记主持的大会,徐驰做的重要讲话,李非平宣布表彰决定,然后就叫我们到台上领奖。发奖的时候,全场起立,下面好多人都是先进,先是为我们披红戴花,然后就给我们发奖。那个时候奖励的是《毛泽东选集》1～5卷的合订本。然后就说都是攀枝花人辛勤劳动的结晶,都是你们为三线建设作出的贡献。反正那时候我觉得说的都是鼓励的话,号召男学八闯将、女学六金花。号召我们要红在渡口、专在渡口,要誓做革命的渡口人。那时候的宣传工作也做得好呀,到处都写着"红在渡口,专在渡口",包括我们心里(也)是这样想的,誓做革命渡口人。男学八闯将,女学六金花,那时候真是叫响了的,我们也觉得组织上给我们的荣誉太高了,我们觉得好像还对不起,还要怎么努力工作。给我一个"红色话务员"和"六金花",当时是攀枝花的最高荣誉。攀枝花总指挥部授予我的也是我一生中得到的最高荣誉,我觉得我还做得不够,我还要努力工作,还要为了确保攀枝花通信的畅通,还要为加快攀枝花建设接好每一个电话,保证通信的畅通。就是这样,当时我就是这样一个想法。

评了六金花和红色话务员过后,我觉得压力更大了,更觉得工作要一丝不苟。当时我又是我们话务班的班长,我们话务班有二十几个女同志,要管二十几个女的,一天的话要几班倒,接好每一个电话。那时候除了我要接好每一个电话之外,我还要带领大家,一个团队,那时候叫作话务班的人一起,要保证三线建设电话的畅通。那时候我就是言传身教,首先就是自己严格要求自己,上班我都比他们上得多,哪个同志病了,我就去顶班。我是如何接好每一个电话的,要做好回叫电话,我要求其他同志也要这样做好回叫电话,也要叫其他同志了解,把攀枝花信箱代号、电话号码都要背熟。当时叫我在大工棚去表演,说信箱代号,我马上说了电话号码,说电话号码,我马上说单位名称。当时问了我几十个号码,我都对答如流,百分之百正确,当时大脑记忆力也有这么好。一个心眼就是怎么多接电话、接好电话,为加快攀枝花建设。当时有一两个同志不服我,因为我是江津地区邮电局出来的,他们有些还是从重庆成都邮电局抽来的,就有点不服我管,我又比他们小点,说我是小孩子,说话有两个人就不爱听,但是大多数同志还是很喜欢我的。但是由于我有真实本领,她们不服也得服了。

"文化大革命"造反派斗我的时候,还要把我弄出去游街,把我的照片拿在邮电局门口贴上,画一个大叉叉。当时那些姐妹们很保护我,就把我藏在宿舍里面保护起来,拿东西拿铺盖把我遮住,免得他们把我找去挨斗、戴高帽子。还有那些造反派来抓我的时候,我们邮电局工程队的男同志,就把我拉到他们工程队里去。我很感谢邮电局那些同事和老师们对我的保护,对我工作的支持,我直到现在,都非常想念他们。

朱家包包那时候有个叫万吨级大爆破,是剥离爆破,那时候通信就是国务院周总理直接指挥。当时整个渡口的三线建设指挥,都是周总理负责指挥,朱家包包那边设立了前线指挥部。爆破那天电话是我负责保通信,是我坐的保密台总机,专门为了接这个电话,就负责通信的畅通,一边把一条线接到成都,成都接到北京不能中断,一分一秒都不能中断,一边就连接到我们的前线指挥部,爆破现场。当时前线指挥部向周总理汇报,说朱家包包万吨大爆破的准备工作一切就绪,请总理发指示。总理说好,好啊。他就宣布"一、二、三,爆破!"当时我们在机房听到周总理宣布爆破,前线指挥部马上就向总理汇报,说爆破成功!我们高兴得很,在机房都跳起来了。听得到前线指挥部的一片欢呼声,真是响彻云霄。真是太激动了,机房的人和话务台的人,大家抱在一起跳,说这个万吨大爆破成功了,简直不得了啊,是件大事,要出铁、要出钢的时间快到了,激动得热泪盈眶,大家使劲吼使劲叫,高兴得很。当时万吨大爆破,好像还给我照了张相,是报社的戴红芳还是黄老师给我照的相。我正接着两个电话,一只手接北京,一只手接前线指挥部,保证电话畅通,不能够有半点闪失。离攀枝花出铁出钢的时间很近了,毛主席说和帝国主义争时间、抢速度,我们把它爆破出来了,矿石找出来了,以后用那个矿石就可以炼钢炼铁了。觉得为攀枝花建设流血流汗,没有休息时间,吃那么多苦,受那么多累,都值得。没有向组织上讲条件什么的,都希望把自己毕生的精力都献给渡口,献给三线建设。就是这么想的,是种骄傲,现在回想起来还是非常的骄傲,我能够在毛主席最关心的地方工作,是最大的骄傲。而且我能做好每一项工作,让组织上给予我肯定,我感到是最大的安慰,尽心尽力尽职。

当时我是个单身汉来的。当时省里面给我们局里面提出的要求是,要没结婚、没谈恋爱的,而且政治条件绝对可靠的。那时候我从没考虑个人的恋爱问题,有些男同志也可能对我有好感,我不知道,我没把这些放在眼里。那时候都是"文化大革命"呢,择偶谈对象什么的,当时不晓得这些。现在就是宣传部老顾,当时他是在报社上班,当时有要和我好的意思。我又不知道这个人符不符合组织上的条件,当时要求政治条件可靠的人,首先是政治条件可靠,其次才谈得到其他的。所以我就给我们局里面的张局长说,报社有一个记者,就是顾维寅,好像有那个意思想和我好,请组织上帮我考察看适不适合。那时候就是组织上考察,组织上说了算。张局长说他去了解一下,结果他就去了解了。老顾啊,那时候叫小顾,他是西南政法大学毕业的,学哲学的。说这个人是孤儿院长大的,很老实,政治条件绝对可靠,说是可以作为你的对象考虑。就这样我们才开始有联系。我和老头子七〇年之后才结婚,七二年我的老大出生了。

1965年的下半年,中央领导陆续到攀枝花视察,视察的时候在"十三栋"招待所接见了我们八闯将、六金花。那时候"十三栋"招待所叫高干招待所。我们在二楼坐着等中央领导接见。彭真委员长跟我们一一握手,说你们辛苦了,还和我们握了手。进晚餐时,领导就安排我坐在彭真委员长的左手边。饺子端上来,他夹了个饺子在我碗里,说小吴吃饺子,你们辛苦了。哎呀,我当时激动得泪流满面,说不出话来。这也是我一生中最难忘的。我手里拿了个笔记本,就递给彭委员长让他给我签名。当时还不是彭真签,是他夫人签的字,签了张洁清。她在那个笔记本上写"渡口英雄",落款张洁清。"文化大革命"中,邮电局的造反派斗我的时候说这是黑帮黑线的证据,就收走了,还有我和西南局的书记李井泉在"十三栋"门口一起照的相,也被他们收走了。直到现在我都觉得很可惜。

还有好像在1966年初,贺龙元帅来视察攀枝花,也是住在"十三栋"。那时候我正参加市里面的团代会,好像是在仁和召开团代会。通知说叫我赶快回渡口,贺龙元帅来视察攀枝花了,要接见"六金花""八闯将",叫我赶紧到渡口。那时候单位有个货车,把我拉到"十三栋"。我记得那时候贺龙接见我们时,我坐在楼下的第一个位置。我发现贺龙从"十三栋"楼上走下来的时候,他脸色就没有多好,脚好像还有点浮肿,穿的是布鞋。接见我们的时候就和我们握手说,你好。接见完了之后,也是一起进了餐。后来晚上看演出,就把我安排在贺龙和他的夫人薛明一起,那时候是靠椅叫我坐中间,一边坐贺龙元帅,一边是他的夫人,我就坐中间看演出。那时候攀枝花的演出都是各大指挥部的,反映工地上的一些建设情景的演出。那时十九冶的,交通指挥部的,还有电力指挥部的,煤炭指挥部的,那些表演都精彩得很,就阐述攀枝花的建设情况,攀枝花的工地建设情况这些。贺龙看了就很激动,使劲鼓掌。

虽然我们是"八闯将""六金花",实际上是攀枝花第一代建设者的缩影。最近,我每天都要在电视上看《攀枝花新闻》,攀枝花作为攀西地区资源综合开发特区,还要申报为国家级的攀西资源综合开发特区。我觉得攀枝花又遇到机遇了,又有了利于加快攀枝花的开发建设。我们攀枝花人会抓住这个机遇,开发建设攀枝花,相信攀枝花的明天会更好!同时也相信我们攀枝花将建设得更加和谐美丽幸福!

无怨无悔献三线

采访对象：王丕模（历任攀钢集团矿业公司兰尖矿铁运车间政工干事、保卫干事、党支部书记）

出生日期：1948 年 12 月

采 访 人：攀枝花中国三线建设博物馆筹备组人员

采访时间：2013 年 11 月 5 日

采访地点：攀枝花电视台演播室

整 理 人：何莹英，龚雪玲

整理时间：2019 年 3 月 23 日

我是 1966 年 9 月 5 日到攀枝花的，那时候不叫攀枝花，叫渡口市。我们来了后叫三〇信箱，也就是过去兰尖矿的前身。来了以后，天天就是修那个芦席棚棚，修那个芦席房子，打干打垒呀，就是那个土建房子，天天就干那些事。完了过后就是组织学习呀。当时正是"文化大革命"的高潮，天天组织人们学毛主席语录啊，早上起来跳"三忠于""四无限"那些舞。完了以后就去吃早饭，吃完早饭以后就上班。当时说老实话，条件非常艰苦，攀枝花根本没有一条像样的公路，根本就没得水泥公路啊，连一个像样的楼房都没有。

在我印象当中，最难忘的一件事情，就是当时那个从密地火车站到下三连的路线，湘潭的那个电力机车到矿山来过后，当时发布的公告，就是说多久电力机车要通车到下三连的路线，到密兰线，到朱密线。这条路要通车。当时务本的农民，攀枝花的农民，全部都跑来啊，深更半夜都跑来看这个火车通车。当时像攀枝花这些人，那时候连汽车都没见过，哪里见过这个火车。真是人山人海呀！当时我就被分到那个人保组，当时那时叫保卫科。就是组织、维持秩序。铁路两边全是农民，站满了那些看火车的农民。

再一个就是 1970 年的朱家包包铁矿大爆破。朱矿大爆破的时候，组织起人去传炸药，包括尖山铁矿和兰山的边坡的。那个崖石爆破的时候，像我们这些青年工人就全部站成一排，一个传一个地运送炸药。

那个时候我们才进来工作，一个月工资我记得只有 39 元 6 角。一个月还得给老家交 2 元钱的公益金，一个月只有 37 元多一点。夜班费 8 元钱。当时那个时候一个工人一个月就按城市居民只配 4 两肉，一个月顶多一次食堂卖肉凭餐票。那个生活很艰苦，大家根本就没想到啥子苦，礼拜天有的时候还要去干。特别像鞍钢的培训人员回来过后，加班加点给他们修房子。我记得在鞍钢培训的时候是七千多人，南充地区调集去的，在鞍钢培训的。后来我们弄到锦州铁路去代培的，我们还不算，就是外围培训，回来过后天天给他们修房子、修干打垒、钉芦席棚子。当时也年轻啊，大家就是凭着一股干劲。我记得我钉芦席棚子、钉油毛毡的时候，从房子都滚下来过，滚下来正好滚到一卷席子上，屁事没有，大家都以为我受了伤，结果没有，我起来又爬上房子去干活了。

国务院副总理方毅来攀枝花，进来过后在兰尖矿，当时我们搞保卫的都是维持秩序，那天很开心、很激动，就是没看到他本人，各个车间的保卫人员都全部组织去。从兰尖矿那个主要通道上都去维持秩序，说中央首长来了，最后走了我们才知道是方毅副总理。我时时刻刻都在感叹，感叹人民这个创造力和党的政策，只要共产党号召啥子，大家都积极响应，这种精神我到现在都很受感染。

像过去那些设备，有时从西昌机场进来过后，车上写的都是，"把三线建设物资运到毛主席最关心的地方去"。我发现那会儿，虽然物资贫乏，但没有哪个人会私自去拿国家的东西，车子几十辆、上百辆、二〇公司解放牌，拉那些物质啊，就那么停着，都没哪个去动它的。

我记忆中的亓伟同志二三事

采访对象：郜玉山（历任渡口煤炭指挥部宣传部部长、工会副主席，格里坪洗煤厂党委书记、攀煤公司宣传部部长）
出生年月：1932年3月
采　访　人：攀枝花中国三线建设博物馆筹备组人员
采访时间：2015年1月9日
采访地点：攀枝花电视台演播室
整　理　人：龙琴，张一
整理时间：2018年7月3日

我是1966年5月份从辽宁抚顺调到当时叫煤炭指挥部的。因为我没来过西南，当时连路怎么走都不知道。那时是我们的政治部主任找我谈话，说是让我上西南渡口煤炭指挥部。谈了以后他提了一个问题，说这个地方是毛主席批准建设的三线攀枝花，这个任务很重，去不去你自己知道。因为我们都认识，谈得比较实在一些，就是说要不去，就得开除党籍。当时考虑到一个是当时的形势，另外也考虑到自己的工作，回家跟老伴商量后，决定去。咱说实话，东北的情况就是孩子就业都很困难，到三线新区去也许到时候孩子上班有机会，这就同意去了。领导问我有什么条件要求没有，我说我孩子比较多，四个孩子，我走了以后就我爱人一个人在家了，就是她照顾孩子有困难，你得给我解决房子问题。因为东北房子比较紧，我家和孩子共6口人呢，也就不到20平方米那么一间房子。结果一下子给我解决了两间，是一个局长，调六盘水，他家是楼上楼下。楼下倒给我，楼上他家住。因为他老伴儿还没去。这样的话,我没有理由了,房子都给你解决了,车票给你买了就得走了。

亓伟因为任命去了云南煤管局,煤炭部任命他是指挥部党委书记。党委开会以后,决定了一个会战,分工怎么分?亓伟主动提出来,他领着建房子。一年多的时间,亓伟领着,就基本上把干打垒的房子盖好了。当然其他指挥长啊、党委其他成员啊领着修路啊。陆续这个会战就在这一年多的时间里,大约十六七个月内就完成了。大家基本上都有地方住了。尽管席棚子条件不好,但大家就都没啥怨言。我来了以后,就是住的干打垒,三个人一个屋,还算是比较好的房子。亓伟呢,和他的党委班子、加我们机关的一些干部,就是又是宿舍又是办公室,都在这里,这就叫一个会战。

第二个会战就是会战小宝鼎。因为当时按照市委布置,是先搞夺煤保电,第一个会战他搞夺煤保电,党委商量以后,就是恢复这个小宝鼎煤窑。党委会讨论以后,亓伟定了自己去。在困难特别多的情况下,恢复了这个小宝鼎,28天出煤,当时用汽车运煤送501电厂。电厂发电以后,全市用电问题就解决了。电厂的第一台发电机转了以后,全市电的问题就解决了。当然,夺煤保电大会战,当时亓伟功劳是比较大的。所以市里头就决定宣传他的事迹,让大家向他学习,这是夺煤保电。

夺煤保电结束攀钢刚开始生产了,就有一个问题出现了,就是气肥煤问题。这个气肥煤是怎么回事呢?它属于一种特殊的、优质的炼焦煤。煤用在攀钢以后,攀钢的炼钢得配比,就是将焦煤、气肥煤跟矿务局的原煤掺到一起。当时市里头决定省里头要从六盘水进这个煤,后来六盘水没答应,解决不了。是因为什么原因咱不太清楚。市委就决定,让矿务局自己想办法。亓伟就主动提出来,他可以去上龙洞,解决这个气肥煤问题。因为当时亓伟还没解放、没平反,"走资派"这顶帽子都还戴着。我这里就是说,亓伟在会战当中,一共大干了70天。这个呢,在全煤炭系统建设史上,还是比较罕见的。建设龙洞矿以后,解决了气肥煤配比问题,保证了七一出铁,向党的生日献礼。

在这期间内遇到困难比较多一点。亓伟当时家人还没来,吃饭也麻烦,他对自己要求很严格,每天到食堂去拿两个馒头,背着水壶自己拿着下工地里,也不用人陪着。就是会战七十多天,一块肉都没吃着,他生病时,食堂要给他蒸点病号饭他都拒绝。因为他要求干部,特别是处级干部,不能开小灶,不能搞特殊化。

这龙洞矿呢,我就插说一件事。57连的队长她叫方桂芝。方桂芝是东北辽源来的,57连那地方有好几个山包,她首先领着广大妇女把这些个山包攻下了,以后整出来180亩地种菜。先后评选为市里头的优秀党员、市委候补委员、矿务局的优秀党员、全国煤炭系统的劳动模范。七七年还是七八年,他们龙洞矿的党员正在开会,后山着了大火,党员就都上山救火去了。因为那个后山不是平的,都带尖,缝比较多,其中有一个叫石桂芝的,不小心脚一下子陷在石缝里拔不出来。火越烧越大,她跑不了。这时方桂芝离她不太远,看到石桂芝的情况就想去救她。她喊别人来,就在喊救的过程中,她自己的脚也插到这石缝里头去拔不出来了。可这火来得快,因为风又大,火速又比较猛,大火就先把石桂芝烧死了。这个中间呢,大伙又去救方桂芝。那时方桂芝尽管自己呼吸困难,还是让大家去救石桂芝,别救自己。后来她被评为烈士、模范共产党员。

紧接着就是攀钢二期工程。矿务局采取先开大宝鼎、后开花山的决策。大宝鼎矿规模比较大,年产90万吨,当时战线也比较长。那时候亓伟身体已经不咋好了。后来呢就是开花山,花山是年产180万吨,再加上一个新建的洗煤厂——格里坪洗煤厂。小宝鼎20天出煤以后,提前完成了计划。当时还在小宝鼎开了一个现场会,介绍小宝鼎会战情况,也是宣传亓伟,当时认为亓伟是焦裕禄式的好干部,要向他学习。

这个宝鼎矿区在三线建设当中,作用还是很大的。但咱不说功劳哈,特别是亓伟,在三线建设当中,特别是在我们宝鼎,他功不可没！不管是几个大会战也好,还是市里头三个大会战和宝鼎矿区的建设也好。这人思想境界也比较高,对自己要求也比较严,几件小事可说明。他看别人一个一个地从班上下来都往外搬,他却动员他老婆孩子搁昆明往渡口搬。他为啥呢？他自己那时候就有病了,觉得自己不好了,献了自己终身献子女。他老婆也是昆明老干部,搬了。搬了以后,招工,子女都得参加考试,矿务局在当时招的也比较多,当然你招的多就得考试,不考试,不单独招他自己。包括他有病了之后,他去北京看病回来,人家省煤管局还是让他疗养休息。他因为癌症都转移了,说啥那个不休息。回来的时候,我跟他从昆明坐矿务局的小破车一起回来。一路上他领我到昆明钢铁厂,他还考虑宝鼎马上要出煤了,出煤以后要卖给昆明什么的。一路上坐车,一路上就教育我,要把家搬来,安心三线建设,而且还给我爱人做工作,叫她好好支持我的工作,赶快把家搬来。所以说每到清明的时候,去给亓伟扫墓的时候,转两圈就得哭,转两圈就得哭。他的事迹,特别是理想,不比王铁人和焦裕禄他们差。亓伟事迹正好符合三线教育的内容,他怎么样吃苦耐劳,怎么样严格要求自己,怎么样不搞特殊化,都值得我们学习。

我的铁道兵岁月

采访对象：吴志义（中国《铁道兵建筑报》原社长，曾任铁五师二十三团一营排长、副指导员）

采 访 人：攀枝花中国三线建设博物馆筹备组人员

采访时间：2013年11月21日

采访地点：北京中国铁建文化活动中心

整 理 人：龚雪玲，周璐亭

整理时间：2019年7月2日

我是1964年，刚18岁的时候，高中毕业以后从学校入伍的，当时他们招所谓的"文化兵"，山东一个省，才招了两三百人，全是应届高中毕业生，或者机关人员。从山东坐火车，坐汽车拉了我们七天七夜，最后到了铁五师，当时贵昆线又叫滇黔线，那是重点工程。梅花山隧道是当时贵昆线最长的隧道，3 698米，号称4 000米。当时它就是一个贵昆线的拦路虎，把这个隧道打通了，整个线都不成问题了，所以上上下下都比较关注。因为我们是新兵，就把我们放到那个重点工程去锻炼。当时我在的连队是一连，一连是铁道兵，打隧道出生的，是在鹰厦线打大禾山隧道的连队，号称尖刀连，当年在那个地方待了将近一年。梅花山隧道打得很苦，里边很复杂，溶洞、暗河都有。它不像一般的隧道石头打过去就可以了，里面石质很复杂，就算石质好的时候也经常出事故。那个时候技术水平也不行，分上下导坑。在这段时间，给我印象最深的就是牺牲太大，几乎每个月或者两三个月都有一次死人的事故发生，一死就是一两个、两三个，甚至四五个。牺牲多的一般是打瞎炮,就是上一茬的炮,有个别的没有响,那么风枪打的时候,打到旧的炮上,触动到雷管,就爆炸了。这一爆炸,现场掌子面的好几个人都被炸死。我印象深的有一次,是掌子面都在打风枪,其他人都去吃饭了,吃饭是在洞里边,那隧道很长,回到家吃饭太耽误时间了,都在洞子里边吃饭的。

炊事班把饭推到或者背到掌子面去,在那个巷道里面吃饭。一个就为了抢进度了,风枪班班长带着几个人,说是你们先去吃饭,我们留几个人把这排炮打完,你们吃完饭就可以装药了,结果就打到了一个瞎炮,当场就死了几个人。我当时没在现场,是在吃饭的地方,死人这个场面,现在想起来都非常可怕。死的人身上的肉蹦到石壁上,周围的墙都是红的了。那瞎炮响起来是非常厉害的,它都可以把几米的石头炸下来。像这样的事故发生好几次,我亲眼见到了一次。第一次发生事故以后,后来每一次发生事故以后呢,也要搞一个仪式,在我们所谓的篮球场(看电影也在这个地方,打篮球也在这个地方,很小的一块平地),开一个会,说是跟战友告别,但是两边贴的标语是"挥泪继承壮士志,誓将意愿化宏图",里边讲话的那些战友也好,或者是领导也好,除了表示哀悼之外,说得最多的是要继承壮士遗志,把这个隧道打下去、要打好。经常引用毛主席语录:"要奋斗就会有牺牲,死人的事是经常发生的。"让我们擦干眼泪,踏着战友的尸体,前进吧。

刚刚发生事故,第二天或者是在誓师会之后,又是誓师会,说是遗体告别会,但绝对又是大战的誓师会。之后马上就要到工地去,紧接着就是施工,几乎每一次追悼会都是一次誓师大会。的确是很悲痛,到那个烈士墓那个地方看了,每一条长长的隧道旁边都有一片烈士墓,其他地方也是一样,梅花山隧道旁边也是这样,最让人难过的,是每一次牺牲的大部分是年轻人。十几岁,二十来岁,年龄不大,新兵,道理很简单,老兵的安全意识比较强,新兵那种激情,那种热情,那种抢时间、抢进度的热情,安全意识不够。每一次说是要注意上边落石,他们就一直在那儿干,就不知道哪个地方危险、哪个地方不危险。

离开多少年以后,每一次坐火车路过梅花山啊,我心里边都会一阵难受。营房早成废墟了。正因为这点呢,后来我多年不忘,我写的哲理诗多一点,写真正铁道兵的事很少,其中有一首《永恒的守望》。铁道兵战士最沉重的记忆,是在他们修建的铁道旁永远留在高山下那片埋葬着年轻战士的坟茔,是一位战友倒下来,一群战友向它奔跑而来,因为战友再也不能醒来,一块石碑在他身边立起来,一个个纸做花环枯下来,一片片圣洁的山花开出来,一堆堆黄土矮下来,一棵棵青松长起来,一片片坟墓静下来,一声声汽笛响起来,一个个名字被忘怀,一片片山村富起来,死去的战友用英灵守望过去,活着的战友用忠诚创造未来。

我那个时候是新兵,是战士,是供电工,电工兼管道工。干什么呢,就是放炮之前大家都撤回去了,只有一个装药的放炮手在那儿装药,我们电工那个时候要在那儿举着电灯,照他们装炮眼,人全部撤了以后我们才能撤。然后炮响了之后,我们要第一个先进去把灯拿上去,把电线架过去,不能等那个烟排完,那就耽误人家施工了,我们要呛着这个硝烟进去,把电灯架上去,后边才能继续打风枪、出渣,这些才能进去。那时候我们激情也很高,只要炮响完了就进去,有一次我就晕倒了,是副排长和班长把我背到连队。实际上昏倒后,在外边空气一吹就醒过来了,那时候年轻,也顾不上休息,很快喝点水就又进去了。那时候没有星期天,没节假日,不存在因天下雨不能干活的事,所以那个施工,这个进度的概念是非常催人奋进的,不惜一切代价要抢通。领导认为我表现不错,最后给我立了三等功,那时候还很高兴,把奖状寄回家。那时正是百天大战掀高潮的动员期间,各级领导都去了。其中有郭维城,后来当铁道部部长、铁道兵副司令员。华罗庚到台上给我戴红花、发奖状,当时觉得这是个荣誉,更说要好好干了,所以那段时间干得很朴实、很真诚。不怕困难的精神,应该是那个时候打下的底子,刚进洞的时候肯定是有点儿怕。上面呲牙咧嘴,机器到处轰隆轰隆响,开始是怕的,说不怕是假的,后来一看大家都这样了,一天一天也没事儿了。

中国应该有后方,没后方,那打起仗来要吃大亏,民族要灭亡,我们这条铁路就关系到民族命运、国家的命运。把我们派上那是我们的光荣,这么多老同志都在干嘛,我们有什么理由不干呢。就是国家荣誉感,这是肯定,在那儿待了有一年的时间吧,后来去了铁道学院,当时叫铁道兵学院,后来叫铁道大学。领导推荐,个人考试,被录取了,到石家庄上了三年学,1968 年毕业就回家了,当时也是重点工程,成昆铁路。仍然分到 5 师 23 团,当时学校分来的学生嘛,分到最艰苦、最有荣誉的单位啊,在一连尖刀连,当时这个一连所驻的位置是在三堆子到雅砻江桥这一段,青龙山隧道出口到三堆子这一段。我们一营就在那个地方负责施工,有隧道,有小火车站,有路垫开挖,当时不觉得苦,当时那么简陋,当时觉得很有趣。下边金沙江上边隔一条公路,就是我们的营房,晚上睡觉都能听到金沙江的水声,这太有味儿了。后边就是青山,住的房子就是用土堆起来的,可能墙角有点儿砖,只有连部才是干打垒,其他的几个排住的都是牦毡房子,我印象里边只有一层席,上边是牦毡,好在渡口那个地方不冷,冬天也不冷,我们也都年轻,也就过去了。就隔了一层席,就外面的世界,下雨也漏雨,漏雨也没有当回事儿。

军校毕业多少给点儿小官衔,就是排长,一排四个班,这比步兵要多,一个班12个人,这样子就四五十个人,步兵都是三三制,咱们是四四制,全是上下铺。上面住两个班,下面住两个班,排长住在门口第一个铺,也仍然是大通铺。上面是大通铺,我住在第一个位置,就在那门口,有什么情况,或者有什么紧急集合或者是什么,排长要第一个出来,排长用现在的话讲,就是工班长,就是领着干活的。那时候年轻和战士们一起挖基坑,抬料石,都在干。和战士们一起干,那时候总觉得锻炼锻炼那个劲儿也大,吃饭也好,觉得很有趣的一件事,唯一就是夏天太热,领着战士在那刷边坡那个热的,带着那个军用水壶,一壶水几阵就喝完了。那汗哗哗地流,那地方还热得早,5月份就热起来了。

那时候觉得官兵关系很融洽,也很愉快,也没感到什么苦,那时候干活,尤其是那饭量很大,老兵班长吃饭的时候又吃一次包子,那是很高兴的。吃包子的那个老班长特别能干活,要吃多少个包子,从这个地方排到这个地方一共十几个包子,现在绝对吃不了。那干活的劲儿,新兵要去给班长拿包子,有的时候老兵班长还摆点儿谱,技术不教给呀。你当几天兵呀,我穿的裤头都比你穿的衣服多,我过的桥都比你走过的路多,这样逗玩嘛。实际上班长对战士是很好的,饭菜没有的时候,班长不吃,让战士吃,但是吃包子的时候,班长就表示自己特别能吃,你给我拿包子,结果拿一趟又一趟,供不上他吃,几口就一个包子,这都是很有趣的事儿。

最高兴的事是春节的时候有地方演出,慰问团,剧团,上面铁道兵文工团演出,这些事都是高兴的事,可以看到外面的世界,那时候在山沟里每天都是兵看兵,接触不到外面的世界,可以看到外面的世界,可以有点变化,有点活动。那时候也没有电视,偶尔看场电影。那时候刚去那个渡口,那个地方,离昆明也很远,离成都也很远,吃菜是很不方便的,旁边都是山,没有几家老百姓,这个青菜吃的是非常困难的,那么就利用业余时间自己开荒种菜。在山坡坡地上啊,在金沙江边上啊,开荒种菜,有一些回去的战士拿点菜种,小油菜啊,牛皮菜啊。那时候我真不知道叫什么菜,皮子很厚,很不好吃,还有那叫空心菜,我们也叫它钢管儿菜,像钢管一样,每个班都有任务。今年要交多少菜,这个班长都不肯落后,排长也不肯落后,带头带着战士们去开荒种菜,开始那段我印象里面,就是青菜基本上是自己种的,每个人津贴只有六块钱到八块钱,生活费一天五毛钱。如果进山洞施工增加两毛钱,共七毛钱,在洞外施工六毛钱。偶尔买点儿肉,那时候年轻人能吃,那点肉根本不够吃。业余时间开荒种菜,那时候基本就是农耕生活这样的味儿,大米是运来的,菜是自己种的,猪是自己养的,每个连队都有个炊事班,都有个养猪的,一个是剩饭剩菜,再一个是打猪草,上山去打猪草,打猪草南方兵很内行了,军人走在那里,那个地方再艰苦,也是搞得干干净净的。住房里面,还有小院子里面,操场里面搞得干干净净。扫把是用从山上砍的矮的竹子,自己编的。

谈论话题说白了就是一起入伍的,星期天可以老乡串一串、讲一讲家乡的事,家乡的变化呀,这个也是中国人的一种家乡观念。有什么变化呀,谁找媳妇儿的这些事儿,谁探家回家也是一个高兴的事儿。一个排里面每年都有几个探家的,新兵不能探家的,当了几年兵才能探家,探家以后回来带点儿什么花生呀,带点儿什么糖果呀,或者当地的特产,就分给大家吃呀,大家就觉得,把你媳妇照片拿出来看呀,实际没有媳妇儿,就是找对象,就这些都是个开心事儿,那时候唱的歌,就是电影《地道战》《南征北战》里面的歌。业余时间当然开会集合才唱铁道兵的咯,平常大部分人就是看那几部电影,从工地回来也是哼着那小曲儿。

那时抢进度的时候很多是打风枪,水供不上,都看不清打风枪的人的真面目,全是灰尘,只看到他的眼睛和牙齿,但大家扛着风枪回来的时候,就哼着《李向阳进城》那调子,没有感到苦闷,一群很乐观的年轻人,工作当中的最大压力,还是进度,因为那时候说 1970 年要通车,还有多少工程量,还差多少人工天。这个一级一级开会全讲了这个,那个排完成多少,最怕点你的名,压力最大。最怕晚上接电话,晚上接电话特别怕从隧道里打出来的电话。那时就胆战心惊,生怕是人影响进度。"文化大革命"中,1966年、1967年停止征兵,因为超期服役的很多,有的家里面确实有困难,父母亲岁数大了,没人照顾,自己回去也早一点好找工作,所以也有不安心的,但是事情就那么怪,他天天发牢骚说干得好走不了,但是一遇到干活他劲又上来了。有位在5师23团发牢骚是有名的,但是干活儿也是有名的,干起活来他绝不发牢骚、不甘落后。

这个路修通以后我们就搬到朱家包包了,我就当了二连的副指导员。当时指导员不在,连长也不在,当时我还觉得有点压力,这一个连交给我,我没思想准备,那时候还是有压力的。打隧道,那朱家包包有几个矿区的专用线,矿区专用线是隧道施工,这里面难忘的有两件事。有一天晚上,这个实际上就是1970年七一通车、七一出铁之前大概一个星期,晚上睡觉睡到一两点的时候,通讯员把我叫醒了,说指导员有事,我问啥事,他说一个战士晚上站岗把枪丢了。我说胡扯,就马上穿上衣服。他说真的丢了,找不着了。那时候我知道这件事的严重性,因为且不说是阶级斗争为纲。马上要到七一了,攀枝花要开大会,上级一次又一次说,要防止阶级敌人破坏我们铁路建设。闹了半天,我们自己出事了,我说这枪落在敌人手上,这个事情可就闹了大了去了。我说把那个排长叫来,排长叫醒了那个班长,丢枪的班长、战士都叫来了,一问确有其事。我马上命令排长组织个小组,赶紧去找,天快亮了,也没找着。我说全排停工,全部上山给我找这支冲锋枪。我马上集合队伍,要动员,要讲讲当前的形势。一听说全连要停工,有一个战士就跑到连部来了,说你们不要集合了,我知道枪在哪儿。我问他怎么知道枪在哪儿,他说你甭管了,我知道。他说是我对班长有意见,他老凶我,我去接岗的时候,班长睡着了,我就把他的枪藏起来了。他说没想到会惹这么大的事。我们现在就去,咱们一起去,到这个岗哨旁边不远的地方,从一个草丛里面把枪找出来了,这一块石头落地,高兴得不得了。这件事是真事,道理很简单,就是这个战士要报复这个班长,班长老凶他,老批评他。这个事出了以后,上边要给这个战士处分,这两个都有责任啊,班长站岗怎么能睡觉啊,这个战士也不能这样。后来,工是没有停,就是晚上收工之后,加班开会。

全连的都要出来开展谈心活动,疏通关系,对领导有什么意见,有什么想法,提出来,不准采取任何手段激化矛盾。经过大概一个星期的所谓整顿,战士提了很多意见,班长们、排长们也提了很多意见。有的是针对我们的,我们就做检讨,对战士关心不够,工作方法不当,简单粗暴。很多矛盾都是简单粗暴,这并不是一种仇恨。简单粗暴,改变工作方法,要注意工作方式,改进什么,有些成果,往上一报,坏事变好事。搞得不错,其他单位也有领导跟战士的矛盾啊,把我们的经验要推广给他们,搞得不错。不能激化矛盾,要注意工作方法。

还有一件事情就是朱家包包后面是一座山,有一次下工回来,山上忽然起火了,这个是营里面通知的。不管下工的,只要是在家里的人,全部上山打火,我这就带着几个排长上山打火。印象里天快黑的时候上的山,大概三个小时火基本扑灭。全连漫山遍野撒开以后啊,天又黑了,生怕丢了一个战士,战士不能全部跟着,这个时候都分开,哪儿有火到哪儿去打,有的战士衣服着了,有的脸弄得黑乎乎的,我们都认不出来。你这个连的战士和那个连的战士有时候都认不出来了,烟熏火烤,衣服搞得破破烂烂的了,那丢一个兵又是一个问题啊。天黑了,这个时候就是找排长,排长找班长,每一个班十来个兵,他就可以集合起来了嘛。我叫排长通知班长,相对集中,很快一个都不少,大概11点钟都带回来了。

那时候还学了一些老连长的工作方法,队伍集合前,先让文书通讯员回去,让炊事班烧姜汤,因为大家出了很多汗,很累,又怕感冒,感冒了怎么施工,对战士不利啊,回去先喝姜汤,后吃饭,最后他们回来以后洗一洗,喝了姜汤,吃了饭,全连没有任何损伤,很平安地过去了。

参加盛典就是集合队伍去了,就在一个大的广场上,人相当的多,印象最深的是有中央领导来了,绕场走了一圈,当时我们觉得不管怎么说,中央领导来是肯定我们的成绩嘛,这也是一种骄傲,一种成就感。我在的时候,狮子山就已经开始挖洞了。那个地方就是矿,矿的上面覆盖层太厚,如果按照正常的施工,上边的覆盖层拿下来要花九年时间,这个时间太长,影响整个进度,三年要见成效、出钢,用什么办法。请了很多专家,那就是采取大爆破,在朱家包包矿区的狮子山,挖一个,不是,二层洞,三层洞,有的地方是两层洞。挖一个洞进去,有直洞,直洞里边像我们的钥匙一样,有拐弯的洞,像我们开门的钥匙一样。拐弯的洞,就是猫耳洞,用汽车往里面拉炸药,所以万吨炸药就是这样子的。后来知道这个万吨爆破风险是很大的,1971年四五月份打爆破的,美国之音报道说是核武器,中国又搞核武器试验,有的地方说是地震了。

修建成昆铁路的记忆

采访对象：陈远谋（原铁道兵报社副社长）
采 访 人：攀枝花中国三线建设博物馆筹备组人员
采访时间：2013 年 11 月 21 日
采访地点：北京中国铁建文化活动中心
整 理 人：周璐亭，瞿颖

我当铁道兵修铁路

大概 1960 年的时候，军队机关干部下连当兵，我就是那时候下放到铁道兵第一师第一团第一营第一连杨连第那个连队去当兵锻炼的。一共才当了三个月的兵。三个月主要干什么呢？就是在 1960 年 3 月份，部队开始接受修成昆铁路的任务。我们当时的任务就是在西山的碧鸡关修隧道，就是从昆明出来到成昆铁路的第一个隧道。我们那个连队主要就是担任开凿那个隧道。我记得当时施工的时候，那个隧道石质非常坏，全是那个泥块泥巴。就是挖开以后不需要打风枪，就是贴膏，塌方，水很多。当时我们部队的战士们在那里施工，不怕艰险，想尽一切办法，冒着危险慢慢地打进这个隧道。那里大概就打了三个月，这个隧道就往前伸延。我不是当兵锻炼三个月吗？到时候我就回机关，所以说我的印象里边，应该说成昆铁路南段的施工，我们部队是最先投入的。为什么后来这个铁路停工了呢？就是"自然灾害"以后，国民经济很困难，就下马了。北段一下马，南段也下马了。所以说当时这铁路就停工了。碧鸡关隧道没有打完，当时就用石头把它封上。

一直到1964年的时候,中央决策搞大三线的建设,毛主席、周总理他们在北京部署整个大三线的建设,其中讲到了三线铁路的问题,一条是成昆线,一条是贵昆线,就是原来的滇黔线。那么铁路怎么建设?就是在7月2日,周总理在罗瑞卿总参谋长关于铁道兵的报告上有一个批示,批示内容就是讲修成昆铁路,主席同意了。朱德委员长提议铁道兵修。根据总理批示,中央军委和解放军总部就一起决定调铁道兵的五个师,加上两个独立团来担任这个任务。这五个师就是一师、五师、七师、八师、十师。再加上两个团,一个是独立机械团,一个是独立汽车团。所以说一共是8万人,兵力不够又扩编10万人,铁道兵投入这个成昆铁路施工一共是18万人。

当时中央的决策,在安顺成立了西南建设工地指挥部,是由铁道部和铁道兵联合组成的,吕正操当司令员,就是整个初期领导成昆铁路的建设。当时部队是这么安排,北段就由铁路二局施工,就包括这个大小凉山,一直到西昌这一段由他们负责。铁道兵中间这个北段有一段是我们施工的。主要的兵力都放在南段,就是西昌以南到昆明,这一段是我们施工的。包括渡口,以后到西昌,到卫星发射中心,那条支线都是铁道兵完成的。

成昆铁路修建报道情况

总理下令为了西南的建设,为了早日修通成昆铁路,就建立了西南指挥部。由参谋长何辉燕少将担任司令员,还有苏超当政委,把这个指挥部组织起来推进成昆铁路建设。总理有个指示,一定要在1970年7月1日通车。铁二局基本上平静了,工人们都回到了北段了。再加上我们部队在那里施工转正常突击。我们南段就突击,其实这中间武斗挺厉害,包括西昌那一带打得很凶,影响了材料的供应,所以一直延迟到7月1日通车。通车的时候,当时因为成昆铁路是保密的,铁路不让报道、不让宣传。包括我们自己铁道兵报都是讲某隧道、某线,都没有讲成昆铁路这几个字。到了1970年通车的时候,我那时候到新华社去汇报这个情况。新华社说这事不能公开报道。《人民日报》也是这样,不能公开报道。最后决定《解放军报》用一个版来刊登成昆铁路的一些模范事迹。

后来《人民日报》用三分之二的版面来登消息。1970年通车的时候我去了。我去的时候主要是组织这些稿子。通车典礼是在西昌举行的。但中央发了贺电,贺电就是讲这个成昆铁路修建怎么艰苦,你们对党和人民做出了巨大贡献。当时我们的司令和政委,他们都去了。我就组织了两个版的稿子,分别发给了《解放军报》和《人民日报》,这两份稿子都见报了。这是我第二次涉及成昆铁路的宣传报道,就是写施工中间的先进事迹。《人民日报》以党员为主,这个党员在施工中间起到了先进模范作用,有先进连队,有单位,有个人,当时报道是这样的。当时都没讲哪条铁路,就是某线,把中央那个贺电摘要地登了一下。这是 1970 年那次。第二次就是到 1973 年年底吧,中央决定要公布成昆铁路。实际上美国卫星在天上转,能保密吗?不能保密呀!但这么一个大功臣,为什么不能宣传呀!于是中央决定在 1973 年 12 月底要正式公布成昆铁路。成昆铁路通车以后,部队全部调到襄渝铁路去了,成昆线上基本没有部队了。没有部队怎么来报道?这新华社还叫我去,反正情况你熟悉。我们部队指挥部还在成都,指挥部不是指挥襄渝线施工嘛。当时吴社长他们在成都,又把我派到成都,我比较熟悉,找他们司令、政委、工程局干部,还有以前掌握的一些资料。后来就写了一个"英雄修通成昆路,万水千山只等闲"。

那个报纸我带来了,你看看这个报道,一个女记者写的新闻。1974 年的 3 月 22 日,新华社播发的,23 日各报就登了。《人民日报》头版头条就登了成昆铁路建成通车。我们的通讯是 23 日晚上播发、24 日各报就登上了。我接触的成昆铁路是第二段。两次报道成昆铁路就是这么一个情况。

彭德怀视察铁路建设

我想讲彭德怀到成昆铁路这段历史,比较感人的一段事情。1964 年 9 月份,彭德怀被任命为西南三线建设第三副主任。1965 年 3 月 20 日,他要到铁道兵部队看工地,当时我们那个施工的部队在什么地方呢?在峨眉,就是峨眉到金口河这段。铁道兵第 14 师 48 团施工,团长叫姜培敏,后来是铁道兵指挥部的副指挥。他亲自给我讲这个彭德怀到工地视察的历史,我觉得比较感人。23 日吧,彭老总他们上午到了团部,他们团长政委就向他汇报情况。他听了以后,他表扬铁道兵这支好部队,承担工程进度快,质量很好,战士们很辛苦,铁道兵特别能干。简单午饭吃过以后,本来应该休息一下。团长说:"彭老总,您是不是休息休息?""不休息了,咱们上工地去看看。"就上了一个叫海满隧道的工地,当时这个隧道石质不好,经常会塌方。但他带个藤帽穿上水鞋,踩着泥水进隧道去仔细地看。

他讲这个隧道石质不好,你们要特别爱护战士,一定要把这个支撑搞好,不要让石头掉下来把战士砸伤,一定要做到安全施工,圆满完成任务。从隧道出来以后,看到旁边山上有个坟墓,他就问这个墓是谁的墓。当时负责陪同他的段副师长说这是我们一个战士牺牲的墓。他自己爬上了山,看了这个墓。那个墓当时只立了个木牌子,光写了名字和部队。他告诉副师长这不行,他们是为了成昆铁路牺牲的,你们这样做是对不起这些为成昆铁路建设光荣牺牲的战士们的,你们要让人民永远记住他们,要让人们知道他们是为祖国的富强和人民的幸福而英勇献身的。你们对这个烈士要立个碑,要刻石碑,要把他的籍贯、他的出生年月,另外他所在的部队、什么时候牺牲的都写得清清楚楚,就要来纪念他。要让人民能看到这碑来常常悼念他,然后让他的亲人或者他的战友来找到他。他讲了这番话,后来每个工地都有陵园,每个牺牲的烈士都刻碑。后来彭老总就到攀枝花去了。他很简单,就一个警卫参谋,一个司机,就他三个人,开着车就去了。

当时华罗庚那一批科学家,他们都来考察。华罗庚到隧道里头看战士劳动,都流泪了。流泪以后,他说我搞数学,我什么都计算得出来,但是你们战士的劳动,你们这英勇献身精神,在我的数学上计算不出来,所以感动流泪。他还写了一首诗,写了一首关于在梅花山的诗。后来战士们在隧道里头刻了几字:华罗庚流泪处。有些铁道专家也去,还包括好多文艺演员,谢苏他们都去过,去工地慰问。这点对部队的鼓舞和教育都很大。当时战士们一心一意就是一定要把成昆线修通,于是讲一句话,我们修好成昆线,一定要让毛主席睡好觉,一定不要毛主席骑毛驴到西昌。这都是动员鼓动的口号。当然在那个条件下,伤亡也很大,我们成昆线牺牲了2 000多人。成昆线1 000多公里,等于1公里牺牲2个人。这个是反映了一不怕苦、二不怕死这种精神。

有个摄影师沈杰,后来拍了个片子叫《铁道兵战斗在成昆铁路》。他为什么拍这部片子呢?当时成昆铁路不是保密吗?当时为了把成昆铁路修建过程的情况向中央汇报,中央新闻电影制片厂,要把这个记录下来,他承担了这项任务。他在工地上也是好多年,自己这个又负伤又翻车,他终于拍了一部很好的片子,成昆铁路的南段,还有北段,铁二局在施工。这部片子拍好以后,当时内部放映,主席、总理看了都非常感动。后来英国蒙哥马利元帅访华的时候,这个片子也放给他看。李先念看了之后,把这个片子放在大使馆放,对外宣传。我们的牙雕"成昆铁路"送到联合国,反映这个成昆铁路的一些成就。成昆铁路通车,让西昌地区,就是大凉山地区的进步要提前了50年,那确实是这个样子。当时我们进大凉山都是很困难的,那路都没有。经过大渡河边上的路都没有的,就是从岩石上开出来的路。南段的话,金沙江岸,红军长征走过的路啊,沿着红军长征的路,从昆明以来慢慢走到了西昌,然后到小叶丹和刘伯承结拜兄弟的这个地方。都是当时路线通过的地方。我们施工的时候呀,那个红军长征的时候帮助渡金沙江的老大爷还在,所以我们是以红军长征的精神,以万水千山只等闲的精神,排除千难万险的精神来完成这个任务的,所以我觉得这个精神非常可贵。所以说成昆精神,后来我们包括两弹一星、青藏精神,那是一脉相承下来的。还是很难忘的这段历史。

看那个连地隧道,还有这个叫浮漂隧道,南段叫火焰山水帘洞。建这个隧道怎么困难呢?因为金沙江河谷气温比较高,隧道施工的时候比较热。但是施工怎么办呢?穿着裤头子在那儿打隧道。隧道打进去以后,突然出水了,一大股水出来,那满洞子都是水,又热又冷。一天之内要经过好多这种困难,在隧道施工也是这样的,有个烂泥潭,有个大的溶洞。从里头克服千难万险,这么进去的。这里头有些战士,比如有个向启万,说塌方了,塌方以后他救人嘛,他救人以后他自己被炸了,还在隧道里头。当时学毛主席著作,下定决心,不怕牺牲,排除万难,去争取胜利,最后这个战士就在隧道里头牺牲了。牺牲以后,他弟弟向启漠参军,接他哥哥的班。这个人现在还在,在四川金堂。你想董金官两眼炸瞎了,还是坚持施工,身残志不残,好了以后还继续在服役。

我们战士们表现出来的,应该是中华民族精神的一个传承。因为成昆铁路原本设计并不是走这个线路的,现在不是有贵昆铁路。最早是从那里走的,从内江往金沙江那边走,好修。但是因为这边有个攀枝花,有个攀枝花钢铁基地。当时为了这个大三线建设,对付美帝、苏修嘛,他们决定在那里搞个建设。在这么困难的条件,下面修的时候靠谁修啊?靠工人阶级,靠解放军!没有解放军和工人阶级那样的顽强拼搏,那样的斗志,是很难完成的。所以当时的口号就是,"风枪一杆,天下何处是难关"嘛,就是靠这个无坚不摧的。

发生在修成昆铁路中的几件事

采访对象：汤友庭（中国铁建公司老年体协秘书长，曾任铁10师48团干部股长）

采 访 人：攀枝花中国三线建设博物馆筹备组人员

采访时间：2013年11月21日

采访地点：北京中国铁建文化活动中心

整 理 人：龚雪玲，韩惠玲

整理时间：2019年6月29日

我是铁道兵铁10师48团的。我们是1964年1月（有的先遣部队是1963年底）接到中央的指示，要加强三线建设，响应毛主席的号召，毛主席说三线建设不好，他睡不着觉，在这种情况下，我们要备战备荒为人民，全力以赴地投入到三线建设当中去。我们部队上是这样说、这样动员的。在上级指示号召下，我们很快就调到了成昆线，当时天气比较寒冷，但是我们是冒着雨雪天气，从青海省海晏县坐火车来到四川的。到达成都的青龙场，在那儿下车以后，又用汽车给我们运到峨边县龙池镇。团机关当时在龙池。连队当时没有房子，怎么办？就暂时住在老百姓家里面。老百姓房子也很少啊，我们就自己盖房子，就用两三个月的时间把房子建好。盖房子我们都是自己动手，用上那种竹子、树，搭建架子，所以我们从机关、领导干部到我们每一个干部都要参加劳动。大家热情很高。那时候不分白天黑夜都在一块儿干，我记得就是1964年这个时候，四川人民对我们支持还是很大的，当时我们去了以后没菜吃啊，我们一进去，老百姓给我们送来的鸡蛋两毛钱1

斤,花生两毛钱1斤,当时我们从青海进去以后呢,青海的工资还比较高点,我们一个月拿100多块钱,到四川以后拿50块钱,所以两毛钱1斤的鸡蛋,我们一买就买10斤,煮鸡蛋吃。但是没过两三个月,物价就涨起来了。因为部队多了,人多了,这是体会最深的。后来鸡蛋卖到五毛钱1斤了,以后又涨到1块钱1斤了。有个时间过程,我们到那儿,机关的所有房子都是自己盖的。峨边县这个白村,那是一个村庄,有个十几户吧。村里面我们自己盖的房子,归到那个村边上,进去了以后呢,我们部队是晚上盖房子,白天要修路,搞施工建设,用业余时间来建自己的房子。有的呢就是住帐篷。机关盖房子,连队就用帐篷。没有房,把帐篷支起来,搭起住就行了,所以连队没盖房子,这时候条件很艰苦,但是大家劲头很足,没有叫苦叫累的,打隧道以后呢,我们是48团从峨边县的赵平一号隧道开始的,沿着金口河,就是我们现在建的、要搞铁道兵历史博物馆那个地方。这条路呢是我们48团承担的任务。赵平一号隧道,我记得是两三千米,比较长,这是我们师里面在隧道工程中很有影响的一个重点工程。当时我们师长尚志功同志,现在已经过世了,是他亲自带队的,去抓隧道的工程。我记得是1964年三四月份的时候,打通了一个百米长洞,人工打的隧道吧,当时还没机器。以后一边打,一边有压风机,受到西南指挥部、中央电报通报表扬,我们召开了誓师大会,从那以后,就二百米、三百米地挺进了,所以这项工程提前完成任务了,没有影响到整个通车。

后来我们就转到了米易,德昌到米易,也就是攀枝花,我们修的那一条路了,受"文化大革命"影响,本来那个任务还可以提前完成,但是物资供应上受到一些影响,水泥、钢筋运不进来,当时从成都这边运不进来,我们从云南、从贵州用汽车运过来的,还是想办法把这项任务完成,要保证1970年通车嘛。

1968年8月份的时候,因为我们打隧道点炸药的时候,发生了意外事故。因为点火应该先要点上面的,施工的战士把下面的先点上了,所以就提前爆炸了。当场牺牲了四个人、伤了三个,这四个人当中,一个是排长,三个是战士。三个战士都是1965年的兵,都是四川的。那个排长是重庆的,当时我是亲自去处理这个事故的。当时我们怀着很悲痛的心情。当天早上出的事,清理完现场以后,我们马上做棺材,下午就把他们安葬完。处理完这件事,我带领连队第一班上岗。因为前面出了事故,下面也出了事故,但不能影响施工啊。我们带领部队进去了,当天晚上就去第一班。这件事给我的印象很深,我这一辈子不能忘记这件事,这个排长牺牲以后呢,当时我了解他家里还有两个小孩儿,一儿一女。我们就交代一定要把他们照顾好,把家庭照顾好。

就1970年7月1日通车,我都参加通车典礼了。那时候中央领导参加剪彩。整个西昌是人山人海、红旗招展。当时我们感到很高兴,光荣地完成了这个任务。8月1日我就调到北京来了。后来去过几次。到2010年40周年,我重返成都,纪念通车40周年。大家从成都坐火车走达。这是40年来我第一次坐火车走自己修的路,因为我六四年进去,到七〇年通车,我走的时候是坐汽车到成都的,调到北京来的。40年后我就从成都坐火车到了昆明,到西昌下车以后跟西昌战友玩了两天,大家挺愉快,西昌自治区的、还有发射中心的领导接见我们,跟我们照了相。特别是到蔡家山隧道,我是掉眼泪的,因为我们的战友牺牲在这里,当时很难过。到西昌以后,我说要去看看我已故的战友,他们说骨灰已经移走,没在那个地方了,所以我就没去。我们修这条路死了2 000多人,1 000多公里嘛,等于1公里牺牲2个人。我们一个团就牺牲了50个人。所以我们不能忘记他们。讲到铁道兵,这个部队是很光荣的,真是不怕苦、不怕累,上级指到哪儿就打到哪儿。我这一辈子都在部队里,所以我们感觉到这个部队培养了我、教育了我,我永远要把部队的精神传承下去。我现在给我的子女也要讲这个。要发扬铁道兵精神,我们现在生活好了,各方面条件好了,但不能忘记过去修成昆铁路这些故事。

铁师修铁路　不怕苦和死

采访对象：滕官永（历任铁五师二十三团战士、班长、排长、副连长、连长）
采　访　人：攀枝花中国三线建设博物馆筹备组人员
采访时间：2013 年 7 月 4 日
采访地点：攀枝花市电视台演播室
整　理　人：康黎
整理时间：2018 年 10 月 2 日

铁道兵在修铁路时牺牲了很多人呐，我亲眼看到的就是我们在三堆子的时候，在挖基础的时候，上面塌方，下面有个战士当场就被砸死了。还有就是他们那个连队，在三堆子抬木头的时候，也摔下去，被石头砸到，也牺牲了一个。在三堆子就牺牲了这么两个。那个时候大桥挖基础，就死了三个人。我在 1964 年当兵，当兵就是把贵昆铁路修通，修通完工了以后，部队就开始转业，整个部队转业，我是属于铁五师的。修成昆铁路的时候我们就接到命令，就调到这里来了。当时那个环境，我认为是这样的，因为当时的路还是通了的，渡口还是有公路，我们修其他铁路是没得公路的。那个时候渡口市有吊桥，车子可以空车过去，人可以步行走过去。

后来我们步行到三堆子去了，三堆子那段路还是通了的。但是我们要爬那个坡，爬上去水没有，住房没有，条件确实很差。大米背上去，灰面背上去，那时候蔬菜也比较困难，只能吃压缩菜啊。环境条件确实比较艰苦。去了过后，就修个小路上去。开始没有房子，晚上睡觉就露天睡在外面。干打垒房子修好了，然后再修食堂，做饭的地方，把基础设施搞好了以后，然后就紧接着施工。我们过来工作是很紧张的，因为那个时候要求三线建设，要怎么抓时间，争取早日通车。

那个时候1966年，正好"文化大革命"开始，一开始我们部队是没停工停产的，紧接着就开始动土、施工。房子干打垒做好了就在施工啊，我们施工的时候，什么礼拜天、什么过年过节的都是没有的。当时我们打的就是三堆子隧道，我们一个营，两个连对打，就是从两头打。打那个洞子最大的困难就是塌方，三堆子不是有个烈士墓，烈士墓下面有个沟，打到中途的时候，我们的环境特别差，我打了那么多洞子还没遇到那种情况。那个沟里面是泥巴石头天部开挖，那个就形成不了天部开挖，开挖那个洞，全是稀泥巴，要搭起排架，我们的战士，衣裳裤子都不能穿，只能穿个短裤啊，就朝外头拉那个泥巴，那一段有二十多米长，搞了一两个月，所以说那个环境是非常艰苦的。那个火车道是五米多宽，一段一段的，打一米进一米，打一米进一米，就这么进去的。所以那时候非常危险，但是我们很注意安全施工，所以没有发生什么事故。

因为那一段就是我们连队的咽喉，我们施工的咽喉啊。那段排不通，其他就没法整的，因此，连长、指导员都来动员，我们要排除一切困难，把那段搞成。那个时候毛主席提倡发扬一不怕苦、二不怕死的革命精神，所以全心全意为人民服务的解放军战士就有那决心，把这个施工任务完成了。

1968年把那个洞子打完了以后，我们又转到打倮果隧道去了。我们两个连队，又搬到倮果住去了。打圈洞山隧道时，牺牲了不少人。当时因为任务比较紧，洞里面的烟雾也大，放了炮以后，就把排架支起后开始排渣。在排渣的时候，塌方了，把排架压垮了。一下就压死了四个，其中还有个刚提拔的排长。因为属于大塌方，顾秀啊，徐驰啊，我们的团长政委啊，都来了。这个洞子石质也不好，那些机械设备也差，都是人工操作，像我们搞这些都是干风钻，没得什么防护设施，像我们这样的人，一般身体都不是很好，像我都得了肺气肿的。出了那个事故，那些战士就有情绪了，大家都不敢进那个洞了。部队又开始动员，营里面开动员会，号召大家要发扬一不怕苦、二不怕死的精神，尽量注意安全，上级交给的任务必须完成。

1970年通车以后，我们铁五师每个团组建一个营，为607团，由北京12

师代管我们,参加湘渝铁路建设,我们就调到湘渝线去了,就打安康至紫阳那段,又是修铁路。湘渝铁路完工以后,那些干部都是北京调过来的,就急急忙忙地往北京搬,当时还进不了北京,他们直接说我是北京人,全部调回北京。我在北京干了九年,修地铁,打石景山隧道。我是1980年调来二滩的,在二滩干了五年转业。想想转了这么一个大圈啊,我很激动的哦。这次又调到攀枝花来,看到攀枝花的各种环境条件设施,都比那个时候好,我觉得,攀枝花建设确实是毛主席关心的地方啊。我们走的那个时候,没房子的,就是渡口有几个黄房子,没楼房,所以这个对我的感触非常大。刚好十年的时间,离开攀枝花十年,十年又返回来,心情就格外不一样了,就觉得攀枝花的变化太大啦!

从一名铁道女兵到商场管理员

采访对象：陈延清（原任攀枝花市友谊商场劳资主管）
采 访 人：攀枝花中国三线建设博物馆筹备组人员
采访时间：2013年6月20日
采访地点：攀枝花
整 理 人：熊晓玲，龙琴
整理时间：2018年6月30日

成为修成昆线铁道新兵

我曾是铁道兵。1966年12月，铁道兵在我们县城招修成昆线的民工。他们当时给我们说，你们去修成昆线，修通了可要修到渡口，渡口那个地方是毛主席最关心的地方，也是三线建设的一个新城市！今后要建成一个很大的钢铁基地。我们当时因为年龄比较小，也不知道那是什么地方，苦不苦。当时有些大人就给我们说：你们去修成昆线，那好苦哦！比你们在家去挖泥巴（也就说搞基建）那些还要苦！一天到晚在太阳底下，日晒雨淋的，你们根本就受不了！你们太小了，你们不要去！就喊我们不要去。我想：既然渡口是毛主席最关心的地方，辛苦就辛苦，本着我们年轻人的好奇，管他的，去看一看再说，实在干不了再回来嘛！因为那会儿比较年轻，16岁出去，干两年回来也才18岁，抱着这种心理就来到了成昆线修建铁路。

第一次出门，大家坐汽车，也觉得很恼火。大家吐的吐，闹的闹，但是也有一些激动的心情，也有一些受不了的感受。确实心情还是比较复杂的。

然后到了那个地方,又是天冷,大家睡的铺就是整个大通铺,就像以前东北说的那种大炕,十几个人,几十个人,摆起枕头的这样睡觉。睡觉呢,也好像觉得不方便,那种洗漱有时候还要到河边去,到大渡河边,因为天太冷了,手都不敢往水里面伸。我们很多人手上都长了冻疮,我们是第二批到部队去担任民工的,因为先有一批是1965年12月份去的,他们都是农村里面的,他们先一步到铁路,因为工作了一年多,他们就言传身教地教我们,怎样适应新的生活,处处在生活上、在工作上照顾我们、帮助我们。想到我们都是学生,还真正把我们当小妹妹看待。有时候天太冷了,还帮我们洗衣服、洗被子,使我们非常感动。工作上,因为我们刚开始去的时候,在我们那些地方,不使用部队上使用的那些工具。像所谓的铁镐,就是两头尖的那种,我们觉得很沉,挖下去又挖不到点上,挖下去镐还打偏偏,用锹呢,脚又不会踩,反正铲泥巴也铲不起来。那些姐姐们,就教我们怎么使用,怎么样看准,怎么样用力,用脚蹬,言传身教,后头我们也就慢慢适应了。其实我们学得最艰难的,就是那个打炮眼。有些大的石头,都要放炮才能解决。她们还教我们怎样抡二锤掌钢钎,我们也害怕呀!打那个二锤的时候,我们甩起来害怕打到掌钢钎的人,于是她们又换我们去掌钢钎。我们去掌钢钎呢,又害怕别人的锤打到我们自己,所以都很害怕。反正是这样也不敢,那样也不敢。慢慢地我们就学会了这些,在部队也就这样子坚持下来了。

其实我们那个中队有一百多个人,全都是女同志,平时也还是要跟部队一起进行军训的。早晨要跑早操,晚上还要紧急集合,最让我们适应不了的,就是部队的紧急集合!半夜睡得正香的时候,一阵哨声把你惊醒,穿好衣服,打好背包,在3分钟之内要全部到场集合。这个的确是很紧张。对于我们来说,也从来没有进行过这些军事训练。开始又害怕,哨声一响,我们就以为哪里出了什么紧急情况了。一翻身就爬起来,衣服还没穿好,被子还没捆好,夹着被子就往外跑,闹了很多笑话。在部队官兵的教导下,在那些大姐姐们的带领下,我们慢慢地适应了,后来也知道,部队的生活就是这样紧张有序。在部队,我们思想上、生活上都得到了很大的锻炼,使我们今后在实际的工作当中,也真正做到不怕苦、不怕累。

开始的时候还是觉得有些后悔。因为我们出来的50多个,还有些就是刚好成了家的,也有小孩的,这些人就非常地想家。来了过后,看到这么辛苦,她们就哭,成天地哭,要回家。后来弄得领导上没有办法,最后也放她们回去了。这对我们也有影响。我想,她们都走了,我们实在干不了的话,也走吧。我们说反正我们年轻,她们回去能找到工作,我们回去也还是能够找到一份适合我们自己的工作!当时也还是有些动摇的时候,有几个我们一起来的同学,受不了这种艰苦,回去了。后来部队的领导也及时从思想上关心我们,从政治上也经常帮助我们。特别是我们一个同学,刚好出来有十几天的时候,她的父亲就生病了,病得很严重,就要喊她回去。那会儿部队想你刚刚出来十几天,就没有准假,这对我们影响还是挺大的。你想自己的老父亲都要死了,想请个假都不允许,我们说这个纪律也太严了嘛!好像没有点人情味。我们这样子想的,确实心里非常难过。后来部队领导也说了:你刚刚出来,并且你出来的时候也知道你父亲在生病,你跟你父亲讲明了这个情况。后来慢慢地我们这个同学思想上也转过弯来了,当然,对我们的影响也就平静了。

通过修建成昆铁路,我们这些女子中队,还是出了不少的力的,有很多感人的事迹。特别是我们老一点的同志,她们从农村里面出来的,体力比我们强些。因为我们有时候要赶工程进度,火车在铁路上停着,需要你马上装好这些石头,要运到另外需要的地方去。我们跟男同志一样的,几十厘米高的跳板,看着都很悬,但是一个个地,大家站在一起,接着石头,抬着往火车上装。有时候天还下起雨,又害怕从跳板上摔下来,确实比较辛苦的。有些姐妹们,比我们先来的姐姐们强些,都掉泪了,但最后都坚持下来了。因为大家想到这是我们的一份责任、一份工作,一定要把它干好。我们那儿还有一个英雄的妹妹,这个英雄是20世纪60年代中印边境自卫反击战中的滚雷英雄罗光学,他的妹妹叫罗光友,就在我们那个民工中队。她是真正继承了她哥哥不怕苦、不怕死的精神,来为修建铁路做贡献的。她的一些感人事迹,还在我们整个铁10师去做过报告。

我们修建成昆铁路虽然辛苦,但是也有一些有趣的事。比如我们这个英雄的妈妈,也就是罗光友的妈妈到部队里来探亲,她也来看看这些姑娘们,她也跟我们一起,晚上听到紧急集合了,60岁的老年人也跟我们一样的紧急集合。也有部队的官兵,也有我们女子中队的民工,那时天又黑,跟着跑着跑着,不晓得跑到哪个队伍里去了,这也是闹了不少笑话的。下班过后，大家喜欢运动娱乐一下，便在篮球场坝去打篮球，这个英雄的母亲也跟我们一起的，我们觉得非常之有趣，非常之快乐。

所以我们从学校走出来的那二十多个同学，也一直坚持下来的，坚持到1970年7月1日成昆铁路全线通车。1970年的7月1日，也就是渡口钢铁厂的第一座高炉出铁，当时有很多中央首长到攀枝花来进行检阅。我们也是受检阅的一个部队，心情非常激动，站在铁路两边，看这些首长通过铁路，向我们频频挥手致意。我们为自己参加修建成昆铁路感到骄傲！通车仪式过后，我们的任务基本上就完成了。

光荣"转业"到商店

我们任务完成得很好，大家也非常勇敢。在铁道兵第10师，就被命名为铁姑娘队，这也是铁10师的首长宣布的。成昆线修建完成过后，也就意味着我们铁姑娘队的工作任务完成了。修建成昆线一干就是四年，1971年的1月21日，就把我们女子中队转入渡口市。有些文化程度比较低，转到商业部门，从事的是一个新的工作，要重新适应、重新学习。刚开始的时候，通过集体训练了几天嘛，然后就分到各个商店，去接触实际的工作。在那些老商业工作者的带领下，慢慢地适应新的工作。

我们这批人分到渡口市第三商店的荷花池商店。荷花池商店原来就是在高炉脚下，营业厅都还是席棚，当然我们住的就更不用说了，全是用篾席子围起来的，上面是油毛毡，下面是席棚。到商店工作，虽然不算艰苦，但是活儿比较具体。要从头开始学，这些铁姑娘还是克服了不少的困难，重新学文化，学习那些商业知识，还是干得不错的。后来领导说你们那年轻人要发挥年轻人的作用，在他们的动员下，我们就组织了一个背篓商店。

背篓商店

这个背篓商店主要是利用业余时间，背上背篓，几个年轻人一起给高炉上的高炉工送货。背上的是肥皂、香皂啊，主要就是日常的生活用品。到高炉的炉前，看到他们那些炉前工，非常辛苦，出来的时候烤起也很热！但是这些高炉工,觉得我们那个背篓商店很好,好像真正方便了他们。他们平时要上班,有时倒班回去,下了班已经非常疲倦,就想休息了,没得好多时间去逛商店。那些日常生活用品,我们给他们送起去,他们心情也很激动,也非常感谢我们。说我们干得很好,发挥了我们青年人应发挥的作用。在过程当中,确实也遇到很多困难。你想,到高炉上去送货,首先还是不适应。那个真正的炉前上去,那时候的工作环境,刚刚出铁不久嘛,工作环境也比较差,灰尘很大,那呛人的灰尘,还有那些刺鼻的焦煤、油那些味道,确实难闻。还有我们在送货的时候经常是遇到下大雨,天又黑,路又滑,有些时候,还跟头扑爬的。因为我们之前的老同志都知道,那个荷花池商店也就在高炉的脚下,要翻过铁道,并且还有坡坡坎坎那些。路还是挺滑的,真正是跟头扑爬地走下来的。有时候我们也感到害怕,因为都是年轻人嘛,那时候到攀枝花市也就 20 岁刚出头的样子。大家都很年轻,晚上也还是有些害怕的。天热的时候,年轻人嘛,未免要穿点裙子那些,有些路边的人,都要说点风凉话:你们这些年轻人,背到那些东西去,到底有好大作用? 会说点那种不正当的、卖弄风骚的那种话。说起不好听,我们心头有时候也在想,我们是不是做得没有好大作用啊?人家工人们确实是辛苦,工人们对我们的评价觉得我们工作做得很好,给他们带来了方便,对他们工人也是一个鼓舞!他们对我们也是一个鞭策,也是一个鼓舞!我们看到他们工作确实辛苦,我们觉得我们辛苦一点,给他们送点货也没什么。我们还是这样坚持了。

因为这个背篓商店呢,还在省里面去做过先进事迹报告的。我因为是共青团员当中的一员嘛,也代表我们那个团组织,在市里面做过先进事迹的报告。背篓商店被省里面评为了青年突击队。

铁道兵那些官兵,当然比我们女子中队辛苦得多,他们主要承担的就是修建隧道。看到他们进去的时候,有些还是活泼乱跳的、正当年华的小伙子,在隧道里面突然遇到塌方,也有在隧道里面牺牲的。我们当时有个营长,他在带我们中队,他就讲起他去接的一个江苏的兵,才十八九岁,通过新兵训练过后,到部队参加正式工作才两个月的时间,在一次隧道里面,就遇到隧道塌方,给压死了。我们也看到过那个小伙子的,19 岁嘛,很年轻,也很青春,结果看到进去了,第二天出来的时候就少了几个人。听他们说起,我们心头都确实非常之难过。这些铁道兵是真辛苦,看到他们在里头工作十几个小时出来时,这个脸看起都是那种白卡卡的,又辛苦,又劳累,又疲倦!里头空气也不好,又还见不到太阳,确实是辛苦。

　　修建这个成昆线,付出了不少的代价,牺牲了不少的优秀战士。在我们女子中队呢,对于伤亡这些,还没有出现过。因为对于安全也抓得很紧,还有我们承担的工作危险性要少一些。因为部队的官兵嘛,有困难、有危险的地方,他们都冲在前。当然,比较安全的地方,都让给我们这些老百姓了,我们算是部队带的老百姓!

从铁道兵转业当放映员

采访对象：肖泽金（原铁 5 师 24 团 3 营副排长、市电影公司党支部委员）
出生日期：1947 年 2 月
采 访 人：攀枝花中国三线建设博物馆筹备组人员
采访时间：2014 年 3 月 12 日
采访地点：攀枝花电视台演播室
整 理 人：吴艳婷，李文静
整理时间：2019 年 3 月 30 日

从天生桥到成昆线

我是 1964 年从农村到部队去当兵的，当兵正好是当铁道兵，而且这个铁道兵正好与三线建设有关。我当铁道兵的时候是到云南和贵州交界的天生桥，属于两省交界的地方。中间一个可渡河，一面是贵州，一面是云南。当时我们当兵啊，那个条件是非常艰苦的，说实话可以用这样一个词形容，就是穷山恶水。有些完全是在那个荒山上，而且海拔也比较高，那个山上根本就没得水。比如说我们去了以后，看了那个环境啊，很多新战士都掉眼泪，有时候晚上就哭鼻子。我们的水都是用汽车从其他地方去拉过来的，专门有送水的那种汽车，就是原来的解放牌汽车，上面有个像油罐车一样的，弄那种车拉水，来供应部队这些战士的用水。当然用水还主要限于吃的啊，至于生活方面的用水，像洗衣服啊、洗被子啊，根本就没有条件。我们山上有个小的山沟,有很少一点清水,还不能说是有流水,遇上有一点清水的时候,还可以去那里洗个衣服什么的。

说到天生桥,还有个传说,有一天一位神仙路过这里,看到那个云贵两地的人,那会儿不叫云贵嘛,说这个河岸两边的人呐,互相交流都很不方便,所以就派了个神仙来修一座桥,又担心这座桥以后再被冲断,冲断了再造新的又不方便,所以就派了一只狮子、一只老虎来看住这个桥,所以这个地方就叫天生桥。我们当时觉得能在天生桥上修天桥,是件了不起的事儿,还感到几分自豪呢。

这个修桥的时候就修到对面那个老虎嘴。老虎嘴隧道打进去的时候,就发现里面有个大溶洞,当时师里负责这个桥梁隧道设计的总工程师,就专门住到我们那个营里面,住在这个现场。那个大溶洞很大,开始是准备在溶洞里面架起桥,然后再把这个铁路延伸过去。后来就去探洞,发现那个洞将近1 000米那么深。后来再派人去查探,探不到底。探不到底,这个架桥就没有可能。后来只能改道,把那个溶洞留着,作为今后旅游的一种参观哈,就把它留起来了。因为前段的这边铁路已经修到溶洞口子上了,后来就重新设计,绕开了这个溶洞,把这个铁路修通。应该说这里自然条件还是比较恶劣的。但是铁道兵在这样艰苦的条件下,也从来没叫苦,也没叫累,就把这个铁路,而且是加班加点地把这个铁路修通,就是狮子山的背后的一个地方隧道不长,大概就是几十百把米的一个隧道。但是突然有一天下雨,山体滑坡,把七个战士埋在里面。这立即引起了师、团和中央领导的重视,专门派人来指挥抢险。经过一两天的抢险,最后才把那些塌方的地方清理出来,把这些战士救了出来。当时里面好歹还有一些修铁路时的通风管子啊什么的,就给他们送点空气进去,后来经过抢险以后,才把这些人救出来。

还有一件事,发生在我们原来14营19连的。我属于3营,我去送信的时候到了团部,看到有个妇女正在那里哭得死去活来的。后来一打听,是什么原因呢?因为当时她来部队探亲,头一天来部队,结果第二天她丈夫就牺牲了。按常规这些战士因为爱人来探亲了嘛,要给他们几天假的。但是因为那会儿都是抢险噻,这个战士都不享受这个假,就是说第二天他照样去上班。他是在修桥梁的高空中作业,不小心就从上面摔下来,结果当场就牺牲了。当时看到就很痛心的呀。所以说这是我印象比较深的两件事。

当时条件艰苦。铁路在修建当中,上面领导也很重视,在修铁路的时候,还派了很多慰问团。比如说电视乐团,还有那个云南省的花灯剧团,都前来慰问。对于我们这些农村孩子嘛,刚刚从山沟沟里面出来,能看到这些名演员呐,还是很幸运的。比如说像陈述,就是小兵张嘎里面那个胖子,就是吃西瓜的那个大胖子陈述。他还上去讲相声,还有什么谢芳啊。能够见到这些名演员,给我们演个戏啊,或者来慰问我们,我也感到很荣幸。从另外一个角度说,也觉得党中央、国务院是重视我们贵昆铁路的修建的。

还有一个小插曲,就是那个可渡河,以前叫不可渡河,后来叫可渡河。但这个河水呢,确实比较湍急,它里面有很多乱石滩,河里一涨大水之后啊,由于水急了,经常会把鱼都冲死。我们在那儿搞训练的时候,我看农民都提起那个鱼。我就问他们是从哪里打的鱼啊,他们说哪里是打鱼,我们是捡鱼,这个河沟由于水急,里面乱石很多,一到雨天以后,里面就会撞死很多鱼,然后他们就去捡。我就觉得根据这一点,可以反映那个地理环境,那里自然条件还是比较恶劣的。

通车的时候,当地有很多少数民族的人来看。大家觉得这个新奇,那么大个铁家伙,居然就敢在铁路上来回地跑动。当然我们这铁路修通了,就意味着一个新的任务等待着我们。这个修铁路的人嘛,就像打仗一样,一个战役已经打胜了,但是另一个新的任务又在等待着我们。我们大家就打起背包,背上行装,唱上那个歌,很高兴的嘛,就坐上了那个火车。但是也有一些依依不舍,因为毕竟是我们从农村到了这个地方来,在这儿待了一年多,把这个路修通了又离开了。对这个地方总还是有些依恋之情。但是为了新的战斗,这些都是很次要的。

奔赴新的战场,来到四川修成昆铁路。一个是气候比较热,另一个是容易产生山洪暴发啊这些。像我们那个驻地,我们住在一个山包上,对面是15连,15连住那里北沙沟,那个河沟旁边儿,还遇到了不止一次的泥石流。每年山洪暴发的时候,大水冲下来那个泥石流去,像山洪猛兽,非常吓人,把那些大石头都冲起来,山体也都冲滑坡了。有些地方啊,就是因为塌方,把营房也冲垮了,把人员淹死、埋死了都有。所以说条件非常艰苦的。在那特殊年代,大家很重视,政治表现一般的战士也是很重视这一点,大家都为早日修好成昆线、为国家做贡献而努力,虽然条件艰苦,但心情还是比较愉快的。

　　当时我们来的时候啊,就听到毛主席说,这个建设要快,不要潦草。这个是那会儿的最高指示。还有就是说成昆线、三线建设不好,他老人家睡不好觉。也提到"备战备荒为人民",为人民服务啊,这些叫得很响的。记得在修枣子林隧道的时候,隧道里面条件很差,打的那个通道也很矮、很窄,13连的两个放炮的炮工在里面装炮(炸药)的时候啊,装的时间可能稍微长了一点。点炮的事情,每个炮都要点完,你不点完的话,留一两个隐患在那就不行噢。特别是哑炮啊,或者一两个没点到,那些都不得行。因为下次风枪打到,就会爆炸,所以这就是很麻烦的事情。他们就在里面可能因为点炮的时间长了些,耽误了一下。结果前面已经点的那个就突然爆炸了。里面一爆炸就没有光(亮)。然后两个炮工就往这边洞口跑。从上层坑道要下来的时候,有个漏斗,两个都爬到这个漏斗上了,但是已经来不及了。你想哈,那个炮一放就是几十个炮,飞沙走石的,就把他们两个打死在里面了。

　　发生事故对于这些刚刚当兵的年轻人啊,那个打击是相当大的,思想压力是非常大的。可以说那天晚上,全连鸦雀无声。每一个人,都沉浸在悲痛之中。经过做了很多思想工作,才把战士的情绪缓过来,重新投入到这个抢修铁路这个施工当中去。这两个人,一个叫曾岑海,一个叫肖启高,正好那个曾岑海以前跟我是同一个生产大队,在家里时就认识的。来了以后你看嘛,结果他就被炸死了。对我来说像这种关系的话,我更感到痛心。因为毕竟是从家乡一起走出来的,而且家里面这些人也比较熟悉,所以说我们的压力也比较大。由于他的这种牺牲,也影响了家乡亲人对我们的情绪。所以有时候写信来,问你这个危不危险哪,又怎么回事啦,会不会遇到危险牺牲什么的。所以来自家里面这种压力也很大。但作为我们这样年轻的战士来说嘛,还是为总的目标,就是为了建好大三线,建好这个成昆铁路,还是要积极地投入到这个施工当中去,做好自己的工作。

军民鱼水情

　　一般的情况下,春节是不得外出的,但是节假日期间,比如说利用中途的礼拜天什么的,我们就会派上一些卫生员,或者医生,到山上去给农民治病。当时走家串户的嘛,哪家有啥子病,都是义务性地为他们治。另外还有理发这些,我们自己战士嘛大家互相理,然后带上这些工具,到山上去给农民理发,给那些少数民族同胞理发,他们非常感激。军民关系好了以后,农民会主动地把鸡蛋送给部队的战士吃嘛。但是,农民送来的这些东西,我们不能白要,也就是说不拿群众一针一线嘛。当时在部队,这个纪律是非常严明的。后来又把鸡蛋给农民送回去。送回去以后,农民就改变办法,明送不行,然后就暗送。暗送是以什么方法呢,就是把这个鸡蛋啊,装在南瓜里面,先把南瓜切开一个洞,然后把鸡蛋装在里面,再给部队送过来。当然部队的炊事员发现以后,仍然给他们退回去了。但这从一个侧面体现军民关系的亲切。铁路修到马家田那个地方,军队和当地的村民还互相住在一起。那时发生了一些什么呢,就是那个板栗嘛,有时候要掉在地上,战士们就编个筐,把筐挂在那个树枝上。有时候战士走过那儿时,就顺便就把掉在地下的板栗捡起来,放在那个筐里面,然后农民在看到多了以后,就拿回家。这样减少了农民的麻烦,也给他们提供了方便,也加强了这种军民之间的关系。

通宵放电影　通宵看电影

　　1970年退伍下来,我们是一大批。当时候是因为我们铁5师本身就是在攀枝花,那会儿叫"支左",而且也熟悉攀枝花的情况,所以就转业了很大一批人到攀枝花来。铁道兵前前后后转到攀枝花来的共有一万五千多人。当时正好攀枝花需要人,这帮年轻有朝气的战士们,正好退伍。当然有些愿意回农村的,也可回农村。就总体是从部队集体专业到这个攀枝花来。应该说在文化生活比较少的时候,电影还是比较受宠的,所以我就到了电影公司。因为那会电影公司也是从零开始的。从其他地方调一些人,到攀枝花来组建了这么一个电影公司。最初大概就只有六个人嘛,然后渐渐地再调一些人来,部队又转业一些来,最后才有二十多个人这么一个规模。当时电影公司条件很艰苦,机器设备那些都是老套筒,都是比较原始那种35毫米和16毫米的,那种小机器就是手可以提得动的,便于在农村放电影。当时电影公司只有两套大机器,就是35毫米,就我们说的放那种大片子。放起来效果比较好的那种,而且放电影的时候也不间断,两个机器互相交替着来换片,观众看起来连续性感觉上要好一些。不像16毫米,放完了,要停,要换片子后再放。你想整个攀枝花市,就我们电影公司仅有两台这种35毫米的要应付。其中我记得最典型的就是弄弄坪传片。那会我们电影公司有两台机器,加上攀钢后来有一台,十九冶有一台,四台机器我们一共就传了九场。为什么要采取这种传片的方式呢,因为那会我们攀枝花没得电影院的,白天放不成电影就只能晚上放。所以说就必须充分地利用晚上这个时间,否则的话这个片子达不到效果,起不到宣传的效果,也满足不了大家的要求。所以就在弄弄坪放的时候,就一个晚上传了几场。因为我们那个属于移动机器,可以来回搬动的。这个传片当中,大家都很紧张,因为中间不能断。比如说着第一本放了以后,然后开始放第二本,第一本换下来的时候,我们倒片员就把那个片子倒过来。等第二本放完后,传片的车子那些什么的都组织好了的,那些看电影的观众会自动让开一条路,把这个片子马上传到下一个放映点。因为第一本片子已经倒好了,他们拿到后挂上机器就可以放,边放边倒第二本片子,……就这样依此类推哈,就使这个电影连续不断地放下去,一晚上放了九场。说实话这个放九场,基本上到第二天凌晨了。我觉得当时大家都非常的辛苦。辛苦在哪里?比如说那些学生娃,要来看了电影,结果因为那个电影有时候很晚放,这个就影响了孩子的休息,第二天人家照样要上课。还有那些工人是从工地上直接提些工具就来看电影的,因为他没有更多的空余时间,看完了电影,提起工具就去上班。很多人都是把小孩抱起,然后就把小棉被呀这些盖好,娃儿就在身上睡觉,一直睡到把电影看了再抱起回去,所以说大家都辛苦。在那种特殊的环境当中,为了满足大家的文化生活,说实在的,每个人都有付出。那天我记得我从米易放了着两场电影赶回来后,已经是广播响了,六点半,《东方红》那个歌曲就开始放响了。所以说我们放电影的时候,基本上通宵就不睡觉了。我们从米易转到长坡那边去,已经是接近12点了。所以在文化生活比较缺乏的当年啊,这种形式还是很受大家欢迎的。那会除了"三战",就是《地道战》《地雷战》《南征北战》,后来陆陆续续的有点什么朝鲜的片子,什么《摘苹果的时候》《卖花姑娘》。特别是《卖花姑娘》这个影响是特别大的,大家都喜欢看来着。我记得有一个师傅跟我说过,他们为了看上这个电影,从瓜子坪这个地方,要走到五道河那上边去看电影。而且当天为了看这个电影,约一些人,提前吃了晚饭,往那边赶,赶起过去正好差不多。电影看完了以后再返回来,基本上是第二天差不多要天亮了。那会准备打仗搞拉练,又把电影机带上,然后我们又去帮人家放电影,这样就是一举几得。大家喜欢看电影,所以对放映人员也是很尊敬的,所以说我们那次还一举两得。

鼓士气·扩建烈士陵园

采访对象：丁土生（历任铁五师政治部秘书科干事、政委，攀枝花司法局政治部主任、党委书记）
采 访 人：攀枝花中国三线建设博物馆筹备组人员
采访时间：2013年7月15日
采访地点：攀枝花电视台演播室
整 理 人：廖滔，李文萍
整理时间：2018年6月30日

鼓舞士气

我在8727部队的时候呢，因为是组织干事，有战士牺牲了，那个烈士证明书都是我亲笔填的（这个烈士证明书是总政治部系统发下来的）。填好后，就寄到当地民政部门。还有牺牲战士的遗物，把它包好也寄回去。我记得在1967年上半年，大竹林隧道那里施工的时候，有一天早上，天刚刚亮，就塌方了，造成一个战士重伤、两个战士牺牲，这是8727部队的五连。当时连队士兵的士气很低沉，尽管杀了羊，杀了猪，但干部战士都不吃饭。领导就交给我这个任务，要求我去做思想工作，首先动员大家吃饭，不要去追查事故的责任（虽然连长会受处分）。我们去了以后，就把这个牺牲了三个战士的班（后来重伤的那位战士也牺牲了）进行了调整，调了个预备党员去当班长。然后开全连大会，动员大家吃饭，把士气提起来了。

也是在1967年下半年，8272部队有一个连长，叫陈德全，1959年当兵的,他是贵州省织金县的。他入党时,是我搞外调的,他提干部时,也是我去调查的。后来他牺牲了,追悼大会也是我召开的。记得是在晚上10点多钟开啊,就在安宁河边,就在大竹林开的。他怎么牺牲的?他是连长,为了使这个工程进度快点,一个礼拜天,他用四指扒着那个大石头,一仰身他就掉到安宁河被河水冲走了。我们一直找他的遗体,找了二十多天找不到。这个安宁河里石头挺多的,把他的肉都冲烂了,后来又漂到金沙江,我们只在鱼鲊找到了帆布皮带一块肉。开追悼会那天,我没地方住,就睡在这个连长的床上,但我根本睡不着,想想这位连长是我亲自接来的战友,亲自到他的家乡调查入党、提任干部,现在他为了早日完成任务而牺牲了,我怎能睡得着啊!

扩建同德烈士陵园

我们是1965年进成昆铁路的,八年当中,总共牺牲了372名干部战士,最年轻的只有18岁,年纪大点的也才36岁,平均修1公里铁路,牺牲将近2名干部战士。成昆铁路总共是1100公里,修九道拐隧道,牺牲的一名战士,当时只有20岁,名字叫孙建明,我记忆犹新。他是当时的四川省民政厅厅长的儿子,在隧道口爆破中牺牲了,安葬在同德烈士陵园。8272部队牺牲的干部战士都安葬在同德烈士陵园。当时的烈士陵园比较小,它是1954年剿匪的时候修建的。我受领导的指示,跑到渡口市民政局去汇报要求扩建。汇报时,正好郭局长(当时他是副局长)在,他说好,然后我就跟他一起去了。我们部队有点劳力,他们地方买点材料,就这样把烈士陵园扩建了。

攀枝花建设初期组织人事工作

采 访 人：陈樵（原任攀枝花市政协副主席、党组副书记）
出生日期：1929 年 11 月
采 访 人：攀枝花中国三线建设博物馆筹备组人员
采访时间：2013 年 8 月 16 日
采访地点：成都陈樵家中
整 理 人：熊晓玲，龙琴
整理时间：2018 年 6 月 29 日

我原来在包钢党委组织部工作。1965 年 6 月，响应毛主席的号召，参加大三线建设，来到了攀枝花。我亲自经历了攀枝花组织建设方面的一些工作，现在我给同志们做一个介绍。

20 世纪 60 年代初，中国周边形势严峻。在中共中央书记处讨论三线建设的会议上，毛主席说，要对帝国主义可能发动的战争有所准备。为了加强战备，调整工业布局，搞好三线建设，党中央、毛主席决定，在攀枝花新建一个钢铁基地。据此，1965 年 1 月，经国务院批准，成立攀枝花特区政府，仿大庆例，政企合一，成立党委，以冶金部党委为主，四川省委为辅，实行双重领导。同年 2 月 26 日，中共中央、国务院作出《关于西南三线建设体制问题的决定》，决定成立攀枝花特区党委工作指挥部，由冶金部统一领导。同时，任命冶金部副部长徐驰为特区党委书记兼总指挥、李非平为特区党委副书记兼第一副总指挥。之后，成立了冶金、煤炭、交通、建工、林业等专业指挥部。

中央有关部门迅速行动，很快调来大批干部和职工，当时为了保密起见，攀枝花对外称渡口市。同年3月4日，成立了渡口市。1965年5月，冶金部政治部通知我到北京谈工作，到北京后，政治部的干部部领导跟我谈话说，为了加强战备，调整工业布局，搞好三线建设，党中央、毛主席决定，在攀枝花再搞一个钢铁基地。经部里研究，打算调我到攀枝花政治部干部部工作，征求我的意见。我当时就表示，服从干部部的安排，没有讲任何的条件。其实当时家中还有一些实际困难，老伴患肝炎住院，还有三个孩子，他们都在包头，我们多年来都在一起生活。我要离开包头赴攀枝花参加三线建设，就把他们留在了包头，有困难只能他们自己来克服。

1965年6月8日，冶金部65冶政干字第182号文，任命我为中共渡口建设指挥部、政治部组织部副部长。因为当时的政治部下边有两个部，一个组织部，一个干部部，但是这两个部都没有部长，所以冶金部任命的时候就把我任命为组织干部部副部长，没有说哪个兼哪一个，反正两个部就我一个人。之后，责成我在包钢落实一批干部，一同前往渡口，这批干部确定以后，就分批走。

我带领张宝纯、杨力升、任大恒等六位同志来到攀枝花。张宝纯任政治部办公室副主任，杨力升、任大恒任市委组织部副部长，张继深任宣传部副部长，华泽莹任宣传部的科长，赵纯安任矿山公司剥离公司的副经理。我们七人同行，7月底离开包钢，取道北京，8月6日到达成都，8月9日乘公交车赴渡口。汽车在崇山峻岭中奔波了五天，第一天宿雅安，第二天宿石棉，第三天宿西昌，第四天宿会理。因为当时会理不直接通攀枝花，所以要绕道云南。第五天也就是8月13日的早晨，我们从会理出发，逆着红军长征的路线方向奔跑。由渔夫用船摆渡过金沙江到达云南省境内，途经平地、大田，下午才到达攀枝花市仁和镇的公交车终点站，在那儿又转乘汽车，到大渡口招待所。晚上，市委副书记兼政治部主任安以文同我们共进晚餐。1965年8月14日，也就是到达渡口的次日，安排我们去攀枝花铁矿山参观。早晨从汽车队出发，过了新建成的横跨金沙江的一个吊桥，可能刚走了1公里的样子，汽车就出了故障，跑不动了，我们决定步行到矿山。我们顺着公路往前走，走到山坡就开始爬山，翻过这座山就到了兰家火山尖包包的矿山脚下，在这里我们受到了矿山指挥部的热情款待。

下面我们谈一谈调配干部。因为去了以后的主要任务就是调配干部，因为建设初期嘛，结构定下来，但是干部还很缺，毛主席曾经说，政治路线决定后，干部就是决定因素。没有干部怎么完成这些任务，怎么实现党的政治路线，所以首要任务就是调配干部。特区党委也就是中共渡口市委成立以后，以建设指挥部政治部为它的办事机构，按照党章规定，建立各级党的组织。从全国各地调来了大批干部，充实各级领导班子。市委办事机构虽然也配备了一定数量的干部，但是缺额很大。为了适应工作需要，我到攀枝花后的首要任务就是参与调配干部工作。1965年底，我陪安以文到冶金部商调干部。因为当时需要的干部量比较大，而且都是中层领导干部，也就是部长主任这一级的，所以他亲自找到冶金部政治部就谈需要干部的计划，谈了以后他就回了攀枝花，我留下催办。

冶金部当时有六大钢铁公司嘛，冶金部向他们提出了调干指标，我随后到这六大钢铁公司去商量。我先后到了鞍山、包头、武汉、太原、首钢、本钢（即本溪钢铁公司）六大钢铁公司，商调审查落实干部。经过协商，调来的干部有魏飞任市委秘书长，王玉贵任组织部部长，朱洪斌任干部部部长，陈临轩任纪律检查委员会副书记，劳振远任办公室副主任，吴刚、吴海泉任政策研究室副主任，陈仪任市委党校副校长，英庆隆任办公室副主任，刘庭汝任《火线报》副总编，刘铁成任机关党委副书记，唐殿阁任机关党委政治处主任，朱雷任总参谋部参谋长。这次一共商调了31位同志来攀枝花。这是一批骨干力量！这些干部来了以后，都分配到了市委机关和总指挥部，从而加强了市委机关和总指挥部的工作。经过这次调干，市委机关的中层领导干部基本上都配齐了。到这一年的年底，也就是1965年的年底，全市的职工达到49 636名，干部达到5 173名，这才是第一年。也就是说，这一年在组织上的准备，做得还是比较充分的。

1966年3月，我到北京空军政治部干部部商调接受空军的军队转业干部。这次调来的有苏敏，任宣传部部长，之前已经配了宣传部的副部长，还缺少个正职。邱宝然任建设指挥部办公室副主任，郭永金任市人事局负责人，魏瑞勤任市气象局副局长，还有左干任物资局的副局长。这次空军转业八个，都安排到了市级机关。1966年5月，我带领工作组到北京商调十二冶、十三冶调攀枝花的干部，这两个冶金建设公司把档案送到北京，我们在北京审查,经过审查商量,最后确定了郝建刚等60余人来攀枝花工作。这是在"文化大革命"前最后调入的一批干部。当时调这批干部的目的主要是想充实交通指挥部,因为其他指挥部干部力量都比较强,交通指挥部缺额比较大,少数去了十九冶。

1966年5月,根据省委工交会议的精神,为在工农业建设上实现高度集中,政企合一统一指挥,将建设指挥部、政治部等机构进行了合并。按照军事化的编制进行调整,成立渡口总指挥部、政治部、后勤部,按照军事化的标准配备了这么三个部。为了便捷接受上级政府的领导,保留了部分机构,结构调整后,徐驰兼任总指挥。同年7月25日,冶金部党委转发党中央的一个通知,为了让徐驰集中精力抓党的工作和基建工作,同意免去徐驰兼总指挥,由李非平兼任总指挥,安以文兼任第一副总指挥,贺光华、白良玉、刘鹏飞、赵仲云、杨世敬任副总指挥,王其龙、朱雷、王洪任参谋长,协助总指挥处理日常工作和日常生产。政治部作为市委的办事机构,它所属的组织部和干部部合并,合并以后由王玉贵、朱红斌任部长,由陈樵、任大恒任副部长,政治部的其他机构没有变化。后勤部任汉卿任第一副部长,他原来是副市长,任第一副部长,没有配正职;蔡步云、杜少安为副部长。不久以后"文化大革命"就开始了,党政机关的工作受到了严重的干扰。1968年3月23日,经省"革命委员会"筹备小组和成都军区党委批准,成立了渡口市"革命委员会"。徐驰任主任,军队干部顾秀、安以文、高继贤、将占鹏,他们几个任副主任。

1968年5月7日毛主席发出指示,广大干部下放劳动,这对干部是一种学习的好机会。除老弱病残者外都要这样做,在职干部也应分批下放劳动。黑龙江省委率先响应毛主席指示,组织大批干部下放劳动。在安庆县柳河办了一所农场,定名为五七干校。《人民日报》报道了他们的经验,之后全国各地都效仿柳河的经验,纷纷成立了五七干校。到了1970年,已经下放锻炼了两个年头,就是开始分配工作了。

这一年的1月,冶金部草坝的五七干校分配到渡口来工作的,有赵占武、史增耀等216名干部,这些干部一部分到了攀钢,一部分留在了市级机关。1970年6月底,我和驻攀钢的一位军代表,到四川省弯丘五七干校商调干部,这次来商调干部的还有成都市和阿坝州。成都市要的干部主要是文教系统的,搞教育工作的,阿坝州要的数量更少,因为那个地方很艰苦,比攀枝花还要艰苦。当时定的选调干部的原则,第一先满足阿坝州,阿坝要哪些个,就先给它们;第二是攀枝花;第三是成都。然后我们深入到基层。干校一共有六个营,这六个营我都去了,和他们商量了解一下情况。我在四营和五营调攀枝花干部的会上,还介绍了攀枝花的建设情况,因为当时建设时间还很短,才一年多,就着力介绍了攀枝花的远景规划,要看到将来。成都军区副政委,驻校的一个军代表,他让我在驻地的三营,再讲一次攀枝花的建设情况和远景规划,他亲自到会。所以我在三营全体干部大会上,又一次介绍了攀枝花,会后,受到了他的赞赏。经过一个多月的工作,确定了代田春、李宗碧等800名干部来攀枝花工作。这是一批骨干力量,为攀枝花的建设、为攀枝花的干部队伍充实了力量,为攀枝花的大发展做好了组织上的准备。后来在攀枝花市任职的副书记啊、副市长啊、部委局的领导,很多都来自这次商调的队伍中。

1970年8月5日,我随同首批431名干部抵攀,这一次我们一下就来了431个,当时又不通火车,都是坐的大卡车,浩浩荡荡地进入了攀枝花。来了以后,市委召开了一个欢迎大会,这些干部多数都分配到了市委机关,也有相当一部分分配到了攀钢。1970年9月,刘意雄和一位军代表到省公安厅清江五七干校,商调审查调攀枝花的干部,这次调来曲中科、刘培元等70多名干部,充实了市级公检法机关。1972年3月20日,我带领工作组,到成都军区干部部,接收军队转业干部。这批军队转业干部,是经周总理批准、在成都军区转业的300名营连级干部,加强攀枝花基层的政工干部队伍。因为当时在"文化大革命"当中,军队转业已经停止了,所以经过批准,转业了这么一批,也是唯一的一批军队转业干部。我们到成都军区以后,就分成了三个组,一个组到拉萨,一个组到重庆,一个组留在成都。经过一个月的工作,这次商调了石世才等210名干部,都是营连级的。来了以后,极大地充实了基层政工干部队伍。

建设初期的几次调干,在冶金部党委、四川省和兄弟单位的大力支持下,共调来干部1 472人,其中,三个五七干校就调来1 086人。这些干部的基本情况,一是年龄都在40岁左右,都是中年;二是政治历史清楚,因为当时攀枝花市是保密地区,在政治上要求还是比较严格的;三是高中以上文化程度占大多数,因为知识文化问题很重要嘛;四是身体健康;五是各方面的骨干。从这几个情况来看,这是一批很棒的干部。真正是身强力壮、年富力强,他们是党的宝贵财富,是建设攀枝花的骨干力量!他们对攀枝花的发展建设做出了重要的贡献!现在有不少同志,已经离开我们而去了,我很是怀念他们,怀念一起艰苦奋斗的日日夜夜!在中共渡口市委的领导下,大家同在一个席棚子里办公,苦干实干,同在搭的席棚子或者干垒子(干打垒)里面睡觉,同在一个食堂里面吃饭,同饮金沙江的水。那时,干群关系非常亲密和谐,都在为建设好攀枝花而辛勤地工作。作为一个攀枝花人,我感到非常光荣和自豪!回顾过去,展望未来,让我们继续发扬艰苦奋斗、甘于奉献、顽强拼搏的精神!在中共攀枝花市委的领导下,为建设美丽的攀枝花,为实现中国梦而奋斗!在组织建设方面我就讲这些。

接下来我想讲讲徐驰书记和顾秀师长。他们都是我的领导,我是他们的下属,关系处得还很融洽的。他们平时生活都很朴素,对干部都很平易近人,很和蔼。我可以讲讲令我印象非常深刻的两件小事:一件就是1975年,冶金部党委给市委来电话,让派人到冶金部去汇报攀枝花钢铁公司的整顿情况,市委派我去汇报。我去汇报的时候,路过成都,我先到省委向省委书记徐驰做了一次模拟汇报,因为当时他主管工业。汇报完了他提了一些意见,他对我说,到冶金部后,一定要如实汇报,因为中央和冶金部,对攀枝花钢铁公司非常关怀,还存在的问题早日解决好,再征求一下省委组织部的意见,看他们有什么意见。我从徐书记那儿出来以后,就到省委组织部,找到了孙明部长,征求她的意见,她基本上同意渡口市委对攀枝花的整顿方案。当天晚上徐驰同志就来到我住的招待所,又问我省委组织部的意见,我便告诉了他。这件事说明他对于干部很关怀、很热情,没有架子。

顾秀同志原来是铁五师师长,徐驰走了以后他兼任一把手,他工作也是很热情、很扎实,给我留下深刻的印象。离休以后他到了上海,前几年他到成都来,他又给我打了个电话,他想到干休所来一趟,看看当时建设攀枝花的同志。因为我们在那儿住着好几十位攀枝花建设初期到的老同志。他来了以后,我就把这些老同志召集起来,他一方面是看望这些老同志,更主要的是回忆攀枝花建设初期的一些情况。虽然已经走了好多年了,但他还一直在想着攀枝花。他就回来和我们交谈回顾，我就给他讲，我说他是建设攀枝花的功臣，他回上海之后，军区干休所的一个同志讲，他写了一本回忆录，用许多篇幅回忆攀枝花的开发建设。我对他们印象非常深刻，他们的事迹值得宣传和学习。

几起几落《火线报》

采访对象：陶昭上（原《攀枝花日报》编辑、记者）
出生日期：1930 年 9 月
采 访 人：攀枝花中国三线建设博物馆筹备组人员
采访地点：攀枝花电视台演播室
整 理 人：康黎
整理时间：2018 年 10 月 3 日

开办《火线报》

我在武汉时，在《一冶战报》当编辑，工作得好好的。当时攀枝花干部部的陈樵去找我谈话。他说要成立个《火线报》，我是搞编辑的、搞报纸的，希望我能到三线建设去支援他们。他问我有什么困难，我说没有困难。我在武汉当了十年工人，因为我爱写，经常给报纸写稿，后来《一冶战报》就把我调到报社，当编辑当记者了，第一冶金建设公司到处跑，全国各地都跑，哪都跑。吃苦耐劳没什么问题，吃亏都没问题。

当时没有攀枝花市委，也没有渡口市委，就是特区，特区党委。组织要求搞大量的建设，需要有一个舆论工具，所以报社、电台都需要人。人从哪来？就委托责成当时的市委宣传部，来负责这件事。当时就指定了市委宣传部宣传科科长郭青山，其次还有孟先明、毛云秀来组织稿件。稿件组织好后又面临印刷问题，那时候没有印刷厂，也没有印刷机，他们就组织打字员来打印，就像办简报一样，把稿件打印成文字，然后油印了攀枝花市委的第一张报纸,也就是特区党委的机关报。1965年5月1日,《火线报》正式和读者见面。

市委决定把原来的招待所设为《火线报》的办公地点。三栋干打垒的房子,安以文也在那里住,安以文住楼上,我们住在楼下。我们只有一间房间,当时人员不足,特区党委就给下面的各单位指挥部发文件,请他们送来一些编采人员,支援报社工作。另一方面呢,又派人下去调人,从江西调来一个肖虎生;从西昌《群众报》调来两个人,其中一个是康绍先;从东北调来两个大学生,马堃和傅德福;还有从云南昆明调来的宋家志,大概调来四五个人。这时候《火线报》的公章也刻出来了,报社这个框架基本上就架起来了。安以文当时是政治部主任,他直接抓我们这个报纸,包括审稿、调人,他都直接来抓。他就住在楼上,很方便和我们接触。我到现在还记得,一开始报社只有攀枝花市委派来的宣传部的四个人员,没有记者,没有人员调来。1965年以后,大概有十来个人了,现在发展到有一百多个人了。

初创之艰难

《火线报》那个报纸是怎么出来的呢?就是打字,然后到西昌去印报。一张报纸大概要一个礼拜以后才能和读者见面,很不方便。后来就慢慢地从重庆重钢印刷厂调来一部分印刷工人,还调来了一台手摇打字机,我们就开始用那两个机器来办报,但也还是很麻烦,直到1966年9月份,才开始改成平板机印。办报期间我们既当编辑又当采访人员,还要当校对,白天写稿,晚上回来编稿,编稿完后还要拿去印,印了还要校对,通宵达旦地搞啊。我就经常一个通宵一个通宵地搞。那时报纸也没有发行机关,我们还要当报童,把报纸拿到街上沿街喊卖报,一个人顶两三个人的工作,很不方便,比较困难。

当时提出来先生产后生活,交通不方便,没有公交汽车,我们出去采访都是靠两条腿啊。我们出去采访时带着三大宝:电筒、水壶、大草帽。因为天气热,气候干燥,经常流鼻血,还常常找不到饭吃。我记得有一次到大田山区,我们住在大田招待所里,一行三个记者到红旗公社去采访,到中午吃饭的时候,公社的领导不在,我们找那个公社办公室,有个炊事员在那,他们正在吃饭,我说,我们到这儿来采访,现在吃饭的时候我们没得饭吃,能不能给我们弄点饭吃。那个炊事员一定要等领导回来,研究以后才给我们弄饭吃。我们不能等呀,只好返回大田招待所。走路那是经常的事情,走路有时候碰到那个货车,跟司机师傅招个手,有的司机师傅会停下来,有的他根本都不理你,只能靠两条腿几十里路地往回走,所以那个时候真的很困难。

几起几落

1966年5月1日,《火线报》成立一周年,市委给我们编采人员开会,提出很多新的要求。那个时候人大常委副主任、科学院院长郭沫若也来了,他给报社写了两首《水调歌头》,登在报上。第一首我念给你听一下:"火热斗争地,青春想献国家,多少英雄儿女,培植大红花。来自五湖四海,奠定三通一住,振奋乐无涯。誓夺煤和铁,虎口拔银牙。镇渡口,打宝鼎,挖金沙。战天斗地,两论三篇入月牙。昨日荒江空谷,今昔万家灯电,伸手把云拿。三五完成后,钢产甲中华。"这是第一首,第二首:"骇死美洲虎,恨僵北极熊。万事此间具备,而且有东风。铁岭煤山对立,电力水泥并举,统一斗争中。云浪金沙暖,飞翔东方龙。闹革命,凭自力,靠三棚。垒墙干打,已叫水电路三通。主席思想挂帅,物资精神互变,满望新愚公。钢水奔流日,映天盖地红。"接着他又给我们题了词,他的题词是"渡口英雄活学活用,毛主席思想在改天换地,让我们的笔杆像风镐一样,为新渡口工业基地,写出一部伟大的创业史。"郭沫若的这个题词啊,对攀枝花的建设,对我们报社编采人员,是很大一个鞭策。

回顾过去的岁月,《火线报》几经周折,几起几落,几上几下,几次停刊,几次改版,风风雨雨,到现在已经建刊48个周年了。1965年5月1日,《火线报》正式成立,出版,和读者见面;1965年9月3日,《火线报》由油印改为铅印;1967年2月,《火线报》实行军管,转载《人民日报》《解放军报》和《红旗》杂志内容;1967年6月,《火线报》停刊;1968年3月,市委决定,由宣传部部长苏明承担办《新渡口报》;1968年7月份,《新渡口报》停刊了,改成《红色电讯》;1969年11月,又恢复《新渡口报》,那个时候由金凯来负责;1971年5月《新渡口报》又停刊了;1973年9月,创办了《攀枝花通讯》,暂时作为过渡时期渡口的机关报；1974年10月1日，又改为《渡口日报》，正式出版，那个时候由平板机改为轮转机印刷了，比较进步了。张伯希任副总编，沈杰当总编；1987年3月4日，《渡口日报》又改为《攀枝花日报》；1993年5月1日，《攀枝花日报》改为激光拍照，轮转机胶印，发行量也大一些了，由原来的几千份，发行到5万多份了。1994年12月20日，《攀枝花日报》由小报改为大报，同时又增加了《攀枝花晚报》。《攀枝花晚报》就是《攀枝花日报》的子报，变化情况就是这么多。问我后不后悔，我说不后悔，为党工作嘛。

大小人物

报纸的内容包括很多方面，第一是宣传党的方针政策，刊登党中央发的文件；再一个就是要宣传攀枝花建设的情况，宣传三线建设怎么克服衣食住行的困难，鼓励大家来为攀枝花三线建设贡献力量、贡献智慧。当时我们报社编辑记者，都被分配到各大指挥部去。我负责第二指挥部，第一指挥部就是总指挥部，第二指挥部就是现在的十九冶。在十九冶盖炼钢厂、炼铁厂，还有其他的好多工厂，这都是第二指挥部负责的，他们是主要力量。

我采访喜欢接触小人物。第一次接触的小人物就是张莲花——一名大车司机。她车开到哪里我跟到哪里，女同志开那种翻山越岭的大车，很令人敬佩。还有一些其他人，他们是小人物，我认为也是最大的人物。没他们的建设，攀枝花搞不起来，高炉搞不起来，电厂搞不起来，这么多房子也盖不起来。就是那些小人物，他们克服困难，为党贡献力量，贡献自己的力量，他们提出很多口号，什么"天做帐篷地做床""三块石头搭口锅""帐篷搭在山窝窝"，那都是很伟大的。你别看是几句顺口溜，看起来听起来很平淡，但如果没有坚强的斗志，没有那些很好的思想，是说不出这种话的，也干不来这么大成绩的。所以我认为这些小人物就是最大的人物，没有报社编辑记者来宣传，小人物的好人好事就宣传不出去。因此我认为我们报社记者也是伟大的，《攀枝花日报》也是伟大的。

我在"十三栋"当服务员

采访对象：陈正芳（原大渡口招待所服务员、攀枝花宾馆经理）
出生年月：1946年3月
采 访 人：攀枝花中国三线建设博物馆筹备组人员
采访时间：2014年5月28日
采访地点：攀枝花电视台演播室
整 理 人：熊晓玲，龙琴
整理时间：2018年7月1日

当仁和招待所客房服务员

我是1964年9月到攀枝花的，在攀枝花工作了36年，我对攀枝花的建设和发展留下了深刻的印象！作为攀枝花的一名建设者，我感到无比的骄傲和自豪！1964年9月，我通过云南省楚雄州人事科到牟定县招工，来到仁和招待所，当了一名客房服务员。当时我们接待的对象，多数是到渡口来参加三线建设的一线工人。他们一般来到仁和招待所以后，就只住一个晚上，第二天就背上行李到工地上搭帐篷去住了，也就是后来说的"三个石头一口锅，帐篷搭在山窝窝"。

我们接待的对象大多数是设计院的工作人员。当时呢，有西南建筑设计院、西南引水排水设计院、西南电力设计院，还有四川省交通厅，另外还有中央各部委局的领导，来住的时间相对要长一些。因为当时没有洗衣设备，我在接待他们的同时，会主动地把他们的衣服洗得干干净净，晾干后给他们叠好，送到他们房间里，所以他们也很感动。当时仁和招待所没自来水，仁和没有发电厂，都是我们自己发电、自己去担水来用。也没有卫生间。洗脸是这样解决的，就是买些面盆来，一个房间一个。每天我们除了搞房间卫生以外，还要把这个盆子洗得干干净净的。我们每天都会把客房打扫得干干净净，一尘不染。被子折叠成豆腐块，像部队里面一样，蚊帐折成一条线，平平的，看起挺漂亮的。我们也没有经过培训，当时仁和招待所有一个警卫班，我们就向那些当兵的学习。铺盖一条线，蚊帐一条线，被子摆成一条线，盆子摆成一条线。当时那个警卫班主要是负责客人的安全嘛，还有就是领导了来了以后，他们要在门前站岗。

我第一次接待党和国家领导人大概是1964年的11月份，接待了李富春和薄一波。当时是安排我给他们倒水，当他们下榻这个仁和招待所以后，休息期间我就去给首长倒水。当时李富春就很风趣地问我："小鬼，你贵姓啊，今年多大了，从哪个地方来的？"我都一一回答了他。因为当时仁和招待所住宿条件所限，他们是住在大田，来开了半天会，吃了一顿中午饭就离开了。

在大渡口招待所工作

到了1965年的3月份，大渡口招待所已经投入使用了。另外呢，当时渡口招待所修起来以后，我们还负责搞绿化环境。当时渡口是买不到树的，树苗就从成都和重庆用汽车运进来，好久才运到渡口招待所呢。我们就去栽树，当时是把电灯从室内拉出去，到室外去栽树。另外，还开着这个解放牌大车到渡口附近去挖攀枝花树、苏铁等等。还把那些香蕉树、木瓜树挖了来栽。我最记得的一件事就是，当时我们开着车到现在的中心医院下面的沟沟里面去挖攀枝花树、挖木瓜树，挖了回来就到"十三栋"和"十四栋"侧面去栽。我挖了一棵攀枝花树，并亲手把它栽下去，现在那棵攀枝花树长得很茂盛。我为什么记忆犹新呢？因为当时去挖这棵攀枝花树时，我拖鞋都崴烂了一只，把那棵树栽下去以后，我随时都要去浇水。现在我看到"十三栋"侧面那棵攀枝花树的时候，都觉得有一种成就感。

另外，因为当时我们在渡口招待所，没有职工宿舍，靠我们自己去割茅草来修茅草房。那个茅草房修的位置就在现在攀钢医院大渡口门诊部的位置。到了 1970 年的时候,因为当时修渡口市委用房的时候,才把我们职工的茅草房推了。住茅草房住的还是上下铺,没有自来水厂,那个水是从金沙江里抽上来的,留在一个大池子里面,用明矾把它沉淀,然后作为饮用水。当时我们招待所吃的蔬菜大米都是从云南运来的。

参与市里面的大型接待,是 1966 年渡口大桥通车典礼,当时还是搞得很隆重的。因为当时一般集会都是在渡口大桥的桥南,可以坐好多人哦,来参加庆典活动的领导都是住在大渡口招待所。1970 年攀钢出铁的时候,我主要是负责餐饮接待。从当时商业部门抽调了一批年轻服务员来参与接待,我被抽出来就带着这些服务员搞餐厅服务。当时不是说按三餐正点开餐的,随时都有人来就餐,有时候晚上还要开夜餐。那天晚上等了很久,我印象很深刻。因为中央领导去渡口检阅攀钢的工人,所以到很晚才到招待所来就餐。

成为学习毛主席著作积极分子

1966 年令我最感动和最敬佩的人是张莲花。当时我听过多次张莲花的报告。张莲花原来是一个汽车司机,她主要是讲出她如何活学活用毛主席著作,如何做好事,她感动了我。当时那个年代,学习模范人物,一个是焦裕禄,一个是雷锋。另外呢,当时学习毛主席著作"老三篇",所以说她的精神感动了我。我从她身上学到了不少东西,后来每天下了班以后,单位都要集中组织学习,而且自己还要抽时间来学习。那个宿舍里面贴满了毛主席语录,因为我们住的是上下铺,所以将毛主席语录贴在蚊帐里面。那个时候就是比较突出政治,学了以后要写心得体会。我弄了一本笔记本就专门写心得体会,我们单位发现以后,就把我那个学习心得体会拿到"十四栋",在那里摆了一块黑板,把我的心得体会写在黑板上。之后,我就在 1966 年被评为活学活用毛泽东著作的积极分子,而且出席了渡口市首届活学活用毛泽东著作积极分子代表大会。

当时因为渡口招待所只有一个大餐厅,平时要开餐,容纳不了那么多人,这个代表大会会场,就安排在弄弄坪。当时没得客车,就是坐解放牌大车去参加会议的,因为当时渡口大桥还没有通车,就只有渡口吊桥。当时为了安全起见,又担心把吊桥压垮了,所以到了桥头以后,人就全部下车,只能是空车通过,人走过去以后再上车。当时我们把劳动果实拿起去渡口市首届学习毛主席著作活学活用积极分子代表大会上去献礼。当时我们就在渡口招待所周围栽的香蕉和木瓜,把它采下来。还有我们在炳草岗(就是现在的元亨建材市场)种的葵花,都拿去代表我们单位去向大会献礼。我还留了个照片呢。当时是我和李定生、曹子南三个人一起去向大会献礼的。我拿的是葵花,曹子南拿的是木瓜,李定生拿的是香蕉,我们用一个方形的托盘,到这个大会的主席台上向大会献礼。

我参加渡口市首届毛主席著作活学活用积极分子大会,获得的奖品就是一本《毛泽东选集》,里面附带有一个书签。因为当时是以精神奖励为主,这本毛选,我把它珍藏下来。因为多次搬家,其他书籍都扔了,就只有这本毛选,我一直把它留下来。我当时学的这个老三篇,是必学不可的。第一篇是《愚公移山》,第二篇是《为人民服务》,第三篇是《纪念白求恩》。这本《毛泽东选集》是一家人民出版社出版,1966年5月,中华书局上海印刷局印制,新华书店发行,所以我觉得这本毛选很有珍藏价值。

有一个故事,就是云南省省政府接待处的一个处长,他是1965年3月份随着云南省工作组到渡口来支援三线建设的。当时他就在渡口招待所帮助招待所工作,一年以后就回到昆明去了。1994年去世。去世之前,他跟他儿子和他的单位讲,他死后要把他的骨灰撒在金沙江。单位就安排我参与撒李末杨骨灰这件事情。因为只有我认识李末杨,其他人都不认识了。当时我就去买了一些小白花,又代表我们单位买一个花圈。后来到大渡口金沙公园那里下去,租了一只小船开到渡口大桥中间,与他儿子一起把骨灰和白花一起撒在金沙江中间,让李末杨的骨灰和白花随江水一起漂流。当时感动得眼泪都流出来了!

现在回顾起攀枝花的历史,我真是感慨万千!到今年9月份我到攀枝花工作整整50年了。如今已经步入老年,历史已经成为过去,我愿攀枝花的精神永远弘扬光大,祝愿明天的攀枝花更加美好!

从"十三栋"的木工到管理员

采访对象：欧阳围棋（历任"十三栋"招待所木工、物资保管员、炳草岗招待所食堂管理员、副支部书记、副所长、市人大行政处处长、副局级调研员）

出生年月：1943 年 2 月

采 访 人：攀枝花中国三线建设博物馆筹备组人员

采访时间：2013 年 5 月 24 日

采访地点：攀枝花市欧阳围棋家中

整 理 人：方萍，吴艳婷

整理时间：2018 年 9 月 23 日

到"十三栋"当木工

1964 年 10 月以后，我们接到通知，大理州要调木匠到永仁县，具体到什么地方保密。那会儿没有活，我们通过三代历史的审查，就来了 10 个人，那时候，路都是烂得很噻，都是土路啊，我们坐汽车到了仁和，在仁和报到。我们是一号信箱附二号，"一附二"。招待所当时是一个啥都没得吃的，正在盖的那个房子，1 至 15 栋，全是平房。

我们来的任务啊，主要是做木工。当时交代是三个月，完成了就回家。我们到了仁和以后，就来大渡口。大渡口住的地方叫 58。为啥子叫 58 呢？就是从平地开始，51，就是平地到那个地方有 51 公里，54 就是有 54 公里。它是从平地起点的，58 是大渡口。我们来了以后，当时啥都没有，只有一个公司在搞建筑,就整招待所。我们来了以后,就住那个用帆布整的帐篷。同时从泸西县也调了10个木匠来。来了以后,我们就一起准备做招待所的那个床。整个15栋里面的床,包括"十三栋"里面的床啊都是我们负责做。我们吃饭是在58那边的建筑一公司搭的伙。后来喃,从重庆交际处来了一帮子人,正式成立招待所。三个月以后,我们的全部任务完成了。领导就跟我说,留下来吧,我说好嘛。

留在"十三栋"当管理员

我回去以后就把户口和工资关系一起迁来了,就正式来了。我是1964年的10月份左右来的,来了以后啊,就正式加入招待所。我们6块钱一个月的伙食费,随便吃。那时候喃,条件是艰苦了一点,但是很愉快。晚上看坝坝电影,哪里放就去哪里看。有时候我们还到很远的地方,像现在的客运站,那个地方原来是菜市场,我们也跑到那边去看,天天晚上有坝坝电影。礼拜天啊,我们就坐船。那时候没有桥,下面吊桥都没有整起来。花一角五分,坐船到弄弄坪。我们还走路到矿山,到矿务局,到处走。那时候没车啊,但干得很愉快。

1965年和1966年间,中央首长来得很频繁,来得特别多。我们后勤的嘛,反正就是哪里需要我们就去哪里。当时喃,中央首长向我们招手啊,笑啊,很和蔼啊,我们还挺有感受的。反正我记得邓小平、贺龙、彭真、郭沫若等都来过。

郭沫若来的时候,我印象比较深。郭沫若的夫人是画画的。我在"十三栋"的时候,看到她在那个农信社里面的桌子上画画,郭沫若写的是种瓜得瓜、种豆得豆,他夫人呢? 就是画那个画,画的是喇叭花,还有那个结果子吊起来像富士瓜的那种。

彭德怀来了以后,他看到南山那个地方的一片山上整了"三线建设要抓紧"之类的口号,每个字都像一间房子那么大。他说他要提个建议,就是这里是保密的地方,你们整这么大的字,人家卫星一下子就发现了,就是暴露目标。第二天,攀枝花市就采纳了他的意见,就把那些全部铲掉了。

当时中央首长很关心攀枝花建设。他们来基本上都坐汽车来,天气很热,不容易。我记得彭真来的时候,天气很热,就在他吃饭的那个房间里放了冰块降温。几位中央领导吃饭那些啊,也不要求太高。那时候我们有个高级厨师刘少华,他是重庆调来的特级厨师,他整的那些都是比较清淡的,吃饭时,总是喊我们一起来吃噻。总的印象就是,那些领导平易近人,没得啥子不能接近啊或者戒备森严啊。

我在攀枝花推广养蚕种桑

采访对象：张世琼（原渡口市农林局农艺师）
出生日期：1939 年 7 月
采 访 人：攀枝花中国三线建设博物馆筹备组人员
采访时间：2013 年 7 月 25 日
采访地点：攀枝花电视台演播室
整 理 人：龙琴
整理时间：2019 年 5 月 27 日

  1964 年大学毕业我就被分到资阳县农林局，搞蚕桑、林业的技术工作，也兼做一些统计工作。在 11 月份的时候，我就收到了支援三线建设的调函。因为我的丈夫是当年 5 月份从重庆统一调到渡口来支援三线建设的，当时他们单位就问我丈夫，把你爱人也调到渡口来，一起参加三线建设好吗？当时我爱人回答随便吧。就这样一句话，后来他们人事部门为了支援渡口的建设，就发了一个商调函到资阳来。我接到调函的时候，也感到很吃惊。为啥子呢？我先生先来哈，我就知道渡口当时的条件，就是说很荒凉，而且人烟也很稀少。我来了看到炳草岗这一片，就只有十来户农家，因为当时我的第一个小孩出生还不到五个月，我就想，小孩那么小，我还要工作，去了怎么办？当时我就给县人事局提出来，是不是等我小孩大一点后我再去。当时的答复是，全国各地都在支援三线建设，我们不能拖后腿。你如果不去，我们还得另外找人来接你的工作，不如干脆叫你的妹妹，也到渡口去给你带小孩。

当时我妹妹也只有12岁,实际上她也是一个小孩,但是没有办法呀,我说那也只能这样了。我们那个年代的人哈,都比较单纯,所以当时我就想,应该听党的话,应该到艰苦的地方去锻炼自己,我也还年轻嘛。就这样高高兴兴地告别了资阳。从成都到渡口走了五天,第四天到米易还得绕道会理、平地、大田到仁和,所以一共走了五天。在这当中,每到一个住宿点,还得赶紧下车,奔跑着去找住宿。住下以后,还得给小孩洗尿片,还要烘干,第二天赶路。第五天到了仁和,当时就到了渡口招待所住下。到渡口住下以后,第二天我们就看到很多人匆匆忙忙的,反正都是跑来跑去的。后来才知道,是中央领导来渡口视察工作。后来也随大流跟着去看,结果就看到"十三栋"招待所的路的两边,排着很长的人流,有些招待所的服务人员都穿着白大褂,手捧鲜花,还有水果。

　　其实当时我也非常的激动,看着中央首长慢慢地从我站的地方经过。到了仁和农牧局以后,因为我带了小孩,所以农牧局就在沙沟的农民家里给我找了一个地方住。但是这个房子,是一间单独的小房子,大概只有5平方米左右,而且伸手就可以摸到屋顶,整个屋子里,除了一些用木头搭的木架以外,其他什么也没有。既没有灯,也没有床,更没有什么锅灶之类的东西。那个时候天快要黑了,看到那个情况,心里有一种说不出的感觉。没办法,就只有把那个带起的行李铺盖铺在木头架上,住了一个晚上。

　　到了第二天,在我非常沮丧、彷徨的时候,我们农牧局来了两位老同志,他们也是从省里面,就是农牧厅来支援攀枝花建设的。他们雪中送炭。因为他们当时是住在农牧局的保管室里面,那个时候他们的家属没有来,两位都是单身汉,但他们也有小孩,所以他们能体会我这种做母亲带小孩的艰辛。他们主动到我住处,叫我搬到他们那个地方去住。这两位同志,一个叫罗林金,一个叫彭中庭,他们搬到另外的农民家去住。于是我就住在农牧局的那个保管室里,虽然也只有一间,但是说实话,那个条件的话,跟我前一天住的那个农民的小屋子相比起来,就是一个天上、一个地下了。

　　我住的那个地方就挨着当时渡口的商场,渡口商场有食堂,所以生活就比较方便,有开水,有热水。安定下来以后,农牧局就安排我到当时的大河区土城公社上田坝、下田坝、碾坊那一带,就是现在的仁和桥头过去的那一大片生产队指导生产,了解情况,晚上还要到生产队开会。那个时候仁和也还比较荒凉落后,路两边全部种的是甘蔗,那个甘蔗林又深,晚上走着生怕出来一个坏人,心惊胆战的,于是就来个全家总动员。所谓的全家总动员,就是我的小妹和小孩,一起到生产队去开会,又一起回家。

那个时候没有礼拜天,没有休息时间。经过一段时间后,我开始着手搞我的专业——发展蚕桑专业。蚕桑生产就要到比较边远的那些农村去。当时到那些地方去的话,不像现在到处都有公路,四通八达的,那个时候就只有仁和到渡口有很少班次的公共汽车,渡口到河门口那边基本上还不通车,车子就只能到乌龟井那儿的二砖厂那里。比如说我们到同德去,那就只能坐车到二砖厂,然后很长的十几里路那就全靠走路了,基本上就是从早上八九点出发,到下午四五点才到得了同德那个地方。那个时候我小孩儿也还小,出去几天,我小孩怎么办呢?那时候买不到奶粉,只能买点儿白糖。我妹妹到食堂打点米汤,然后把白糖放到米汤里,再倒在奶瓶里面让他吃,三四天以后,等我回来以后,他才能又吃到奶。

那时的农村都是刀耕火种,农业耕作技术非常原始,也就是说我们下乡,一方面要帮助他们改变那种刀耕火种的耕作制度,同时也要向他们推广农业的先进科学技术,基本上是走村串户。有一个晚上,我觉得我的手怎么这么痒,结果把手表取下来一看,一圈黑的,是啥子呀,臭虫!而且再一看,那个写字的桌上所有的缝隙,全部都是一串一串的臭虫。再一看床上,那个蚊帐的四周、角落也是一串一串的臭虫。哎呀!当时也确实很害怕,太多太多了,说不清,可能有上千个,成串的。

到了1966年,在农牧局领导和当时农工部领导的支持下,我就开始了发展蚕桑生产,就从我们四川的老蚕区南充,调进了30斤桑种,育桑苗87亩,栽了60多万株桑树。那时候还动员渡口的四大指挥部,也育苗栽桑。当然,后来成效不怎么好。就在当年,在四川省农业厅的支持下,从南充又调进来2名蚕桑技术人员。我们一起编印一些栽桑养蚕的小册子,发送到农村,当年就养桑蚕13张,养蓖麻蚕15张。也就是说,我们所种下的桑树开始见效了。随后,受到了"文化大革命"的干扰,农业局撤销了,大部分人到五七干校去了,只留了个别的人抓生产。我爱人因为家庭出身不好等原因,受到了冲击,可能再加上自己思想也想不开,所以得了精神分裂症。实际上我们攀枝花发展蚕桑生产,它有很大的潜力,而且有一种独特的自然环境,有得天独厚的自然优势。当时攀枝花是重工业城市,是大工业、小农业,而且是一种重工特重、轻工业极轻、农业滞后这么一种状况,在这种状况下,确实影响了攀枝花的经济发展。但是,当时发展蚕桑生产,在攀枝花来说,是很有优势的,它是一种费省效宏、潜力大这么一个产品。比如说,老蚕区内地桑树一年只能一发条,二至三次养蚕,那么在攀枝花,它可以一年两次发条,三至四次养蚕,而且有条件的地方还可以五次养蚕,时间短,效益大,三四十天就可以得到收益了。但是到了1967年,农业局的工作基本上瘫痪了,就撤销了,所以基本上就没有人管了。

我觉得来到了渡口参加三线建设,确实经历过了很多的艰难困苦、酸甜苦辣。当时的条件那么差,自己也还是克服了,走过来了,而且现在攀枝花发展得那么好,党的政策也这么好。现在儿女也长大了,他们也有自己的家庭。自己的事业也不错,而且现在职称这些也评了,给予了不错的待遇,生活条件也非常好,我觉得我自己也还是很高兴、很满足的,也不后悔,毕竟自己对攀枝花的建设,付出了自己的心血,而且看到攀枝花发展得这么好,自己所从事的蚕桑事业,现在也在蓬勃地发展,反正自己贡献出了一份心血,所以还是感觉非常自豪、非常高兴,也希望我们自己的专业,蚕桑事业能够更上一个新的台阶,为我们攀枝花的建设做出更大的贡献,让我们攀枝花的明天发展得更美好!

建攀初期职业病与地方病防治

采访对象：王恩辉（原攀钢总医院皮肤科主任）
出生年月：1939 年 10 月
采 访 人：攀枝花中国三线建设博物馆筹备组人员
采访时间：2013 年 11 月 6 日
采访地点：攀枝花电视台演播室
整 理 人：康黎
整理时间：2018 年 10 月 30 日

解除炉前工皮肤病之痛

　　1970 年攀钢要出铁，组织大会战，有铁道兵，还有全国各地好多单位来参加会战。当时是西昌专区和凉山专区，一个地区组建一个民兵团，来配合朱家包包大爆破。西昌民兵团在米易县组建一个连、德昌组建一个连、盐源组建两个连，岭南也组建，西昌也组建，总共十几个连来配合朱家包包搞大会战。但是民兵团要医生，当时呢就是说进攀枝花不容易，要什么条件好的，没参加武斗的，就是说个人历史啊或者各方面情况都比较好的。这个是毛主席关心的地方，乱七八糟的人不能进来，医院就把我抽出来指名到民兵团当医生。开始在米易，我们当时县医院只有 30 多个医生，分科没有现在那么精细，只有内科、外科，还有一个妇产科，内科包括儿科都在里面，大概就是这三个科。但是医生缺的时候，哪个科需要人，哪个科你都要去。到皮肤科以后，就发现了一个问题。

攀钢从1970年投产,到1985年,每年的热天啊,炉前工的皮肤病是发得真令人受罪,他一上高炉去,没得两三天,大头鞋以下的皮肤全都磨坏完。磨坏完了以后就上医院住院。但是只能解决临时问题。医好了又上生产岗位去了,没得两天磨烂了,又发病了,然后又回去住院。就这样子反反复复地发的话,弄得工人受罪,生产受影响。炉前工所有在岗位上的人,大部分人都得烂脚皮肤病。为啥子年年都要发病?而且都是在这个季节发病?我待了一年的时间,就找出原因:只给工人发劳保鞋,没得袜子,皮肤上沾满炉渣灰,高温炙烤的时候,汗水一浸,不出一个小时,就能把那个筒靴和皮肤全部磨烂。我就说,应该给工人发一双劳保袜,而且劳保袜应该是纯棉的,要高于筒靴,起到保护作用,一是吸汗,还有一个是防止那些炉渣灰呀啥子的沾到皮肤上去,只有穿上袜子得到保护,才能够解决问题。

我再三反复地去找公司领导,代表医院提一些报告,就是说希望目前给解决劳保袜,就能够解决炉前工的疾苦,也能够把攀钢的生产搞上去。工厂就按照我提的要求,给工人发了劳保袜。从此以后,炉前工没有皮肤病的困扰了,生产也不受影响了,产量也上去了。工人们见到我高兴得很,感激地说:"哎呀,王医生啊,你给我们做了大好事了,我们再不得病了,我们生产也不受影响了,自己不痛苦了,而且工资奖金也不受影响了。"

发现铅中毒原因

当时地方病很多啊,有麻风,还有像我1959年刚到米易的时候,地方性甲状腺很厉害,大脖子,有些毒蛇咬人、狼咬伤。我尽心尽力地跟三个乡,在那么艰苦的条件下,我负责的那个片区,水肿病人在全县死亡率是最低的,治愈率也是比全县都高。后来条件好一点的时候,供销社供应酒。那个酒是从西昌运到米易、米易又再转到麻陇的,从供销社打出来的酒都是浑的。当时我就对供销社的同志说,你们这个浑酒拿给人家喝怕是要出问题的,当时他们就骂我,说我胡说八道。最后的话,整个麻陇就有许多人出现腹痛,就像肠梗阻的症状,绞痛得没办法,大便解不出来。

当时卫生所的条件很差,没得办法,病人就只有转到县医院。转到县医院以后,都是开刀,但打开肚子啥子都没得,只是肠子是焉扁扁的,但是它就是绞痛。我始终在找原因。我分析，为啥得病的人都跟抽烟喝酒的人有关系，其他没抽烟没喝酒的人都不得肠绞痛，也没得这个病。是啥子原因呢？是不是跟炎症有关系？但是要拿根据啊。于是，我把所有的病人都弄过来仔细地检查，最后发现他们的牙龈和齿龈之间还有一条黑色的线。在学校学习的时候，我学得还是比较扎实的。那个叫铅线，是铅中毒才会出现这种线。我发现这个以后，马上给县医院打电话，我向当时刘德涵内科医生和王华外科医生通报，给卫生局局长也打电话。我说我认为他们是铅中毒引起的铅绞痛，不是肠子扭转，开刀不能解决问题。不能再开了，开也白开。我说你们仔细看一下那些人是不是都有铅线。他们一看，真有。最后马上把这个情况报告西昌专区卫生局，因为米易县做不了铅检查。专区卫生局很重视。为什么呢？当时我在麻陇，不晓得西昌地区的情况，整个西昌地区都是这样子，喝酒的人都得这个病。这样就引起重视了，干脆组织一个医疗队，就到麻陇来，把这些人的血样，所谓的酒样采集以后送到成都化验。结果显示，铅含量超出国家标准一千多倍。血铅，酒精里的铅都超出国家规定，这下就证实了确实是铅中毒。当时解铅中毒是依地酸二钠，我记得很清楚，当时是专门从上海进这个药来给这些人服。麻陇就成了临时的医院，在我们那个卫生所集中了所有的这些人，喝酒的人，来给他们服这个药来解铅毒，问题解决了。

普查和治疗麻风病

在攀枝花建设以前，西昌地区就做了建设前的准备，专门搞麻风病的普查，那个"四清"工作队和医疗队都来搞普查。普查以后确定是麻风病，福田乡有一个村基本都是麻风病人。当时对麻风病不了解的人感到很恐怖，实际上并不那么可怕，跟患者接触，与他握手，一起吃个饭，都不一定传染。为了现身说法，我们医务人员跟病人接触、治疗，但最后还是实行保密治疗，就是查出来了以后，他照常跟正常人一起上班，不公布他们是麻风病人，我们内部掌握他是麻风病人，免得引起恐惧。为了让老百姓解除顾虑，我们医务人员不戴口罩，给他们洗溃疡的时候，我们都是直接用手洗，不戴手套。就这样子感化周围的村民和其他的人员，逐步地解除了他们的恐惧。严格地说,医务人员还是要戴手套,一是保护自己,二是无菌操作。而且我们的政府对这个是免费治疗,投了一定资金,医务人员呢,尽心尽力,使这个病逐步得到控制。现在攀枝花市麻风病发病的概率很小了,几乎没有了。攀钢的话发现麻风病人咋个办呢?它是大企业,就怕影响到四面八方来的三线建设者。在北方呀,其他地方都没听说过,但广州来的人晓得,因为那时广州也是麻风病高发地。最后呢我们咋个办呢,就是将攀钢的麻风病人送到四川省最好的一个麻风病医院去治疗。治疗好了,通过医院鉴定,麻风杆菌没得了才放回来。有些单位都不敢接收,还受到点歧视,这个需要我们去做工作。以前,因为有麻风病人,攀枝花市的鸡蛋几分钱一个,卖不出去,就怕是从麻风病人家里拿出来的。

忠孝两难全

当时就是想着祖国第一,国家富强第一,就是说怎么报国,怎么给国家做点事,才对得起你这一生。你如果活着只想自己,不想别人,不想国家,那个做人就没得意思了。就这个心理。我的家庭组合就是三线建设带来的。怎么回事呢?我1959年就到米易了,到1961年左右,我的母亲在老家得了水肿病,她很想看我一眼,就来看我。看我的时候,当时医疗条件很差,生活也苦,我就三十来块钱的工资,19斤粮食又不够两个人吃,当时咋个办呢?可以拿19斤粮的粮票到粮站买那个米糠,米糠里面就筛得到一些米。我就把这个拿去换来米糠。我对母亲说,你就吃这些米,我年轻人没得事,我就米糠炒花生,带到乡下去吃。我到乡下其他几个点去看水肿病人时,我母亲就住在麻陇卫生所里面。哪晓得我才走没两天,当时医疗条件差,打虫药没得,他们熬苦楝皮给她吃,哪知苦楝皮中毒了,我母亲就死在麻陇了。当时正遇瓢泼大雨,又没得电话,直到第三天,才让通讯员去通知,说卫生所有急事,赶快回来。我与通讯员一直走到麻陇那个过了大塘梁子快到卫生所的时候,他才说:"你妈妈死了几天了。"我当时傻了,路都要走不动了。到了卫生所,他们就说了情况,是吃苦楝皮中毒没法抢救。我想,哎呀,尽得了忠,就尽不了孝,我尽了忠了,忠到那些病人身上,我医了几十个、上百个水肿病人,都医好了。而我的母亲却没有医到,孝不了,没得法,只能安葬了。最后这些人就说你组织一个家嘛,又帮我介绍对象,有在麻陇卫生所的,最后又到县医院,到米易县医院也是帮我介绍老师、医生那些,我觉得都不是缘分,都没有成。

以后就是咋个了呢,就是说到三线建设来了。我的爱人是铁路上的一个民工,罗织县的,在铁路上当民工了以后,到1970年那个时候,参加会战结束了,铁道兵也要转移了,民工也要准备解散重新安置了。在这个情况下,米易的同事就给我说,他说有个铁路上的妹妹,从小没得父母,如果铁道兵一解散,她就被遣散回去了。我说,哎,那就见一面嘛,如果说是行,那我们就组建一个家庭,哪怕再苦再咋个,只要大家互相关心、互相体贴,我三十来块的工资节约过嘛。一见面,了解了以后,大家都觉得还可以,所以三线建设给我一个铁姑娘,组合一家庭,大家都没得父母,都同病相怜,没得人照顾,反正这一辈子就这样过来,她对我也是非常关心体贴,是一个贤妻良母,虽然没得文化,但是心地善良,处处都考虑到我,考虑到一儿一女,就这样子,就是拼命地干。而我饿起肚子也要给病人看病。当时身体透支,精神透支,全都用到病人身上去了,没想到自己。但是我跟我儿女说,我说对不起你们,我不是一个好父亲,我没给你们留下什么财产,我就给你们留下你们爷爷教导的要好好做人、认认真真地做事,要对得起国家,对得起人民,不去坑人害人,这就是人。

我在攀枝花当消防员

采访对象：杨桃先（原攀枝花电业局职工，转业军人）
出生年月：1944 年 1 月
采 访 人：攀枝花中国三线建设博物馆筹备组人员
采访地点：攀枝花杨桃先家中
整 理 人：龙琴
整理时间：2019 年 5 月 25 日

  1965 年，国务院就把三线建设渡口命名为特区人民政府。特区人民政府和企业合为一体，由冶金部和四川省委双重领导。同时 6 号信箱也成立了。6 号信箱就是现在的供电局信箱代号，主要负责火力发电。因为攀钢生产一个要煤，一个要有电。同年 9 号信箱成立。9 号信箱的主要任务是负责渡口市的公路交通桥梁工程的修建。1966 年就是攀钢的成立，那时候叫 34 号信箱。攀钢为什么叫 34 号信箱呢，是毛主席关于攀枝花建设（当时叫三线建设）的，是在 3 月 4 日这天批示的。1966 年，兰尖矿成立矿产公司，兰尖矿正式投产，信箱代号为 30。

  1969 年渡口桥通车，1970 年攀钢第一座高炉出铁，兰尖矿矿石开始运送投产。那个时候攀枝花的人是欢天喜地。那时正是进人的时候。只要你有这方面的长处，你都可以报名参加支援三线建设。我就是 1968 年从部队上下来支援三线建设，一起进到攀枝花的。那时候二〇公司刚成立，二〇公司就是渡口市的运输队的代号。四个运输队，每天出勤车辆只能达百分之七八十。1965 年成立了总指挥部，由徐驰担任总指挥长。那个时候有个专业运输公司,就是运输吃喝的物资。

当时到攀枝花来主要有两个原因,第一个是年轻,第二个是想为毛主席分忧。哪个敢说闹情绪,那你就是逃兵,大家一句话都不敢提。

徐驰,1号信箱总指挥部指挥长,冶金部部长。那个时候他就坐在那儿。我们刚到的那两个月,没有什么工作需要干,大家每天就一起玩。玩得人心比较涣散,就想回去,连我都有这个思想,就想走了。徐驰就亲自到瓜子坪把我们召集起来,用一个木头箱子,上面铺一张报纸。徐驰就兑一杯浑的茶水,反正他就坐在那儿,我们也坐一堆,一个个提问题,他就解答。徐驰矮胖矮胖的,戴个眼镜。他就是讲一些政治大道理的话:你们是攀枝花的主人,渡口离不开你们,你们是大学生(那个时候叫解放军大学),我就是为毛主席分忧,希望你们也要为毛主席分忧,再苦再累,你们要坚持下去,我不希望你们当逃兵。你们当了逃兵,对你们政治有没有影响,你们自己想一下。就这么几句话把我们震住了,都听他的话,所以就安心工作了。

1969年我进了消防队,我印象最深的是参加了朱家包包大爆破。朱家包包狮子山它的含铁量是最多的,品位也是最高的,最高品位可以达到45%,所以必须要搞大爆破。爆破就是把它表面上的泥土弄掉,泥土弄掉了才弄得出来矿石。这个大爆破花了10 162吨炸药。这个炸药很猛,分三期定向爆破。何谓三期定向爆破?就是喊一二三之后,第一爆破开始。在第一次爆破以后不到一秒两秒钟的时间,这土还没有下来,又开始第二次爆破,接着在泥土还没落下来时,再进行第三次爆破。爆破过程都是通过专家的严密计算的。当时美国都震动了。美国认为中国在搞原子弹试验,实际上不是。这次爆破是世界上最大的、用药量最多的一次爆破。当时我们负责什么?我们消防队进去,一个是进药安检。那时候进药的主要是二〇公司的四个运输队,负责往这个矿里面运送炸药。运送要通过安检,安检人员由渡口市公安局、矿山保卫科、保卫处、消防队的成员组成。我属于消防队的,那个时候我们戴军衔帽徽,受他们直接指挥。第一,出了问题可以急救;第二,出现了火的问题,我们的消防车就停在那儿,可以及时扑救。我们在那儿守着,18个小时在那儿连续地守着。

那个时候火灾特别多,平均一个礼拜有一到两次的火灾。当时失火的时间不一样,有时候是白天,有时候半夜三更。最大的一次火就是矿山大修厂大火。矿山大修厂那场火烧到什么程度？这场火有的人被烧得连铺盖这些都没有了。大修厂整个厂房的人员、设备都是从鞍山来的。鞍山来的人员有家属要陪伴，有娃儿要读书。但是你不来攀枝花，那就是说你对毛主席不忠，那你就停止你的工作。你说工人停止工作，没得工资哪有饭吃。所以没有法，只有是说一家人一家人地迁过来，所以有些人腌菜的那个大缸、蜂窝煤、小劈柴，都用火车托运过来了。结果燃起来一把火，把这些吃饭家什全部烧光，好些设备也烧烂了。那次烧的时候，有一个职工，现在已经是老太太，那个时候只有三四十来岁，她把两个娃儿从门上推出去，叫娃儿往外跑，她自己没拿啥东西，拿了一把筷子就往外跑。起火心都慌了，不晓得要拿啥子东西，就只图救命，心里头就没想到要拿个衣服、抱床被子出来，拿一把筷子就往外面跑。

三线建设初期攀枝花的商贸组建

采访对象：杨国光（历任渡口市贸易公司政治处副主任、"革委会"主任，渡口市商业局副局长、党委副书记，攀枝花市工商局局长、党组书记）
出生年月：1927 年 3 月
采 访 人：攀枝花中国三线建设博物馆筹备组人员
采访时间：2013 年 5 月 21 日
整 理 人：吴艳婷，李文静
整理时间：2019 年 3 月 16 日 8:00

我接触攀枝花是1965年上半年。那年上半年我在百货公司任政治处副主任，负责主持重庆小商店"全锅端"。凡是年龄、政治面貌等各方面都符合条件的，统统都到攀枝花来，就是我来的那批。第二批呢，是庞益祥带队从攀枝花到重庆来要人。那时候是重庆包渡口，我带队的500多人嘛，到攀枝花来。大概是12月1日吧，就从重庆坐火车到成都。哎，那个时候都是保密的，备战备荒为人民，要准备打仗啊。具体到哪个地方都不晓得，大概在5月，我们第一批才从成都往攀枝花走。那时到攀枝花分三部分走，我是属于第一部分先走的，属于第一中队，带队到攀枝花。第一天是第一中队，第二天是第二中队，第三天是第三中队。我们5月从成都动身，第一天晚上歇雅安，第二天歇云棉，第三天歇西昌，第四天就过会理到坪地，在坪地休息一下，第二天就到仁和。坪地到仁和的马路都是初通，车子走好几个小时才到。我们从西昌过来后，天气炎热，风沙又大，大家都流鼻血。但因为是响应毛主席的号召，大家心情都很激动。

成立贸易公司

1966年1月1日,就正式宣布成立三大公司,我们来就是建立几大公司,主要是百货公司、食品公司、石油公司这三大公司。我先在人事科负责,但是都没有正式宣布具体任什么职,任职这些都是负责人。后头那里就成立三大公司,当时呢就决定了一件事,就说当时攀枝花地方不宽,人不多,没必要弄三个那么大的摊子,就主张合起来,成立一家贸易公司。我们成立三个公司的时候,每个公司500人左右,之后更多了。我在凉山州调几百人,后头招铁道兵、民兵,反正后头都组织了好些人。商业部带来的人就比较多些了。攀枝花当时作为全国的特殊单位,在重庆、成都、上海、广州这些地方都驻有代表,在那儿进货。

那个时候供应困难。除了粮食、布票这些以外,还有肉票、邮票、酒票这些。当时进来吃水、用水、用电话这些很困难,当时商店呢,就是渡口贸易商店。后来就有一商店、二商店、三商店,一直到八个商店。商店下面还有门市部了。

八个商店,一商店就是渡口商店,二商店就是瓜子坪店,三商店是弄弄坪店,四商店就是河门口店,五商店在煤炭指挥部那边,六商店在仁和,七商店在桐子林,八商店在火车站。从我们贸易公司里面还先后分出来了轻工业局、手工业局。几大公司又设立糖果厂、食品厂,还有酿造厂,这些都自己生产。当时进来的话,都有个口号,就是攀枝花建设到哪里,我们商店就要跟到哪里,大概就是这个概念。当时进来的话,住房是油毛毡棚棚,我们在弄弄坪住的是牛圈。那些年轻娃子住牛圈哭啊。水又不通,用盆子在河里打水来用。那下去,下商店,下门市这些,要喝水、吃饭都很困难。有的时候在农民家里吃。那个时候一般出去都带啥子呢,都带个水壶,里面装点喝的水。

最初是调猪肉进来,但那个猪肉在路上几天,就变质了。于是就调活猪进来。当时还编了个啥子呢,《黑夜寻猪记》。就是弄弄坪那阵儿,放猪的地方都没得,都是用竹子啊棒棒啊这些打几个桩桩,把猪围起。猪一打就跑,就跑到山头去了,于是就去追猪。晚上打起火把,去找猪。那些猪又是山猪,放野的多怪会跑,追都追不到,不像肥猪跑不动,头一天晚上跑了(没找到),第二天白天就到弄弄坪山上去找。这就有了"黑夜寻猪记"。

"四想""五怕"

当时渡口有"四想"或者"五怕"。五怕就是"一怕麻风二怕狼,三怕横渡金沙江,四怕地震倒了房,五怕坏人打黑枪"。这是大家编成的顺口溜。我们到攀枝花不久,集中在攀枝花炳草岗那里训练。那一次拉萨发生地震,我们住的是平房,我睡下面,杨虎友睡上面。地震一摇啊,他从顶上跳下来,差点真倒去了。女同志从屋里面出来,甚至把枕头当娃儿抱出来,还有的从窗子跳出来。当时的情况是谈到麻风都吓人,怕传染到。怕狼是因为我们进来的时候那个弄弄坪就有狼。怕横渡金沙江,就是怕坐那个翘屁股船。渡口还有个民谚:"早上穿棉午穿纱,光着膀子皮皮爬。"就是光着膀子可以被太阳晒得脱皮。"四想"就是"一想爱人,二想家,三想早放探亲假,四想要朋友安个家"。当时都不准夫妇双方来的,都是单身来。后头逐步逐步地调过来,就是两口子都想来的。来了过后那没得房子的,到后头房子比较正规一点了,就是腾单身腾起来,来过个假日。

1966年4月份我到重庆去接人,在路上没得事情,就想到写些打油诗:"攀枝花下宝藏多,工人同志把宝夺。不过二月未到此,矿山变化何其多。铁水奔流江成河,钢铁倍增好建设。劳动人民盼解放,颗颗赤心向中国。我们誓做顶梁柱,全力支援不复托。我在渡口干革命,事事都关全中国。处处放眼全世界,誓不辜负党委托。"

当时的安以文市委副书记,他有一个习惯,吃晚饭过后到处逛。我们就在现在渡口商店中间那栋房子,他转到我们那儿来,走到财会科,有一个藤椅。他脚有点瘸嘛,一瘸一拐走进来,他说我这个市委书记来享受享受这藤椅呢。那说明当时好艰苦,我们贸易公司只有财会科长有一把藤椅。市委书记走进来,看到后坐一坐当成一种享受。这当然是笑话,但说明当时条件的艰苦啊,确实是那样。

我们当时也下过决心要长期在渡口工作,叫作"献了青春献终身,献了终身献子孙",就是下决心在攀枝花工作。

专题二
聚焦遵义

关于三线建设的一段回忆

刘锦祥(原长征电器基地"革命委员会"主任)

毛泽东主席根据 20 世纪 60 年代国际国内形势,提出了"备战、备荒、为人民"的战略号召。为此,国务院组织有关部委研究作出了"三线建设各项重大任务部署"。国家机械工业部的任务十分繁重。

机械工业部于 1964 年 12 月在重庆召开三线建设工作会议,落实毛主席的指示,指定以上海华通开关厂为主参加三线建设,并由我为代表参加会议。根据会议通知要求,提前飞抵重庆报到。在机械工业部电工局、西南工作组织代表的带领下,借用重庆机床厂的车辆把我们送往贵州省遵义市,这才知道要在遵义市建设电器总厂,并已取得遵义专署和遵义市领导的同意,将遵义市区西北郊外干田坝原干电池厂和种子仓库作为总厂所在地,然后按照设计规划再在市区周围 5 公里以外选择厂址建设。在这同时,部局领导早已组织了专门工作班子,包括有关设计院,进行调查研究,提出了比较详细的规划,我们到达遵义市后,除了参观部局三线工作组初步确定的地址外,还参观了市属的一个电机厂,当地有关领导给我们作了情况介绍,并表示大力支持我们三线建设。

从遵义返回重庆市即参加会议。上海市来参加会议的还有上海市机电局的领导和其他行业的兄弟厂代表,机械工业部部长白坚亲自主持会议并作重要讲话,他重申了"备战备荒为人民"的重大意义,要求我们一定要让党中央、毛主席放心。当时参加会议的同志们心情十分激动,心潮澎湃,深感任务重、时间紧迫,都满腔热忱地纷纷表示要坚决完成三线建设这个伟大而光荣的历史使命。在会议期间,与部局负责三线建设的领导及归口设计院

（第七设计院）的有关同志一起研究了具体的规划方案，就总体设计布局的原则方针进行研讨，对一些大的原则方案作了统一。如以产品分类设厂、专业工艺归类集中设厂，像模具夹具、线圈、塑料制品、冲压件、铁芯制品，包括表面处理，如油漆、电镀等。这样既可以组织批量生产，又提高了设备利用率，确保产品质量。会上，我既代表新厂又代表老厂负责人在搬迁协议上签字。当时我深知身负的责任重大、任务艰巨。会议结束后，立即返回上海，向上海华通开关厂（下称华通厂）党委传达汇报了重庆会议精神，经讨论研究，决定组织两套班子，一套班子由薛锡根同志为首于1965年春节后赴贵州遵义，负责抓第一批搬迁的低压电器厂生产及生活区宿舍筹备建设任务以及第二批的筹建准备工作；另一套班子由我和王元康同志在上海老厂（以华通厂为主，另外加上联电工器材厂的继电器厂部分，简称"上联厂"）编制低压电器厂生产大纲，并以大纲为依据编制各种加工设备清单，以产品工时定额核算各工种，以工时利用率计算出各工种人数和辅助人员，包括设计、工艺及各种管理人员的配备，还包括定期生产批量、出产数量、库存量、周转量、储备量，计算出原材料、零部件数量，要求做到搬迁到新厂后可以全面启动开工、生产，零部件能投入加工、装配，生产出成品。

1965年初，上海市委决定华通厂开展"四清"运动，由市委派"四清"工作队驻厂，"四清"工作队的领导对当时的三线建设工作也非常关心和重视，使三线建设各项准备工作顺利进行。

在遵义方面的工作，由于遵义地委、市委领导的重视和支持，进展也较顺利。在部局领导关心下，从四川德阳调陈善礼同志到遵义任副厂长，加强了领导班子力量，同时又分配50名大中专学生到厂工作。为了第一批搬迁的成套项目，有关模具、电镀两个车间建在遵义市电机厂内。在此期间，在工作组的领导下，经过筹建组全体同志共同努力，各项工作进度基本上满足搬迁进度的要求。

1965年底，厂党委在上海天赡舞台召开全厂参加三线建设的动员大会，会上宣讲了"备战备荒为人民"的重大意义和三线建设的重要性。还讲了三线建设的方针政策，号召全厂职工积极报名参加三线建设。会后，各车间、科室部门进行热烈讨论。要求人人认清三线建设的重要意义，认识到三线建设是每个职工的光荣任务，作好一切思想准备去大西南。

1966年初,接电工局领导电话通知,要我3月5日参加部里召开的书记厂长会议,并指示在会议之前先去遵义了解新厂筹建进展情况。春节后我即飞去贵阳,到遵义了解筹建中的生产、生活等各方面情况,会见部分新来的同志,逐一察看了几个新建厂及"三通一平"(通路、通水、通电、平整土地)进展情况。短短几天时间,看到了筹建组的同志们在不到一年时间内做了大量工作,基本的生产、生活条件具备了,还有些工作正在进行中,我即离开遵义去北京开会。

　　1966年3月,机械工业部(即第一机械工业部)召开了省、市机械厅、局长及直属企业、科院所、专业学校书记、厂长工作会议。会上,部长作了工作报告,部署年度工作。特别强调当年的突出任务是三线建设,关系到备战备荒的重大战略任务;各沿海省、市都有搬迁任务,机械工业是三线建设任务的重中之重,西南地区是三线建设重点地区,白坚部长坐镇西南抓三线建设,等等。在讨论部长工作报告时,西南三线建设单位作为一个大组,在学习讨论和提高思想认识的基础上,再分条条块块进行具体研讨。重庆搬迁工作会议上确定的项目,又一次进行讨论并逐一加以落实。这次参加会议的人,凡有搬迁任务的单位均是指定的人选,我本人就是其中之一。在会议期间,部、局干部主管和人事部门主管找我谈话,明确要我担任遵义(永佳电器)总厂党委书记兼厂长。在任职中间还发生了一个小插曲,当时电工局曹维廉局长要我主要抓永佳电工总厂建设,而周建南部长助理要我抓一机部在贵州省的三线建设,在贵阳市设立指挥部,任命我为机械工业部贵州三线建设指挥长,这就发生了矛盾,后经两位领导协调由我兼任指挥长,从郑州电缆厂调李培英副厂长来贵州任副指挥长,主持日常工作,我定期去贵阳工作即可,这样我的工作重心即在遵义方面。

　　我在北京开会期间,上海的搬迁工作紧张地进行着,已定下了第一批去"三线"的日期和人员(3月18日起程,包了专列火车共500多人)。厂里发电报给我,要我请假回上海带领内迁人员一起去遵义,并说上海市有关领导也向部、局发出通知,要我即刻请假回上海。会议重要不能请假,当部领导再次接到上海市领导的电报时,考虑到上海市领导这样重视关心三线建设,例外批了假期。上海是由薛锡根负责带队18日出发去遵义的,我回上海再到遵义时间上已来不及了,必须赶在他们还没到遵义前先到达遵义,迎接第一批支援三线建设的同志们。19日去西南地区的飞机票已卖完了,好不容易联系到一架为四川医院送急用药材的小飞机,经商量后同意让我搭乘此机到成都。这架小飞机上,除驾驶员和一位乘务员,还有就是我,一共三人。当飞到西安时,又遇秦岭大风,迫降西安过了一夜。一路上胆战心惊,第二天总算到达成都。21日成都去遵义的火车坐票都卖光了,后来在西南工作组同志们的努力下搞到了一张站票,于3月22日早晨从成都一直站着到遵义。到遵义后,即刻组织迎接支内人员的准备工作,全面总动员,所有人员全部出动参加迎接。当天晚上,在遵义火车站,当专列缓缓驶进站台时,我那紧张热烈的情绪难以言表,这就是华通厂第一批参加三线建设的职工和部分家属,他们响应毛主席的号召,放弃上海大都市的生活,来到贫困的大西南支援三线建设。车站离厂不算远,一批批接送到厂,分别将双职工、单身职工安置就绪,包括老厂的护送人员也安排好住宿,接待工作一直到半夜才结束。

第二天,一部分人继续安置家庭,一部分职工和家属急于想看看遵义市容市貌及周边环境,还有些同志进车间在做生产准备,经过大家齐心合力的努力,基本上达到了预先制定的"三天准备、五天投产"目标,实现了投产预期,我向部领导和上海老厂发了投产喜报。在初步安定职工生活和生产正常运转后,我即返回北京继续开会。4月中旬会议结束后回到上海,向老厂党委及厂部移交工作,于4月26日带了户籍正式离开工作了19年的华通开关厂飞抵遵义,到永佳电器总厂报到。

来到三线新厂,正逢"五一"国际劳动节,我立即召集厂领导干部开会,传达北京会议的精神及各项重点任务,进一步健全党、政、工、团组织及人事安排。除了抓好已投产的生产工作外,还就重中之重的基本建设等有关方面工作与大家共同商讨。5月3日接待了电工局张本鸿副局长带领的工作组来厂视察。几天之后,又接待了由周子健副部长率领的有关局、处领导来西南三线考察指导工作的考察组。在视察建设的有关项目时,周副部长指着刚刚被推平的空气开关厂房基地对我说:"你们进山不靠山,这与三线建设方针不符,还是把这块土地交给农民种粮食吧。"于是立即停止施工,让第七设计院在场的王工程师重新设计修改,经过修改,靠山成了上山的方案。这个方案的实施为以后埋下了隐患,最后还是被全部推倒重来。

我们积极开展各项工作,党政领导班子进一步加强。在湘潭电机厂支援的50名干部到达后,对条条块块进行配备和充实,重点建设的条件得到了加强。特别是在遵义地委、行署领导的大力支持下,十县一市分别调集近千名木工、泥水工及普通民工,以县(市)为单位组建11个基础建设队伍。队长由各县市任命,各队的政治指导员由我总厂委派。他们都是从湘潭电机厂的中层干部中选派出来的,有意让他们从三通一平建厂开始到最后建成投产全过程都熟悉,为今后能担起主管这个厂的领导重任做准备。

　　当时我们市委一班人,除少数带家属外,大多数集中在简单的单身宿舍里。除了重大的事情开会讨论决定、分头贯彻执行外,在日常生活中,相互交流沟通非常方便。虽然当时的工作环境非常艰苦,但大家的工作热情很高,白天忙生产,晚上组织和带领广大职工积极参加厂区道路施工,厂区周围照明安装,星期天还响应党中央号召贯彻执行"五七"指示精神,开展开荒种地等活动,厂内一派热气腾腾的繁忙景象。

　　在这个时候,"文化大革命"开始了。当时遵义地、市委要求我们积极组织学习,有少量红卫兵来厂搞串联活动,要做好接待工作。但我们仍把主要精力放在基建和生产上。当时我们还接到中共中央、国务院联合通知说:凡是三线建设任务重的和领导班子经过"四清"的可不搞"文化大革命",集中精力抓三线建设。接到通知后,我们组织传达学习,思想上更加明确了三线建设的紧迫性和重要性,认识到必须集中力量抓三线建设。这年的8月底左右,我以双重身份参加了西南局三线建设委员会召开的1967年至1968年三线建设歼灭战项目会议。这次会议非常重要,西南局领导作了重要指示,三线建设几位指挥长包括彭德怀同志几乎天天到会,白坚部长亲临指导,会议开得很紧张。任务重,时间紧,形势逼人,有些问题心中一点数都没有,但只能硬着头皮拍板。

　　在我的记忆中,成都会议主要精神,还是反复强调"备战备荒为人民",世界战争不可避免,要准备大打、早打,要准备打不烂,拖不垮,要加速三线建设,要贯彻"靠山,分散,隐蔽"的方针。

　　贵阳会议结束后返回遵义,曹局长也一同前往。这时已临近1966年国庆节了。我陪同曹局长参观了生产厂和三通一平的在建厂区,曹局长与厂级领导见面并讲话鼓励大家;厂里组织了国庆联欢会,职工和民工表演了文艺节目，曹局长在联欢会上表扬和肯定了我们的工作。

国庆节刚过，我们厂对成都会议精神作了具体传达，对项目又进一步落实到位。此时"文革"的声势越来越大，加之王元康事件影响，厂里形势发生了变化，厂领导班子成员之间冷漠了。虽然中共中央、国务院又联合发了通知，再次强调凡是三线建设任务重的单位，可以不搞或推迟搞"文化大革命"的指示，我们永佳厂党委还是坚持正常工作，但事实上生产和有关工作已受到严重影响。到1966年底，原定的生产任务是完成了，而且还稍有盈利，但基建任务进展不理想。在新的一年开始之际，我们一方面总结和布置新一年的工作，一方面组织人员接待当时以上联厂（上海人民电器厂）为主的第二批三线支内职工的到来。当第二批支内人员来厂后，也带来了上海的"文革"情况。这样厂里的形势开始急变，原来的基建队伍基本上成了"文革"组织。

1967年5月至1968年底期间，我被下放监督劳动，隔离审查，押回上海华通厂关进牛棚接受批斗。1969年，中央召开"九大"期间，我又被押回遵义。

大约在1969年9月，突然通知我说，可以自由了。后来我在金工车间钳工组参加劳动，一直至1973年的上半年，我生了一场重病，经批准回上海治病，休息了两三个月。

1973年下半年，我在上海接到贵州省机械厅电话通知，要我回遵义工作，我即到贵州省机械厅报到。机械厅宋子健厅长陪同我回到遵义，在总厂召开的全厂职工大会上，宋子健厅长宣布我出任永佳电器总厂党委书记职务，这样我又重新开始了领导工作。

经过几年"文化大革命"，厂里情况发生了很大变化，尤其是体制上的变化：原为机械部直属企业，此时已下放到地方，为部和地方双重领导；原在遵义地区是一个电器总厂，此时增设了长征基地，一个变成两个。虽说有原则分工、具体划分，但已出现各种矛盾的苗头。加上当时"文革"还没有结束，厂里运动也随之起伏，我也无法正常开展工作。

在当时的体制情况下，开始出现两个总厂之间的职工福利待遇不统一的矛盾，已经暴露的是支内职工子女在上海的上山下乡问题，在长征基地的职工子女可以进入长征各厂，而永佳厂职工子女因没有指标就不能解决。

在这种情况下,我们党委成员经过几番讨论,形成了一个合并到基地的建议方案,并向部、局和省机械厅领导汇报,经上级领导与长征基地商讨取得一致意见。1973年撤销了永佳电器总厂的编制,总厂下属永佳低压电器厂成为独立编制,在1975年归属长征电器基地领导。当时省机械厅宋子健厅长来遵义宣布上述决定,同时还宣布我和薛锡根同志调整任职的决定。

最后,有一个问题说明如下:

永佳电器总厂的建设规模,当时有过匡算。依照前面所讲的组织生产方式和原则,根据部的搬迁建设总要求,即上海的电器产品生产厂一分为二,上海所有的电器产品,内地都要有。这样才能适应备战需要,又能满足国家建设要求。大约要设20多个分厂,低压电器、成套传动电器两个科研院所以及子弟小学、技工学校、职工医院等项目。初步估算职工人数在1万名左右。这个宏伟的建设工程没有能够实现。

投身三线建设的日子
——从上海到长征基地的回忆

朱文源(原遵义长征电器基地"革委会"主任)口述　杨俊发整理

20世纪60年代初期,党中央根据当时的国际形势,作出了加强战备、建设三线战略大后方的部署。把沿海较发达地区的装备制造业、军工企业等部分或整体搬迁到内地,建设一个工农业协调发展的战略大后方。机械工业部根据国家的这个战略决策,决定由上海机电一局所属的上海电器公司部分搬迁贵州遵义建设一个电器生产基地。经过上海机电一局和上海电器公司研究,把这个任务交给了上海华通开关厂,决定由华通开关厂牵头组织实施内迁工作任务,明确由华通开关厂党委书记兼厂长刘锦祥具体负责。为了做好这项工作,落实一机部下达的任务,上海电器公司成立了支援重点项目建设领导小组,配合上海华通开关厂协调处理内迁工作。

1964年12月,机械工业部在重庆召开会议,贯彻落实党中央关于"三线建设"的战略部署,上海电器公司派出刘锦祥参加了会议。在这次会议上,落实了华通厂的搬迁项目和内地建厂的厂址。

1965年初,上海华通开关厂派出了首批筹建人员到遵义开始筹建新厂的工作。这个时候,我从上海人民电器厂调到上海电器公司担任政治部主任,才对上海电器公司内迁的事了解多一些。

1966年,"文化大革命"开始,大约七八月份,上海电器公司领导受到了批判、管制,生产管理受到了冲击,公司领导班子名存实亡。不久,单位进驻了军代表,成立了军管会,公司的生产形势才稍有好转。为了尽量减小"文革"对生产和支内工作的影响,公司成立了两个组织机构:一个是"一线指挥部";另一个是"支援国家重点项目建设组"(简称支重组,后来改为支内组)。"一线指挥部"由我负责,主要抓生产;"支重组"由陈国良同志负责,主要负责指挥、协调搬迁支内的有关工作。

在上海电器公司的支持配合下,1966年初,华通开关厂部分搬迁到遵义建设的永佳低压电器厂建起来了并投入了生产。这个厂投产后,一机部与上海机电一局决定,由上海电器公司下属各厂搬迁20多个项目到遵义建设一个较大规模的电器生产基地,后来把它定名为永佳电器总厂。我原来所在的上海人民电器厂和上海胶木压铸厂、上海电器成套厂、上海防爆电器厂、上海电阻厂等20多个厂都有迁建任务。根据部、局的要求,公司都一一作了布置,下达了各厂人员、设备搬迁计划。至1967年初,这些厂也开始逐渐派出筹建人员到遵义,开始了筹建工作。但是,正在这个时候,造反派开始夺权。上海电器公司"抓革命,促生产"工作受到了严重干扰,搬迁工作难度加大,压力很重。遵义方面,永佳低压电器总厂的基建工作也受到了派性的冲击,进度很慢,没有按时完成一机部下达的基建任务。搬迁工作不能按时进行,一机部、上海市领导都很着急。

为了加快搬迁步伐,做好迁建两地的工作,在一机部的协调下,1967年11月初,上海电器公司与永佳电器总厂就迁建相关事项达成了一致意见,八局张本鸿副局长代表一机部,我代表上海电器公司与永佳电器总厂的代表签署了两个协议。月末,上海电器公司又派出了"革委会"副主任何水龙和董保坤、孙乃焕,带领下属上海华通开关厂、上海成套电器厂等10余个单位的代表到遵义进行实地考察,了解基建进展情况,在张本鸿副局长主持下召开了几天座谈会,各搬迁厂又与永佳电器总厂签订了援建会议纪要,想尽快把搬迁工作搞上去。

1968年初,一机部八局的张本鸿副局长来上海,我从她那里得知了一些三线工作的相关情况。大概意思是一机部、贵州省、上海市将对搬迁建设项目作出修改并重新落实方案,重新建立筹建领导班子。那时候我虽然在上海电器公司"革委会"负责人的位子上,但在"文革"中无法工作。我是想干实事的人,再看上海电器公司的领导年龄都比我大,上海电器公司要派出新的筹建班子,正好有这个机会,我想争取一下,去贵州遵义搞三线建设,也许能很好地干一番事业!于是,我去找市机电一局领导谈了自己的想法。

最初局组织部不同意，我只好去找老局长蒋涛，向他表示了我的想法。蒋涛局长也表示自己无实权，他说，要么给你几天时间，你去北京了解一下情况。后来我去了北京，在部里了解到，一机部、贵州省、上海市工交组三方在上海华东招待所召开的项目落实会议上，对原先的搬迁方案作了调整。其中包括重新组建遵义电器工业基地的建设领导班子，确定了一个更大的建设规模，大约有28个迁建项目。经过努力，我的要求终于得到上海机电一局组织部门的同意，他们答应帮助我向局领导反映。

  1968年4月，我去北京向周子健部长汇报了上海支内的情况及去内地工作的想法，得到周部长的首肯和支持。同时，我提出先去内地看一看，周部长也同意了。我坐了架小飞机经西安、重庆，然后转火车到了遵义，这是我第一次去遵义。遵义的条件非常艰苦，在此期间我随公司派到遵义踏勘厂址的工作组人员走遍了各厂所选的地址，实地进行了考察，又了解了永佳电器总厂已建和在建的一些工程情况；对迁建中的一些具体的问题和看法与遵义地、市两级政府和永佳电器总厂的领导进行了协商。我们的想法和要求得到了当地政府及有关部门的理解和大力支持。

  从遵义回上海后，我们对遵义电器基地建设中的问题进一步做了研究，确定了方案，排除了分歧，统一了思想，改变了原先的一些做法。按照一机部遵义电器基地建设纲领初稿的规模设置，我们除了考虑要加强部、上海、贵州及遵义地方的通力合作外，还落实了公司下属各搬迁、援建企业的迁建纲领；安排了基建进度计划；提出了"包迁、包建、包投产"的"三包"迁建要求，理顺老厂与新厂双方的责任。

  在得到一机部军管会生产指挥部的批复后，1968年12月，公司首批派出黄森海、孙文荣、钱小岳、陈学达、钦宝太等人组成筹建工作组到遵义，这次是我送他们去的，到贵阳的时候我们住在八角岩饭店。贵州省"革委会"主任还专程到八角岩饭店来接见我们，给我们进行了很长时间的谈话。谈话的内容，基本上是围绕部、局的要求及上海内迁工作的有关打算和希望当地政府帮助、支持解决的问题等进行。省"革委会"领导当即表示，政府对支内工作一定给予全力的支持。省领导的热情和坚决支持的态度增强了我们搞好三线建设的决心。到遵义时，受到了遵义地、市政府的热情欢迎。在会见过程中，遵义地、市"革委会"及相关部门表示对我们今后的工作一定提供方便和大力的支持帮助。

到遵义后，他们几位很快进入了紧张的工作，我便回到了上海。

到遵义参加三线建设的想法我始终没有放弃，回到上海后，我一直在向上级组织反映我的想法和要求。1969年8月，组织上终于批准了我的要求，把我作为革命领导干部派往遵义长征电器基地负责全面工作。8月14日，我同李仁根一道，登上了上海到遵义的火车，经过三天三夜的旅程，到达了贵州遵义，开始了我梦寐以求的三线建设生涯。

到长征基地后，我花了一个多月的时间到各筹建组调查了解了基建进展情况，召开基地筹建组和各基建点负责人会议，听取了汇报，交换了意见，就如何利用原永佳电器总厂和设计二院的建筑尽快投入生产及如何团结各方面的同志一道工作等问题统一了思想认识。最后我给大家提出了三点要求：一是各筹建厂都要贯彻勤俭节约、艰苦奋斗、多快好省地建设工厂的精神，要把原永佳电器总厂的建筑利用起来，促成几个厂尽快投入生产；二是要搞五湖四海，不要搞地方派性，不要搞内部大批判，要牢记我们到遵义来的任务是搞三线建设；三是在工作中要提倡"团结、友谊、支持、谅解"的精神，同心同德搞建设。我提出的这几点意见，得到了同志们的理解和很好的贯彻执行，在整个基地的筹建和发展过程中起到了一定作用。我很感谢同志们对我的理解和支持，使我能够在历史名城遵义实现了我人生的最大理想。

自1994年我离休回沪至今，仍然时时想起我在遵义这片热土上工作的日子。那里的厂房，那里的路，那里的绿化，还有办公楼前那棵白玉兰树，都经常在我脑子里浮现。遵义，我在那里工作、生活了26年，它是我的第二故乡，是它给了我实现人生价值的平台。这26年的经历，是我人生中最宝贵的财富，令我永生难忘，成了我最永久的记忆。

支内时的一段回忆

薛锡根(原长征电器基地党委委员、永佳厂党委书记兼厂长)

1965年初,大规模支援三线建设开始,当时我任华通开关厂党委副书记兼纪委书记,被派往贵州省遵义市负责筹备永佳电器总厂及永佳低压电器厂的建设工作。那时永佳厂直属第一机械工业部八局(后改为电工总局)领导。筹建开始时成立了工地党委,我被任命为联合筹建处党委书记。联合筹建处除永佳厂外,还有一机部第二设计院、遵义电机厂等三个单位,他们的负责人都参加了党委领导班子。

厂房及宿舍的设计工作,由一机部委派专门人员负责(他们的领导人也参加工地党委的工作),他们负责设计,我们负责建设。记得当年就建成了永佳厂的金工车间、绝缘车间、装配车间和部分职工宿舍。电机厂完成了电镀车间厂房(专为永佳厂零部件电镀之用)及模具车间原厂房的改造,还建了部分宿舍。第二设计院完成了几幢宿舍建设。(后因故未搬迁)

1966年3月,上海华通开关厂开始搬迁投产,除电镀车间及模具车间迁至遵义电机厂外,其余都在永佳厂。第一批搬迁结束后,立即投入生产,当月即生产出了第一批产品,包括接触器、磁力起动器、继电器等。全厂职工欢庆投产的胜利。

投产三个月,"文化大革命"开始,人心惶惶,无心工作,生产、基建开始混乱,但是,支内职工响应党的号召,仍是继续坚守岗位,每月都完成生产任务。

永佳厂建成投产后,立即成立了党委,由刘锦祥任党委书记兼厂长,我任党委副书记。1966年末,从上海人民电器厂抽调了一部分职工支内至永佳厂,大约有200多人。当时都安排在永佳厂工作,副厂长陈大方等同志都参加了厂的领导班子。从外厂调来的李集发、李加胜、陈善礼、李洪文等也都参加了永佳厂建设和生产的领导班子工作。就在那时候,全国形势发生了新的变化,各地各单位造反派开始夺权,永佳厂当然亦不例外。从那时起,我和刘锦祥等在被夺权后下放劳动,遭到隔离和批斗。

大约是1968年末,一机部和上海市决定,继续组织上海职工内迁,并宣布成立长征电器基地,替代永佳电器总厂。后来派出了原人民电器厂党委书记朱文源同志负责建设和筹备搬迁。与此同时,上级派军代表进驻永佳厂,形势逐步好转。我是被打倒的人员中第一个宣布解放恢复工作的。记得当时由军代表郭振中同志担任党委书记与"革委会"主任,我协助其工作。1975年末,长征电器基地改选党委,我被选为党委委员。这时,军代表撤走,永佳厂由我担任党委书记兼任厂长。

在全国形势好转后,工作和生产全部恢复正常,永佳厂也不例外,生产指标每月完成,1 000人左右的工厂,年总产值在1 000万元左右,就这样一直到1979年,我因病提出退休,在得到公司和一机部同意后即回上海治病休养。1982年初,按中央组织部通知和有关领导机关批准,由退休改为离休。

离休期间,因工作需要,我被永佳厂聘为驻沪办事处顾问,一直到1993年,时年65岁。

难忘的岁月

彭灿（原贵州长征电器集团公司党委常委、总经理助理）

1971年，按照国家一机部的安排部署，为了加快长征基地的建设步伐，加快长征电器二厂的筹建与投产进度，我们这批在上海老厂工作培训的大中专学生，与老厂支援三线建设的职工一起，奔赴历史名城遵义凤凰山北麓的干田坝，参与长征二厂的筹建工作。我作为当年这个队伍中的一员，参与、经历、见证了二厂的筹建投产工作。今天，虽然已37个春秋过去，但当年长征二厂领导和职工们那种团结一致、克服困难、艰苦奋斗、吃苦耐劳、忘我工作的精神，仍然历历在目。以下是记忆里的几个片段。

特殊的大家庭

长征集团公司各厂的筹建工作，一般都是由上海一个老厂负责内迁部分人员和技术、设备，在遵义筹建一个新厂。从领导班子到生产、技术、管理骨干，都是由一个厂组建派出的。而长征二厂则不一样，是由上海东风电器厂、上海立新电器厂、上海电阻厂三个厂共同筹建的，筹建工作领导小组由上海东风电器厂的成玉祥、王关林、储重九，上海立新电器厂的李志山、孙祖培，上海电阻厂的尤学文、戚桂发、顾祥根等同志组成。这些同志都是三个老厂的领导成员，由成玉祥同志任组长。中层干部及管理人员、生产工人都由三个厂派出，加上我们这些由一机部直属院校分配的大中专毕业学生，以及当年长征基地从遵义招工进厂的职工，大家从四面八方走到一起，组成了一个特殊的大家庭。记得当时厂领导组织我们学习毛主席著作，其中有两段语录叫我们反复学习,一段是"我们都是来自五湖四海,为了一个共同的革命目标走到一起来了。一切革命队伍的人都要互相关心、互相爱护、互相帮助"。第二段是"下定决心,不怕牺牲,排除万难,去争取胜利"。当时我还不知道领导特别强调要重点学习这两段语录的原因,后来仔细一想明白了,我们厂的职工来自上海三个老厂,来自全国各地,领导的意图是要我们注意搞好团结。由于刚建厂,困难很多,工作量很大,领导要求我们全厂职工共同努力,克服一切困难,把筹建工作搞好。由于长征二厂领导班子十分重视干部职工队伍的团结,工厂从筹建投产到后来不断发展,职工队伍都是稳定的、团结的。

冒雨搬运水泥

1971年9月的一天傍晚,工厂上空突然电闪雷鸣,当时正值工厂基建最繁忙的时期,有些厂房正在加紧施工,其中有6吨多水泥堆放在露天,如被雨淋湿水泥将全部报废。厂领导一声令下,职工们马上以最快的速度从临时宿舍涌向施工工地,不分男女,抬的抬,扛的扛,将一包包水泥往已建好的金工车间内转移,雨越下越大,大家身上的衣服湿了,脚上的鞋子进水了,都全然不顾,一直把全部水泥抢运完成才离开,没有一个人叫苦叫累。

自己动手安装设备

按照长征基地要求,长征二厂计划安排在1971年12月1日正式投入生产。当时厂里只完成了金工、动力、模具等车间的基建任务,主要的装配车间尚未开工建设。金工、动力车间厂房建成后,从上海三个老厂搬迁的部分车床、刨床、铣床、冲床、弯板机、钳床、剪切机等必需的生产机器设备及检测产品质量的仪器仪表,在三季度已陆续运至遵义,按照一机部关于三线企业实行"边基建、边搬迁、边投产"的方针,长征二厂领导班子为确保工厂按时投产,发动职工抢时间、抓进度,由动力部门的同志组织,其他职工配合,自力更生,自己动手安装生产设备、搬运设备。没有吊车等起重设备,职工们向大庆学习,以"铁人"为榜样,用土办法搬运设备,如用钢管做滚筒,放在机器底座下，用人力拉或推动机器，让机器从钢管上慢慢滚过去，直至推到定位地点为止。经过全厂职工共同努力，前后陆续用了约一个月的时间，就把到厂的设备安装好了，打了一场自己动手安装设备的攻坚战。有一首歌中唱得好："咱们工人有力量"。确实如此，我们的职工个个都是好样的。

油毡房里生产首批合格产品

由于厂里装配车间尚未建设好，为保证在规定投产时间出产品，厂部研究，决定将动力车间前面的几间堆放杂物的低矮油毡房空出来，改作瓷盘电阻器生产厂房。装配车间的同志说干就干，整理厂房，清理杂物，用水泥整修好地平，在动力部门帮助下安装供电线路和机器设备，只经过半个多月的努力，就在这个极其简陋的车间内开始生产了。上海老厂来的技术人员邵之禹、杨厚德等同志，不怕疲劳，连续奋战，每天都与工人一起干；小组长孙玉琴同志，以身作则，带领大家克服生产中一个又一个困难，保证每道工序生产质量。七八月又是酷暑季节，油毡房内气温高，加上电阻烧结炉产生的热量，使生产场地内的温度很高，条件十分艰苦。但当时职工们只有一个愿望，就是早日投入生产，为国家多做贡献。经过大家的努力，终于在油毡房里生产出了我们贵州省、也是西南地区历史上第一批变阻器产品。

领导和群众同甘苦

在长征二厂的筹建、搬迁、投产工作中，由于办公楼还没有开工建设，厂领导都没有安排办公室，他们按照各自分工，上班时和职工工作、生活在一起，哪里工作紧张，就出现在哪里。有一次从广西运河沙来遵义的车队到达厂里，因为那时运河沙的车不是自卸车，必须人工卸车，领导知道后马上带头去卸车，直到与职工一起把河沙卸完才离开。同样，从忠庄砖瓦厂运来的红砖到厂后，也是领导带领职工搬运和卸下砖头。在长征二厂筹建时，参加筹建的职工只有 100 多人，人手少，工作多，时间紧，任务重，领导都是与职工一起干。干活时大家齐心协力，不计报酬，不讲条件，从来没有什么加班费，甚至星期天都不休息。

当时的生活也是艰苦的，副食品都是凭票供应的，如猪肉每月每人 1 斤，白酒每人每月 2 两，食油每人每月 4 两，粮食凭粮票购买，食堂是用油毡搭建的，领导和职工都一样，每人两只搪瓷碗，开饭时排队打饭吃。由于每人每月只供应 4 两菜油，菜里的油水很少。有一次庄师傅从上海带回一块咸肉，我们马上把肉煮好，又把各人的 2 两酒票收到一起，由我带水壶到松桃路去买回 1 斤苞谷酒，几个人美滋滋地改善了一下生活，这件事至今记忆犹新。

按期成功投产

1971 年 12 月 1 日，是值得长征二厂永远纪念的日子。这天厂里举行了隆重的庆祝投产仪式，首批成功生产的 B2010A 龙门机床电气控制柜、HZ10 组合开关等产品放在会场里，工人们还给产品戴上大红花，大家喜笑颜开，辛勤的汗水终于结出了胜利的果实。当天，一机部、上海电器公司和三个老厂都来电祝贺，基地领导出席大会并向全厂职工表示热烈祝贺，有关兄弟厂领导也出席了庆祝大会。

此后，长征二厂继续贯彻"三边"方针，即基建、搬迁、生产同时抓，生产和基建掀开了新的一页。上海三个老厂又陆续增加技术人员和工人支援，基地又在遵义新招了部分工人和退伍军人进厂工作，后来全厂职工人数增加到 600 多人。同时，长征二厂产品品种也由 3 个系列发展到 20 多个系列 100 多种，工业总产值、销售收入、利润总额也逐年增长，效益不断提高，工厂步入稳定发展的新阶段。

时间飞逝，岁月如歌。今天的我已由当年 20 岁出头的青年小伙步入翁翁老年。忆往昔，峥嵘岁月，感慨多多，难以忘怀。我想，老一辈长征人的那种头顶蓝天、脚踏荒地、不畏艰苦、团结拼搏、忘我工作的艰苦奋斗精神，正是工人阶级的本色所在，永远值得后来者继承和发扬光大。

难以忘却的两件事

傅国华（原贵州长征电器集团公司党委委员、副总经理）

1969年8月14日，带着支援三线建设的理想，我坐火车从上海出发，到遥远而陌生的贵州省遵义市。这一天，和我坐同一列车去遵义的，还有上海电器公司派到长征电器基地筹建处革命领导小组任主要负责人的朱文源同志和上海变压器厂的陈锡荣、陈美君夫妇。那时因为湘黔铁路还未通车，从上海到重庆的火车要经过浙江、江西、湖南、广西、贵州五省，在途中运行了三天三夜，到达遵义已是8月17日早晨了。

时间过得真快，不知不觉我到遵义工作、生活已快40年了。刚到遵义时我才25岁，而今，我已年逾花甲了。作为一名上海支内职工，和许多内迁人员一样，经历了长征基地从创业到改革的漫长岁月。可能因为自己为长征基地的创业付出过热血和青春的缘故吧，所以对那段艰苦创业的岁月和同时期支内到遵义的战友们，总有一种不可言表的情怀。长征电器风风雨雨40年，一路走来很不容易，值得回忆的事情很多。但是，在长征基地筹建创业的岁月中，有两件事需要特别的记取也不会忘记。

一件事是支农。记得那是1969年的9月，我到长征基地一个月左右的时间。一天，基地筹建处革命领导小组钦保太同志找我谈话，要我去参加完成一项支农任务，就是帮助基地所在地附近的高桥公社（现为高桥镇）六井生产队搞抽水灌溉，以发展农业生产，保证粮食稳产高产。为了在短时间内完成这项支农任务，在基地钦保太等领导的亲自协调下，组织了一个支农突击队，由我担任突击队队长。我接受任务后，按照工程的要求，首先从各厂物色了精通这方面技术的工程技术人员和技术工人共8人。时间虽然过去了近40年,但有些人的名字至今仍然记忆犹新,如水电工刘松山、管道工钱洪祖、那个刚跨出大学校门的董玉祥等,他们个个身强力壮,都是这支队伍里的骨干。这个工程实际上就是用水泵把山洞内的暗河水抽出来,通过管道把水送到山坡上的农田进行灌溉。整个工程量很大,我们得把山洞扩大,容得下人把材料、工具搬进去,确定取水深度、流量后,才能确定安装合适的水泵和管道。六井生产队所在地的自然条件极差,一眼望去除了山还是山,再有就是坡地、乱石、荆棘和那些赤着脚满山坡跑的小孩。通往山外的唯一的一条小路,是印着深深的牛蹄印和大大小小的人脚印的泥泞小道,这给施工带来了许多困难。因为我们首先要将水泵、设备、材料等,还有很重很粗的生铁管子从山外面的公路搬运到六井生产队队部。生产队到公路边的小路弯弯曲曲、爬坡下坎,大约3公里左右。在当时没有任何搬运设备的条件下,这可不是一项简单的劳动。但我们大家在困难面前没有畏缩,鼓足了劲,与生产队农民一起肩扛手抬,只花了5天时间,就把工程所需的物资、设备运到了施工现场。然后按照施工程序,分工合作,进行了紧张的排管道、修建配电房、安装变压器、拉接电线、调试水泵等一系列的工作。为了抓紧工程进度,大家连续作战、齐心协力、艰苦奋斗,吃住在工地上。在施工过程中,基地领导经常亲临现场指导工作,解决工程中遇到的困难和问题。经过一个多月时间的日夜奋战,终于胜利地完成了这项支农任务。当从山洞中抽出的水顺着管道流进沟渠、流到农田的那一刻,我们和在场的农民群众一样,脸上露出了欣喜的笑容,小孩们一群一群地戏水玩耍。

临走的一天,生产队在十分困难的情况下,想方设法烧了一桌我在上海从未吃过的贵州农家菜,他们还弄了几斤苞谷烧(苞谷酿制的老酒)来款待我们。事后,高桥公社又给基地赠送了锦旗表示感谢。后来,在基地扩建需要征用高桥公社土地的时候,他们给予了极大的支持。我想,这大概就是毛主席教导我们要搞好工农关系的深远意义吧!长征基地在这件事上支持了农民、方便了自己,给我留下了深刻的印象。

第二件事是1974年8月,带领车队到广西去转运水泥。这一年,基地虽然已经有7个厂部分建成投产,但是,八厂、十一厂、成套厂、子弟学校、医院的基建和投产厂的扩建任务仍然相当繁重。建筑材料缺口很大,尤其是水泥十分紧张。当时,由于贵州省的水泥厂生产能力有限,内迁建设企业较多,省里分配了水泥计划指标,汽车去厂里排队也经常拉不到水泥。针对当时情况,基地领导及时决策,决定派人去广西联系水泥。几经周折终于在广西柳州、金城江、巴马、南丹等地的水泥厂联系到一批水泥,大约有300多吨。这些水泥厂同意提供水泥,但运输要我们自己解决。在这种情况下,基地决定组织一支车队去广西转运水泥,从各厂抽调了16辆载重4吨的解放牌货车,挑选了22名驾驶员、4名修理工、1名后勤人员,组织上明确由我和邓凤瑞同志负责车队工作。参加车队的驾、修人员有杨俊发、康友良、胡成龙、郭吉、顾天尧、郑引源、侯龙根、秦学礼、张晓凯、吴绍光等人,吴强囡负责后勤工作。车队出发的前一天,基地分管基建的领导钦保太同志专门召开了车队全体人员动员大会,并代表基地"革委会"给大家交代了任务,提出了要求。会后,各出车单位根据基地的要求做了充分准备;我们将16辆货车从1号到16号编排了行车顺序。其中有一辆车专供保养与供给所用,车上装满了汽油、轮胎、汽车配件和维修工具。车队一大早就准备出发,临行前,基地"革委会"主任朱文源同志又亲临车队与大家话别,并提出了要求,希望大家注意安全,克服困难,保证圆满完成这次运输任务,然后目送着我们这支远征车队浩浩荡荡地离去。

  我们车队在广西的集合点设在金城江,这里是车辆的维修保养、人员休整集中地。遵义至金城江的路程有500多公里,全是翻山越岭的曲折公路,"地无三里平"说来一点都不夸张。有些路段两车相会是无法通过的;有些弯道不倒一两次车便转不过弯来;有些路段的危险边缘用石磴拦着,下面是数十丈的深谷或超过60度的陡坡,坐在车上都让人提心吊胆。我们起早贪黑地跑了两天的时间才到达金城江,一路上,我一直为大家的安全担心,为驾驶员同志们捏了一把汗。

  8月的广西,天气十分炎热,有的同志身上长满了痱子,痒得难受。为了完成任务,同志们都顾不上这些。白天冒着高温,驾车天天奔驰在崇山峻岭中,行程200余公里。车队的任务是把广西各相关水泥厂的水泥拉到贵州独山货运站,再从独山火车站装车转运到遵义。从广西最远的柳州水泥厂到独山火车站,来回一次要跑四五天;最近的金城江水泥厂,来回一次也需要两天时间。山间的公路多是坡陡、弯急、险象环生的泥石路面结构,碰到下雨,路面湿滑,行车十分艰难,驾驶时必须注意力高度集中,一次跑下来十分疲劳。晚上休息时又要遭到蚊虫的叮咬,由于劳累和休息不好,有的同志去广西不久就病倒了,大家的情绪有些低落。正在这个时候,朱文源同志又到车队来看望大家,送来了组织上的关心和慰问。领导的重视与关怀,激励了大家的干劲,鼓舞了大家完成任务的决心,同志们又精神饱满地战斗起来。

就在朱文源同志到达金城江的当天,我们的一辆车在去巴马的路上出了车祸。接到通知后,我赶紧从南丹跑去处理,幸好驾驶员受伤不重,在当地车辆管理部门的帮助下,费了些周折,花了近半个月的时间才处理好这起事故。我没有见到朱文源同志,只接到他从金城江邮电局打来的一个关心问候的电话,表示了他对我工作的信任。

由于我们有的驾驶员对山区道路行车不适应,行驶山路的经验不足,所以没过几天又出了一次较大的安全事故。两次事故减少了两辆车的运力,影响了运输任务,同时也给部分驾驶员带来了思想压力。针对这一情况,我们坚持一手抓运输任务、一手抓安全行车,特别是对安全行车问题,我们在认真总结了两次事故的教训后,采取了一些具体的安全措施:首先对体质较差的、缺乏山区道路驾驶经验的驾驶员及时进行了调整;在出车前对驾驶员进行安全提示;在具体分配任务时,根据路程长短、道路好坏做到合理安排、适当调整。其次是加强车辆检修,要求修理人员加强对车辆的维修保养,坚决杜绝车辆带病行驶。在生活上,我们要求负责后勤的同志,想方设法让大家吃好、住好、休息好,保证驾驶员有充足的精力驾驶车辆。我和老邓则经常主动倾听大家的意见,关心大家的生活,从而激发了大家的工作热情,坚定了完成任务的信心。在大家的共同努力下,经过两个月的辛勤劳动,终于完成了这项艰巨而光荣的任务,保证了基地基建水泥的需要,加快了基地基本建设的步伐,受到了基地领导的表扬。

俱往矣。长征公司(后基地更名)今天的年轻人不知昨天的故事。而我却永远不能忘怀那些激情燃烧的岁月和那些为之倾情奉献的战友们。

上海路的变迁

冯道谦（原贵州长征电器集团公司党委委员、工会主席）

漫步在上海路林荫大道上，看着穿梭的车流、急急的人群和鳞次栉比的商店、高楼、酒吧、商务会所，脑海里却不断搜索着那些远去的岁月，映现出那些发黄的、陈旧的"老照片"。那些在各个时期的建设者们的音容笑貌、建设场景，渐渐地清晰起来。

上海路早期的名称叫青年路，是1958年"大跃进"时代修建的一条泥结碎石路。1967年"文化大革命"初期更名为反帝路。1976年粉碎"四人帮"以后，又更名为井冈山路。叫上海路，则是1986年后的事了。

用上海路来命名，我想，大概是为了纪念那些千里迢迢从大上海来到遵义、为遵义现代文明做出不朽贡献的建设者们。这是遵义人民为他们树立的丰碑，是遵义人民吃水不忘挖井人的深切情怀。

青年路东起遵义市北郊的松子坎山堡南麓，与新街至茅草铺的公路相接，自东向西顺山势而行，沿凤凰山北麓蜿蜒起伏延伸，经过干田坝、汇川坝、遵义师范学校至高桥。1964年8月，我从正安老家到遵义师范学校读书，在接待处学长们的陪同下，第一次踏上了这条路。

1964年的青年路，东头有一幢二层砖木结构的小楼，是遵义地区种子公司。与种子公司毗邻的松子坎东麓，有十几间低矮的土墙茅舍。后面半山坡上，是一片荆棘丛生的坟地。从种子公司门口沿凤凰山北麓东侧观音岩顺山势而下，至中段北侧是干田坝。干田坝东高西低，一弯缓坡梯田，东起松子坎西坡脚下，西至鸭池河。鸭池河的上游是高坪河，高坪河绕着干田坝流过，在这里形成了一个河套，将对面的上山围成了一个半岛。梯田周围散落着几处村落,低矮的木屋间夹杂着土墙茅舍掩隐在山峦竹林之中。南侧的凤凰山显得高大巍峨,林木繁茂。中段的半山坡上有几处废弃的砖瓦窑和石灰窑,唯一的一幢二层青砖瓦房——湘江医院,高耸在荒冢杂草丛中。我们走到青年路中段的时候,已是夜幕降临,学长告诉我们,这一带夜晚常有狼出没,走这条路最好是多个同学结伴而行。道路经过河湾南侧,上了一个缓坡,便是汇川坝。遵义师范学校就坐落在这里,我们到学校了。

　　在学校读书的几年中,星期日或晚饭后,同学们总是三五成群在这条路上散步。走得远时,通常要走到东头的新街上去转转。那条路不宽,可容人力板车通行,偶尔也有拉粪的木轮牛车叽嘎叽嘎地通过。道路中间没有被车轮碾轧的地方荒草没膝,两侧荆棘过人。傍晚见鸦啼,入夜闻狼嚎,让人生出一种急急回家之感。

　　1965年4月的一天,我们几个同学散步再次来到青年路东头的种子公司处,看见有一群操着外地口音的人在这里劳动。他们用竹竿和油毛毡在种子公司小屋的旁边搭起了简易工棚,在周围很多地方用石灰粉撒上了白色的线条。一些人挥动石镐、铁铲在顺着线条挖沟或者其他什么的;一些人叽哩哇啦地指点着,像是在告诉别人怎么做。

　　劳动的欢声笑语打破了青年路的寂静。正是这些工人们挥下的第一镐,改变了青年路的命运——他们就是从上海到遵义参加三线建设的第一批电器工人。

　　进入5月,这里俨然一派繁忙的施工景象:开山的、挑土的、运石的、砌墙的,忙个不停;转砂、运砖的马车和汽车来来往往;工人们劳动的号子声,此起彼伏;种子公司的牌子换成了"永佳低压电器厂筹建处"的牌子;后山上的乱坟堆不见了,那些裸露的山石正在被工人们一块一块地撬掉;低洼的地方渐渐地被填平。半山坡上,竖立着用油毛毡作底加木框做成的大标语牌,上面写着"备战备荒为人民""加快三线建设,与美帝国主义抢时间"两幅大标语。工地上高耸的电线竿上,高音喇叭不时传来朗朗的读报声和"我们走在大路上……""咱们工人有力量……"等催人奋进的嘹亮歌声。

　　劳动改变了旧模样。

　　1966年学校快放春节假的时候,种子公司小楼周围已盖起了几间厂房。一些可能是机器设备的包装大木箱运到了工地,工人们正忙碌着向厂房里搬运;后山东侧的半坡上,几幢红砖楼房高高耸立着,与松子坎那些低矮的土墙茅屋形成鲜明的对比。四五层的高楼,比我们学校的教学楼、比丁字路口的百货大楼还高哩!三开的玻璃窗,比我们教室的窗户还大,比干田坝农宅窗户大几倍。这大概就是现代化的建筑吧!令我们浮想联翩。

1966年下半年至1967年初,青年路从永佳低压电器厂到翻竿堡的道路在一段一段地扩宽。松子坎、刘家湾、岳家湾至中段的老村公所、翻竿堡等地增加了几处建设工地。有的地段分不清是道路还是工地,到处都在开工建设。据说要在这里建设一个永佳电器总厂,还要从上海搬迁很多工厂到这里来。工地上人很多,有上海的、湖南的、四川的,全国各地的人都有。搞土石方工程的主要是赤水、习水、桐梓和本地的民工;负责房屋建筑的,主要是101四局三公司的施工人员。

大约在1967年六七月份的时候,各处建筑工地上发生了一些变化。那些"与美帝国主义抢时间""鼓足干劲、力争上游、多快好省地建设大三线"等大幅标语,换成了"打倒走资派,誓死保卫毛主席革命路线"等标语。有的工棚上张贴着"打倒走资派某某"的大字报,并在名字上用红色画了叉。工地上干活的人显出垂头丧气的样子,不干活的人兴奋地谈论着批斗走资派的事,广播里不时传来某某革命组织批判"大工贼、大内奸某某"的檄文。工地建筑施工进度慢了下来。正是在这个时候,青年路换了一个很有时代性的名字:反帝路。

又过了几个月,各工地上的大标语换成了"抓革命、促生产、加快三线建设""抓革命、促生产、促工作、促战备""狠批×××,誓死捍卫毛主席革命路线"等内容,建筑施工情况有了些好转,工地上高音喇叭里不时传来毛主席最高指示,播放着"下定决心,不怕牺牲,排除万难去争取胜利"等毛主席语录歌,工人们干劲冲天,又回到工地上挑灯夜战。到1968年初的时候,反帝路中段半山坡上的那些坟冢、砖瓦窑、石灰窑和湘江医院不见了。从凤凰山北麓岳家湾至老村公所及翻竿堡以及刘家坳等多处盖起了厂房、车间、试验站、学校和职工家属宿舍。这就是永佳电器总厂的二、三工区,第二食堂、子弟学校和后来九厂、一厂、二厂、四厂的部分厂房和职工宿舍。

1968年,我从学校毕业分配到永佳厂子弟学校任教。学校坐落在中段原村公所处(后长征二厂所在地),住宿在三工区(刘家坳),周末到永佳低压电器厂装配车间参加劳动,接受"工人阶级再教育"。于是,便每天在这条路上来来往往。这么一走啊就走了几十年,与这条道路结下了终生情缘。

做老师要家访,有幸走进了上海人家。这些上海人啦,不知是怎么想的,把厕所修到了家里,真让我们感到有些不适。厨房里的大铁桶里,装满了黑黑的、圆圆的、像汤圆一样的东西,后来问了才知道那是煤球。过去,煤球是从上海运来的,现在厂里已有了煤球厂,可以自己生产供应职工生活用了。厨房的窗户上挂着一些从上海带来的咸带鱼、咸肉之类的东西,散发着很浓的腥味。这就是他们的生活,他们喜欢吃海鲜、鱼虾之类的食物。一位朋友告诉我,星期天你到田边、河边去看,在田埂上用钢丝钩钓黄鳝、捡田螺的肯定是上海人;在河边用网捞鱼虾的肯定是湖南人。我们当地有句俗话说,"懒人烧黄鳝吃",这些上海人怎么什么都吃啊!这倒是件好事,给当地的村民开辟了一条生财之道。当地的村民已经有人捞着田螺、黄鳝、鲫鱼之类的到永佳厂门口叫卖了,后来松桃路菜市场上也有卖的了,是远处的农民弄进城来的;再后来,当地村民已经把它放上了自己的餐桌,改变了自己的生活。

1969年春节过后,在我任教的永佳子校对面的职工宿舍上挂上了一块"长征电器基地筹建处"的牌子。后来我们从工人师傅们的口中得知,这里还要进行大规模的建设,要从上海内迁几十个厂,在这里建设一个大型的电器生产基地。我们从心眼里由衷地感到高兴,感觉到了祖国欣欣向荣,蒸蒸日上,憧憬着美好的明天。

长征电器基地筹建处成立后,接过了永佳低压电器总厂尚未建设完工的岳家湾、反帝路中段至翻竿堡的建筑工地,同时增加了青杠坡(长征十厂)、鸭池河河弯半岛(十一厂)和高桥采石场(十二厂)等几处建设工地。建筑施工队伍增加了许多。延安路建筑队、桐梓马车队、高坪建筑队、鸭溪建筑队、贵阳机械化施工队、上海市政建筑队,以及江苏南通、上海崇明等地来的建筑施工队伍和上海各迁建厂的筹建人员汇集在这里,反帝路上车水马龙,一片繁忙景象。工地上,工人们晴天一身汗、雨天一身泥;施工现场和一些尚未完工的建筑物上悬挂着"学习大庆精神,加快三线建设""鼓足干劲,力争上游,多快好省建设大三线"等大幅标语;广播里不时传来党中央的声音、工地上先进典型人物的报道以及工人们提出的"遇到困难想红军,投入战斗学红军,艰苦奋斗建工厂"等豪言壮语。

长征电器基地筹建处对职工有一条不成文的禁令:"我们不知道当地的情况,不参加当地的'文化大革命'。"基地的筹建工作受"文化大革命"干扰要小一些,基础设施建设步伐有所加快。到1970年末,长征电器九厂、一厂、四厂相继建成投产了,反帝路中段基本建设成型,道路和工厂、住宅有了明显的分界,两侧的职工住宅增加了许多。

1972年是反帝路变化最大的一年。西段,长征十一厂连接厂区与反帝路的高坪河大桥已贯通;反帝路临河堡坎建筑和斜坡道路填方工程全面完成;从永佳厂至长征四厂的路基已基本建成,铺上了碎石路面;两侧人行道毛坯铺就,中心地段种上了梧桐树;中段,新落成的长征基地子弟学校投入使用,反帝路增添了红领巾活泼的身影和朗朗的读书声;在五六月至国庆节期间,长征基地烟酒糖门市部、日用百货门市部、五金文具门市部、棉布服装门市部、饮食店、蔬菜场相继营业,加上原有的基地粮店、永佳煤球厂,反帝路中心地段的工矿商业街已初步形成,干田坝有了城市的模样。

反帝路的建设,是一项功在当代、惠及千秋的工程。据说,当时遵义市政府把它作为遵义对外的窗口和形象工程,十分重视。1974年春节后,在长征基地"革委会"的组织协调下,一厂、二厂、四厂、九厂、十一厂各负责厂区前面一段道路的建设任务,实行包材料准备、包施工建设、包道路绿化的"三包"建设,其余部分道路则由遵义市政工程队建设。修建中,占用了监理所(永佳厂对面)部分用地,拆迁了老村公所附近几处民房及汇川坝五金一厂,道路延伸到了高桥,全长近3 000米。

但是,道路建设并不顺利。当时,钢筋、水泥等建筑材料供应紧张,经常停电停水,从江阴、上海、南通等地来的施工队经常停工待料,直到1976年末,全长近3 000米、宽12米的混凝土路面工程才全面完工。就在这年,反帝路更名为井冈山路。到1978年初,井冈山路两侧各6米宽的人行道混凝土路面铺设完工,种上了梧桐树,成为当时遵义市最为靓丽的一条街道。

这条街道的靓丽,不仅仅是宽大干净,也不仅仅是道路两旁高大整洁的楼房和商店,而是因为在这条路上生活的人们。在这条道路边生活、工作的人们来自五湖四海,主要的是从国际大都市来的上海人。在这条路上大家使用的共同语言是普通话或上海话。干田村村民和孩子是遵义使用普通话最早的人群。自1966年第一批从上海内迁人员到达后，这条路上人群服饰变化是最快的，始终站在遵义时代前列，引导着时代潮流。遵义第一条前门襟女裤是上海舶来的，第一个穿这种裤子的也是上海女青年。当时，本地女孩纷纷效仿，曾在不少家庭引起风波。男女青年手拉着手在街上行走，现在看来是极普通的事，可在当时，大人们会赶紧吆喝小孩："不要看！进屋去，不要学坏了。"这条路上，每天都有新奇的事情发生，大家把上海人的衣着、行为，当"西洋镜"看。最终，这些外来文化渗透了这条路，悄悄地影响着这条路，改变着这条路。

随着长征电器基地的发展，工厂扩建占用了干田村的土地。失去土地的村民走进了工厂，工厂改变了村民的生活。20世纪80年代，干田村村民渐渐地拆除了茅屋，盖起了新房。1986年，井冈山路更名为上海路。这时候，正是长征电器公司适应市场经济变化、抓住商机逐渐发展的时期。20世纪90年代初，长征电器公司修建了标准的影剧院、俱乐部、游泳池。影剧院举办了不少外来的大型文艺演出和重要会议、庆典活动。上海路已经成为集工业、商贸、文化娱乐于一体的重要街道。随着改革开放的深入，遵义快速发展，连接上海路的香港路、澳门路、宁波路全面贯通，上海路已经成为两城区通往贵遵、遵崇高速公路的中心干道，承载着时代的车轮滚滚向前。

长征技校回忆录

雷家烈(原贵州长征电器集团公司职工学校职工)

贵州长征电器集团技工学校创办于1978年,地处遵义市上海路,占地面积20955平方米,建筑面积10493平方米。学校先后开设了车工、钳工、电器装配、冲压、钣金、电镀、机电、计算机应用、办公自动化、电子技术等11个专业。学校重视学生思想品德教育、理论教学和实际操作能力培养。24年来,为长征电器集团及社会输送了各种专业技术人才4000余人,其中,绝大多数已成为企业的生产技术骨干,有80多人进入企业各级领导班子,多人受到全国、省部级表彰。

从20世纪60年代末到70年代初,因为国家大三线建设的需要,在上海的一些电器企业陆续内迁贵州遵义市,逐步组建成长征电器公司,隶属第一机械工业部。随着公司的发展壮大,需要大量的技术工人,充实到公司各厂。1978年1月8日,设立长征电器公司技工学校,时称长征电器基地技工学校。学校筹办工作是从1978年3月5日开始的,当时只有七八位同志,面对房无一间、床无一张的困难局面,在学校首任校长吴德才同志的带领下,从解决教学场地、教材、教学设备、师资问题着手,克服种种困难,付出许多心血,终于在3月5日开学了。学校的创建者们又从抓入学教育、抓教学质量、抓纪律、树立良好校风、调动教职工积极性等方面展开工作,当年就取得了可喜的教学效果。

从1978年到1984年6月,技校的校址位于长征一厂对面的永佳电器厂试验所,主要是理论教学,而实习教学和学生食宿则分散在长征八厂、长征二厂、长征研究所、长征四厂等几个厂区,给管理带来不便,但由于教职工的共同努力,狠抓管理和教育教学质量,在参加机械部毕业生统考中,取得了优异的成绩:1982年,名列川黔考区第二名;1983年,总成绩名列云贵考区第一名;1984年,理论成绩名列桂黔考区第一名,实习操作名列全国第七名;1985年,获贵州考区第一名。

1983年9月,办学规模为600人的新教学楼投入使用,并改造了三工区20栋作为学生宿舍。到1986年,才逐渐改善了学生分散在各个厂区教学的情况(但由于学生的增多,钳工、电器装配等专业的部分学生的实习仍在一厂、二厂、八厂、十二厂等处)。

从1985年开始,机械工业部不再组织毕业生统考,1985年至1994年,由贵州省或遵义地区组织统考,其统考成绩,除1989年获地区统考第二名外,其余每年均名列全省或全地区第一名。长征技校被誉为贵州高原技工教育的一朵红花。

1987年,学校作为全省毕业生"双证"(毕业证、技能等级证)试点,取得了优异成绩。学校在重视理论教学的同时,加强了实习教学,三年的学习时间理论与实习教学比例从2∶1改为1∶1,以强化学生的实际技能操作。1991年,全省技工学校开始"双证"统考。

1990年12月,吴德才校长调离学校,由我担任校长到1999年2月退休。

1991年,学校加强了对师资的培训,强化理论教师实践化,实习教师理论化。同时,开始探索举办校办生产厂的可行性,以加强实习教学为生产服务,生产促进实习教学。1992年,开办了校办生产厂——长征电器五厂,生产民用开关。

1992年,开展"定向培训",招收定向生40名,为全地区各县、市培养机电技术人才。

1993年,学校申报省、部级重点技工学校,以92.4分荣获贵州省重点技工学校。

1994年,长征技校与遵义现代办公设备公司合作,开办计算机应用专业技校班;与遵义地区电大分校合作,开办长征技校电大班,招收计算机应用专业大专生(那时遵义地区电大因设备投入受限,未开办计算机应用专业大专班)。同时,因长征公司工人逐渐饱和,统招计划减少,学校逐步转变办学理念,与市场接轨,开始招收非统招生(不包分配)。

1997年,学校办学规模扩大,在校学生达800人,因学生宿舍容纳不下,有110人租住在原公司幼儿园。

1998年,因国有大中型企业改制,下岗分流,当年招生不到200人,以后逐步减少,技校发展前景渺茫,举步维艰。

1999年,令狐昌仁同志任长征技校第三任校长,尽管加强管理,狠抓招生和就业安置工作,但是长征公司几乎没有经费投入教育教学,教师工资也只发60%。

2001年,遵义经济技术开发区管委会召集开发区教育局与长征电器集团公司商议长征技校与开发区职高合并事宜。

此后,学校已由合并初的720余名在校生发展到现在的11个专业、62个教学班、3100名全日制在校生,并形成机电技术应用、数控技术应用、电子技术应用、计算机技术应用、幼儿教育五大"拳头"专业。2005年元月,经国家教育部批准,学校成为第二批"国家级重点中等职业学校"。

长征十厂从筹建到投产阶段的回忆

朱怀球（原贵州长征电器集团公司长征电器十厂办公室主任）

根据党和国家"三线"建设的部署，上海电器电镀厂派出了以肖南荣同志为组长的长征电器十厂筹建小组，他们于1970年10月离开了东海之滨的上海，来到了云贵高原的遵义，参加长征电器十厂的建设工作。厂址选在原遵义市北郊的青杠坡上。

1972年2月，春节刚过，饱含热情的筹建领导小组成员，带领着七个小青年，一行十几人第二次来到青杠坡，租住村民的瓦房，扎下营寨，按照一机部第七院西安分院设计的蓝图，正式着手建设长征电器十厂的未来。

根据建厂的程序，在乱坟满坡、杂草丛生的山上搞建设，必先经历"三通一平"工作。这些工作开展起来了，工地上呈现出一派繁忙景象，数百名民工挖土方、开山石、砌堡坎，干得轰轰烈烈。那时，民工的工资是1角5分钱一天，挖运一方四类土（运距20米以内）也不过2角8多一点。砌堡坎工资稍高一些，这些来自四面八方的民工，都是由延安路服务站介绍的。虽然工资低，但他们干劲十足，没多少天，青杠坡便变成了平地，为厂房建设奠定了基础。

当通往厂区的道路开通后，水泥、黄沙、石头、砖头便源源不断地运往工地。运黄沙、水泥、砖头的汽车，全是遵义汽车运输公司的；运石头均由桐梓的马车队承担；卸水泥、下黄沙、卸砖头，大多是筹建领导小组成员及一批年轻人的任务，他们既是管理者又是搬运工，白天干不完，晚上还要搞突击，他们不怕苦、不怕累、不计报酬、不讲条件，越是艰苦越向前。

随着材料的运进，茅台建筑队的同志承担了厂区堡坎的建造；负责厂房建设的是来自上海的南汇县下沙建筑队。随着时间的推移,一道道五六米高的堡坎升起,一幢幢厂房拔地而起,工地上的变化日新月异。

建设中的十厂,遇到了这样那样的困难,但均被我们所战胜。1971年5月22日下午7点钟左右,一场50年未遇的冰雹向我们袭来,简直像是对刚从上海来的大中专学生们举行欢迎仪式,顿时,天昏地暗,直径好几厘米的大冰雹从天而降,冰雹击打瓦片的声音似鞭炮声,不一会儿,我们住处的瓦房及油毡盖的工棚被打得千疮百孔。冰雹之后,连下大雨,加上狂风大作,屋内积水成塘,我们的铺盖没有一根干纱。就这时,马棚里传来了救援声:马棚塌了!马压倒了!快来抢救!我们这些人,冒着狂风、冰雹、大雨,在领导的带领下,火速地冲向了马棚,几十个人,齐心协力,喊着一、二、三!将压塌的马棚撑起,救出了马匹。当天晚上抢灾救灾,我们都没有睡觉,也无法睡觉。

次日,大家都感到疲劳,好几位同志出现了"拉肚子",领导劝我们去入住长征饭店,但大伙儿都不愿意去,好不容易才将几位重病号劝到旅店休息。这天,太阳出来了,烈日炎炎好似火烧,使人特别难受。目睹地里的庄稼,景象凄惨:莲花白、玉米苗……所有的农作物被冰雹打得稀巴烂。我们这些人,则一边趁着天气好晒被子,一边顶着烈日修复工棚、瓦房。一时,我们的生活处于相当艰苦的境地。买不到蔬菜,就用上海带来的酱油打汤下饭吃。虽然困难重重,可我们个个精神振奋、斗志昂扬,迎接着一个又一个的战斗。

1972年初,在建中的十厂和长青桥、长青路、职工家属区相继开工,各项工作有序地进行着。特别是为了尽快地建造好长青桥,便于与上级长征电器基地的联系,必须先在喇叭河上建造一座简易的大木桥。这时,以职工中的共产党员李根弟、老工人王全生为正副组长的建桥突击队成立了。初春,河水冰冷刺骨,共产党员陆炎生、陈永发、陆全根等同志跳入河水中,用手动葫芦吊,把一根根巨木竖起,将一根根几百公斤重的钢梁架上。在肖南荣、王安良同志的号召下,其他同志也纷纷参加了建桥大战,扛的扛,抬的抬,将材料源源不断地运往建桥工地。经过十天的苦战,一座宽3米、高10多米、长60多米,可通行三轮汽车、马车的大木便桥建造成功。便桥的建成,不仅大大地缩短了与基地的距离(原先要绕道4公里),而且为后来长青桥的建设创造了条件。便桥的建成,亦让当地老百姓赞叹不已,他们高兴地说:"你们工人阶级真是了不起!"

十厂的建设进程中,厂房竣工了,紧接着便是锅炉的安装、水电气的接通、防酸耐碱的花岗石地坪的铺设,电镀用槽缸、整流设备等的安装。这些大量的工作,都是靠从上海招进厂的支农工人的一双双手完成的。尤其是锅炉的安装,他们肯动脑筋,土法上马,用千斤顶与3吨手拉葫芦吊相配合,使锅炉底部离地,垫上木块,塞上钢棒,绳子拉,撬棒撬,肩膀顶,把锅炉从室外移至室内定位安装。他们还发扬了自力更生、艰苦奋斗的优良作风,土法制造弯管模具,没多久,便把长沙出品的2吨卧式快装锅炉安装完毕。各项工作的开展,向着投产之日迈进。

建设者们的努力,全体职工的辛勤劳动和智慧结晶,经历了两年零八个月的战斗岁月,迎来了1973年6月22日的大喜日子——长征电器十厂实现了部分投产。

长征电器十厂的投产,符合毛主席关于加快三线建设的要求,不仅为满足长征电器的配套需要,而且为长征电器的持续发展做出贡献!

忆 ME 系列产品技术的引进和开发

胡凯泉（原贵州长征电器集团公司长征电器九厂工艺科科长）

1978 年，党的十届三中全会吹响了改革开放的号角。这一时期，我国新建的工矿企业，有许多采用了 1 000 KVA 单台变压器供电或两台 1 000 KVA 变压器并联供电，有的地区采用环网供电，2 000 KVA 及以上的变压器已开始使用。当时，国内生产的 DW10、DW15 系列万能断路器，技术性能指标较低。为了满足我国的电网发展和国际交往中成套及配电的需要，1981 年 1 月 7 日，长征电器九厂根据国家计委进口处管理委员会引进管委引字〔1979〕64 号文件和中国进出口总公司中技〔81〕号第 305/0536 号文件精神，与德意志联邦共和国（以下简称联邦德国）AEG 公司签订了 ME 及 MEY 系列万能式断路器技术转让生产技术许可证。

1981 年 4 月 5 日，经国家相关部门核定批准，我厂与 AEG 公司签订的引进合同正式生效。引进项目列入了我厂"六五"重点技术改造项目之一。我作为一名技术人员，参加了该项目的引进、研制和开发工作。

为了尽快掌握该断路器的相关技术，1982 年底和 1983 年初，我厂先后派出两批技术人员赴 AEG 公司考察学习。

1983 年第二季度开始，我们全力以赴展开了技术消化吸收和试制，年末完成了 ME630～1600 万能式断路器 300 台的试制任务。这之后我厂按计划、分阶段攻克各种技术难题，于 1984 年完成了 ME2500 和 ME3200 万能式断路器的试制任务。1985 年完成了 ME4000 万能式断路器的试制，1987 年上半年完成了 ME1605 增容系列的试制。

1987 年 11 月 9 日至 11 日，由国家机械委主持，在遵义空军招待所召开了 ME 系列产品鉴定会，ME 全系列万能式断路器顺利通过了部级鉴定。来自上海电器科学研究所以及各大设计院的行业专家给予了很高的评价。

ME 系列万能式断路器全系列分为四种结构框架，共有 13 个电流等级，ME630～4000 九个规格为基本系列产品，ME1605、2505、3205、4005 四个规格为增容系列产品，其中 ME630～2505 具有四极断路器。ME 系列万能式断路适用于交流至 660 V（690 V）、50～60 Hz，额定电流 630 A～5 000 A 的输配电网络，可以对发电机、变压器、电动机、整流器等交流设备、直流设备及线路电气设备的过载、欠压和短路起到保护作用。

在对 ME 系列万能式断路器的引进、吸收消化过程中，我厂技术、设备、工艺、材料等部门协调配合，广大科技人员和全厂职工万众一心，群策群力，发扬自力更生、忘我劳动、勇于拼搏的精神，对每一份文件、技术图纸认真钻研，解剖分析，定期召开专题会议，研究解决各类问题。由于引进的是图纸和技术文件，标准与我国标准差异较大，且联邦德国工艺先进，大量采用型材和专用设备，而我国设备陈旧、工艺落后，为了抢时间、争取主动，我们边翻译图纸资料，边按 AEG 公司图号下达工艺装备制造任务书，技术人员直接在现场办公，解决技术难题。在引进消化过程中，AEG 图纸上的一些材料，在这之前都没有接触过，有的零部件靠我厂的工艺设备根本无法实现；有些生产工艺，如铜母排表面涂覆环氧粉末工艺、0.1 铜带多层压焊工艺等，在我厂都是空白。广大科技人员为了攻克一道道技术难题，查阅了大量中外科技资料，没有专用设备就自己改装，没有型材就开模具冲压代替，每个零件、每道关键工序都经过几十次、上百次的工艺试验和验证才得以完成。此外，还有一些零件，如粉末冶金轴承、铜合金压铸，特别是 bs 脱扣器专用电性能参数校验台等，都是经过广大工程技术人员和技术工人反复的试验、验证，付出了大量艰苦的劳动和心血才得以完成。可以说，每一个问题的解决、每一道难题的攻克，在当时都是长征九厂诞生的一个个创举。又如模具制造，低压断路器冲压模和成型模，占到了整个零件制造的 70%，ME 系列万能式断路器冲制件材料品种繁多，从纸板到不锈钢板，硬度各不相同；厚度从 0.3～20 mm，差别很大；塑料件小到 0.3 g、大到 615 g；零件精度比 DW10 和 DW15 空气开关零件精度高出 1～2 级。为尽快实现引进技术国产化，我们首先对引进的国外先进模具结构进行解剖分析，消化吸收，不断探索创新,提高模具制造水平。如操作机构的壳体、材料公差大(±0.18 mm),压弯后孔距尺寸基准由两边注出,难以控制。我们就采取分解模具结构,本可以一副模具压几道弯的,则采用几副弯曲模具分道弯曲达到图纸要求。ME 系列共开制冲模 923 副,塑料成型模 57 副,铜铝合金压铸模、精锻模、精铸模 20 副,夹具 1 432 副,为 ME 全系列产品零部件加工质量提供了可靠保证。

从 ME 系列万能式断路的引进、吸收、消化到转化为我国自己的技术,我们长征电器九厂广大科技人员攻克了无数个难题和科学堡垒。在全厂职工的共同努力下,用了不到 5 年的时间,使全系列产品实现 100% 国产化,产品通过全套型式试验,完全符合 IEC60947－2、联邦德国 VDE0660 规范第一部分和 GB14048 标准。同时,通过技术引进也极大地锻炼和提高了工程技术人员和职工队伍的技术素质,提高了工厂的设计、制造、工艺水平,为工厂的发展、行业的技术进步和国民经济的发展做出了实献。产品先后在中央电视台彩电中心、西昌卫星发射中心、葛洲坝水电站等国家重点工程使用,并配套出口国外工程,为国家省了大量外汇,提高了工厂经济效益,为长征电器九厂和长征电器公司的发展做出了贡献。

有载开关技术引进开发的回忆

李正林(原贵州长征电器集团公司长征电器一厂厂长)

我有幸参与了长征电器一厂FY30(V)型有载分接开关引进产品的国产化工作,经历了FY30(V)型有载分接开关开发、设计、试制、试验、鉴定全过程,现将我所了解的引进有载开关技术情况作一个简略的回忆。

长征电器一厂是响应毛主席"三线建设要抓紧""备战、备荒、为人民"的号召,从上海支援内地的三线企业。当初从上海华通开关厂支内的职工,怀着支援三线、建设三线的激情,在遵义的凤凰山脚下建起了长征电器厂。1970年7月1日,长征电器一厂正式投产。

建厂之初,长征电器一厂的产品仍以从上海老厂支援过来的产品为主。所谓好人、好马、好设备,生产的产品有DZ10系列、DZ20系列塑壳断路器。当时的长征电器一厂是国内低压电器行业的龙头企业,是低压电器行业塑壳断路器的小组召集人,代表了低压电器塑壳断路器的发展方向。

20世纪70年代初,当中国的电力事业开始起步、急需要生产有载调压变压器的时候,厂部通过认真研究,开始涉足有载开关领域,生产了10 kV、35 kV触头接触方式为夹片式的苏式有载开关供应市场。随着电力工业的飞速发展,110 kV、220 kV线路上使用有载调压变压器,甚至550 kV超高压线路上也使用有载调压变压器,有载开关必须要提高等级并适合电力工业的发展。经过中国机械电子工业部、中国机械设备进出口公司(CMEC)的慎重选择,选择了当今世界上生产有载分接开关最先进的公司——联邦德国莱茵豪森机械制造厂(简称MR公司)为对象,购买了M型、V型样机提供给长征电器一厂。经过几年的努力,长征电器一厂研发了ZY1(M)型、

FY3（V）型有载分接开关，并通过有关试验开始进入市场，引进 MR 公司技术时机已经成熟。

1983 年 12 月 19 日，由机械电子工业部组织，经国家计划委员会、国家经济委员会、国家对外经济贸易部审批，CMEC（中国机械设备进出口总公司）长征电器一厂与联邦德国 MASCHINENDABIK REINHAVSEN 莱茵豪森机械厂签订了分接开关许可证和合作合同，引进方从许可方获得"合同产品"所必须的技术指导、技术情报以及技术援助，以使引进方在中国的工厂里生产出符合中方设计要求的"合同产品"。

1984 年 4 月 12 日，中国对外经济贸易部签署〔84〕外经技字第 132 号文件《关于分接开关许可证和合作合同的批复》，同意中国机械设备进出口公司〔84〕中设字第 1011/71 号函及〔84〕中设出便字第 1011/261 号函的意见，同意长征电器公司一厂与联邦德国莱茵豪森机械厂签订的《分接开关许可证和合作合同》，经过修改后生效。引进世界最先进分接开关制造技术的工作正式拉开帷幕，长征电器一厂成为国内唯一一家引进联邦德国 MR 公司 M 型、V 型有载分接开关制造技术的厂家。

合同经国家对外经济贸易部批准生效，生效时间为 1984 年 5 月 1 日，合作期限为十年，引进产品为 M、V、MS、T 型有载分接开关及其配套产品 MA7、MA9、MA7/8 等电动机构。长征电器一厂于 1989 年和 1990 年分别完成了 ZY1A（M）型、FY30（V）型有载分接开关国产化验收，开始生产投放市场，合作合同于 1995 年 4 月 12 日终止。

为了更好地完成技术引进任务，配合国家电力工业的发展，厂里成立了技术引进办公室，组织成立了设计、工艺、标准、检查、试验模具设计等若干引进技术消化吸收攻关小组，组织了相关技术人员进行德语培训等。在此基础上，根据中德双方的协议，长征电器一厂先后派出若干批技术人员赴联邦德国培训。德方派出若干批技术人员赴长征电器一厂指导。长征电器一厂成立了 ZY1A（M）型、FY30（V）型产品引进吸收开发小组，翻译消化德方提供的图纸、工艺卡片、技术文件、标准、规范等约 10 万张，开制模具上千副。

1987 年 3 月 2 日至 5 月 20 日，长征电器一厂制作的 M 型、MS 型样机送 MR 公司进行考核试验，试验按 IEC－214/76 标准以及修正草案和 MR

公司标准,在 MR 公司试验站进行。1988 年 2 月 6 日,双方代表在生产许可证明书上签字,确认长征电器一厂引进产品性能指标达到了 IEC-214/76 标准和 MR 公司的标准,可以转入生产。

1989 年 12 月 17 日,引进技术生产的 ZY1A(M)型有载分接开关通过机械电子工业部第一装备司、贵州省机械工业厅组织的引进技术国产化批量生产鉴定验收。

1990 年 6 月 27 日,引进技术生产的 FY30(V)型有载分接开关通过机械电子工业部第一装备司、贵州省机械工业厅组织的引进技术国产化批量生产鉴定验收。

1990 年,ZY1A(M)型有载分接开关获贵州省科技进步一等奖。

1991 年,FY30(V)型有载分接开关获贵州省科技进步二等奖。

1997 年 10 月,国家变压器质量监督检验中心对长征电器一厂生产的 ZY1A(M)型、FY30(V)型有载分接开关进行了权威检测,综合判定 ZY1A(M)型有载分接开关为优等品,FY30(V)型有载分接开关为一等品。

1998 年,贵州省经贸委、贵州省技术监督局授予 ZY1A(M)型有载分接开关、FY30(V)型有载分接开关贵州省名牌产品称号。

长征电器一厂引进有载分接开关制造技术无疑是一个英明的决定,从此形成了高、低压并存及两头都硬的局面,较好地支撑了长征电器一厂的持续发展,并且也为企业引进一个好的产品,为企业创造了丰厚的经济效益。更为重要的是,有载分接开关技术的引进,迅速缩短了中国有载分接开关技术同世界先进水平 50 年的差距,一步跨入了世界发达国家先进水平的行业,尤其是变压器行业、电力工业的发展都需要大批有载调压变压器。有专家称,有载调压变压器占变压器的比例的多少,表示一个国家电力工业发达的水平。这其中没有有载分接开关引进技术,中国要迅速缩短同世界先进水平的差距,显然是有困难的。

十 年 磨 剑
——漏电保护开关技术的引进开发

李高杰（原贵州长征电器股份长征电器八厂厂长）

漏电保护开关是改善安全用电、防止人身触电伤害和设备损坏的低压电器产品，20世纪60年代末至70年代初，许多国家已基本普及使用，有的国家还有强制性规定，即凡是用电场合，必须安装漏电保护开关。我国在70年代中期，一些如机床电力传动、手持电动工具、防爆电气设备等行业，在产品生产标准报批稿中开始规定，要安装漏电保护开关。但是，这在我国还只是局限在使用上的初步探索，国家还没有明确规定哪些范围必须使用，更没有生产厂家和指导生产的产品技术标准。

随着国民经济的发展和国家对安全用电的重视，20世纪70年代末至80年代初，我国开始研究这一产品，长征电器公司承担了研制生产任务。

1979年，我公司长征六厂开始研发漏电保护开关JCI系列产品。此后的几年间，由于长征六厂、十一厂等几个厂合并、分离，漏电开关研制任务先后转入长征电器厂、长征电气控制设备厂。1983年8月，公司为了加快漏电开关的研制步伐，拟引进漏电保护开关产品及生产技术，向机械工业部提交了《引进漏电保护开关制造技术项目建议书》，10月，获机械工业部批复，同意立项。12月，公司又将漏电保护开关的研制和生产任务转到了长征电器四厂，当时在长征电气控制设备厂主管该项目的腰同喜和时任主设计的张佑祥及部分研制人员一道调到了长征四厂工作。从这个时候开始，我就参加了漏电保护开关JCI系列产品的设计、研制、开发、引进、组织技术改造和试制生产，与漏电保护开关结下了不解之缘。

长征四厂接手任务后,我们组成研制开发小组开始对漏电保护开关JCI系列产品进行组装试验,但是几次型式试验都没有通过。

1984年2月,公司向机械工业部上报了《长征电器四厂漏电开关引进项目技术改造方案》,6月,机械工业部批复,同意该项目列入国家级"六五"技术改造规划重点项目,由长征电器四厂承担,总投资155万元。8月,因长征电器四厂生产场地不能满足项目开发、生产的需要,公司决定将该项目研制任务转到长征电器八厂,我们20余人也从长征四厂调到了长征八厂,继续从事该项目研制工作。

长征八厂对该项目研制工作很重视,1984年8月,成立了项目办公室,一方面立即着手从联邦德国购入样机,开始进行测绘和技术消化;另一方面积极准备和外商谈判。在与外商谈判的过程中,由于我们开始时对引进项目的统一性以及对谈判对手的认识不足、了解不够,没想到外商会开出那么不近人情的苛刻条件,谈判屡次受挫,直到1985年12月,谈判才获得成功。12月27日,中国机械设备进出口总公司(CMEC)代表中国受让方,联邦德国诺登海姆(Nor Denham)F+G公司为转让方,在北京签订了《漏电保护开关专有技术和许可证转让合同》。1986年5月,经中华人民共和国对外经济贸易部技术引进合同批准证书批准,项目技术引进工作正式开始。

在与外商谈判的同时,1984年10月,我又以漏电保护开关主导的身份,联合上海电器科学研究所、广州电器科学研究所、上海崇明第三开关厂等单位的相关工程技术负责人孙筑、万力远、周积刚等分别在西安、上海崇明、广州、桂林等地进行调研、听取意见,起草、编制了中华人民共和国《漏电保护开关的基本要求》国家标准报批稿。此报批稿于1986年8月经国家标准局审查批准,以GB6829-86《漏电保护开关》国家标准发布施行,从此,中国人有了属于自己的漏电保护开关技术标准和生产标准,我们感到十分自豪。

1986年初,引进项目正式开始后,厂部领导要我兼任漏电开关技术引进办公室的工作,我同王荣祯等办公室成员一道,首先对所有的资料进行分类整理、翻译、复印、建档造册。由于翻译工作量大,时间紧,加上资料有多种语言文字,大部分资料都送到贵州省翻译家协会翻译,部分关键德语技术资料,经公司协调,由长征一厂张力等同志帮助翻译,我主要翻译德文本产品图纸及样本资料,为引进项目技术转换、吸收、消化做了一些起步的准备工作。我们在进行资料翻译的时候,厂里成立了漏电产品试制车间,要我担任车间主任,负责产品试制、生产和相关的协调工作,黄嵩生、朱玉明同志负责产品设计,刘伟杰同志负责项目规划及工艺,程见佑同志负责质量、检查工作,邵惠新负责总体工作的编制。

  分工确定后,大家开始分头忙碌起来。大约5月初,我带着设计员朱玉明、工艺员邵惠明、检查员张万成等同志以及九厂的两位模具师,前往重庆仪表十三厂、四川东方绝缘材料厂对开制的部分压塑、注塑模具进行零件试制。这段时间里,我们大家都干得很辛苦,不分白天晚上,监控零件压制的全过程,对每一个加工出来的零件进行全面检测、分析,发现问题,当场处理,立即解决。在重庆仪表十三厂,为了一个零件的尺寸问题,我们连续工作了三天三夜,反复试制、反复分析、检查、修理,直至加工零件尺寸完全符合设计要求。我们的这种执着和精益求精的工作作风,感动了重庆仪表十三厂的领导和工人师傅们,该厂主管生产和技术的领导都亲临生产现场指挥和解决问题,工人师傅们也不辞辛苦,一遍又一遍地试制,在最短的时间内帮助我们完成了试制任务。在四川东方绝缘材料厂,几位技术人员和工人师傅们,根据我们提出的要求与我们一道夜以继日地反复修改、反复试制,直到圆满完成任务。后来,我们几个拿出自己的出差补贴,邀请他们吃了顿便饭,一方面表示感谢,更主要的是与他们进一步对产品技术问题进行探讨、磋商,保证了后来的产品质量。一个多月的时间里,我们在重庆、绵阳两地来回奔走,艰苦努力工作,大家都感到有些疲惫,但是,我们一心只想到的是合格的零件、合格的产品,没有任何人泄气。在两地的试制完成后,我们又赶紧返回遵义,连续作战,分别在本厂、四厂和九厂对开制的冲压模进行试制、修正。至1987年12月中旬,100余副模具全部试模成功,新产品所有的零件、部件、外购外协件全部备齐到厂,我们车间开始进行部件装配、样机总装、调试,12月底,我国第一台漏电保护开关样机诞生了。1988年初,样机顺利通过了省机械厅组织的鉴定,并获准按样机进入试生产。

  为了达到批量生产能力,我们排除一切干扰,建造封闭式生产车间,对漏电保护开关生产实行全封闭式的管理。厂部要我全面负责这一块的工作,我感到肩上的担子很重,马上组织工程技术人员、业务技术骨干、生产第一线工人，根据公司"七五"技术改造项目安排，按漏电保护开关的四大部件分类，进一步对被称为漏电保护开关心脏的 PRA 脱扣器的生产线进行改造，安装引进生产设备，建造万级洁净室，生产工人更衣后，经过风吸式清洁通道进入场地，保障生产车间绝对无尘；对三个磁性零件加工生产线及相关配套设施进行改造，采用高精度、多工位、高速自动级冲模及精密的注塑模具生产线制造；对装配生产线采用先进的专用工艺装备，超声、激光、点焊技术制造及先进的自动测试设备检测手段，确保了大批量生产的产品质量稳定可靠。同时按每道工序工艺、技术标准要求，对生产工人进行技术培训。经过一年的多艰苦奋战，我国第一条漏电保护开关生产线诞生了，达到了年产 50 万台的生产能力，全面完成了"六五""七五"规划的项目引进和技术改造任务，产品达到了国际先进水平。法国梅兰日兰驻中国办事处代表葛利亚女士来厂参观时，很感叹地称"没有想到在中国贵州这个边远的地方，能有这样高产能、高技术的生产线"，主动要求与我们合作。

　　1989 年 10 月，我厂第一批漏电保护产品在上海电器科学研究所通过了型式试验；12 月，通过部级鉴定。1990 年初，国家正式批准该产品型号为 DZL43(FIN)漏电保护开关，同意进入批量生产；9 月，该产品在上海电器科学研究所通过了国家强制性安全认证试验；11 月，获得了国家安全认证证书，通过了"七五"规划验收，产品达到了设计新颖、体积小、重量轻、动作稳定可靠、导轨安装方便灵活、各项性能指标达到了国际先进国家标准及 IEC（国际电工标准）标准要求。十年磨一剑，我们长征人以中国工农红军长征的精神，拿下了中国漏电保护开关这块阵地，为中国电器产品家族增添了新的成员，为中国机械制造行业增添了光彩。

回忆密集型插接式绝缘母线槽的诞生和发展

易兆林(原贵州长征电器集团公司长征电器控制设备厂党委书记、厂长)

CCX1系列密集型插接式绝缘母线槽(以下简称母线槽)是供宾馆、高层公寓以及工矿企业大电流母线输配电设备,母线槽的问世,改变了过去电缆配电系统的复杂化和施工安装不便以及电缆的容量局限性很大的问题,给各建筑设计院以及安装施工单位带来了福音,被誉为当时高层建筑大电流的理想设备。

1980年,印度尼西亚敏拉电机厂需要输配电用插接式母线槽,当时第一机械工业部将任务下达给长征电器公司,长征电器二厂接到任务后,在一无图纸、二无样品的情况下,将任务交给了我,从产品设计,到技术条件的编制、试制、型式试验,用了短短不到半年时间完成了任务,在北京做第一次型式试验时,动、稳定状态试验曾将试验品震坏,后通过机械工业部协调,长征二厂派我到北京修改设计,我采取了在母线插口处以瓷瓶将母线各相隔离开,并增设了绝缘支承,提高了产品的动热稳定电流,在北京开关厂的协助下改进了零部件,最终试验成功,这就是CMC1-1空气式插接式母线槽。母线槽到印度尼西亚后受到好评,得到机械工业部的嘉奖。随后我和其他工程技术员对母线槽进行了系列化设计,成为CMC-1A系列。

1982年,我又为广州中外合资的大酒店设计试制生产了CMC-2型密集型插接式母线槽,当时投资方准备用进口的,中方要求用国产的,对方说:"中国没有这种产品。"中方说:"中国这么大,广东没有,其他地方就没有?"

这样一来,机械工业部又将密集型插接式母线槽的开发任务下到了长征电器公司,由于没有见过此类产品,在询访中仅看到一幅日本的母线槽照片,除此以外,没有任何资料可寻。在此情况下,我们就开始了研究开发,通过近半年的努力,产品一次性成功通过型式试验。中国自主设计、自主制造的第一批 CMC-2 密集型插接式母线槽在广州市中国(广州)大酒店投入安装使用,20 余年一直运行良好。在随后的产品试验生产过程中,得到了广东省进出口分公司以及广州市设计院的大力支持,购进了国外的样机,吸取了国外产品的长处,不断改进,于 1984 年为广州中外合资的广州花园酒店提供了 CMC-2A 插接式母线槽,在安装过程中受到了设计单位以及施工单位的一致好评。随后进行了系列化设计,总结经验,取消一些质量过剩的材料,如硅缘胶,改进生产工艺,用聚酯薄膜取代聚四氟乙烯薄膜,在不降低电气性能的前提下,提高了机械性能。该产品主要用于额定电压 500 V 以下的三相四线制,频率 50~60 Hz,其电流等级有 100 A~1 000 A 的低压供电系统,并于 1984 年 11 月通过鉴定(相当于厅局级),各项指标都达到,其中部分指标超过当时国外同类产品水平,在鉴定会上受到了华东、中南、西南、西北各建筑设计院以及施工单位的一致肯定和好评,认为 CMC-2A 系列母线槽其具有体积小、传递电流大、使用安全、性能可靠、适用性强、组装灵活、安装维修方便等优点,开拓了传输电流的新途径,填补了我国密集型母线槽产品的空白,增强了国产电气设备的配套能力,可为国家节约大量外汇。特别是它由现场施工改为工厂商品化生产,从而加快了基建施工进度,提高了综合经济效益。该产品是我厂自筹资金、自力更生开发的,在智力投资、技术开发、样品试制、型式试验、工装制造、宣传广告等多项工作中,厂里总计约花费 10 万元。

经过几年的不断完善和改进,我厂母线槽的电流等级从 100 A 发展到 5 000 A,并随后开发了系列阻燃型、耐火型、高强度型、户外型母线槽以及防水型母线槽和多种独立单元的柜式母线槽,年产能力可达到几千米,在国内市场占有一定的优势,四川、广州、上海、西安、杭州、深圳、北京等省市都相继前来订货,上百家科研设计单位以及使用单位来人来函要求提供资料。CMC-2A 密集型插接式母线槽的优越性越来越为人们所重视,其优势是电缆供电所无法比拟的。它可避免电缆供电中造成系统复杂化、线路过多过长而且电能损失大的弱点,以及在施工时由于分支线路给安装带来的不便、弯曲半径大、空间占据损失等问题。随着我国对外政策的开放、旅游事业的发展和高层建筑如雨后春笋般拔地而起,而且对高层建筑的要求越来越高,如高级宾馆、饭店和公寓,设备奢华,用电负荷大,因此采用大电流母线槽的必要性就更加突出。它体积小,可供电容量大,插接方便,而且分支出线采用插接方式,这样负荷增减和设备的变动均可在不停电的情况下方便地进行增减和拆除更换,而且把许多原来要在现场完成的工序改由工厂组装,把原来不规则的复杂线路改为固定有规则的安装,把整根垂直的大截面电缆改为分段组合式对插安装;它结构合理,电能损失小,阻抗低,维护方便,导体采用矩形,并用耐高温优质绝缘材料包扎,有钢板外壳保护,可防机械损伤,提高了供电的可靠性,而且采用了刚性支承材料,允许通过的瞬时短路电流大,即使在短路情况下,母线槽也能安全保持其稳定性。

CMC-2A 系列大电流插接式母线槽以及配套设备的生产在我国还是首创,为我国高层建筑的发展做出了重大贡献。

我厂母线槽经过几年的发展,不管在文明生产方面,还是在母线槽质量方面,都得到用户的好评和赞扬。上海大众汽车(桑塔纳)公司是联邦德国大众汽车公司和中国的上海汽车拖拉机厂联营公司,当时正在扩建改造中,扩建改造完成后,将形成年产 30 万辆桑塔纳小轿车的能力,为了把该企业办成现代化的汽车生产基地,联邦德国派了很多专家来该公司工作。联邦德国专家、电气工程师霍斯特·德赖尔先生是上海大众汽车公司电气服务规划经理,该公司决定在扩建改造中,尽量选用国内先进设备,以节约外汇。在母线槽的选用上,他们先去上海等地考察过,都满足不了要求,专家不同意。后来去上海华亭宾馆看了我厂提供的母线槽,专家当即表示同意使用,打算到我厂考察,德国专家在考察中说:"你们厂取得了很大成绩,给我留下了深刻的印象。""这几个厂房非常干净,搞得非常整洁,这样势必产品也相当好。""你们的企业管理搞得相当好,在同行业中,你们厂可算先进单位,是人家学习的榜样。""看到的母线槽系统是非常现代化的,刚好也适用于我们企业里面的现代化电气系统,我准备回去规划一下,考虑一下,订购你们的母线槽。"据送专家去机场返沪的司机回来说,专家对陪同人员讲"没想到中国内地也有这么好的工厂"。随后上海大众汽车公司陆续在我厂订购 300

多万元的母线槽。1986年2月,西安唐城宾馆筹建处发来感谢信说:"我们西安唐城宾馆筹建处全体人员向你们的共产主义大协作和无私支援精神表示感谢,你们为了保证我们宾馆按时开业,在任务极度紧张的情况下给我们抢先安排加工母线槽,我们非常感谢,尤其是为保证我们急需,厂领导、车间领导和全体同志,春节加班赶制,更使我们感动,你们为四化拼搏的精神非常值得我们学习。宾馆能够按时开业也有你厂全体同志的功劳,你们也为我国旅游事业的发展做出了贡献。"1989年5月,上海电视一厂对我厂母线槽的评价是:"我厂是电子工业部、上海仪表局重点骨干定点企业,1985年在原基础上进行了技术改造,我们选用了贵州遵义长征电控厂生产制造的CMC-2A型插接式母线槽,自安装使用至今,我们感到遵义长征电控厂的母线槽有以下特点:安装使用方便,电气运用安全可靠,运行至今从未发生过任何事故。对该厂的产品,我们上海电视一厂电气使用部门深感满意、放心。"1988年8月,上海华亭宾馆对我母线槽的评价:"此母线槽容量大,性能稳定,质量可靠,使用近两年来,未发生由于母线槽本身质量问题引起的停电事故,已达到国内先进水平,接近国际先进水平。"1990年1月,北京吉普汽车有限公司对我厂母线槽的评价:"我公司发动机车间采用遵义长征电气控制设备厂生产的CMC-2A系列插接式密集型母线槽,从安装到运行半年多没有出现什么不安全问题,此种插接母线槽给我们的印象是:① 产品绝缘性能好。② 有一定的防火、防尘性能。③ 操作方便,便于维护和保养。④ 使用此母线槽安全可靠,也很美观。很适合目前文明生产,便于管理。厂家服务及时,对产品认真负责,是信得过的产品。"

通过几年的发展,母线槽的产值逐年增长:1989年,总产值达1 000万元;1995年,产值达1 347.9万元,销量达7 999.97米;1996年,产值达1 560万元,销量达11 751.26米;1997年,产值达1 768.02万元,销量达12 379.57米。

1989年9月,按照国家机械委电工局机电中标函〔1989〕63号文的要求和天津电气传动研究所〔85〕传研九字018号文件的安排,我厂负责编制了产品的国家专业标准ZBK36002-89和ZBK36003-89。我厂是行业所首家颁发该产品型号证的单位。

经过几年的发展,我厂密集型绝缘母线槽在发展中获得很多荣誉:

1985年,CMC-2A母线槽获遵义市科技成果一等奖;1992年,荣获遵义市人民政府中华人民共和国专业标准《母线槽平行系统》1991年度科技进步三等奖;1998年12月,荣获贵州省经贸委、省技术监督局颁发的贵州省名牌产品证书。

在灾难面前

——长征四厂抗洪救灾恢复生产纪实

李凌(原贵州长征电器集团公司工会副主席)

  1991年7月4日至7月5日凌晨,一场半个世纪不遇的暴雨袭击了历史名城遵义。坐落在凤凰山北麓的长征电器四厂,被暴雨引发的巨大泥石流冲垮了3间单身宿舍,淹没了油漆车间、金工车间、绝缘车间的设备和原材料,国家数十万元财产被吞噬。工人彭正贵一家6人被埋在泥石流之中,5人丧失了生命。在这场巨大的灾难面前,长征四厂干部职工和当地驻军一起,奋力救灾,在较短的时间内恢复了生产,谱写了一曲抗洪救灾的英雄赞歌。

救灾篇

  7月5日凌晨,长征四厂的人们还沉浸在睡梦之中,而下了一夜的暴雨仍在肆虐。几股凶猛的洪水裹挟着泥土和石块,从凤凰山北麓的山坡上席卷而下。泥石流所到之处,墙倾房倒。

  最先发现险情的是职工吴志胜。当洪水冲垮油漆车间发出的第一声巨响将他从梦中惊醒时,他还没有意识到发生了什么,紧接着他所居住的单身宿舍墙被冲垮发出的轰鸣,才使他彻底清醒过来。他马上奔出宿舍,顾不得抢救自己的财物,边走边喊:"救人啦,房子冲垮了!"

  厂领导赶来了,正在厂内值班的工人赶来了,许多听到消息的党员干部和职工赶来了,兄弟单位十一厂的公安干部和厂领导也赶来了。此时是凌晨3点左右，暴雨夹着狂风雷电，一个劲地向人们呈威施暴。

"赶快救人！"厂领导发出命令。自发前来的30多名党员干部和职工群众不顾坡上不断涌来的泥石流随时可能将他们吞噬和冲走的危险，纷纷冲到倒塌的单身职工房屋前，抢救被压在断墙残砖及泥石流中的彭正贵一家。

由于断电，单身职工楼前一片漆黑，伸手不见五指。山坡上不时传来洪水的轰鸣咆哮声，泥石流越来越凶猛，不一会儿工夫就堆至1米多高。职工们跳入齐腰深的污泥中，用手一点一点地抠着陷在污泥中的石块砖头和预制板，小心翼翼地进行着抢救工作。他们完全置个人安危不顾，只有一个心愿：赶快把人救出来！

当移出第七块巨大的预制板时，猛听到有孩子的声音在喊叫，在场的人们一阵欣喜，纷纷跳入泥浆中，硬挺起身子去抬压在孩子身上的建筑物。当把彭正贵年仅12岁的儿子救出来时，发现他只穿了条短裤，在雨中瑟瑟抖个不停，职工李佳礼马上脱下自己身上的衣服将孩子包了起来。

雨仍在不停地下，越来越多的职工自发地来到抢救现场。他们冒着暴雨雷电的袭击，冒着被泥石流冲走的危险，打着电筒，提着马灯，在抢救现场争先恐后忙着抢险。这些抢险的人中，有的自己家也受了灾，听到呼喊，连衣服也没来得及穿，仅穿条短裤就赶到现场。有些平时表现一般的职工这时也闻讯赶来，一个劲往危险的地方上。事后，他们中的有些人说："要在平时，就是给我几十块钱我也不不会冲上去。"是的，金钱不是万能的，广大职工在关键时刻所表现出来的这种以厂为家的主人翁精神和舍生忘死、救死扶伤的精神，绝对不是金钱所能买到的。

早晨6时零5分，遵义军分区30多名官兵在政委刘先诚、政治部主任王建华带领下，来到抢救现场。不久，空军某部驻遵办事处、遵义消防大队的抢救队伍也赶到了。官兵们汇集在抢救现场，用各种工具和双手细心地挖开污泥和倒塌的建筑物，寻找着被压的人员。他们在狭小的现场施展不开，便轮换着上。有不少官兵在抢救过程中负了伤，但他们仍然坚守在抢险救灾现场上。

随着抢险人员越来越多，鉴于灾害现场地方狭窄不便更多人救险，厂领导决定，调部分职工到油漆车间去抢救被淹埋的设备与产品，争取将损失减少到最小程度。

油漆车间位于后山坡脚,正对着山坡上一条洪沟。四厂这天夜里同时遭受到三股泥石流冲击,就数袭击油漆车间的最凶猛。强大的泥石流先是冲垮了车间外面的围墙,然后冲开正中车间那堵砖墙,刹那间,油漆车间里灌满了泥浆与杂物。工人们毫不犹豫地冲进齐腰深的泥浆里,寻找着能抢救出来的任何一点财产。但眼前的情景让他们不得不相信,整个油漆车间已毁于泥石流:各种机床被泥沙淹浸着,一辆待喷漆的三轮摩托车被倒塌的预制板砸个稀烂,几只大烘箱被冲到路边,堆放在车间里已加工和待加工的半成品不见踪影,厂房倒塌后斜嵌在泥石中,一片大劫大难后的凄凉景象。

5日下午5时许,经过解放军官兵的努力,被压在泥石流下的另外5个人也挖了出来。由于被埋时间太久,这5人全被泥石流夺去了生命。望着变了形的尸体,望着遭了天灾的场景,望着前来抢救的解放军官兵和职工们满身泥浆的身影,人们的眼泪情不自禁地流了下来。这眼泪有为子弟兵奋不顾身地抢险救灾而流的,有为死者的不幸而流的,有为工厂遭到这巨大损失而流的。

在抢险救灾中,长征四厂的广大党员干部和职工连续奋战,精神感人。灾害发生后,他们自发和自觉地前来抢救,不少职工当日上午还未到上班时间就主动来到厂里参加抢险救灾。在洪水中受灾较重的曹永生同志,他住的房子被洪水冲塌,可他没有先去抢救自己的财产,而是先去抢救他人和国家财产。事后,厂里领导找到他,让他报一下受灾情况,他却说:"厂里遭了这么大的灾,我这点损失又算得了什么?"老工人周世奇,开始救灾就和官兵一起,他一会儿用铁锹铲淤泥,一会儿用手搬石头。看着他累得筋疲力尽的样子,大家都劝他回去休息,他说:"不要管我,彭正贵一家都遭难了,还能安心休息?"尸体挖出后,他又帮着将5个遇难者清洗干净,穿好衣服,转运到安全地方,连饭都顾不上吃,一直到尸体火化后,他才坐下休息。这时他已是三天三夜没回家了。在灾害面前,无论是厂级领导,还是一般的党员干部,都表现出一种见危险、见困难就争着上的先锋模范作用,体现了党员干部的表率精神。而广大的职工在灾害面前,不计较个人得失,不计较名利,表现出一种为企业着想、为企业献身的主人翁精神。

灾情发生后,各级党政领导都十分关心四厂的灾情,遵义地委、遵义市政府及其有关的 17 个部门,还有遵义军分区、省建二公司二处、遵义运输公司、长征公司及长征公司所属各兄弟单位亲临现场检查灾情和慰问。地区总工会、市总工会、公司工会、变压器厂还分别给予四厂彭正贵 500 元经济支援。各级组织及许多相识和不相识的人向彭正贵伸出了援助之手:小河居委会 20 元、纸箱厂 100 元、前进村民组 20 元、花园村民组 40 元、干田村民组 50 元、长征四厂职工 281 人 2 968.40 元,其他 99 人 502 元。一方有难,八方支援,团结抗灾,充分体现了社会主义大家庭互相关爱、互相帮助的精神,体现了社会主义好、共产党好!

生产篇

面对灾害造成的损失,如何带领全厂职工走出困境,是四厂领导迫切需要解决的问题。

据统计,7 月 5 日凌晨发生的泥石流共流下近 2 000 立方米的泥石,强大的泥石流冲倒了 300 多米长的围墙和堡坎,毁坏了 1 800 多平方米的工厂建筑物,压死 5 人,轻伤 1 人,2 个车间、1 个仓库进水进泥,许多设备、原材料和产品被淹毁,造成直接经济损失达 54 万余元,间接损失已无从计算。长征四厂是 1970 年内迁投产的,当时有职工 360 人,年产机床和低压电器元件产品 70 万台(件),工业总产值(1990 年不变价)为 600 余万元,每年上交税利 50 万元。在全国企业不景气的情况下,为使企业从艰难的竞争中脱颖而出,为了企业的发展制定了"八五"技术改造计划。根据现有条件,开发新的科技产品,使技术进步产品达到新的批量。为此,厂里拟通过自筹与贷款两条路子筹集资金 175 万元。但 7 月 5 日的天灾,使本来已面临困境的工厂,陷入了屋漏又遭连夜雨的经济困难。企业的生存问题像针一般刺激着每一个厂领导的神经,考验着他们的意志和决策水平。

出事的当天,厂长张代斌一方面组织职工抢救被压人员,一方面派出职工到受灾较重的油漆车间、金工车间、绝缘车间进行财产与设备的抢救与转移,力争把灾害造成的损失减少到最低程度。当天下午,厂里召开了紧急厂务会议,研究抗洪救灾恢复生产的具体办法。厂务会议提出了九条措施,其中的一个中心决策是:救灾和恢复生产两条生产线同时进行,提出了"要让损失减少到最低程度"的口号。

出事当日下午，经过职工的努力，金工车间和装配车间首先恢复了生产。7月6日，在油漆车间被全部冲毁的情况下，全厂各车间硬是克服了种种困难，全部恢复了生产。

针对受灾严重的情况，厂领导果断地采取相应的措施，先摸清受灾情况，尽快清理受灾现场，检查机器设备，争取修复一台设备就恢复一台设备的生产。其次，针对气象部门报告说不久还将有大雨降临，及时安排人员转移了危房中的财产设备，并将处在危险地域的汽油库中的几吨易燃品全部转移到安全地带。全厂职工在厂领导和各级机构的领导下，以大局为重，服从安排，积极配合上级部门进行抗洪救灾和生产自救，处处体现出自己当家作主为企业利益服从指挥的主人翁精神。

镜头一：5日上午，动力车间的许多职工在厂领导未安排的情况下，主动提前来到车间。他们检查了受灾的线路，修复了损坏的供电线路，及时恢复了供电，保证了救灾工作和恢复生产的顺利进行。

镜头二：金工车间和绝缘车间浸进了许多淤泥和杂物，车间职工在车间主任的安排指挥下，不顾车间内肮脏的污泥，纷纷踏进泥浆中，操起各种工具，将车间打扫干净后，及时启动了机器。这两个车间的职工在迅速恢复生产的过程中，没向上级提任何条件，他们把战胜企业的困难看作是自己义不容辞的责任。看到他们站在满是污泥的车间里专心致志地工作，厂领导的眼睛都湿了，他们知道，有这样一支过得硬的职工队伍，天下的任何困难都能克服。

镜头三：厂领导及时调整工作重点，根据灾情及时研究出新的决策。继7月5日召开了紧急厂务会议后，7月8日，厂部就抗洪救灾、恢复生产等问题召开了全厂中层以上干部会议。会议明确：要迅速动员起来，充分发动群众，战胜自然灾害，尽快恢复生产，用实际行动弥补天灾造成的损失。7月9日，他们及时写出了《关于易地建造山洪毁损房屋的紧急报告》。7月10日，为使陷入经济困境的生产局面得到尽快改善，他们又写出了《关于申请抗灾、拨贷款恢复生产的报告》。

镜头四：厂长张代斌、副厂长蔡冠宇等领导从出事时起，三天三夜没离开过工厂。他们以身作则，在现场指挥职工抗洪抢险，与广大职工一起迅速恢复生产，真正体现了共产党员的先锋模范带头作用。

在恢复生产的过程中，公司党委书记朱文源、经理曾佛茂等公司领导及各处室的负责人积极协调各方力量，厂领导面对受灾重的实际，一方面采取一些应急措施向兄弟厂求援，另一方面发动广大职工群策群力想办法，使企业早日渡过难关。

7月份，在工厂严重受灾的情况下，长征四厂全体职工克服困难、齐心协力、奋勇拼搏，按时完成了45万元的生产任务。全厂干部职工在企业面临生死考验的紧要关头，战胜了天灾，经受住了考验，使企业初步度过了重灾之后的难关，用实际行动实践了"团结、拼搏、求实、奋进"的企业精神。

感谢"1964"三线建设博物馆留住那份记忆

陆德峰(原贵州长征电器集团公司党委书记、董事长)

我是1968年9月从上海机器制造学校(现上海理工大学)毕业即支内到贵州遵义永佳电器总厂报到工作的,直至2007年6月在长征电器股份公司退休,亲身经历了长征公司从无到有、从小到大、从辉煌到改制的全过程。一部长征史也融合了我从踏上社会到退休的个人成长史,这其中有艰苦和汗水、有青春和友谊、有奋斗和理想,"长征"已是挥之不去的记忆,成为"长征人"也是我一生的自豪。

时隔十多年,退休后的我又从上海踏上了第二故乡遵义,参观了曾经的长征十二厂、而今的"1964"文化创意园区。一进园区,迎面而来的是20世纪60年代的蒸汽火车头,站在火车头前那艰苦而又不堪回首的年代又重现眼前:当时上海—遵义的这次列车行程53个小时,拥挤的程度可用"沙丁鱼"罐头来形容,那个年代物质匮乏商品缺乏流通,车厢内行李架上、座位底下塞满了旅客的行李,记得我最高的一次纪录是从上海带到遵义的行李达34件之多,当然大多数是替别人带的。行李挤,人更挤,三人座挤着四个人,两人座挤着三个人,走道也都挤满了人,上个厕所是一件很艰难的事,但就是如此,能挤上车还算幸运的。此次列车因此被人戏称为"强盗车"。最苦恼的是车票还很难买到,每逢春节不论你是回上海还是返遵义都要四处托人买票,没门路的只好去火车站通宵排队。当时没有什么空调车,整夜穿山洞的老式蒸汽机车喷出来的煤沫星子粘到乘客身上,个个弄得灰头土脸的,再加上三天二夜无法入睡,到达目的地时,整个人已是疲惫不堪,但一下车看到来接站的亲友、同事，马上又精神焕发了。

随着时代的变迁，高铁、动车、火车速度越来越快，空调已是列车的标配，遵义—上海飞机也已通航，蒸汽机火车早已成为历史。感谢"1964"园区设计者用蒸汽机火车头为我们拉开了那个时代的帷幕。离开蒸汽机火车头，行走在园区的水泥大道上，又看到了红砖砌成的、具有海派文化韵味的长征企业特色的高大厂房。望着高高的红墙，我回忆起在长征二厂建厂初期我身为电工，踩着摇摇晃晃的竹梯、手握铁锤、铁锥在高墙上用力打洞安装电线支架的情景，几天下来原来拿笔的手后来直起水泡；我也曾脚上套上专用的爬竿装置，爬上厂区高高的水泥竿为厂区铺架照明线路；也曾为厂区的水泥大道铺建，搬运过黄沙水泥……

感谢园区设计者保留了长征厂房的特有气质，给长征人带来走进园区的亲切感，并为后人留下了一份真实的工业文化遗产。走进园区"三线建设博物馆"，一件件文物，一幅幅旧照无不勾起往昔的回忆，仿佛时间的车轮重又回到了那并不遥远的过去。

展厅中央竖立着的一面"长征电器"大鼓，代表着曾经的一厂、二厂、九厂和永佳厂的四大锣鼓队，在喜庆的日子和重大的节日将具有江南风格的鼓点敲响在黔北高原上。

走到那一台台控制箱、一组组电器元件前，我回忆起在20世纪70年代作为装配车间主任、设计科长的自己，也曾为此努力过、拼搏过，发往南极长城站、试验通信卫星的配电装置中也流有我的一份汗水。

走到墙上挂着反映长征公司职工文体生活的图片前，我仿佛看到在文体生活枯燥的年代，只要听说哪个厂有露天电影，职工们就会早早地拿上小板凳去占位置，占不到位置的就会在银幕背后观看，到遵义我才惊奇地发现原来银幕背后也可以看电影的。随着长征公司的发展，企业有了自己的影剧院、标准的游泳池，职工业余生活更为丰富了。公司工会、团工委举办的节日联欢会演、青年十佳歌手赛等，都是场无虚席、一票难求，作为公司党委副书记的我还当了每届的十佳歌手评委。

来到"遵义第一股"展板前我更是思绪万千，作为当时公司副总经理的我具体领导和组织了"第一股"的改制、发行和上市的工作。股份制改制对我来说是一项全新的工作，涉及面广，政策性强，工作量大。于是我买了大量有关书籍每天学习到深夜,了解股份制公司有关发行、上市的要求和政策。经过筹委会办公室全体人员七个多月夜以继日的努力,在七个中介机构的配合下,在政府有关部门的支持下,"遵义第一股"终于在1997年10月成功发行,在11月27日上海证券交易所正式上市。期间我亲自去上海证券交易所确定了股票名称为"长征电器",股票代码为"600112";我也在上海证券交易所主持了长征股票发行摇号抽签仪式;在长征股票上市前一天(11月26日)我和上市推荐公司申银万国证券公司一起组织了在上海锦江宾馆长征股票上市的新闻发布会;在宣布长征股票上市的11月27日上午9点30分,我陪同公司董事长曾佛茂在上海证券交易所交易大厅敲响了长征股票上市的锣声,至此"遵义第一股"正式上市成功!我有幸自始至终领导与组织了此项重大的国企向股份制公司转化的工作。

离开"遵义第一股"展板,我漫步走到了中央领导视察长征公司的大幅照片前,回忆着国家领导人来公司视察的情景。当时我作为公司的党委副书记、副总经理,与党委书记、总经理曾佛茂一起在1995年、1996年分别陪同党和国家领导人胡锦涛、江泽民和尉建行对长征公司进行考察。作为纪委书记的我,还向中纪委第一书记尉建行同志汇报了公司的党建情况,尉建行书记还仔细地询问了我们公司领导的住房和用车情况,勉励我们勤政廉政搞好企业的各项工作。

"1964"三线建博物馆给我带来了太多的回忆,从跨出学校大门起,工作、成长、恋爱、结婚、生女直至退休,无不深深烙上了"遵义—长征"的印记。现在人虽已回上海,但魂牵梦绕的依然是那片生活、工作了40年的土地,仍时时刻刻关注着第二故乡点点滴滴的变化,因为那是永远不变的"遵义—长征"情怀!

感谢遵义市领导、感谢长征产业投资公司领导,为三线人留下了珍贵的记忆,感谢"1964"三线建设博物馆再现了那段波澜壮阔的峥嵘岁月,为长征人留下了一份念想。

担任过文化部副部长、中国作家协会副会长的陈荒煤曾动情地写过一段话:"三线人的光辉形象时时清晰地浮现在我的眼前,他们是点燃我灵魂的一簇圣火。世界上没有什么比一个民族灵魂的燃烧更壮观更有深远意义、更美好深层的力量,那就是:无论在多么艰难的条件下,三线人那种对人民、对祖国、对社会主义建设事业无比忠诚和无私奉献的精神。这簇点燃民族灵魂的圣火从来没有熄灭过,如今燃烧得越来越辉煌了。"历史在前进,时代在巨变,"艰苦创业、勇于创新、团结协作、无私奉献"的三线建设精神仍将激励我们的后代去实现中国梦!

2017 年 1 月 12 日

天义厂内迁纪实

安鸿椿(原遵义天义厂企业管理办公室主任)

时光荏苒,弹指一挥间。天义电工厂屹立在黔北高原已经52年了。

隶属于第三机械工业部(即航空工业部)的105厂,位于渤海之滨的天津市,承担着品种繁多的航空电器产品的研发和生产任务,它的产品为国内生产的各机种配套,而且又是独家生产,一旦遭到破坏,则将导致全国所有的飞机生产(包括维修配件)全部瘫痪。遵循党中央针对国防工业提出的"调整一线,加强三线建设"的方针,三机部坚决果断地将主力精华向内地转移,将天津105厂"一分为二",负责在黔北高原的革命历史名城遵义对口包建一个新厂,要做到"三包一好"(包建、包迁、包投产,搬的好)。

1964年10月21日,国务院国防工业办公室以〔64〕郑六字第544号文批准了三机部拟定的搬迁计划:"同意由天津105厂进行分迁、包建,将生产航空电器的人员和设备的主力精华迁往贵州省遵义市,利用原航校旧址建成一座全新的航空电器科研生产企业,并于1965年全面完成搬迁任务。"批准工厂的建设规模为:总投资控制在800万元以内,厂区新建建筑面积控制在13 200平方米以内,人员控制在1 110人以内。

三机部确定新厂的名称为"第三机械工业部航空自动控制厂",代号为"国营第315厂"。当时基于保密的需要,为便于对外联系工作,确定315厂的第二厂名为"国营天义电工厂"。

"天义"二字,已经深深印刻在天义厂创业者的心中,因为它既是企业从天津搬迁到遵义的象征,同时也寓意身居第二故乡的天义人,子子孙孙将永远铭记天津与遵义的骨肉亲情。

支内动员

在那个年代,我们的国力还不够强,保卫国防的武器装备还不够精良,面对国际上骄横跋扈的列强依仗其海空优势公然挑衅,航空工业战线的职工早已是义愤填膺,摩拳擦掌。

刚刚经历过"四清"运动的 105 厂职工,以蓬勃的革命热情坚决响应党的号召,如同久经战阵的士兵,随时准备待命出征。正像当时广为传唱的那首革命歌曲一样:"毛主席的战士最听党的话,哪里需要到哪里去,哪里艰苦哪安家。祖国要我守边卡,扛起枪杆我就走,打起背包就出发。"

热火朝天的情景令人热血沸腾,共产党员发挥模范带头作用,共青团员和广大群众积极响应,大家争先恐后踊跃报名,纷纷要求支援新厂,投身到三线建设中去。工厂党委和各支部组织专人对决定内迁职工的家庭情况进行摸底,认真做好思想工作,切实解决实际困难,做到"走的愉快,留的安心"。凡是被批准支援三线建设的同志,不向组织讲困难提条件,如期奔赴新的工作岗位。

顺利搬迁

1965 年 2 月,春寒料峭,刚过完春节不久,派出的先遣人员到达新厂,参与厂区建设的工艺布置与协调工作。

1965 年 4 月,又陆续派出各基层单位的骨干组成"速厂筹备组"开展新厂的安置工作,负责各类生产物资的接收并按所属主管单位分别安排到位,一切都在有条不紊地进行。

在工厂领导的带领下,各单位为后来陆续到来的搬迁职工提前安排好住房,为新到的家属职工垒锅台砌炉灶,让每家每户都能及时生火做饭,使每一个支援三线的职工感受到大家庭的温暖。

此时的老厂(即 105 厂),更是一片繁忙景象。工厂从有关部门抽调业务骨干组成"新厂筹备组",根据不同的物资类别,下设技术资料组、机床设备组、仪器仪表组、工模夹具组、生产物资组、办公与生活物品组等专业组,负责将新厂必需的各类物资进行收集整理、包装托运,确保支内人员到达新的岗位后,一切工作都能正常运转起来。

本着"先生产,后生活"的精神,基建工程集中力量优先保证生产厂房建设。在宿舍不能及时建成的情况下,许多先期到来的筹备新厂的同志就住在刚建好的厂房里,没有床铺,就在潮湿的地面铺上草帘子当作睡床。

每当有天津托运物资到来,只要一声召唤,大家立刻登上载重汽车奔赴遵义南站。由于刚刚建成的遵义南站货位有限,有时夜间到达的车皮也必须及时提货。在缺少起重机械的条件下,大家发扬"铁人精神",靠人拉肩扛,把一件件物品搬上汽车,运到库房。就这样,由天津发来的总计78节货运车皮、2 700余吨搬迁物资,完好无损地完成了装卸任务。

当年,从城区马路进入厂区有一段近百米在黄泥路基上铺就的碎石路。在阴雨连绵的岁月,人们拉着装载重物的板车在这段泥泞的陡坡上崎岖前行。往往一脚踩下去,拔出腿来,鞋子却陷在泥窝里。有人写了一首打油诗:"穿着'泥子裤',走在'水泥'路,厂房作卧室,草垫当床铺。"在那艰苦的岁月里,大家以苦为乐、以苦为荣,用饱满的革命乐观主义精神面对眼前的一切困难。

自1965年9月,大批支援内地的人员陆续从天津西站起程。先期奔赴新厂的,基本都是从"南线"桂林到贵阳再转赴遵义。国庆节前,川黔铁路正式通车,后来从天津经北京到重庆再转赴遵义,称之为"北线"。搬迁人员每到一个中转站,都有专人负责接待,安排食宿,稍作停留,并为下一行程准备好卧铺车票。截至1965年底,搬迁新厂的职工累计达到800人,连同家属总计超过2 000人。

建成投产

1965年3月,三机部遵循中央有关内地建设的方针,依据"该高则高,能低则低"的原则,肯定了"以工厂为主,厂院结合"的建厂方案,由315厂建厂筹备办公室与三机部第四设计院联合在现场进行厂区布局规划,边设计,边施工。

贵州省根据中央"三线建设要抓紧"的精神,举全省之力,支援天义厂的施工建设。副省长陈璞如亲自组织调集精干队伍共 1 300 余人齐集施工现场,并且明确指示:即使把在建的八五厂工程暂停,也要集中力量保证天义厂的建设如期完成。

为加快施工进度,建设单位与施工单位合并有关职能机构,联合组成"基建工程指挥部",实行集中统一指挥。1964 年 11 月至 1965 年 3 月为施工准备阶段,平整了场地,实现了通水通电,修筑了工厂至高桥 1.3 公里的碎石路,基本完成了"三通一平"工作。

1965 年 4 月 1 日,天义厂首任厂长张健民在施工现场召开的千人誓师动员大会上,传达了三机部要求当年建成的指令。基建工程指挥部向各施工单位发出号召:决定 4 月至 9 月,要夜以继日地与老天争时间,坚决打好施工歼灭战,确定了"七建、八安、九投产"(7 月完成厂房建设,8 月进行设备安装,9 月陆续开工投产)的几个重要节点,确保工厂按照预定进度开工生产。

从此,工厂将 4 月 1 日定为建厂纪念日。

工厂根据"先准备、后生产"(先建生产准备车间,后建基本生产车间)的原则,以实现当年生产出两种合格产品为目标,紧张有序地展开各项工作。

1965 年 9 月下旬,工具车间、电镀热处理车间陆续开工生产;继而,机加车间、冲压与塑压车间也开始生产。根据工厂的安排,首批投入 5 安 6 路继电器和 50 安培接触器各 100 台的配套任务,要以全部在新厂生产的零组件,装配出合格的产品,证明我们在三线完全可以替代沿海地区生产的产品,满足主机厂配套的需要。

1965 年 12 月,首批装配的继电器和接触器,经过验收试验,性能与外观完全符合产品技术条件要求,达到交付主机厂的成品标准。

国家验收

1965 年 12 月 13 日,三机部副部长吴融峰中将代表国家,会同遵义地市党政军领导,以及三机部贵阳办事处(即 011 基地)、各施工单位、高桥公社等单位负责人,对天义厂的基建安装竣工投产进行总交工验收。在验收大会上,吴融峰副部长感谢贵州省各级领导对工厂建设的关心与支持;赞扬施工单位克服重重困难,昼夜连续奋战,使工厂建设达到质量好、工期短、速度快、成本低、事故少的优质工程;同时对新厂和老厂大力协同、并肩作战,实现了当年设计、当年建设、当年搬迁、当年投产、当年出产品的"五个当年"给予了高度评价。

吴融峰副部长在总结工厂搬迁建设的经验时指出,天义电工厂以空前的速度完成建厂搬迁任务,成为内迁企业建设的典范,充分体现了国务院有关部委贯彻执行党中央战略部署的坚定决心;肯定了在搬迁过程中以老(厂)带新(厂),果断将主力精华向内地转移是完全正确的方针;赞扬工厂在党中央英明决策和各级领导的正确指挥下,在短短一年时间里,将一个崭新的军工企业在三线矗立起来并且形成生产能力,为我国的国防建设又增添了一支新生力量。

奉献青春

经过半个世纪的历史变迁,巍然屹立在革命历史名城的天义厂,她的创建者已逐渐离去,第二代天义人也陆续退出了这片舞台。回眸天义厂52年的发展历程,她随着时代的发展和技术的进步,在主机升级换代的引领下,遵循"航空报国"的宗旨,作为全国唯一的一家航空电器企业,紧紧跟随主机厂的需要,不断研发、生产品质更高的新产品,满足各个新机种和新型导弹的配套。

回首往事,当年美制U2高空侦察机频繁闯入我国领空,在2万米的高空肆意游荡。在当时条件下,依靠5 000米射程的高射炮和1万米升限的歼击机,只能是望尘莫及、望洋兴叹。但是当我们用红旗2型地对空导弹打掉一架美国的U2侦察机后,它就再也不敢逞凶了。事实说明,在国际舞台上,实力不济,必定受人欺凌。

52年前,天义厂的开拓者们告别沿海大城市的舒适生活,远离了朝夕相处的亲人,实现了改变我国航空工业集中在一线的布局,为发展我国的航空工业增添了一个新的亮点,这就是他们无私的奉献!

如今,我们不仅有歼10、歼11等第三代战机作为空军的常规装备,还为航空母舰配备了歼15舰载机,第四代的歼20歼击机以及G600水陆两用飞机、C919大型客机等一系列新机种也相继试飞成功。为此,我们可以自豪地说:这里面有我们亲手制造的产品,这些成就也饱含着天义人的血汗与泪水!

天义人秉承"艰苦创业,开拓创新,团结创优,振兴天义"的企业精神,一代代传承"强军富民"的崇高信念,持续奋斗在航空工业战线上,奉献理想,奉献青春,奉献他们的一生!

曾经的八五厂
——参观 1964 三线建设博物馆

高言常（原遵义八五厂计划处处长）

我们一行到遵义 1964 文化创意园参观三线建设博物馆，参观三线建设的历史文物，回顾遵义三线建设的峥嵘岁月。

八五厂总经理陈基球、八五厂党委副书记、八五厂工会主席詹安林等人在三线建设博物馆讲解员的带领下，认真听遵义三线建设的讲解，观摩建设者的肖像和遗物，感受到老一辈建设者的艰辛，感受到老一辈对三线建设的热情，感受老一辈建设遵义的背景。

通过此次三线博物馆的参观，切身体会到老一辈建设者为党为国为民付出了自己的青春，对党、对国家、对人民的忠诚。走进三线建设展示馆，犹如来到深邃的历史长廊。在这里，我们寻到了遵义，乃至贵州工业发展的足迹。八五厂的故事也陈列其中……

一

在中国的大西南，有这么一个地方，这么一个工厂，历尽数十年风雨沧桑，记录了共和国铁合金工业的历史进程。

翻开中国地质图，在遍及全国的矿产资源分布中，位于贵州省北部醒目地标注一个"Mn"——锰的化学元素符号。它告诉我们，这里——遵义地区，蕴藏着宝贵的锰矿资源。

贵州省早期的工业企业、新中国最早的铁合金企业——贵州锰铁厂，就是缘于这个储量丰富的遵义锰矿带,因锰而设、由锰而兴、为锰而发展起来。

这个与共和国几乎同龄的企业,成为后来的遵义锰矿、遵义铁合金厂、八五厂、贵州省铁合金公司、遵义铁合金集团等,以至现在的汇兴铁合金公司。但人们总是习惯地称之为"八五厂"——这个三线建设时期的名字。

二

几十年来,随着共和国的成长,八五厂不断发展、壮大。

经过数十年建设、改造、扩建,八五厂发展成为中国唯一拥有采矿、选矿、烧结、冶炼等生产线,配以检修、机修、电力、动力、汽运、铁运等一系列相应辅助设施的大型铁合金联合企业。

它人才济济,拥有职工万余名。

它具有30万吨铁合金生产能力,创造过年产量全国第一的纪录。

它诞生了共和国铁合金工业的许多"第一""唯一":

第一炉碳素锰铁;第一家研制生产锰硅合金、中低碳锰铁;独家研制成功金属锰等。系列锰系铁合金的产生,填补国家技术空白,打破依赖进口局面,改写了中国铁合金工业的历史。

改革开放以后,第一家引进国外铁合金先进装备,拥有中国乃至亚洲最大的铁合金电炉,全国最大的热装中锰生产线。

在新中国铁合金工业的发展历程中,八五厂创造过骄人的业绩,铸就了不朽的辉煌。以中国硅系、锰系铁合金生产基地,铁合金工业的"扛鼎之厂",享誉全国,名扬天下。

三

几十年来,八五厂生产铁合金400多万吨、锰矿石500多万吨。

"无锰不成钢。"八五厂为建成"钢铁大国",壮大共和国工业基础,贡献巨大:它支持国防军工发展,提供战略储备,为国家安全、巩固国防,功勋卓著;它促进机械、船舶、汽车等工业的发展,让装备制造业走在世界的前列。

八五厂"山鹰"牌铁合金走向世界,远销亚洲、欧洲、美洲——成为贵州省出口创汇大户。

八五厂的经济总量,为国家提供的巨大税收,对国民经济的发展,推动地方经济,社会进步发挥举足轻重的作用。

四

20世纪初叶,在市场经济的大潮中,八五厂这个大型国有企业,改革转型、脱胎换骨、凤凰涅槃、浴火重生在计划经济中成长,在市场经济中蜕变。

几十年的演变,八五厂成长、发展、壮大;衰落、涅槃、新生经历了无数磨难和艰辛,纷繁复杂,峰回路转,起伏跌宕,沉浮转折——用曲折的经历,写下了自己的历史春秋。

"我的眼里常含泪水,只因对这片土地爱得深沉。"我爱它——对为之奋斗终生的八五厂,几十年来风雨同舟,我们有着不可割舍的感情:对它曾经的辉煌,我喜;对它重振,我期待——

曾经的八五厂作为三线企业的一员,在1964三线建设博物馆中占有一席之地;作为奉献一生的三线建设者,看到三线建设的历史得以保护,三线精神得以传承,我感到欣慰。

贵州钢绳我的家

——忆激情岁月

周松林(原贵州钢绳厂附属企业公司管理部部长)

我叫周松林,来自贵州钢绳(集团)有限责任公司(原八七厂),1958年在湖南湘潭钢铁公司工作,1966年响应国家号召志愿参加三线建设,我先后在企业担任调度员、工段长兼支部书记、生产技术科科长、针布钢丝绳厂副厂长、附属企业公司管理部部长,1996年光荣退休。今天,我和我的同事们有幸参加遵义1964文化创意园"忆激情岁月——第二故乡遵义行"活动,心情很激动,十分高兴,也很感谢市委、市政府及主办单位组织这样一次活动。此时此刻,前尘往事历历在目,使人感慨万千。

当年的热血青年满怀理想与激情,离开条件优越的大城市,不畏艰难困苦,千里迢迢来到黔北重镇遵义。1966年的遵义,生活条件十分艰苦,当时的八七厂周围是荒凉的山区,记得菜摊凭票供应的猪肉6角钱1斤,豆制品凭票供应8分钱1斤,吃一碗米皮1角钱。投身三线建设贡献了我们的青春,把最美好的岁月都留在了黔北遵义,每当提起三线建设这段经历,都有许多往事值得留恋和回忆。三线建设的一切,都曾经实实在在地发生在我和我的同事们的人生经历中。

当年,国家按照三线建设"靠山、分散、隐蔽"要求,决定在遵义钢铁厂(俗称老遵钢)原厂址建一个生产线材制品的基地,取名为八七厂,由重庆黑色冶金设计院负责设计,第七冶金建设公司施工,湖南湘潭钢铁厂包建。1964年2月,时任湘钢动力厂厂长董云阁来到遵义的老遵钢考察,并建立筹备组。接着时任湘钢生产副厂长的修明荣被委以重任,于1966年4月,由冶金部组派的八七厂筹备组(修明荣带领湘钢12名管理人员)抵达遵义,并在次日与老遵钢留守人员举行联合会议,宣布成立八七厂并着手建设。当时七冶建设公司就在老遵钢位置办公,这十几号人就依靠七冶的办公场地和食堂开始了工作和生活。

地处遵义南部的八七厂背靠老鸦山,南临洛江河,周边农田和农户占地多,加之缺乏线材制品技术人才,建八七厂搞生产难度非常大,从厂址考察到组织队伍,第一批从湘钢调拨100余人投入八七厂建设。这些人中有管理人员、钢丝生产工艺技术人员、维修工、热处理工、酸洗工、磨模工等,他们积极响应党中央"好人好马支援三线建设""备战备荒为人民"的号召,远离家乡来到遵义,把自己当成一砖一瓦,放到祖国建设最需要的地方。

1966年底进口的一套108 mm粗绳设备运到八七厂,当时世界上同类设备只有四台,这台设备经过多次技术改造和技术升级,至今还在正常使用。有了生产粗钢绳的设备,但缺乏粗钢绳生产技术人员,此时湘钢再次调拨200余人充实八七厂生产技术力量,同时冶金部也从上海、天津等地调拨大量技术人才支持八七厂。1969年7月,上海第二钢铁厂50名职工和随行家属来到遵义,筹建八七厂轧钢车间。

从1964年冶金工业部批准建设八七厂、1972年八七厂按产品属性更名为遵义金属制品厂、1981年更名为贵州钢绳厂,到1999年底工厂建立现代化企业制度改名为贵州钢绳股份有限公司,尽管八七厂之名早已注销,但人们还喊着八七厂的名字。今天,八七厂已由建厂初期的2万吨生产规模变成年产线材制品40万吨,工艺技术、装备性能、产品质量等有了质的飞跃,这是几代钢绳人艰苦创业、努力拼搏、团结奋战的结果。贵州(钢绳)集团已经走过了五十多年,期间有过甘甜、有过苦楚、有过奋斗、有过喜悦。悠悠岁月铭记着几代"八七"人的奋斗足迹,发展历史镌刻着"八七"人的辛勤付出和无私奉献。

我和我的同事们都是"知我贵绳、爱我贵绳、奉献贵绳"的贵绳创业者,贵州钢绳厂50年来的发展轨迹,有我们的参与,有我们的故事。如果你要问我的青春献给了哪里,我会骄傲地说,我的青春献给了"八七",献给了祖国的"三线建设"。

今天，岁月染白了双鬓，曾经矫健的步伐变得稳重了，曾经容光焕发的脸庞挂上了风霜，但我们从到遵义的那天起，决心建设好八七厂的初衷没有变，奉献三线建设的信念没有变。"莫道桑榆晚，为霞尚满天"，我的青春，我的一生，无怨无悔。

三千米的追忆

王旭(贵州遵钛〈集团〉责任有限公司〈原遵义钛厂〉工会干事)

前一段,我的微信朋友圈一度被刷爆,翻看后发现,原来是不少朋友都去参观了遵义市以纪念三线企业为主题的"1964文化创意园",再通过微信平台发了许多带有浓厚怀旧色彩的图片与文字,以此抒发感怀,评论与点赞也异常热烈。作为三线企业建设者后代的我,也被这怀旧浓厚的图文感染,于是,带着复杂的心情,择一周末午后前往参观。

来到位于温州路的"1964文化创意园",一架硕大的"1964"字样的钢铁雕塑赫然立于门前广场,那猩红色泛出的历史沧桑感令人顿生肃穆,跟随如织般的人流迈进创业园大门,瞬间让我穿越到了20世纪那个火热的年代,一排排酷似工厂车间般的老厂房整齐排列园中,"厂房"之间的小道干净整洁,指路牌清晰明了。一列庞大的黑皮红轮老式蒸汽机车头安静地停放在"厂房"之间的铁轨上,圆圆的车头正前方醒目地印着"备战备荒为人民"几个大字,旁边的"站牌"上还有"遵义—上海"的字样,我的耳边仿佛听见了那高昂悠长的汽笛声,又依稀看见一队队背着行李背包、由全国各地来支援三线建设的人们。顿时,"震撼"两字占据脑海。沿着小道旁的路牌指引,文化创意区、三线文化展示区等几个区域被合理分布在园区各处,相互辉映,却又各成一体。迈入三线建设博物馆大门,展厅内灯光柔和,墙上或悬挂、或张贴着三线企业建设相关的文字及图片等资料,展台、展架上错落有致地摆满了众多三线企业当年保留下来的各种代表性展品,如收录机、120相机、茶缸、军用水壶……这些物件虽算不上古董,但看过之后却能令人立刻忆起那年、那刻、那些事。大厅正中,摆放着那个年代建造的小型火箭、飞机发动机等大型展品,每一项展品前,都有详细的文字说明。其间,还见到了遵义钛厂展品角,能从中见到自己企业的展品,心生激动,同时还拥有几分自豪感。在园内四处参观了近两个小时,归家途中,心中犹如五味杂陈,有一种挥之不去的情愫与回忆深深在脑海中萦绕。20世纪60年代初期,为积极响应国家"三线建设"号召以及军工部署,祖国一声号令,从东北抚顺调派的科技人才,各高等院校的学子,军队转业、退伍军人怀揣着满腔激情,从全国各地奔赴西南,在遵义美丽的舟水河畔组建了原属央企的遵义钛厂,几千名年轻的建设者相继在此安家落户。半个多世纪以来,"三千米"(遵义钛厂职工家属区)见证并记录了三线企业建设者们的青春岁月,在他们渐渐老去的同时,他们的子孙后代也在此茁壮成长、前赴后继。时过境迁,如今已有五十余年历史并养育过几代人的"三千米",即将被改造,之前建造的那些楼房、设施也将消逝,一段历史的"见证者"也即将灰飞烟灭,同为三线人后代的我,也曾在此生长过,一股历史责任感油然而生,迫不及待地力求用自己的方式,为自己、也为曾经在此奋斗生活过的"三线人"及他们的后代们留下些许少时亦或青春的记忆……

背上相机,好似一个三步一叩拜的虔诚信徒,又如一名记忆的"挖掘者",独自来到"三千米",走进子弟学校原址,穿梭于家属区的街道,攀爬于后山的小径,徘徊在舟水河畔,含泪将镜头对准那些历史的痕迹,饥渴地连续按动快门,试图尽量多地留下这些即将逝去的一切。

来到厂部档案室,打开一个个敦实厚重的铁柜,小心翼翼地翻开一本本尘封多年的档案,那一张张保存完好的不同年代、不同时期的珍贵图片下边,都有笔墨渐渐淡去的文字注释,每一幅图片,详细记录了50年以来作为"三线企业"的遵义钛厂,从无到有、由小到大的变迁。图片中,职工们乔迁新居的喜上眉梢,俱乐部舞台上职工们热情洋溢的歌舞表演,会议室里工程师们认真的技改讨论,车间生产现场内工人们的激情工作……生动地留下了一个个企业建设者们的喜怒哀乐,然而,皱纹也渐渐刻上了他们的额头,白发渐渐染白他们的双鬓,还有一些已经永远地离开了这个世界。此时此刻,我的眼角又一次湿润了。

回到家中,我将亲手拍摄的那些图片进行了过滤,又将在档案室查阅后精选的图片进行了扫描,凭借着记忆,用手机编辑好图片,并用文字为每一幅图片撰写了能够留下或唤起记忆的朴实语句，将歌唱家关关牧村的那首《一支难忘的歌》作为主题曲。完成主体后，斟酌再三，我将这篇包含钛厂人对历史的追忆，也同样是三线企业人对往事感怀的图文命名为《三千米的追忆》。

这篇《三千米的追忆》自发进微信朋友圈后，令我深感震惊，短短两天内，点击、转发量飙升至 6 000 次，评论信息上百条，点击及评论的人中，有曾经在"三千米"生活过的，也有其他三线企业的，甚至还有来自国外的，许多人是流着眼泪写下评论的。留言中充满着对青春的眷念、对三线建设的情怀。我心里很清楚，之所以转发量、点击量那么高，评论的语言那么真挚，不是制作者的摄影技术高，也不是制作者的文字编撰好，这只是三线建设人以及他们的后代，通过《三千米的追忆》这篇图文，也通过"三线人"这个"点"，引起了共鸣，引起了他们对"三千米"感怀，也引起了他们对上世纪那个激情燃烧的岁月、对那场轰轰烈烈的三线建设的追思。就如"1964 文化创意园"三线建设博物馆参观出口处的结束语中写的那样："三线建设，是中国西部开发史上一部气吞山河的史诗，是一曲改天换地慷慨激昂的宏伟交响乐，是祖国强盛履历中的重要篇章。广大投身三线建设的建设者们，为国家的强盛和社会的进步作出了巨大的奉献和牺牲，将永远被历史铭记。"

1964 不能忘却的记忆

陈亚廷(遵义碱厂纪委副书记)

留住记忆,不忘历史。

遵义市1964文化创意园,就像它的主题梅花一样,经过一段时间的苦寒,终于迎来盛大开放。

曾经有人说,一个破工厂,弄什么文化创意,纯属瞎搞。但1964的董事长何可仁就是一位有着钢铁般意志的人,想干的事,哪怕遇到千难万险也要干成,硬是经过一两年时间把1964打造成响当当的一张遵义名片。

当史桂梅主任、祁真发老师来到碱厂,几次接触,感觉他们都有一颗强烈的事业心,自己被深深打动,随着他们参观,我有生以来,第一次看见崇山峻岭的大山里还藏着兵工厂,第一次在山洞里见到了导弹。随着他们的引荐,我认识了全国三线建设活动的领航者,曾经在三线建设副总指挥彭德怀那里当过普通一兵并写出长篇报告文学《元帅的最后岁月——彭德怀在三线》的王春才。我问王老:"听说您曾经给彭总当过秘书?""没有,没有,我只是在彭总领导下工作过,是普通一兵。我当时很穷啊,彭总特别关心,天下的穷苦人彭总都关心。"认识了曾经是中共中央政治局常委、中共中央组织部部长宋平的儿子宋宜昌——中国科协编审、中央电视台战略评论员。

2015年12月5日至6日,中国三线建设遗产价值与品牌建设研讨会在遵义宾馆召开,来自全国各地的三线建设老领导、专家学者、三线建设相关地区企业代表80余人,围绕"三线建设遗产价值与品牌建设"主题,探讨三线建设遗产价值,献计三线建设品牌建设,共商三线建设精神传承和弘扬,为推动经济社会转型发展提供经验启示。

上午,来自全国各地的领导、学者、专家发言,下午分组讨论。我们那个讨论组,对三线建设的战略决策、三线建设的历史地位和现实意义,进行了充分的讨论,发表了不同的观点,争论特别激烈。虽然讨论会过去快两年了,但宋宜昌那带着京味儿的普通话和浓厚的嗓音,似乎还在我耳畔回响。同志们的发言很积极、很热情,有的还有点激动。但是我要告诉你们,三线建设不是中国特有的,德国有、法国有,英国有,俄罗斯(苏联)更是有。那是国家的需要,不是某个人的个人意志。历史是用来怀念的,作为一种精神传承着,指导我们今天奋勇前进,但不能作为向国家伸手要钱的一种砝码。

走进1964遵义文化创意园,看着三线建设单位一家家丰富翔实的资料和物品,我深感内疚,作为碱厂搞宣传的人,却拿不出一件像样的东西。曾经的碱厂,不要说在遵义,在贵州省也是一家响当当的氯碱企业。贵州化工,它曾经一枝独秀,绽放出绚丽的光彩,迎来过化工部部长顾秀莲,贵州省委书记胡锦涛、钱运录等的考察、指导。

一个企业的成长道路是艰辛的、曲折的,它奋斗的一生,要有人为它记录,有人为它喝彩,有人为它留下痕迹。我觉得自己作为工厂的二代,有责任、有义务为它奉上浓墨重彩的一笔,我们采访小组走到每一位老干部、曾经的工程师、工人家里,他们都谦逊地说:"没有什么值得采访的,我们只是干了我们那个时代该干的事。"可是,当记忆的闸门一下子打开的时候,感情的潮水似江水奔流,滚滚而来。一个人滔滔不绝可以说上几个小时,曾经的往事,那些人,那些事,历历在目,仿佛就在昨天。通过十天的努力,终于完成史主任给我的时间任务,把一个简要的遵义碱厂的历史通过微电影制作出来。

没想到一个小小的微电影,在遵义碱厂职工中流传开来,甚至于传到在省外退休的老同志手里,他们满含泪水,看到了曾经的人,回忆起曾经一起干过的事儿,热血沸腾,难以平静,一致发出:太短了,可惜太短了!10分钟的视频,一个个老同志,没有看够。是啊,干了一辈子革命工作的地方,哪能是短短10分钟就能叙述清楚!

贵州属于国家"大三线"建设腹地,为全国三线建设的重点省份。伴随贵州三线建设,声势浩大的移民行动,来自四面八方的专家、科技人员、工人,陆续迁到贵州。超大型厂区和工人居住聚集区不断涌现,除了高大密集的厂房,宿舍、医院、学校、幼儿园、商场、储蓄所、邮局、粮店、电影院等一应俱全。这些,呈现出丰富的三线建设文化格局。要把那段历史丰富起来,只能靠那些优秀的艺术家们去提炼,靠曾经的建设者们去回忆。

  让我在这里发出一个号召:1964文化创意园,碱厂的东西真的太少、太少,老辈的同志,有书信、有文物、有回忆等等,敬请与1964文化创意园联系。因为1964,是你们、是我们、是未来不能忘记的历史。

航天梦,中国梦
——忆激情岁月

杨本茂(061基地原机关党委书记)

我是中国航天科工集团第十研究院(前身为航天工业部061基地)一名退休干部,于1965年初从北京二院来到遵义,参加了061基地筹建工作,经历了061基地筹备、创建和发展的历程。今天,我受航天十院离退休工作部领导的委托,怀着无比激动的心情,代表航天十院15 000名离退休人员和16 000名在职员工,向关心和支持三线建设的领导、向参加三线建设的同志们表示崇高敬意和衷心的感谢!

1964年,党中央根据当时的国际形势,作出了三线建设的重大战略部署。1964年,经国务院、中央军委批准建立配套完整的航天产品科研生产基地。

061基地由24个企业单位和11个事业单位组成,共有3万多名干部职工,分布在遵义县、绥阳县、桐梓县和遵义市,当年大批领导干部、大中专毕业生和工人遵照党中央关于建设战略大后方的决策,在"好人好马上三线"的感召下,打起背包,远离城市和亲人,跋山涉水,从北京、上海、沈阳、西安、成都、河南等地来到黔北高原——遵义,在群山深处谱写了一曲曲战天斗地的凯歌。

我们初到时的遵义,虽然是贵州省的第二大城市,但市区晚上灯光灰暗,星星点点,碎石土路街道两旁是东倒西歪的木板房和茅草屋,最高的楼房也只有四层。061基地按照三线企业选址"山、散、洞"的原则分布在三县一市,当时遵义市通往县城还没有像样的公路,选择地点大多是荒山野岭,没有住房，没有干净的饮用水，条件异常艰苦。我们按照先生产、后生活的原则，没有宿舍就住帐篷、住干打垒，没有公路就步行，没有电灯就点煤油灯，没有井水、自来水就喝稻田水，饿了就啃干馒头。第一代061基地的建设者靠风餐露宿、肩挑背驮，用艰辛、血汗乃至生命，展开了声势浩大的基地建设工程和三线创业，这些都凝聚着老辈航天人的泪水和汗水。在短短几年里，一座座厂房拔地而起，一栋栋楼房连成一片，这些都凝聚着老一辈航天人的辛勤劳动。在最艰难岁月的1970年生产出了第一批合格武器，及时装备了部队。

061基地创建50多年来，061人发扬了"一不怕苦，二不怕死"的革命精神，发扬了"航天立业、团结拼搏、求实创新、追求卓越"的航天精神，发扬了"献了青春献终身，献了终身献子孙"的无私奉献精神，为国防建设和经济发展作出了积极贡献，屡次获得殊荣。航天十院先后承担了多个型号武器系统的研制和生产任务，产品多次参加重大军事演习，多次威武雄壮地通过天安门广场，接受党中央和全国人民的检阅（大家在1964三线博物馆参观的最雄壮的地空导弹就是061基地生产的第一代防空武器），为国防建设作出了积极努力；在举世瞩目的运载火箭、"神舟"、"天宫"和"嫦娥"等重大高新工程中，承担了众多关键产品的研制和生产配套任务，获得了全国"五一劳动奖状"的殊荣。

在民品开发上，生产了铝工业技术设备、汽车零部件、液力变速器、锂离电池、二氧化碳超临界萃取装置、气凝胶等多种民用产品，在国内享有很高的知名度，具有良好的信誉。

目前，航天十院正按照习近平总书记提出的"航天梦是中国梦重要组成部分，要加快发展航天事业，建设航天强国"的要求，坚持以习近平总书记系列讲话精神为指导，深入贯彻落实集团公司转型升级的战略措施。2016年，面临错综复杂的宏观形势和艰巨繁重的科研生产经营和转型升级任务，我们坚持以习近平总书记系列讲话精神为指导，深入贯彻集团公司转型升级战略，实现了经营收入120亿元。2017年，航天十院将以信息化、社会化、市场化、国际化为导向，确保全面完成科研生产任务，推进军民融合发展，实现营业收入137亿元，为全面实现"十三五"规划打下良好基础，以优异的成绩向党的十九大献礼！

061基地
——从艰苦创业到浴火重生

曹军（原061基地主任）

1982年8月，刚刚从西工大毕业的我，被分配到地处贵州遵义西南郊的航天部302设计研究所（简称302所）工作。从此，我便和黔北三线基地结下不解之缘。

20世纪60年代中期，为了应对险恶的国际局势，中央政府决定在中国中西部地区的13个省、自治区进行一场以战备为指导思想的大规模国防、科技、工业和交通基本设施建设——三线建设。

所谓三线，一般是指从当时经济相对发达且处于国防前线的沿边沿海地区向内地收缩划分的三道线。一线地区指位于沿边沿海的前线地区；二线地区指一线地区与京广铁路之间的安徽、江西及河北、河南、湖北、湖南四省的东半部；三线地区指长城以南、广东韶关以北、甘肃乌鞘岭以东、京广铁路以西，主要包括四川（含重庆）、贵州、云南、陕西、甘肃、宁夏、青海等中西部省区和山西、河北、河南、湖南、湖北、广西、广东等省区的后方腹地部分，其中西南的川、贵、云和西北的陕、甘、宁、青俗称为"大三线"，一、二线地区的腹地俗称为"小三线"。

建设在贵州北部"大三线"的地空导弹武器系统研制生产基地被命名为061基地。基地的包建任务一开始是下达给航天二院的，由于"文革"时期二院的正常工作受到很大冲击，于是包建任务改由航天二院上海分院（即后来的上海机电二局）为主承担。

1965年12月，七机部、上海市委、国家建工部联名向中共中央呈报了

《关于加速黔北基地建设的报告》，提出以七机部副部长张凡为黔北基地党委书记的党委会组建方案。中共中央很快批复了这个报告。航天黔北基地的建设正式全面启动。

黔北基地最早的规划是建设两个基地，一个叫061，是生产基地；一个叫065，是科研基地。后来中央决定合二为一，就叫061基地，既搞科研，也搞生产。

根据建设规划，经过广大干部职工数年的艰苦奋斗，总投资约6亿元的061基地在20世纪70年代初期基本建成，所属厂所等单位共35个。这35个单位的干部职工几乎都是从上海、沈阳、北京、太原、包头、西安等地成建制地迁到贵州，其中有一半以上是上海人。061基地鼎盛时期职工总数超过3万人，连同家属子女，在黔北形成了一个10万人的小社会。

虽然当时黔北地区物质文化生活条件相对大城市来说是艰苦而枯燥的，但是很多干部职工仍然主动选择到三线基地来工作。061基地建设期间，正值"文革"，但黔北山区恰好成了避风港，正常的科研生产秩序没有受到太大冲击。这在当时也是一个吸引有事业心的专业人才的优势。

为了稳定队伍，在中央和上海市政府支持下，061基地依靠从上海第六人民医院和上海传染病医院内迁的医护力量建了两所三甲水平的职工医院。每个单位都建有幼儿园和子弟学校，基地还建了技工学校、中等专科学校和职工大学。基地职工的子女成年后均可安排在基地所属企业就业，免除了上山下乡之苦。各单位还为职工在农村的配偶办理"农转非"并安排在劳动服务公司等大集体工作。而且，相对于周围的老百姓，061基地职工的工资收入较高，普遍的生活质量高于当地平均水平。所以，在"文革"十年中，061基地也算是一个世外桃源般的小世界。

"文革"结束后，特别是党的十一届三中之后，改革开放的大潮打破了三线基地的平静，沿海高速发展的景象让三线企业的年轻人、甚至中年人心情激荡。50年不打仗的和平预期让人们一度忽视三线军工企业的存在价值。军品任务的不足导致企业经济效益和职工收入的下降。大家的自我感觉一下子从天堂掉到尘土飞扬的地上。3万人的队伍在这让人难以忍受的反差中开始动摇了。

我刚到061基地302所工作的时候，整个基地正面临着方向不明、任务不足、队伍不稳的困难局面。从1982年到1999年,从各大专院校分配到061基地工作的毕业生大约5 000多人,但其中一半以上都流失了。我大学同系的一位广西籍同学,学导弹发动机的,刚刚参加工作不久,因难以忍受山区的艰苦工作环境,不辞而别,回广西投奔一家地方企业。这样的事情太多,本不足为怪,但让人们感到惊讶的是他竟然把他的师傅——该单位的一个技术骨干也带走了。

我至今仍然特别敬佩20世纪80年代和90年代的061基地几届班子的老领导们,他们在极其困难的形势下,忍辱负重,顺势而为,做出了许多影响深远的重大决策,并在国有企业改革发展中推动了许多积极探索。他们为基地的稳定和发展做出的重大决策主要集中在以下三个方面:

一是从无到有地推动了民用产业的发展。发展民用产业不是国家建设061基地时下达的任务,但却是061基地在新的历史时期走军民融合发展道路的必然选择。虽然061基地的民用产业的发展道路充满坎坷,有成功的探索,也有失败的教训,但是061基地通过数十年的探索,培养了大量有市场意识和专业技术的民品开发人员,建立了有利于民用产业可持续发展的体制机制,形成了一批有市场竞争优势的自主创新成果……这些财富的价值是无法估量的。

二是保持了地空导弹武器系统研制生产的专业地位。在不利的外部环境下和薄弱的技术基础上,061基地卧薪尝胆,百折不挠,克服重重困难,先后开展多型导弹武器型号研制工作,保存了一支优秀的型号研制队伍,也为基地发展成为国防武器装备的重要供应商打下坚实基础。

三是妥善安排内迁职工,解除了骨干队伍的后顾之忧。根据中央文件精神,在有关地方政府的支持下,061基地制定了内迁职工安置政策,并先后在上海、苏州建立职工安置点。基地的管理骨干、技术骨干和技能骨干的老有所归问题得到了妥善解决,重点型号研制队伍也因此基本得到稳定。

随着改革开放的不断深化和市场化程度的提高,我国曾长期面临的短缺经济时代很快消失了,取而代之的是普遍供大于求的市场经济时代。由于不能适应激烈的市场竞争,061基地的大部分企业又陷入困境。1999年,在国家经贸委发布的6 599户特困企业名单中,061基地下属企业就有16户。3万名员工的企业集团,一年只有10亿元左右的产值,而且整体亏损。

但是在困难面前,基地广大干部职工没有被吓倒,他们励精图治,顽强拼搏,不断探索着改革脱困之路。

2000年之后,061基地抓住了三大机遇,从根本上摆脱了生存困境。

——利用破产脱困和主辅分离、辅业改制政策,核销了数十亿元的历史债务,剥离了非营利的社会职能,减少了冗员,使一大批困难企业得以创新机制,轻装前进。

——利用三线调迁政策,将原来按照"山""散""洞"(靠山、分散、进洞)原则建设的各个企业重新整合在贵阳和遵义两个工业园区,然后结合军民品产业发展需求进行大规模技术改造,使061基地成为屹立在市场经济浪潮中的军民融合的高技术企业集团。

——利用国防对武器装备的需求,加强新型号研制工作,成功研制生产出新一代防空导弹武器系统并大量装备部队,为国防现代化建设做出了重大贡献,体现了061基地作为国防装备重点研制生产基地的存在价值。

2015年,已经成为百亿企业的061基地被上级改组为航天科工第十研究院。061基地这个番号从此不再被使用。但是,在061基地的老职工心目中,061基地是无法磨灭的,它犹如凤凰涅槃、浴火重生。

专题三
聚焦西部

钱敏在三线建设中

采访对象：钱海皓（钱敏之子，军事科学院原副院长，中将）
出生年月：1956年5月
采 访 人：攀枝花中国三线建设博物馆筹备组人员
采访时间：2013年11月24日
采访地点：北京钱海皓家中
整 理 人：何莹英，何鑫，周璐亭
整理时间：2019年6月28日

这三线建设呢，应该说是一件非常宏伟、规划上非常具有战略意义的大工程项目，这个是从我父亲那里了解到的。三线建设是以毛泽东同志为首的党中央作出的一个重大的战略决策，三线建设整个的实践过程，是周恩来、邓小平亲自在那里组织策划安排的。我父亲到三线去工作，也是周恩来总理点的名，他到三线去的时间是1966年的2月6日，也就是大年初七一过。过完春节他就去成都了，当时去的时候，带了一大批华东局的和上海市的同志。支援三线建设的那批同志，有一些是留在三线建委的，有一些就到下面的指挥部去了。

我父亲讲到他参加三线建设，实际上是在规划阶段，他就参与了。我记得他在回忆录中写道，1964年前后，他就开始筹划华东地区的三线，包括为下一步大三线建设华东和上海所要进行的调整，已经开始策划这项工作了。先是在上海市委，后来调到华东局，主要搞的就是经济、工业生产这一块，包括国防工业和经委。这两块他都担任过领导工作。中央成都工作会议，也就是1965年成都会议上就确定把我父亲调三线去,为什么呢?

这么大的组织工作,并且要在很短的时间内完成,所以当时就要求华东局和上海市去一些负责这方面工作的领导同志,周恩来总理亲自点名,要我父亲到三线去工作。但是当时,华东局和上海市都不同意放我父亲走,因为这边还有一大块工作要他做,所以1965年的年底,周总理又亲自打电话给当时华东局的上海市主要领导陈丕显同志,跟他说要请钱敏同志尽快到三线去,到成都去,那边有重要的工作等着他。后来华东局和上海市放我父亲走,我父亲过了春节(1966年2月6日),就带了一批华东局和上海市的同志来到了三线。这个三线对当时来说,做好战备工作,搞好战略布局是非常必要的,因为我们当时主要的比较先进的生产力都放在了沿海。一旦沿海出现问题,这些主要的生产基础,或者讲基础生产这一块儿发生了问题,我们国家整个经济的支撑都会出问题,所以做出三线的决策。

从今天来看,当时我们的备战,对做好战争准备,对防范外敌来犯,实际上还包括我国的台湾问题,应该是起了非常大的作用。另一方面,对我们国家的经济,特别是基础工业、国防工业、尖端工业的布局,起了非常大的作用。第三点,对我们区域经济的发展起了非常大的作用。因为我们三线地区,原来经济都不是太发达,特别像西南、西北很多地方,原来都是没有的,是空白点的,我们建起了大型的现代化的工业基础设施,所以带动了整个周边的区域经济的发展,今天来看它的意义更加突出。虽然我们有些三线工厂,从那边迁出来了,但是基础是那个时候打下来的,特别像攀枝花、六盘水和成昆铁路,还包括酒泉那边的钢铁基地,贵州的航天航空电子这一块的发展,都是那时候带起来的。不仅仅是这些基地建设起来了,当时的一些地市级的经济、工业也发展起来了,还包括这些省市的工业经济也都上来了,布局合理了,带动了地区经济的发展。

所以今天我们看三线建设,绝对不能否定三线建设决策,也不能否定三线建设成就。当然也不是说没有一点缺陷,因为决策得比较仓促,建设得比较急,而且当时的指导思想是备战备荒为人民。布局要分散,要进洞里边儿,所以它带来的就是整个的设计上和厂区的建设上未必那么合理。特别是在生活上,当时是先生产后生活,对于进入三线地区工作的这些同志来说,确实是自己作出了贡献,子女们也做出了奉献。大家说的很多这方面的顺口溜，我觉得确实是这样的，当时的生活条件是非常艰苦的。包括攀枝花的建设，我们大家都来自攀枝花，攀枝花从一个几户人家，发展到今天变成这样一个钒钛钢铁基地，应该说这也是奇迹。但是确实我们攀枝花人也好，我们六盘水人也好，都是做出了很大的奉献的，这么多来自全国各地的，从原来比较发达的、比较富裕、生活条件比较好的地区，来到这个什么都没有的小山村，或者说山沟沟里边，连平地都没有的，要在这里开展建设，所以确实做出了很大的贡献。

　　为什么后来有个三线调整，就是因为考虑到这些企业在那些地方再继续发展下去是不行的，我们需要把这些企业盘活，需要继续发挥它的作用，就要对它们进行一些合理的调整。我父亲进川、入川的时候是1966年，都住在成都的永兴巷7号，现在这个院子，成都的同志们告诉我已经拆了。原来是四川一个军阀的院子，里面有假山，有花园，有前后楼，我父亲住在后面一个楼里面。一到成都，当时西南三线主任是李井泉同志，副主任有四个：一个是程子华，一个是后来当全国政协副主席的阎秀峰，当时是西南局的一个书记，然后是彭老总，再加上我父亲。当时我父亲分管的是军工机械，因为我父亲从解放之后转入到工业战线，就分管机械工业，特别是大型基础装备的建设。他主管的就是苏联援建的156项工程。中间这些大型的机械工程项目就由他主管。从勘察厂址到参与技术人员的设计、设计审核，包括最后的建造建设，还有一些大型项目，他基本上都参与了，所以他对这块儿非常熟悉。

　　攀钢、攀枝花他去的次数最多，因为他是1966年的2月份去的。实际上这一年之后"文化大革命"就已经开始了，后来李井泉同志、程子华同志、阎秀峰同志和彭老总都受到冲击，有的被弄回去了，有的进了学习班什么的。我父亲因为去的时间短，再加上他在那儿抓具体工作，所以造反派当时也没有抓住他什么东西，所以他就在那儿等于坚持工作了将近两年，就是从1966年2月到1967年的年中吧。后来他也被关进了学习班，这块儿工作才没有介入。但是又过了一年多的时间，要恢复生产，三线要加快建设，需要有领导同志来负责，在那种情况下，四川省向中央要干部，因为原来的三线建设的班子是中央各部委的副职领导组成的。攀枝花这里的指挥部就是徐驰他们几个人还有冶金部另外一个副部长组成的。

结果总理知道了以后就问了一句:"华东区的钱敏同志到哪儿去了?"说还在学习班呢,让他出来工作吗?所以在周总理的关照之下,我父亲才重新出来,继续主持西南三线这一块的建设工作。直到他1972年调到重庆担当书记,所以他真正在西南建委实际工作和挂名工作是四年左右的时间,后面两年时间是在四川省主管这个三线。当时重庆还归四川管,市长、书记,都是兼着省里边的职务。我父亲到重庆之后,主管工业,管军工,还是他原来熟悉的这个范围,直到后来他担任第一书记,全面主管工作,他在重庆一共工作了六年,所以这样,在四川和重庆,我父亲前后一共工作了12年时间。从一定意义上讲,重庆为他的第二故乡,1978年他调回北京,担任第四机械工业部部长,所以我说他对四川、对重庆是特别有感情的。他跟我们一说,就说那段时间的工作非常艰苦,生活也很艰苦。

我们家里7个人中有5个人参加了三线建设:我姐姐从现在的北京理工大学(当时叫北京工业学院)毕业分配到了河南的一个国防科委的研究所,也在三线;我大弟弟也是从北京理工大学毕业之后分配到贵州的遵义,就是航天基地,他最后是担任贵州航天局的副局长,从常务副局长位置上退下来的;我的小弟弟是后来跟着我的父亲到了成都,也在一个国防工厂里边工作;我的小妹妹后来跟着我父亲到了重庆,在一个部队的医院里面服役,也在三线。那时候我家七个人分在了六个地方。平时我们也见不到面,就是过年过节也见不到面。一直到粉碎"四人帮"之后,我父亲调到北京来,然后我们才慢慢地在北京团圆。一说三线,我父亲就很有感情,所以他从部长位置上退下来之后,当时国务院成立三线建设调整办公室,他和鲁大东同志一起组建这个办公室,当时鲁大东同志担任主任,他担任副主任,所以应该说这是他参加三线建设的第四个阶段。第一个阶段是他参与了规划,第二个阶段是他到三线建委和四川三线并在这里工作了六年,第三个阶段是他在重庆工作了六年时间,第四个阶段就是他到国务院三线调整办又参与了领导工作。当时考虑到三线建设的这些企业和单位面临着很多大的问题,面临着改革开放这样的形势,面临着企业的调整改制一系列问题,所以要解决三线建设的效益问题,解决三线建设这批人员的生活,以及其他一些方面的问题,要进行调整。

在西南三线工作的时候,他跟彭老总应该说感情是很深的。在抗战初期吧,他在延安待了几个月时间,那时候他就非常敬重彭老总,后来到成都,与彭老总住在一个院子里,天天能见面,经常一起说说笑笑。因为当时彭老总是在那么一个特殊情况下来到三线的,所以有些文件的阅读传达,经常是我父亲过去跟彭老总交谈,包括最后北京的红卫兵来抓彭老总,也是我父亲通过总理办公室,向周总理请示,安全地把彭老总送回北京的。现在有些人讲这个三线建设劳民伤财,这几千个亿都白扔了,我觉得这都是不对的。我们考察一件事情,必须把它放到当时的历史环境来考察,这是第一点。第二点,在三线建设的过程中,不仅是建设起了一批重大项目,不仅是推动了经济方面的发展,关键是我们培养了一批人,就是人才队伍的建设。我们后来担任领导的同志都参与过三线建设,另外还有一点,就是留下来了一批宝贵的精神财富,就是艰苦创业的精神、艰苦奋斗的精神、艰苦创新的精神,还有一个就是全国大协作的精神,这是非常重要的。当时把一些新的东西放到了三线,所以当时有很多尖端的东西是在三线搞出来的,这种艰苦创业创新的精神,是值得我们永远发扬光大的。所以我感觉到三线建设在我们历史上是大重的一笔,是重要的一笔,是有光彩的一笔,应该好好地给予总结,把这种精神,把这种成就,给予肯定下来。

我父亲在去成都的路上曾经给我写过一封信。那时我在部队,这封信的内容是什么?就是他是坐火车进去的,因为人比较多,就是铁马奔腾入蜀地,是用这种来抒发他的感情,乘着火车到了四川,他当时写的就说受中央的重托他来到了一个生疏的地方,因为他以前没有在四川工作过,但这里面有一些他的战友。所以他信里面写到虽然是来到一个生疏的地方,但是干的还是自己熟悉的工作,虽然是过了年就一个人来了成都,但是他心情非常激动,也非常高兴的。

我记得他跟我讲过,在书里他也写了,那时部队需要一批大型的牵引车,当时能造这种车的就只有大足汽车制造厂,但是大足厂在"文化大革命"中已经瘫痪了。父亲告诉我说当时他们开了一辆车,带了一名秘书和一个警卫员,加上司机,一共四个人,到大足厂去了。那时候厂里很乱,车间里到处都是草,生产全部停了,机器设备被破坏得一塌糊涂。当时他很着急,眼前这个状况生产是恢复不了的。于是他就找了一些老工人来跟他们聊,看看有没有什么办法尽快地恢复生产,那些老工人给他讲,别看那个设备这样了，主要的部件我们都给它拆卸下来用油封好收藏起来了，只要起封后安装上，设备就能动起来，就能运行，再把车间清理一下，然后组织起工人来马上就可以恢复生产。我父亲一听还有这么一个情况，马上找他们厂里的人来商量如何恢复生产。很快部队要的牵引车就生产出来了。另外他还跟我讲过一件事情，修建成昆铁路，铁道兵那个师长，就是你们讲的顾师长，他是立了功的，他们这个师是立了功的。当时要没有他这个师，没有他这个师长在那指挥，成昆铁路中间会碰到很多困难，不会这么顺利。为三线建设做贡献的人，他是记得非常清楚。他跟徐驰同志配合得也很好，那时候徐驰同志在攀枝花这边，他坐镇成都这边，徐驰担任这边指挥长，他在成都那边，后来徐驰到省里，他们又住在一起。所以他对为三线建设做出过贡献的这些同志，他是记在心里，"三线同行经风雨，心怀坦荡面常空。艰难步履撑危局，大业复苏是锐锋。耄耋重临增意头，故交零散渺音踪。来朝南驿送军去，遥望云山又几重"讲的都是他在三线这一块，他们俩感情非常深。

1969年恢复三线建设，四川把攀枝花作为重点。他从1969年12月到1972年，他就去了多少趟攀枝花，对他来说，可能不是几趟，十几趟，不是多少趟的问题了，从他一到三线以后，你看他第一次到攀枝花怎么去的？父亲书里面有段描述，我再给你们说说："渡口正在兴建西南地区最大的钢铁基地，攀枝花钢铁厂，攀枝花建设后渡口改为攀枝花市。攀枝花地处四川凉山南部，靠近云南，面积2 750平方公里，平均海拔1 500米。山区交通不便，但是矿产资源和水力资源极其丰富。64年腊月，就是12月起，建设大军就奔到这里几乎没有人烟的崇山峻岭中。在江边山沟中支起帐篷，三块石头架饭锅，不分昼夜开始艰苦奋斗。攀钢建设在非常困难的自然条件下进行，不但要克服地理条件的困难，还要克服气候上的困难。这个地方没有春夏秋冬之分，只有雨季旱季之别。每年9月到次年5月为旱季，气候炎热，很少下雨，人们在高温酷暑下劳动，而雨季经常大雨瓢泼，山洪咆哮，工地随时有滑坡的危险。当时攀枝花没修通铁路，一切生活物资都要经过成都和昆明，运到现场，物流量很大，运输过程很远，加上道路崎岖，山高沟深，困难之大可想而知。我们深为广大工人和技术人员不畏艰险、坚韧不拔的创业精神为所感动，我从成都乘飞机到西昌，再坐吉普车到会理，在会理休息一天之后，乘车到金沙江的拉鲊——渔鲊过渡口，金沙江两岸都是海拔3 000米左右的高山，一路都是险峻的山路，我在汽车中，从美垭山上看到金沙江。只见江面上金光闪闪，耀人眼目，这是我第一次看到金沙江，果真名不虚传。我们在考察的时候，李井泉、彭德怀、贺龙、阎秀峰等领导同志也来了，一共在这里考察了两天，送走他们以后，我继续在渡口考察。感觉到这个地方确实是建设一个钢铁基地的好地方。"他跟我说攀枝花的花很多，他说那个地方为什么起名攀枝花，就是因为有这个花，攀枝花实际上是什么花？是木棉。他说花很多，这是一个。第二个，刚才不是讲了，看到攀枝花这个地方的时候，江里便是金光闪闪，地面也泛着那种颜色的光。他说怎么回事，这个地面怎么泛这个光，后来他到了那儿才知道，这就是铁矿，就是泛着铁矿那种黄的褐的颜色。第三点，就是这个地方什么都没有。那时候创业非常非常艰苦，当时他们的压力大，这个地方，建这个钢铁基地是毛泽东主席最后拍板确定的。

当时修成昆铁路是战备的意义大于经济意义，所以当时我父亲看了这个地方以后，确实是一个建设钢铁基地的好地方。尽管难度确实非常大，但是有这么强有力的班子在那里，有中央的正确决策来领导，他说一定能搞起来。而且搞得很快很好，最后实践证明也是这样。

徐驰与三线建设

采访对象：刘兆东（1988年后任徐驰秘书、国家能源局综合司司长）
出生日期：1964年10月
采 访 人：攀枝花中国三线建设博物馆筹备组人员
采访时间：2013年11月19日
采访地点：北京攀钢宾馆
整 理 人：何鑫，何莹英
整理时间：2019年6月28日

  徐驰是45岁进攀枝花的，离开四川是60岁，把人生最辉煌、最宝贵的年富力强的15年留给了四川。而我跟他的时候，他已经快70岁了，也就是说他人生重大的使命已经画上句号。第一，我跟了他这12年，突出的感觉就是这个人的政治品格非常优秀。我讲几个例子，在我给他当秘书之前，前一任秘书跟我介绍说，老人家脾气有点儿怪，你可小心点儿。我问怎么怪？他说罢宴。为什么罢宴？就是他带队到别的地方。记得当时是去贵州考察，当地政府宴请他，进了宴会厅一看，满桌子山珍海味，老头扭头就走了。罢宴，弄得当地政府领导非常的尴尬。所以很多人啊，当然有各种各样的非议了，不理解，但是老头对这件事始终觉得自己没错，就应该是这样。徐驰同志年龄最大，资历也最老，但是从来不让我碰他的包，从来都是自己拎着包。衣服往这一拐就走了，我拿我的，他拿他的，我也看不下去，别的秘书都看着我，这刘秘书怎么这么不懂事啊，我几次去要，都要不过来。他说你看你拿着东西，你再拿着我的东西，你两只手都占了，万一有点什么情况呢，你怎么办？人一定要空出一只手。就这一句话，一直影响我到现在。后来我几次要，他再不给，到了房间，他就跟我说，你看看过去的老电影里头，国民党那些大官，一开车门，大马靴下来，然后随从拿衣服、拎包的，他自己大摇大摆，趾高气昂，那是国民党，我们共产党的干部不能这样。人人都有两只手，我所有的东西都给你，我成啥了呢？

还有件事给我印象很深刻，就是现在的中国工程院。过去我们有中国科学院，那么工程院的发起人，徐驰同志是其中一个。我记得很清楚，一共有13位老部长，其中有很多都是延安自然科学院出来的，他们联合发起给当时的党中央、国务院上书，要成立中华工程院。后来几经周折，这个事就批下来了。这些搞工程、搞技术的发起人，都是中华人民共和国成立初期在156项建设中发挥重大作用的老专家。他们既是革命家，又是科学家，这13个人成为首批工程院的院士理所当然。但是徐驰同志却拒绝了。他说："我发起成立工程院，完了我就是首批的院士之一，我这不是谋私利吗？那人家会说你老徐是为了自己。我不参加，谁爱参加谁参加，反正我不参加。"所以第一批13个人里，发起人有12个院士，唯独少的就是徐驰。为这件事，他家里人也有些意见，但是他非常坚定。

他原来住的那个家里，我几乎每天都会去，屋里所有的东西，除了一个电冰箱、一个彩电是20世纪80年代以后新购置的，桌椅、沙发、书柜等等，全都是50年代他刚当冶金部领导的时候单位配的。几十年如一日，都未换过，个人生活非常简朴。

第二个，叫工作作风和业务水平，他可以说是我们党内不太多的双料王牌之一，既是老革命，又是老科技。他老伴对他的评价，说他就是书呆子，就是一个干活搞专业的，不懂得怎么当官。

我记得我刚给他当秘书不久，他写的也是现在能见到的唯一的一篇回忆录，就是《周总理领导我们建设攀枝花》那篇文章，那是他亲笔写的。写完了以后，他交给我，让我给他在文字上修改。当时我记得特别清楚，大稿纸手工写的，四百格那种作文纸。春节的时候。大年初二早晨9点，我到他家给他拜年，寒暄以后，他就开始说，今天你没事吧。我说没事。好，咱俩改稿子。我说行。从早上9点一直改到晚上8点半，在他们家吃两顿饭。一个字、一个字地改，一个标点、一个标点的改，那一次你就知道什么是真正的认真。

我第一次陪徐部长去攀枝花的时候,是从昆明坐火车走成昆铁路的,一路上他就给我在讲,当年三线建设的时候,修建成昆铁路怎么困难,当时铁五师师长顾秀同志,怎么在他最危难的时候,接受周总理的指示,把他从造反派那儿给救出来。讲了很多这样的故事。所以前年的时候,我带着女儿坐了一次成昆铁路,一路就给她讲亲眼所见,给她讲修这条铁路的艰难。我自己有一个感想,就是一代人有一代人的命运,一代人有一代人的使命。毕竟像徐部长这样出类拔萃的人,这种佼佼者,才能干出一番事业,这种人是凤毛麟角的。所以像徐驰这一生,我给他总结,他干了两件大事:第一件,就是在我们共产党的历史上,建设的第一座炼铁高炉,那是徐驰同志建起来的,这是记着他的名字的。第二个就是攀枝花。不是说哪一个人随便都能把地图上的一个点变成一个圈,从一个没有名称的地方,变成一个大名鼎鼎的地方。一个人45岁到60岁,可以说是最年富力强、最精力旺盛、最宝贵的时候,徐驰将它们都放在攀枝花了,而且在攀枝花还损失了一只眼睛。造反派在批斗他的时候,打瞎了他的一只眼睛,一直到以后,那只眼睛也治不好了。无论是个人的经历上、精力上还是肉体上,付出了这么多的代价。徐部长对攀枝花非常热爱,应该说是他生命的一部分,所以老人家对攀枝花非常有感情,但是他又非常淡泊名利,1970年攀枝花建成投产出第一炉铁的时候,搞了个剪彩仪式,那个剪彩仪式上就找不到徐驰同志,你们现在看到的照片,包括我自己也在找照片,都没有。他说他不爱照相,就只是干活,只付出,不图名,不图利。所以攀枝花有很多事他很关心。文件上,报纸上,资料上,只要有攀枝花的事,他都会多读两遍。攀枝花有什么事,他都很关心,但是涉及个人名利的事,他都离得远远的。包括当时攀钢开始谋划上市的时候,据我知道,那时候攀钢还有职工的个人股。在正式上市之前,当时攀钢的领导可能也是出于好心,让这些老革命、老前辈们分享一点改革开放的成果,但据我所知,他拒绝了。

当年,他们考察铁路的线路,考察铁矿资源、石灰石资源、煤矿资源,在贵州六盘水、攀枝花成昆铁路的沿线,他们都走过。我听说徐驰同志经常是馒头蘸酱油、米饭沾酱油,没有菜。我觉得老人家那个时候非常有战略眼光,关心的不是钢铁,关心的是钒钛综合利用,特别关心钒钛金属的利用。

我想如果不是当年这些老一辈的大声疾呼,要保护好我们的钒钛资源,可能现在我们尾矿都不是这个状态了,炼完钢废渣就扔了嘛,就废弃了。当时日本人、德国人都来抢我们的资源。因为尾矿里主要是钒和钛了,所以我记得当时方毅副总理在任期间,搞了三项可以说是名垂青史的工程,就是三大基地的资源综合利用。一个是包头(包头是稀土),一个是甘肃的金川(金川是镍基地),还有就是攀枝花,攀枝花的钒钛。所以说从工业生产的角度,钒钛综合利用,特别是钛金属的提炼,核心的问题还是在于技术攻关。通过什么技术路线,能降低成本,所以这是徐驰同志最关心的一件事,一直以来关心的。所以他一生留下了的照片,就是和小平同志考察攀枝花的时候那张照片,一篇文章,一张照片。

铁五师的师长顾秀同志给他接回北京,又重新派他回来,那段确实是很艰难的岁月。所以我就在想,那时候老人家一只眼睛失明,再回到攀枝花来是什么样的心情。我第一次陪他进攀枝花,是1990年时,还有他老伴。当时我陪着他,从昆明进攀枝花,最后从成都回北京。在成都停留三天,攀钢接待办的一个女孩负责接待。那时候我和她可能就叫一见钟情吧,我们第一天到攀枝花,第二天她就陪我们到德阳看了看。当时德阳还有一个艺术墙,不知道现在还有没有。徐驰老两口在河堤上照了一张相。然后我和那个小姑娘回到北京以后,老头笑眯眯说,这怎么像一家人,然后这句话就被他言中了。所以我们从认识、相识以后,到1994年我们就结婚。那么就是无论谁是攀枝花的建设者,从领导到老百姓的个人,要真正对得起历史,要对得起良心,我想将来的钒钛综合利用,特别是钛的利用,能够进入大规模工业应用的话,可能就是对他老人家最大的安慰。

我在攀枝花见到的中央领导

采访对象：李力清（李井泉之女，原中共中央对外联络部非洲局局长）
出生日期：1951 年
采访时间：2013 年 12 月 2 日
采 访 人：攀枝花中国三线建设博物馆筹备组人员
采访地点：北京攀钢宾馆
整 理 人：龚雪玲，韩惠玲
整理时间：2019 年 6 月 27 日

1966 年 3 月份，当时我们在攀枝花，我现在回想起来已经 48 年过去了，虽然那个时候我还是个不到 15 岁的初二学生，应该不能说非常懂事吧。我觉得从六四、六五年的时候，我父亲就是一直忙着不回家，即使回家也是住不了一两天就走了。后来呢，知道是三线建设，就是他必须把他的整个心血都放在工作上面，放在这个三线建设上。我觉得我父亲就是这样没日没夜、起早贪黑地在为这些（工作）奔走。

具体的事我说不上，就是看见他来来回回到处走。48 年前，我知道了攀枝花这个名字，我知道渡口是这个名字，这在我的同龄人当中是不多的。那次去攀枝花，是六六年的 3 月份，是与贺龙一起去的。我记得带的子女就是我们家的三兄妹，即我们家的老五、老六，我是老七。老五是我哥哥，老六是我姐姐。还有杨超，那时任四川省委书记处书记，还有杨超的两个女儿，一个叫杨百万，还有一个叫杨小万，还有一个西南局书记于江震的女儿，子女呢大概就是这些人。这个行程怎么走的，我现在记得不是太清楚了。给我印象非常深刻的，就是那时候刚刚开始建设，交通还非常不方便，所以坐这个汽车，后来就是要翻那些大山，旁边就是大渡河。我生在四川，长在四川，那时候是我第一次，有那么一个机会走那么远的地方，而且进到大山里边。原来我不知道大山是怎么回事，走了那么一次我才知道三线建设的不易，对于蜀道难难于上青天，我有深刻的体会。一边下面就是大渡河，一边也就是可能两个车道的那样的公路。那时候的交通真是非常落后的，当时就是为了让我们这个车队能够通行，我记得就是封路。就是说那一天，这个车队在走的时候，所有的其他的车都不让走。坐在车上，我有一种心惊胆战的感觉，就怕那个车一不小心要摔下去，万丈深渊，那下边就是大渡河。那是我第一次看到大渡河，第一次翻过那些山，然后中间还到了一个农民家里，就在马路边上。我觉得我们父辈，他们有这么一个习惯，虽然这个目标是攀枝花，是成昆线，是视察三线的项目，但是只要有机会就要下去看一下当地群众的生活。可能跑的时间长了，就在一个河边吧，就停下来，然后就去看有农民的家（那个时候叫社员），是彝族。进去以后，用四川话说就是"黢嘛打黑"，就是很黑，看不清楚，只看见地上有一堆亮的东西，几秒钟的适应过后，一看啊，原来地上是几个人围着那个火坐着，那个火上有一个锅，然后再看周围，整个屋子，什么家具都没有，也没有床，老百姓就在那个地上可能铺着那个稻草，铺个什么垫子就睡觉，就是在地上架着什么锅做饭，这给我一个非常深的印象，就是条件非常艰苦。那个时候就要上三线建设的项目。现在作为我们这一代人回忆起来，我觉得非常不容易。我还记得在那个大渡河上，有那个就是滑过去的滑杆，大人们就给我们讲，对面山上住有老百姓，有社员，他们有的时候要过来买点盐，就那样滑着过来。可下面就是那个非常湍急的河流啊！我当时就想，为什么不修桥呢？后来想想还是没有钱，公路都没有钱修，更何况桥呢。三线建设开始实际上就是我们国家遭受"三年自然灾害"结束以后不久，国家集中那么多的财力、物力、人力投入到这个三线建设，是在这个基础，就是很不容易。从西昌就开始坐汽车，我记得我们坐的是一个中巴，大人坐的都是吉普车。当时吉普车也不好呀，颠得很厉害，我们坐的那个中巴里边，跟我们去的杨超的小女儿杨小万，一路就吐啊，不停地吐，后来晕晕沉沉的，吃药也不管啥用，就是这么一种情况。你就可以想象，那时候工人带着他们的家属，如果也是从四面八方汇集到攀枝花,他们肯定也要走这一段路,也许他们坐的车还不如我们的,我不知道当时他们是怎么过去的。后来我记得到西昌市住了一晚上,好像是3月中旬那个时候吧,今天我听我弟弟说他查了那个贺龙年谱,说是3月13日从成都出发到西昌,那就可能是坐了飞机到了西昌,从西昌坐汽车。我到会理又住了一晚上,为什么会在会理住了一晚上?因为当时住的那个地方,一下车,刚刚进到我们住的招待所不久,就接到通知,赶快出来去看看那个可能是当年红军长征路过的时候住过的屋子,它上面有红军当年写的标语,所以这个我印象很深。后来就到了攀枝花。到了攀枝花,听大人们讲,这个项目很重要,钒钛矿在中国好像是第一个,铁矿里含有钒和钛,所以决定要在那儿上马。当时我们还特别不理解,这么老远又在那山沟沟里面,光是看那个建设,然后还有爬山,修那个路,曲曲弯弯的,哎呦,我说为什么要选在这个地方呢?就是因为这个铁矿很不容易找到,它里面还含得有其他的东西。另外,听大人们还讲,过去呀,什么鞍钢呀,武钢呀,重钢呀,那些都是建设在沿海地区或者是大城市,所以为了防止国外敌对势力,三线建设就要离大城市远一些,那时候我才明白了。我的印象呢就是说当时看到就是一个大工地。听大人们还讲,说这些工人都是从四面八方来支援的,好像东北人去得特别多,因为后来跟劳模一块儿照相,里面就有东北人。然后我也去那个指挥部,但是我们不懂那些什么模型啊,或者挂的画呀,我们都不懂,就看一眼。干打垒比较矮,工人都住在里面,当时我们觉得就是挺不容易的。

我觉得我在同龄人中是比较幸运的,恐怕那个时候就知道攀枝花的,而且能够到攀枝花的人很少,而且我也知道这是非常重要的项目。后来我听我爸爸的秘书黎本初(他是1965年开始在我爸爸身边工作的)说,从1965年到1966年,也就是一年多的时间嘛,他跟我爸爸去视察三线有十几次,去攀枝花有多少次我没问过他,但是我弟弟他统计的至少是五次。那个照片上边我也能回忆起我爸爸当时就是那样的,当时他有一张照片,就是在工人食堂。我这次专门去南充找我爸爸当年的那个秘书,叫冯希尧,我就问他,我说冯叔叔你还能回忆起来吗?这个到底是工人的宿舍呀,还是工人的食堂,那个时候放的有脸盆,还有碗,我想如果是食堂就应该放碗,不应该放脸盆,宿舍才应该放脸盆,我觉得有点像宿舍,因为我们当年上大学的时候,到农村去干活,住的地方就是又有脸盆,又有饭碗,都放到一起,都放到宿舍里面。但是那个工棚又没有墙,当然了,那个地方很热了,也不需要墙,就是一个棚子。六四年,他戴着草帽,那个时候应该是6月份吧,应该很热。我听我爸爸的秘书黎本初跟我讲,他说那个时候三线建设条件都很差,交通不好,住宿也不好,所以他说你爸爸有的时候,到那以后,根本就没有那种好的旅馆和招待所住,或者说时间很紧,车到了以后,马上就是去该上哪上哪,有的时候还要爬山。你爸爸年纪已经很大了,身体也不太好,我说我知道他60年代初的时候就查出来血管硬化,心脏也不太好,血压也高,医生总是让他注意休息。我觉得他为了三线建设的事业,真是呕心沥血吧。因为很多东西你自己本人要是不去的话,就没法向中央汇报,都是听人家转述来的东西,肯定不是一手材料嘛。

后来听说三线建设要开工,哎呀,特别高兴,四川的交通太不发达了。你想当时才几条铁路呀,你跟那沿海的比起来就觉得希望四川能够发达一点,多修修铁路,今后我们可以乘坐火车,可以到处走一走。所以我就说,给我的印象很深的就是那么几点。至于贺龙元帅,我们叫他贺伯伯,还有其他的那些,我觉得他们当时就是为了工作吧。贺伯伯为人很平易近人,他因为跟我父亲非常熟,抗日战争时期就在一起打仗,所以挺熟。而且我家里还有几个哥哥在北京上学,一直就住在贺伯伯家,周末都回贺伯伯家,所以很熟,他见了我们他都知道,也叫得出我们的名字来。贺伯伯拄拐棍,这个我有印象,还戴个圆的那个帽子哈。他的夫人薛明阿姨也是非常和蔼可亲的,老是笑眯眯的。我觉得我的记忆中间也大概就是这些,父辈们没有架子,你看他们跟那些工人、跟周边身边的工作人员,都没有什么架子,没有说周边的人很怕他们,或者工人见了他们很紧张的样子,我觉得没有这个感觉,因为他们从那个战争年代,就是因为这种党群关系的密切,鱼水关系的这种密切,所以到了解放以后,我觉得他们这种优良传统是没有丢的,仍然是这样。我跟我爸爸还去过一次德阳。德阳也属于三线的,德阳重机厂,五八年开工,有两个厂开工。因为我最近刚去了一次德阳,应该说我去了德阳两次,第一次是六六年跟着我父亲去过一次。这一次去德阳,那是翻天覆地的变化了,整个都认不出来了,跟改革开放七八年那时候都不一样了。然后又去看了二重,看了东电。我就跟他们讲,我跟我父亲六六年的时候来过一次,我觉得我父亲也是为了让我们受教育。那时他到德阳,去二重视察,当时中国只有两台万吨水压机,一台就在德阳重机厂。我记得我爸爸带我到德阳去,然后就给我们讲万吨水压机,它的特殊性在哪儿?它的特点在哪儿?

我们的工人给人印象是很深的,我觉得他们太了不起了,太无私了。我现在已经退休了,返聘也基本上到期了,前两天局里还给我开欢送会,他们说从我身上感到有一种精神力量在支撑着我,我自己也觉得有一种精神力量在支撑着我,什么精神力量,是父辈传下来的精神力量! 就是为这个国家、为党、为人民,你可以把自己的很多东西都牺牲掉,没有个人的私念、个人的利益,就是为了这个民族、为了国家,就是这种精神。我受我父亲的影响很深,我父亲一直是以大局为重。做所有事情都是以大局为重的,党说干什么就干什么,党让上哪儿就上哪儿,党让你去做政治思想工作,就做思想工作,党让你下基层就下基层,没有二话可说,所以他是坚决服从大局,服从中央,跟党中央一条心。我为我爸爸当初投入那么多心血的地方,崛起的这些工矿企业感到很自豪。所以我觉得这是我们前辈留下的,既是物质财富,也是精神财富啊。不光是攀枝花,是整个这个三线建设,听说现在有一个三线建设研究会,希望它能发挥作用,当然也希望能从中央那里争取到一些资金,从厂矿企业那里争取一些资金啊,厂矿企业也是有实力的,宣传三线就是宣传他们自己。所在的这些省市政府要给予支持,帮着宣传。刚才听姚书记介绍说你们三线建设博物馆已经在筹备当中,投入很大,市政府给了很多,省政府也给予资金支持。我觉得挺欣慰的,因为这是一个很好的平台,我也是走过很多博物馆的,去过的人和没有去过的人就是不一样。那是一种洗礼啊,通过历史的回顾是一种洗礼啊,从精神上你就有一种被震撼的感觉,你就知道现在的一切来之不易,所以我觉得我很希望你们的这个三线博物馆能够尽快地建成,能够成为宣传三线建设历史的一个大的平台,也希望你们事先多走一下各地的纪念馆、博物馆,可以通过做一些画册来宣传,还可以请一些老同志写当年的回忆文章,把这些文章收集起来,然后出书。因为书放在图书馆,后人会去看,这样就可以一代一代地传承下去。

最后我想说,父亲您当年的努力,您的经历,您为之奋斗的东西,现在已经都大功告成,当然还要再继续发展,我认为您的心血没有白费,您可以放心了。祝攀枝花市发展得更快,祝攀枝花市欣欣向荣。

献了青春献终身，献完终身献子孙

采访对象：王鸭（原任解放军三线人员工作办公室华东组主任）
出生日期：1964 年 7 月
采访地点：上海
整 理 人：瞿颖
整理时间：2019 年 6 月 29 日

艰苦的三线建设

军队的三线建设与地方上还有一点不同，地方的三线建设主要是讲大三线，特别是云贵川地区。而军队的三线建设包括福建、上海、浙江等沿海地带。他们在沿海的渔村进行建设，这也是三线建设。这些三线企事业单位是游离于城镇之外的一个社会，条件非常艰苦。1976 年我作为知青进入中国人民解放军第 7318 工厂，这个工厂是军械修理厂，过去属于福州军区（后来福州军区跟南京军区合并之后，变成南京军区）。

现在都说三线建设是从 1964 年开始的，但 7318 工厂是先于这个时间就开始搞三线建设了。因为我们这个工厂，1970 年之前是在福州市区里面的。1957 年要炮击金门了，考虑到工厂的安全，当时福州军区司令叶飞、福州军区政委刘培善两位将军坐着直升机，在福建南平的区域上空盘旋了一圈之后，就决定把我们 7318 工厂，从福州搬迁到南平山沟里面，就是这么一个小插曲。那时候三线建设还没开始，但是我们工厂已经先行搬迁了，这也是福建前线炮击金门的需要。我进厂的时候是 1976 年，但这个厂是 1957

年就开始建设了。据当时老领导讲,那个时候建设这个三线工厂非常困难。在一个交通不便的偏僻山沟里,全厂干部职工肩挑人拉,最终建起来一个工厂。

这个工厂为军队建设做出了很大贡献。炮击金门的时候我们工厂的技术人员到前沿阵地上去服务,当时前线在福建石狮一个小渔村,军队在进行炮击,突然间一门炮发生故障了,我们的一个工程师带一个技术人员马上过去抢修。因为情况紧急,就用军用吉普车送他们过去,没想到被金门发现了,觉得军用吉普是高级将领乘坐的,结果对面的炮瞄准过来,把两个人当场打死了。所以讲我们这个军工厂的工人,跟军队的战士是没有任何区别的,打起仗来一样在前线浴血奋斗。作为我来说,我们工厂从省会搬到山沟里,风风雨雨到现在六十多年了,这段历史可以说是光荣又悲壮的。

后来工厂逐渐不能适应市场经济形势了,军队就进行了三线战略转移,从山沟里转移出来,迁到沿海和内地城市,所有的三线工厂就分级成了一类、二类、三类。一类的条件还算比较好的,二类比较艰苦的,允许它到沿海城市设窗口,还有三类的那个就是条件非常恶劣的。

无私的奉献精神

三线建设虽然很辛苦,但是我感觉整个青春献给了三线工厂也是很有意义的事。"献了青春献终身""献完终身献子孙",这是一种自觉为国奉献的精神,这是一个普遍现象。首先整个工厂强调劳动纪律,其次领导以身作则,与工人同甘共苦。这些方面对人都是一种影响和熏陶。让我很感动的一件事是:我当厂长的时候,遇到了困难,以至于八个月没发工资,但工人们没有任何怨言,勒紧裤腰带,按时把军品任务、后勤保障工作完成,到年底工资才补发下来,这是为国家、为军队建设做贡献的荣誉感支撑着每个人。

我们厂虽然属于军队三线,但我们这些工人是没有正规编制的,我们的档案关系都在原单位,所以我们做这个工作纯粹就是服务性的。军队三线考虑到三线人的无私奉献,就出台了一些相应的政策来保障三线人的权益。例如"农转非"政策,就是军队三线职工的家属是农村户口的,可以转到工厂。工厂的一些附属厂、大集体等都是可以安排的,这样一家人就能团圆了,这也是一项很了不起的政策。当时"农转非"几千户,没有一个告状的,这说明上级在办理这些事情的时候,里面没有任何的猫腻。还有一个就是退税政策,就是营业税先征后返。在最困难的时候,这个政策对于三线工厂来说,真可谓"起死回生"。共产党真的非常伟大,组织三线建设,在困难的情况下出台配套政策,让企事业单位重生。我认为,对于三线工人来说,最有意义的一个事情就是异地安置,让很多身处异地的三线人的生活得到了基本的保障。但是现在还有很多的三线工厂,条件依然困难,环境依然艰苦,虽然三线人无怨无悔,但我们党和国家应该要有比较公平的政策,来回报他们的奉献。很多人认为三线建设已经结束了,但实际上并没有结束。特别是对三线工人、对三线职工的人文关怀应该继续。

167厂与三线建设时期的兵器工业

采访对象：张正玉（原任国防科工委系统二司司长）
出生日期：1944年12月
采访时间：2013年11月24日
采 访 人：攀枝花中国三线建设博物馆筹备组人员
采访地点：北京张正玉家中
整 理 人：何鑫，周璐婷
整理时间：2019年6月30日

进入167厂

我是1968年参加工作的，当时正是大三线建设的高潮时期。167厂在大三线建设当中算是一个比较早的企业。它是1964年开始筹建的，1965年就正式投入生产了。167厂在三线建设当中，创造了奇迹，号称"五个当年"。所谓五个当年，就是当年设计、当年施工、当年投入生产，等等。我们1968年去的时候，167厂基本上已经建成了，主要生产车间，主要辅助设施，包括生活区，都基本建成了。我们去了实际上主要以生产为主，建设呢基本上是告一段落。

听从南京来的比我们早到的同志讲，他们从南京过去的时候，很多同志都非常积极主动报名响应党的号召，响应毛主席的号召。当时不是有首歌叫《毛主席的战士最听党的话》，所以大家就唱着这首歌背着背包拖儿带女从南京到这儿来了。来了以后，没有水喝，就用鱼塘里的水、水稻田的水作为饮用水来喝;没有住的地方,就住帐篷。在那种艰苦的条件下,他们很快地就把厂建起来了。当时建家属宿舍的时候,就是一天一层楼,一天一层楼,很快就建起来了。家属宿舍是干打垒,那厂房也是比较简易的。这样呢就能尽快地安顿好生活,尽快地投入生产,尽快地生产出武器装备,满足国防建设的需要。我所在的167厂,当时就是这么个情况。

三线调迁

到了20世纪80年代初,三线建设转为三线调整这个阶段。因为在深山沟里面搞市场经济,就不太适应了。最突出的就是信息不灵通,再一个就是交通很不方便,特别是还有一些山区,地质灾害比较重。像我们167厂,面临的也是这种情况,一个是地质灾害,华蓥山是一个断裂带,这是一个方面。第二个呢,我们167厂是一个没有水的地方,那个水源离我们厂距离有3公里多,上面是煤矿,随着煤矿出井,深度加深,生活用水、生产用水都非常紧张。如果雨季还好一些,旱季就更紧张了,那时候厂里的生产、生活用水,一天只能供应一两个小时,一般都是先保证生活用水以后才保证生产。生活用水最后紧张到什么程度呢?没有水了,用消防车给职工送水。到春季的时候,职工要洗衣服、洗被子这些,都没有水。有的家在重庆的就到重庆去洗,生活生产都比较困难,更谈不上搞市场经济。

三线调迁之后,我们167厂从重庆调迁到成都。调迁以后,整个经营状况、生活环境都发生了很好的变化,适应了这个市场经济的需要。我是1993年到北京以后到兵器总公司的,主要负责兵器行业的生产。1998年到科工委,负责整个兵器行业的基本建设、科研生产。到了兵器总公司,到了国防科工委,回过头再去看这个三线建设跟三线调整。我觉得三线建设呢,成效是非常大的,当时毛主席提出"深挖洞,广积粮,不称霸",是为了备战备荒。但是通过三线建设,我体会最显著的是三大成效:第一就是增强了国防工业的实力。三线建设的时候,建设了一批大三线、一批小三线。大三线是中央企业,小三线是各省市搞的,这些大三线企业和小三线企业,极大地增强了军工的实力,科研生产的能力也极大地增强。第二就是培养了大量的科研技术生产人才,武器装备的发展,技术含量也提高了。当时三线建设培养了一大批人才,为研制新的武器装备发挥了积极、重要的作用,为后面武器装备的生产奠定了很好的基础。第三就是培养了一种精神。三线建设培养人们的这种苦干实干的精神也是非常难能可贵的,为后来的中国国防军工的发展,奠定了很好的基础。相当一部分先进武器装备研制、设计人员、科研人员是那个年代过来的,还包括管理人才,相当一部分也是那个年代培养起来的。

我的三线生活

说来很惭愧,真的哭过,有时候在家里的时候,晚上自己在床上的时候就是流过泪,觉得苦,觉得太难太难了。那时候我们的企业就像小社会,什么事你都得管,压力太大,难度太大。人的因素,自然环境的因素,而人的因素比自然环境的因素更复杂,给自己的压力也大。当厂长对于生产经营方面的事,我都能想办法。但是人的一些因素,就很难以自己的主观意志为转移。当时跟我们同一批进去的,包括六六届毕业、六八届毕业的,大概有八十多人。后来有相当一部分人都走了,江苏的回江苏了,其他地方的回其他地方了,他们回老家生活环境、工作环境要好一些,所以他们选择了离开。留下来可能是一半左右吧,也有各种因素,有的是在这里成了家了,有的是回去也不一定那么顺利,有大部分是自己的原因选择留下来的。

中专他们那一批人,在学校就成帮结队的来了,大学毕业来的,多数是没成家的,于是在同事、领导的帮忙下,牵线搭桥。我那个时候整天就想着干活,一个礼拜也只休息一天,有时候还要加班。后来我们车间主任跟我推荐了现在这个老伴儿,她不在厂里面,她在达县,就是现在达州,她在税务局工作。我那个总装车间主任和我那个老岳父关系比较好,是朋友吧,我那车间主任跟他老婆两个人说,给张正玉介绍个对象吧,……就这么个过程。

1970年,我们两个人当时去组织科开了证明,就到镇上去办了那个结婚证,也没举行婚礼。后来两人就回我老家去了。回老家也没举行什么仪式,走了一趟就算是。当时我们的同学,买的钢精锅、水壶、水瓶送过来祝贺一下。很简单,那个时候都是这样。我们车间的那些同事,凑份子,一个人几块钱,凑了买个盆子、买个水壶什么的,送过来,当时都是这么简单。

说起来那个时候(生活)都是很难的。一层楼住七家,只有一个水池子,没有天然气,就是直接烧煤炭,煤炭还要自己去挑,礼拜天要买水买面,那时孩子还不会走路,就请邻居帮忙看一看。一大早就起来去买菜,买了菜回来以后,把早饭吃了,把小孩弄好后就去上班。

我前面说了包括精神、包括人才、包括装备,都奠定了非常好的基础,所以三线建设成绩是巨大的!功不可没。今天再说三线建设,就是要继续发扬三线建设艰苦奋斗的精神,这一点非常重要。现在去军工企业看的时候,那些年轻人,我觉得缺乏当年三线建设者的那种精神。所以今天说三线建设,应当继续发扬、大力弘扬三线建设时期建设者们的艰苦奋斗、忘我的革命精神!那时候不是说了嘛,献了青春献终身,献了终身献子孙,这种忘我的精神确实是值得今天的军工建设者们应该继承和发扬的!

大山里的青春
——贵州011基地黎阳厂范玉梅口述访谈实录[①]（节选）

采访对象：范玉梅
采访时间：2020年10月28日
采访方式：电话采访
采 访 人：范瑛
整 理 人：高梓霏

采访对象简介：

范玉梅，女，1956年1月出生，现年64岁，出生于沈阳，家有兄妹四人。1958年随父支援大西南建设，举家迁兰州。1959年迁成都，参与420厂建设。1968年因父亲参与贵州011基地筹建设备安装工作，全家再度迁往贵州。1968年就读贵州幺铺602库子弟学校初中，1971年毕业后分配到011基地460厂工作，任装配车间装配工人，后任质量检验员。1990年调职山东省烟台市北极星钟表公司手表厂，2006年退休，现居山东省烟台市。

采访者按：

011基地始建于1965年，是三线建设中最大的航空工业基地，集中布局在贵州省安顺市山区。011基地建有数十个门类齐全、协作配套的航空军工企业及研究所，还有大型职工医院、航空技校等军工院校及幼儿园、中小学、招待所等配套事业单位，数万名一流航空领域军工专家、一大批优秀

[①] 本文是四川大学青年杰出人才培育项目SKSYL201813及四川大学2020年度"大学生创新创业训练计划"国家级重点项目2020106110028的相关成果。

航空人才和数万名工人、知识分子在这里为我国航空事业做出了巨大贡献。本文采访对象工作于011基地460厂,1981年,与011基地其他三家整合改制成为贵州黎阳航空发动机公司,隶属于中航工业发动机公司。2018年460厂旧址含菜花洞、牛洞等生产遗迹获批国家工业遗产保护项目,2019年获批国家重点文物保护单位。

范瑛(以下简称"访"):您在贵州是怎么参加工作的呢?

范玉梅(以下简称"范"):一开始我们是在贵州的幺铺。父亲在那个卫东安装队工作,我是在602库的子弟学校,上了初一,到初中毕业吧,那时候算是初三吧。哎呀,那个时候贵州比较贫穷,它属于少数民族地区,学校也不是很正规。那个时候"文化大革命",当时算是上了初二,就叫我们毕业了。然后我在安顺找高中,准备上高中。但是贵州非常贫穷,它没有高中,没有高中上。然后就被分配到这个460厂了,国防军工那个时候非常缺人嘛。

访:初中毕业生都被分配过去啦?

范:对,对,我们基本上属于三线建设航空系统,航空单位嘛,因为我们去到那里以后,也属于贵州航空011基地,父母去安顺602库呀,都属于011基地。然后我们都进本基地了,属于航空子弟嘛,就都进了航空厂了。

访:那你们去读的是子弟学校还是当地的学校呢?初中。

范:子弟学校,都是011基地的子弟学校。那时候地方上就没有初中,更不要说高中了,就上子弟学校。

访:那您还记得那个学校的老师吗?老师都是什么样的人呢?

范:我们那个老师都是大学毕业的,就是属于"臭老九"下放。那些老师呀,时间长了我都忘了,他们都是下放到子弟学校。完了之后就教我们。当时实际上他们上课也不是特别的正规,反正就是随便教。那时候反正教学质量很差,就是相当于还是混过去的。那时候我去了以后,我们在成都教得都比较多,比较正规,在正规的学校上的。去到那儿我的文化水平都还算高一点儿的呢,有时候缺老师都还让我去上这节课。

访:哈哈,变成学霸啦。

范：就是啊,当时毕业的时候老师都不让我离校,难过。

访：想让你留下来当老师吗?

范：对啊,那个时候老师倒是说,到时候肯定要恢复高考。那个时候还没有恢复高考制度,说将来中国肯定要恢复高考制度,肯定到时候会让大家去上学呀。那时候都在批臭老九嘛,我就觉得不行,那时候教师就成了臭老九,就不想走那个道儿。

访：您刚刚过去时,是不是厂里的第一批工人呀?

范：啊,也不是。厂里面的第一批工人是七〇年的,那一批比较多。但好多是技术员啥的,从六八年,咱们厂是六八年开始立项嘛,立项开始筹备建厂,六九年才开始搞那个基建,基本上是六九年下旬到七〇年才培养了第一批工人,搞了第一台发动机。

访：哦,那第一批工人都是像你们这样的子弟吗?

范：都是,基本上都是子弟,就有个别几个当时响应号召,从航空学院毕业的,有那个株洲航院的,有南京航院的,还有北航的。那时候有一些人是技术员,有的是工人了,反正他们好多是从南方来的,家住南方的,就到那里去了。好多技术员都是毕业生,大中专毕业生,他们先到,然后完了再加上本厂的子弟,都是带着三线工人全家去的嘛,子弟符合年龄的就都进厂了。

初识菜花洞[①]

访：那你们进厂以后有什么培训吗?

范：有啊。我们一进厂,我跟你讲的那个菜花洞,那个时候厂子里就根本没有厂房啥的,就是有那个洞,洞多,大伙就都在洞里头。我们那个菜花洞呢,就重新修建了一下,所有的人员都住在菜花洞里头,我们当时进厂也是先在菜花洞哈。

访：菜花洞是个山洞吗?

---

① 011基地草创时期,菜花洞曾用作460厂综合办公区兼宿舍,1969年办公大楼落成后厂办公室搬出,因其场地空旷兼其象征意义,菜花洞成为厂部学习、会议及新职工培训基地。

菜花洞

范：对啊，就是山洞啊。自然的，天然的山洞，就稍微给它平整一下，底下铺一些稻草。我们去的时候哈，我们底下全部是铺稻草的。还对我们进行保密教育。文化教育、保密教育三个月，全封闭的，都在那个里头。你看他们好多选址的，干部刚刚去的时候，都住在菜花洞里头，所以你没看我那上面写的菜花洞，也属于咱们航空厂的办公大楼嘛。

访：那这个菜花洞到底是一个行政办公区，还是一个生活区、宿舍啊什么的呢？

范：当时就是相当于行政办公区嘛。

访：但是你们也住在那儿。

范：对，也住在那儿。哪里有什么宿舍啊，都是连住带学习。那时候基本上就像那个战争年代时那个大伙都是住一起的，反正男女都是分开的，也相当于是生活区了。

访：那就是很多人住在一起，大通铺吗？

范：对对对，就是先在地下铺上垫子，完了之后再铺上稻草，在草上又铺那个垫子，就根本没有床啊什么的。

访：被子呢？

范：被子是自己带的。那个时候我们把裤子打成个背包，都是自己背的。一开始，就是挺艰苦的，其实那时我们都哭的呀，就怎么到这儿来参加

工作了,哎呀……(笑)

访:没有想到这么艰苦是吧?所以哭了。

范:(笑)对啊!那个时候是真的没有地方,除了洞就是洞,连路都没有啊!一下雨啊,你那个地方就离不开雨靴。一出那个洞口啊,全是泥水,根本就没有路可走。你没看我给你发的那个照片儿,到农民那一块儿,他们那儿也都是土路,泥路嘛,那时候贵州就讲的,天无三日晴,地无三尺平,贵州那块嘛,哎呀,天天下雨,阴雨绵绵的,气候也很不好。

访:您还记得,可以再描述一下菜花洞的格局吗?它是在一条沟里面吗?

范:它也不是在一条沟里面,是在一个半山上头。在一个半山往上走的时候也是走一个山包,咱们也是上山似的,山包上面有个大洞。所有的洞哈,咱们基本上都是在一个半山包上头的洞,等于说是往山坡上走。不然的话,要是总下雨,那整个设备就完了,就不能用了。

访:哦,那个洞大概有多大呢?

范:那个洞可是不小,差不多能有一栋房子那么宽,那么长。我给你的那篇文章上面它有那个形容的,我们当时都没记录那个洞的长度,你看我给你发的那个美篇里就有菜花洞。

访:所以你们一开始就是进行了保密的培训?

范:对,保密,就是进行保密培训。

访:这些教育的内容具体是什么呢?

范:那个时候肯定是厂长什么的给我们讲一讲嘛,进行保密教育。内容就是咱们这个是属于什么样性质的企业,是干什么的,完了后就是讲一些保密的事项,不能跟亲戚朋友啊,还有回去跟家人说,要进行保密,尤其将来我们到了什么车间啊,要从事的工作啊,都要保密。再有一个呢,不能去跟那些朋友说,不能让社会上的一些同志随便到这里来。反正在工作上遇到的一些事要进行保密,那都是后边儿的话了。

访:您感觉那儿的环境怎么样呢?

范:提不上环境,反正到那边就是每个洞里边儿,反正到时候就把运行的设备啊、机床啊都全部装在洞里边儿,洞里就像车间一样的。

访:那当时的那个照明能跟得上吗?

范:当时就是电挺紧张的。我们当时电厂哈,还算重要的基地,就是自己发电,那时刚刚建设的时候,电还是有,没觉得特别缺电。但是到后来全部都开始生产了,电的供应就很紧张了,因为当地的农民他们没有电,全是我们自己的供电设备供电的。

访:都是各厂自己解决的?

范:对对对,咱们011基地解决的。就是这样的,嗯,反正跟地方上的关系,那个时候也不是特别紧密。都是咱们国防厂哈,国防有国防自己的线。所以说,和地方上不是那么紧密,都是到后来和地方才比较融洽。

访:那你们一开始的工作还有什么呢?

范:学习完了不就分到车间了吗?分到各个车间后,那个时候我们是在紧里头,第41装配车间嘛,(在)紧里头啊。那里全是破破烂烂的,没有水泥地什么的,但是我们装配车间不是怕潮啊,于是盖了简易厂房,然后就开始生产。到七〇年底、七一年初,才出来那第一台发动机。当时整个车间可能有三四十人吧。

访:是装配车间有三四十人吗?

范:对啊,就是装配车间的嘛,反正差不多就三四十人吧。

访:那工作量应该很大哦?

范:当时也没什么工作量。你看一年多也就那么一台发动机,我们每年哈,每年也就四五台发动机,头四年五年吧。头一两年基本上没什么生产任务,基本上都在搞基建。

访:你们搞了哪些基建呢?

范:修路、盖厂房。像我们这样能盖厂房的都算是好的呢。盖的厂房都是相当简易的。不是大高楼,就危险系数小嘛。就是砌砖,完了之后到房顶上拉钢筋啊什么的,那都是我们自己在拉钢筋、绑钢筋,然后往上搞(东北方言:用)锹和水泥,和完混凝土,就用那个小推车往上头拉,拉完了就全部倒在上边儿,还用过去那种大转轮着往下压。当时反正是挺累的,基本上没有什么东西,所有的那些东西都还是在洞里生产的。

访:建了厂房车间就不在洞里了?

范:嗯,咱们建了厂房以后就搬出来了。但是好多机械加工车间,十年二十年都在那个洞里头,因为那个洞也有一个好处,就是冬暖夏凉,用好了比那个厂房还好,温度还可以。

访：我记得小的时候有一次去看您，你好像带我进去过，就是我觉得很震撼，在很大一个体量的山洞里面，有一个很大的发动机。

范：对，对啊，它那个属于什么电器机械加工么，还有机械加工室都在洞里头。我们车间是把各生产出来零件组装起来。装配完了以后，我给你发的照片上不是有一个洞吗？咱们发动机装完了以后，从装配车间，通过那个洞过去，那边就是试车台，进行试车。我爸他们就在那个试车台进行安装，也挺费劲、挺艰苦的。

菜籽冲①的工作与学习

访：您现在回忆起来觉得那个工作辛苦吗？

范：那是肯定的，辛苦肯定还是辛苦的，那个时候电力不是很紧张嘛，有时候说停电就停电了。我们那个时候讲的灯光就是命令，反正就是什么时候来电，我们就什么时间干，就是说没有白天黑夜的。有的时候就是晚上一直都有电，那就一宿不睡觉，连轴转地干，就是为了抢电，要不然的话有的时候说停就停了，那咱们生产任务就停了。

访：那是因为011基地应该是轮流供电的。

范：对，有的时候就轮流供电，今天这个厂，明天又是那个厂。轮到我们厂了那就是，轮到几天以后工人都不能休息。我记得，有一次两天两宿都没睡，就因为我后来就搞检验。我就随着这个发动机，走到哪儿，我就得跟到哪儿。所以你说，有的时候到这个小组，人家刚休息完开始干，你得跟着干，你又下一个小组，人家也刚开始干，你又得跟着干。（笑）

访：您说您的工作是检验，是吧？

范：对，我后来是检验了。一开始去到那儿都得装配，都得从最底下开始，因为你不掌握它的一般的基本技术哈，你就没办法检验，所以你得从最基础的开始。

访：检验工作主要是负责什么呢？

范：主要负责检验。比如哪个零件有裂纹。还有就是装配的时候，里边掉

---

① 菜籽冲是位于41装配车间和34齿轮车间之间的一块油菜田，这一带是受访者工作、学习和生活的地方。

进去东西什么的,这些都会影响质量。因为你检验完了以后它就送交到部队上去,万一在天上出现问题了,那问题就大了。我在的时候,曾经发生过试飞的时候,发动机不转的情况。迫降下来以后,就找到看看发动机是哪个厂,在哪个部位出现了什么问题。那时我们都可紧张了,知道吧?都觉得万一真的出现什么问题了,那就是要负法律责任的,那是人家的生命。那时候的飞行员,那时候说培养,那时候我们进行保密教育,讲的这些都在里头。一个是质量的观念,就是这些飞行员的生命就在我们这些装配工人的手里头。所以,我们都非常紧张,赶紧看卷宗是哪一部分的问题,哪一部分是谁干的,谁签的字。因为我们干一点啥,就要签字,不管是哪一步都要签字盖章,要负责,责任是相当严厉的。

访: 那两天不睡觉一直跟着这个发动机还是很累哟。

范: 对啊,就是啊,完了以后啊,等于发动机全部都试验好了啥的,我们就可以休息了。那时候还是年轻,睡上一大觉,就缓过来了。缓过来以后,反正是在没有生产任务的时候呢,人家文体什么玩意儿的就都搞上来了。那个时候,觉得好像生活起来还是挺有意义的。年轻人又爱玩,有那个文艺、体育那样,车间搞得都挺好的,整个厂子里也搞得都挺好的。所以我就讲了,我们都是知识分子待的地方,他们从学校分配过来的,好多学校的作风都没丢,我们厂长也讲,年轻人朝气蓬勃点好,显得我们这个厂也有朝气。

访: 就是氛围也是比较轻松的。(笑)

范: 对对对,虽然那个时候就讲了三线建设很艰苦嘛,如果说要是没有这些朝气呀,是留不住人似的。所以当时厂子里,办得也挺好,各种各样的后勤呀,都有。

访: 你们这种单位是技术人员居多吗?

范: 对,你看我们厂,别的车间我不知道,就拿我们车间来讲,差不多一半对一半的知识分子对工人。工人也基本上都是初中高中毕业的,就是也有文化的,最低是初中毕业,一般都是高中毕业这样的。

访: 工厂有没有招过附近的一般民众,或者少数民族的工人?

范: 没有,不在地方招,地方上根本不给他们指标。都是要么就招指定,要么就是各个航空院校毕业的。因为那个时候军工还是以保密为原则。

访：那你们跟那些分过来的大学毕业生，还有负责技术的人员、专业人员关系好吗？相处怎么样？

范：我们相处得都挺好的。因为那个时候是"文化大革命"后期嘛，所有分配来的，他们也都不是技术员，也都是工人，我们在一起就是学习政治、学习毛主席语录啊，"老三篇"①都得背得滚瓜烂熟的。把这些政治上的学完了，又开始学技术。学技术就是学那些技术规范什么的，反正每天捧在手上，就是学。任务少的时候，基本上就是学这些，学完了以后哈，他们就跟咱们这些年轻人，一块搞体育呀、文艺呀这些活动，反正一天就是这些事儿。（笑）

访：就是没有生产任务的时候，大家都在一起学习？

范：对对对。

访：学习主要除了保密，然后还有技术标准？

范：对对对，学技术，学文化，我们还经常性地进行文化考试。叫一些高等院校毕业的大学生给大家辅导，然后再考试。比如说你考级啊，考什么，都得先学这个，然后也得轮番考。你成绩在先，先当先进、先涨工资什么的，都是从这里边走。就是学完就考试，每年都是这样的。

访：文化课主要是由大学生来讲呐，还是……？

范：对，大部分都是各个车间的技术员嘛。每个车间都有技术科、技术室，他们有技术人员，在那负责给你讲。

访：那就是每个车间讲自己的？

范：对对对，因为每个车间的生产任务不一样嘛，他只能讲真的。你像我们的话，我们装配车间哪方面都接触，就要讲得很全面。从那个材料、各个部件，它们的结构、原理，这些东西都得讲到。我当时在那里确实学了很多很多的知识，什么原材料也得要懂，完了然后就是，嗯……各个部位，各个部件哈，怎么样跟它配合，怎么样组装，这里边有什么样的技术要求、技术含量，都得知道。我们每天背那个技术规范呐，一摞一摞的。那个时候我的记忆力还比较好，几天就一本，几天一本全背得滚瓜

---

① "老三篇"指《为人民服务》《纪念白求恩》《愚公移山》，是毛泽东在延安时期所写的三篇文章。

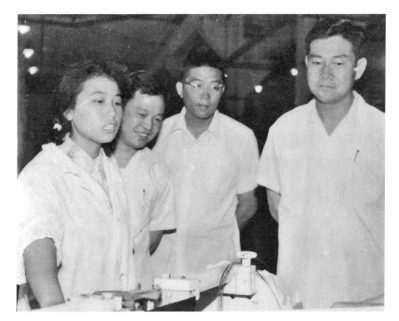

范玉梅(左一)在给团中央书记韩英一行讲解发动机上的附件机匣

  烂熟的,每次考试我都在前头。(笑)

访: 那意思就是你要记在心里头随时要用到的是吧?

范: 对对对,就是。真要是谁问到了,你得马上能给讲起来,能给讲过。我们当时就有空军代表嘛,都得要跟着我们。因为他们要验收,验收以后直接组装到飞机场,由他们那个试飞员进行试飞。完了当时他们那个部队的空军,就要跟着我们一块。他们好多都是新兵哈,也不知道,好多东西他们也不太清楚。技术上的事,他们都得要问我们,我们就得给他们讲得头头是道了。你要讲不清楚,他们回去也没办法交代。所以当时我们学的那些技术,包括我现在还有那些手册呢。(笑)

访: 现学现用啊?(笑)

范: 那一开始都能学到脑子里去,他们问到哪,我们就给他讲到哪,这样才行。

访: 实践当中学,直接上专业了。

范: 对对,有关生产上的事儿,以前我们还常出差呢,经常性地到部队上去,到那个试飞厂,当场去给他们解决问题。比如说他们试飞下来了,哪个地方过热,就是在仪表上技术指标好像不正常,或者是哪个地方有那个不正常的声响,或者是哪个数据不太正常什么的,都要由我们装配车间或者是检验人员去,他们把这些问题给提出来,完了就问我们,这些问题严重不严重,影不影响,和后续的那个试飞什么的。我们都要弄清楚这些问题,有没有影响,或者是拆下来仔细检查。如果说确实是零件坏了,有质量问题,我们马上就得更换,完了再经过试验确实都好了,觉得这些问题消除了,就好了。

访:你们去空军这些基地的话,是跟技术员也要一起吗?

访:有要看是什么问题。如果问题大的话,问题多的话,我们就得跟技术员,跟那个检验科的人员一块儿去。还有设计所的,能跟他们设计人员一块去。如果不是设计问题,只是零件上出了问题,有的时候就我们自己去。记得有一次是我带了一个工人去的。他们刚刚试飞下来,那个飞机可烫了,还没办法检查,等了差不多有一两天的时间,凉下来了,我们才能把零件分解开来。分解下来一看,有一个轴承上看上去像有痕迹似的。我们就拆下来,因为是在132厂[1]装车试飞,132厂离420厂[2]不是很远,我就把那个轴承拿到420厂。因为420厂跟我们是一个系统的,他们也属于发动机的么,好多设备跟我们都是一样的。所以当时我就拿到420厂去进行试验,然后又叫他们那边的技术员帮着分析一下,看看问题严重不严重。试验后,觉得没什么问题,我就把零件又拿回来,又装在发动机上。后来再一试飞,就没有什么问题了,就算完成任务了。还有一次印象特别深的,正好在420厂,还碰到了原来在成都读小学时的一个老师,他也是420厂小学老师嘛,当时教我们的,特别亲切。

访:一个系统熟人多啊。

范:对,那个老师说,范玉梅,我们可是好几年没见面了,当时你大哥也是我的学生,你二哥也是我的学生,我都教过。你大哥可是个好学生,把我大哥给表扬了一番,那一次印象特别深。

---

[1] 此指1958年建于成都的"国营132厂",是"一五计划"156个重点建设项目之一,1988年组建为成都飞机工业(集团)有限责任公司。

[2] 此指1958年建于成都的"国营420厂",亦是"一五计划"156个重点建设项目之一,由沈阳国营111厂援建。1986年组建为成都发动机(集团)有限公司。

访：还记得当时你独挑一面出差,最早的时候是多少岁吗?

范：我看我那时候还没找对象,好像是二十二三岁。那时候年龄不是很大,但是我已经就等于是除了当师傅了,还又带徒弟了。

访：几年出徒啊?

范：三年嘛,对呀,三年出徒,第四年就开始带徒弟了,因为那个时候就是人员很缺呀,来一批就是主力,就得往上走。

访：就是年轻就勇挑重担。(笑)您先后带了多少名徒弟?

范：我想想,差不多三个,三个。

访：一般这种带徒弟是一对一哈?

范：对对对,一对一的,我们都挺认真的。

访：一个带三年?

范：对对对,我那个大徒弟后来回到他们那个厂当厂长去了嘛,技术厂长,我们现在都还有联系,都挺好的。(笑)

访：他是哪里来的呢?

范：他是430厂的。他们老家是安徽的,当时安徽也有一大批支援三线的嘛,他随他爸到了那个430厂。他们是做油泵的,他爸是油泵的技术员,那时候,他爸相当于是技术厂长嘛。他参加工作后也分到我们厂去了。

访：430厂离你们近吗?

范玉梅(右二)和女工们在装配试车通道洞

范：也不近，他们在贵州的大方那边，贵州的大方那边更是山区，开车都是绕来绕去的，相当危险。冬天一般的都没法开车，都全是在山坡上绕山走。那边更偏僻啊。不过现在都搬出来了，所有的011像我们那个发动机系统的哈，现在都搬到贵阳去了。以前那是没办法了，哪里有洞往哪里钻、往哪里安、往哪里建。那个时候我们讲，都是"011，011，洞洞有妖"。

访：所以你们自嘲自己就是"妖"了？

范：等于是自己，等于是自己开自己玩笑。

山沟里的生活

访：这种类似的话很有意思，还有别的吗？

范：啊？别的倒没有什么了。在生活上，有时候咱们不是刚一去没有吃的、没有喝的不是？咱那属于国防系统嘛，后来厂子里就统一由011，三机部直接调配，给你们分点鱼、分点水果、分点粮食什么的，那都是属于厂子里边的。那时候有火车运，一火车一火车的，要运粮全部都是大米，都往厂子里边运，要运水果都是一筐一筐地往里运。要是大白菜、蔬菜、大萝卜，都是一筐一筐地按职工分。记得从烟台调来的带鱼，也都是一个职工多少袋带鱼。还有苹果，一个职工一大筐，或者两大筐，就是生活上边由后勤部门到全国各地去采购。都是以那个国防系统、三线建设为名义，到处去采购去。要么我们那时候职工说的，大家这回一有东西吃，家家户户吃的都是一样的，连放屁都是一个味了。穿的也是，经常会认错人。因为那个时候穿的都是工作服，他们还到处给我们做春夏秋冬的衣服，都有。夏天有短袖，都是那种"的确凉"①的，春天有长袖长裤套装，秋天的时候给你发件背心。冬天的羽绒服，那时候都是厂子里集体发的。反正那个时候的生活，基本上也是不缺什么东西。包括年轻人结婚，厂子里边都给你准备房子、家具什么的，都给你准备

---

① 合成纤维纺织物，是英文dacron的音译，通常被称作涤纶，广东话读"的确凉"时的读音与dacron的发音很接近，后流传全国。因其价格实惠、结实耐用、不易变形、挺括、易洗快干等特点，20世纪七八十年代风靡全国。

好,你就不用去买。因为没地方去采购,那个地方穷得要命。

访：那就是集体主义的生活了?

范：对,那时候要么就说,要么我们就想,我们在这里真正地开始享受到共产主义生活了。

访：吃得饱,穿得暖,偶尔还有福利对吧?烟台送带鱼这种这么好的福利,一年当中多吗?

范：反正是到过年过节都有,因为咱们有后勤,后勤出去采购去。烟台那边,我听说我们厂在给他们建冷库,我们厂包建他们的冷库,然后每年供应我们这些海鲜吃,所以那个时候我们厂里的人基本上都有海产品吃的。

访：那除了这种烟台的海产,你们平常吃得怎么样呢?都是食堂吗?在家各自做饭吗?

范：那时候口号是"以厂为家",所以每个车间都有食堂,大部分人都在食堂吃。食堂的伙食也还行,食堂有专门采购人员。你看我们那时候在住单身宿舍,宿舍也是很简单的,但是我们宿舍下边就是一个食堂。反正是那个食堂不像现在的食堂有饭点儿的,因为我们当时的工作也没个点儿,有工作了就去干,没工作了就回来。所以我们到时候了就去吃饭。就等于是下班了就要去吃饭,所以各个车间都建有食堂。我们的食堂还行,那时候一开始都没有鱼,我们自己挖池塘养鱼,食堂的炊事员去池塘抓鱼做给大伙儿吃。反正那时候是自己给自己改善生活。

访：鱼有了,肉多吗?

范：肉不太多,没有养猪的,那就是厂子里边集体到地方上去采购肉,然后分到各个车间、各个食堂。

访：你当时有听说过就是负责采购的那边有什么困难吗?

范：那采购人员肯定有他们困难的,有时候我们想吃点什么或者想用点什么,有的时候他们就没有,采购不到。但是具体在外边怎么个困难啥的,我们就不太清楚。

访：反正一直觉得吃得还可以?

范：嗯,反正是基本上每一顿都有两三个菜那样的。两三个菜你不管是炖还是炒,基本上还是有。反正是食堂也想方设法地给我们改善生活。我们那时候跟食堂里的人关系搞得也还可以,这个关系搞不好的话就吃不好。再说那个时候都是年轻人,年纪大一点的人都有自己的家。他们大多回家自己弄着吃。到后来了,厂子里就有小市场了,就是那些农民一看咱们路什么的基本上都建好了,他们就提个小筐什么的,在厂外找个空地,在那儿叫卖,然后咱们就可以到小市场去买点啥,改善改善生活。

访:这是后期哈。

范:对。

访:天天吃食堂,有没有觉得很厌烦?想不想家里的伙食?

范:有的时候也挺厌烦的,那时候我们住宿舍的时候,都三五一伙,有时候还会自己做。因为厂子里煤油有的是,我们拿着桶去打上一桶,回来后就用小煤油炉烧,做饭什么的,就像现在电磁炉似的。

访:单身宿舍是后来建在洞外的吧,当时一般几个人一间呢?

女工们在单身宿舍前

范：是啊，后来修了宿舍，我们就从洞里搬出来了。有大宿舍，也有小宿舍，当时有七八个人、三四个人一个大宿舍。我住的那个小宿舍，有四个人的，有两个人的。因为整个厂房相当于宿舍，不是那么规整的，有地方就隔上一截。有隔大的，有隔小的，就是那样的，我反正大的小的都住过。

访：最大一般多少人呢？

范：最大的都可以住上十来个人，十二三个人。

访：男女是分开吗？

范：分开的，咱们一个小楼一半住女生，一半住男生。

山沟里的娱乐

访：我记得当时您还是团支部书记？

范：我那个时候在装配车间，是团支部书记，反正做团的工作。那时候威信还是挺高的。我经常带着我们一些青年团员出去玩，出去参观啥的，他们对我都挺服的，因为那时候我各方面都在他们前头。后来到厂团委我任了一段时间的组织委员，我们厂青年团员特别多，团员有几千名，整个青年人也都近万名了。

访：那应该很热闹，经常搞活动吧？

范：对啊，活动还算比较活跃。像我们是第41车间的，我们装配车间的团的工作，经常在厂里边受到表扬的。他们厂里边经常一提名，交流什么经验，评先进啊，都是装配车间的共青团组织。有一次还有一个特别大的煤厂煤矿，为了让团员体验生活，我们还下到矿里边，都穿上矿工们的服装，然后到井下。我们去以后，把他们弄得也挺紧张的，怕万一出什么问题。我们说也没关系，我们听他们指挥，主要是想看看他们的厂子。因为好多新的团员青年来的时候，厂已基本上都建好了，建厂初期的艰难困苦，他们也不太了解。这样的话，就叫他们到煤矿体验一下，体验一下煤矿的艰苦生活。回来以后，大家都非常有感触，说那工作太艰难太危险，两眼一抹黑，就只有一个煤矿工灯，然后照着往前走。说还是我们的工作干净，当时觉得挺受教育的。觉得咱们应该好好工作，比起人家，咱们这个工作真是太享受了。

访：这个点子挺好的。

范：对，我们带出去走完了以后，别的车间的支部好多也都提出来了，也是想出去走一走。我说这个也是对青年团员的教育嘛。比如说有了进一步的行动，工作也好开展一些。后来我在厂团委开会的时候，跟他们说了，下一次团支部到外边去活动，我们也得去！

访：所以这样的活动效果好，而且也受欢迎。

文艺表演合影

范：对对对！就说那一段时间，我在的那个时候，我们那些青年团，我们都说还是我们办事处跟着跑，你看看这个活动，是相当活跃。但是唯一文艺汇演我们车间团支部在厂子里边儿，也算是一个比较好的，也都取得不少成绩，奖项拿得也挺多的。

访：文艺汇演每年都有吗？

范：每年都有，但是我们那个时候比较多一点，后来就不是那么多了。反正我在的那个时候，人的思想还是比较单纯的，所以也很好组织。你组织点什么活动，大伙都积极地参加。

访：当时你们都排了些什么节目呢？

范：还是排那些比较红的歌。我们当时跳《大海航行靠舵手》，跳得比较多。

然后就抗战歌曲,完了还有独唱《山丹丹开花》,我们单位有不少独唱的,合唱的也有。还有像《北京的金山上》啊,这些歌曲。

访:当时的流行歌?

范:对,当时的流行歌,我们有的唱,然后有的跳,你看我给你发的照片。

访:照片上有男有女一起做那组动作的,那个是什么舞?

范:《大海航行靠舵手》,那首歌那时候差不多每场文艺汇演上都有,歌唱毛主席的嘛。抗日抗战的也有一些,别的那个时候也没流行。有的时候只能偷偷地听一听那些港歌来自己玩,但是公开的很少。

舞蹈《大海航行靠舵手》

访:港歌应该都是后来了,70年代应该还没有。

范:对,改革开放以后比较多一些。那是70年代末、80年代初的时候。

访:你们当时排节目就是利用业余时间?

范:对啊,为什么我们装配车间搞这些文艺体育活动比较多一点,因为我们生产任务不多。要到全厂都生产出来了,到每个月的月底,所有的零部件才能发到库里边,然后我们才从库里领出来。一般都在每个月最后10天,或者八九天的时候,是最忙的,那个时候一切工作都要给生产让路,所以我们就是加班加点地干活。每月的20日以前,尤其是上半月,基本上没有任务,所以都在搞这些文体活动。所以我们一般搞这些文体活动都能搞出点成绩来。再一个就是，我们车间整个团员青年都比较团结，没有勾心斗角的。一说干啥，大伙都能有力的出力、有特长的出特长，你叫他们干啥，只要有这个特长，都高高兴兴地去干。因为咱们活动得多嘛，那肯定都是咱们第41车间的人拿奖。

访：这个体育运动就需要场地了。像篮球、排球还有田径，你们是在什么场地练呢？

范：厂办公楼前后有一片空地，那片空地就是专门用来搞体育活动的。咱们还有一个什么长跑，公里赛，那就是围着厂跑一圈。

访：围厂跑一圈大概有多少公里？

范：差不多能有四五公里。我跑过一次5公里赛。

访：厉害哦。

范：就是车间、厂子里加上咱们的宿舍，围着跑了一大圈。还有连上坡带下坡的，因为路不平，那大坡啊，就这样的下来，差不多5公里，我跟着跑。不过我们车间还是拿成绩的。咱们车间的素质啊、主意啊、身体啊，各方面都还行。那篮球、排球更是没说的了，肯定都是我们获奖。

访：男队女队都有吗？

范：都有！我们的女队特厉害。这些女的特别爱玩，年轻的比较多，都住在一起，单身比较多，所以平时没事了，就打打球。

访：平常都练着的。

黎明厂女子篮球队合影

范：对！平常休息，尤其晚上吃完饭啦，咱们车间有个篮球场，就上车间玩去。我们因为单身的比较多，而且又专门有一个单身小楼，我们车间是单独的单身住在一起，完了以后这样好组织。所以说我们一般地搞一些体育啊、文艺啊啥的，这帮人随时拉出去，随时都能拉回来，一般就是经常活动。而且知识分子也比较多，各大院校毕业的，然后也比较多，都住在一起，所以他们也比较活跃。

访：那平常比赛你们跟其他车间的队伍一起比？

范：对，都是车间跟车间比，成绩特别好的，就拉到跟那个地方上去比。整个厂子里有厂篮球队、有厂排球队，车间有车间的排球队，先是车间互相打比赛，打完了以后成绩最好的代表厂出去比赛。

访：厂出去比赛是跟地方上比，还是厂矿之间呢？

范：有厂矿之间，也有地方上的，都有。

访：搞这些活动有固定的时间吗？

范：反正也没有，基本上都是在春秋季节。冬天太冷了，那时候在贵州也很冷。我跟你说个例子，最冷的时候地下都能冻上好几厘米的冰。因为总是下雨，一下雨地面就积水，天冷了以后就冻冰了。记得有一次在看露天电影，那个时候咱们厂子里还没有大礼堂。我们车间的人是比较团结的，住得最远，离厂外放电影的地方很远，我们就手拉着手滑个冰，就是这么有瘾儿的，每次看完电影回来都是半夜里。几乎放电影都没有落下过的，哪怕看过了，甚至看过几遍也要再去看。

访：那你们当时看什么电影呢？

范：电影可多了，那过去的老电影都看过，什么《英雄儿女》啊，什么《小花》啊，还有日本的电影也有。反正是过去的老电影，只要你想到了，就没有咱们看不到的，有很多的。大部分老电影都有，尤其是抗战的、抗美援朝的，那些老电影翻来覆去看，没事就去看。

访：今天看起来，就好像又回到昨天一样。

范：对，每一回就像在放电影似的。一幕一幕地过去那些生活，全部都回来了。

访：看电影当时就是最好的消遣了。

范：对。

访：那个时候平常还有啥？还能干些啥？

范：平时就看书。我们要是逮到一本书，大伙传着看，都爱看。比如说，保尔·柯察金的《钢铁是怎样炼成的》那些书我们大家都传着看。

访：书应该很少吧？

范：对。

访：厂里会组织买一些吗？给年轻人。

范：一般的都是自己找来看的，根本没有这些。厂里边大部分都是技术资料，看点技术书。就是那样的。

访：还有别的消遣吗？

范：别的消遣，比如就像那些武装民兵，那个时候我们每个单位还有那个叫什么来着……（笑）

民兵队训练合影

访：民兵队？

范：民兵队，那是肯定的了。当时我也就参加了赤脚医生，那时候还有赤脚医生，完了还有那些民兵什么训练。民兵训练每个单位反正都有，但是那个时候我们属于保密单位，因为大门进来，小门也得有人把守。所以厂子里专门给我们配备了一个民兵排,我们装配车间和试车台,我们是一个民兵班,厂子里会集中培训。

访:登山,投弹?

平坝首届民兵队射击比赛合影

范:对,投弹。那些我都经历过的,参过的。一般我在那块儿,咱们经常射击,每天都给五发、十发子弹。要是打十发,我九发能中。五发子弹,我基本上五发五中,很少有打到四发的。

访:很厉害啊!

范:那是肯定的,都是太厉害了,那还叫优秀射手呢。

访:那是每天都要练吗?

范:啊,在培训的时候是每天都要练,基本上培训有个把月吧,差不多。每天练完了,然后那时候不是每天要打,就是给你讲,有技术讲解的。培训嘛反正是怎么样做好一个民兵,怎么射击,怎么投弹,它的要领是怎么回事。射击时,就告诉我们要三点成一线。投弹姿势是什么,千万别把手榴弹扔到脚底下,还是挺受教育的。好多比较重点的基本知识、基本要领,我们基本上都能掌握,挺好的。

访:这个民兵训练的目的是什么呢?

范：就是保卫厂里，为了车间的安全。有外来人啊，或者是一些不明身份的人，一律不让进。因为本身我们就是属于保密单位，所以都要有。

访：那你们练了最后有没有真的派上用场呢？

访：但是就是告诉大家要提高警惕是吧？

范：对，厂子里有时候开会就提醒大家要强调保密工作。当时那段时间我们厂确实看着也挺紧张的，小门上班时间每天都要关，并且平时不让出来，下班才能出来。

访：除了唱歌、跳舞，然后体育比赛，然后训练，刚刚说到的读书，还有其他的消遣吗？如果不工作的时候，大家还干其他什么事吗？

范：那倒没有什么干的了，就是打球啊，唱歌啊，别的倒是没有了，就是这些文体活动。文体活动体现了那个时候青年人比较好动。

访：厂里的文艺体育比赛，会有奖品吗？

民兵队登山训练

范玉梅（右一）和朋友在菜籽冲的合影

范：那个时候都是奖状，给你发一张奖状，然后就是发奖品，有的时候发本笔记本啊、一支笔呀什么东西的，那个属于奖品。然后有的时候发你一件运动衫啊，别的没有啥，没有说像现在的什么奖金啊，那时候还是比较困难。

作者简介：范瑛　　四川大学历史文化学院教授
　　　　　　高梓霏　四川大学历史文化学院2018级历史学基地班本科生

回忆海红轴承厂的岁月

采访对象：李化英（女，1943年生于辽宁朝阳。1962年考入哈尔滨工业大学机械系铸造专业学习，1968年在哈尔滨轴承厂实习，后与大学同班同学张尧旭结为夫妻。1970年携带幼女举家搬迁到陕西汉中三线企业海红轴承厂，1995年随工厂搬迁到西安市，1998年退休，时为高级工程师。）

采访地点：西安海红轴承总厂家属院

采访时间：2018年1月18—20日

采访整理：张慨

采访者按：

海红轴承厂是在第四个五年计划期间，为使重点工业企业布局适应战略需要，由国家投资、哈尔滨轴承厂包建的军用精密轴承总厂。厂址位于汉中地区勉县金泉公社境内，距汉中市区36公里、勉县县城12公里。初名陕西精密轴承总厂。1967年7月13日第一机械工业部批准现址，同年7月21日第一机械工业部将其更名为海红轴承厂。1969年工厂开始兴建，1972年7月1日正式投产。在建厂初期，从全国各地奔向海红的建设者们在4公里的厂区规划线上，开始了艰难的创业。1981年工厂产品转民品。1992年，经国家计委批准，企业实施整体脱险调迁，1995年成建制搬入西安经济技术开发区凤城二路，2004年经国家批准政策性破产。

从一个大山沟到了另一个大山沟

我老家在辽宁省朝阳市长宝营子乡平房大西沟村。我的爷爷、奶奶、爸爸、妈妈都是地道的农民。

我出生在抗日战争时期的1943年冬天。中华人民共和国成立后,我于1951年进入小学念书,1956年考入朝阳初中(现朝阳二中),考初中是我第一次进县城,第一次照相。1959年我考入朝阳高级中学(现朝阳第一高级中学)。1962年高中毕业后考入哈尔滨工业大学(简称哈工大)开始了大学生活,进入九系(机械系)铸造专业学习,学制五年。在学校我们学习了基础课、专业基础课,进行了金工实习。1964年秋还参加了农村"四清"工作。无论是学习上还是思想上都取得一定的成绩和进步。1966年6月,我校研究生贴了第一张大字报,从此我们便停课,参加"文化大革命"至毕业。

在那个时代,大学生是不准谈恋爱的,我们快要毕业时,在同学们的撮合下,我决定做张尧旭①的女友。那时毕业分配没有自由,分你去哪里,你就得去哪,否则没有工作。毕业分配时我们被分在一起——汉中一机部工厂。这是位于陕西的一家三线厂,为了保密,对外称汉中71号信箱。后来才知道工厂根本不在市区,在汉中勉县的一个大山沟里。

陕西勉县海红轴承厂是哈尔滨轴承厂包建的大三线企业,隶属于当时的第一机械工业部,后来下放到省,归陕西省机械工业局管辖(简称省机械局)。

1967年7月我们正式毕业参加工作(实际进厂是1968年8月),在去厂里报到之前,我们便回山东老家结了婚。我俩和同班同学王世全同时到哈轴(哈尔滨轴承厂简称,以下同)报到,参加实习。张尧旭和王世全分到机修车间翻砂大炉班实习,我被分配到热处理车间精密铸造工段实习(实际是工具热处理工段精密铸造班)。实习期间,领导要求我们各工序都要实习,将来能独当一面。所以我从蜡型的配料、成型、组装、涂壳、去蜡焙烧直到浇注铸件都实习了一遍。工厂的师傅们对我都很好,听说我结婚了还住在单身

---

① 张尧旭(1943—2002年),山东昌邑人。1962年考入哈尔滨工业大学机械系铸造专业。1967年毕业分配到筹建中的汉中海红轴承厂,主要参加铸造车间的工艺设计及非标准化设备设计。车间投产后历任技术员、工程师、工长、设备科副科长、副厂长等职。1991年该厂向西安搬迁,任厂基建指挥部常务副总指挥。研制FA611型气流纺纱机轴承成功,获陕西省机械工业厅科学技术进步二等奖,机械电子工业部科技进步三等奖;研制陶瓷管型加热炉成功,获国家专利;翻译发表《垂直分型型内球化工艺》《锌在铸造行业的应用——锌铝重刀铸造合金》等论文。

楼,就主动帮我们找房子,从单身楼搬出来住,后来便有了我俩的第一个女儿。因元旦出生,便取名旦红,上学时取大名张慨。

经过两年的实习,1970年11月我们全家离开哈轴前往海红轴承厂。我们先去辽宁看望我母亲,又去山东看望公婆,后经北京来到陕西勉县海红轴承厂(汉中71号信箱)。经过北京停留时,在当时的一机部招待所受到热情接待。当时大家都不知道三线厂啥样,但都知道建在大山里,离城市很远、很偏僻、很穷的地方,没有人愿意去,所以对我们这些能自觉去的大学生格外的热情、支持。帮我们买车票,介绍三线的发展前途,让人很感动。

在北京休息一下,去看了看天安门(因小孩奶奶跟我们一起来,她没有见过天安门)之后,便乘火车离开北京,经西安直达略阳。一出略阳站,就是略阳县城了。看到略阳县城的样子,我几乎都要哭了。整个县城就是一条街,用不了10分钟便能走完了,两边全是高山,真有点让人喘不过气来。因事先没联系好,厂里没有派车来接我们,只好在略阳住下。唯一的旅店,也因天晚,无饭可吃。幸好离开时买了几个面包,还有给孩子带的点心,每人吃点,就算晚饭了。住的房间倒也不算太小,没有卫生间、沙发这属正常。床单好像有两个月没洗,在上面可以清晰地看到小孩的尿渍,真没法脱衣服睡觉,心想勉县该不会也如此吧。咬牙将就了一晚上,第二天厂里派车把我们接到厂里。还好,因事先知道我们带着孩子和老人,厂里给我们分了一间

图1 海红厂二区建设初期三通一平

房子,是平房,13平方米,有一个小厨房,但是上厕所要到外面的公共厕所去。总算自己安家过日子了。当时我们才27岁,现状却有点让人寒心,不知前景如何。当时来三线的不少人都是家里有各种问题需要解决的,有的是解决两地分居,有的是解决老婆、孩子农村户口问题的,只有我们是没有任何问题需要解决,服从国家安排来到的。寒窗苦读17年,离开了家乡的大山沟,却又到了另外一个大山沟。

建厂之初

海红轴承厂(以下简称海红厂)能建成投产,并坚持了几十年,真是不容易。当时条件实在太差,既要完成基建任务,还要完成生产任务。

海红厂第一批开始搞基建大约在1965年(被采访人记忆有误,经查阅资料当为1967年)。我们1970年来到的时候,厂子和黄沙镇连接的汉江大桥都修好了,厂房还都没有建成,最早开始建设的机修厂房正在打地面,也没有设备。首先得把机修建起来啊,这样设备出了问题就能及时修理。1972年,海红厂的第一批轴承就是在机修车间生产出来的,那时候生产车间还没有建好。我后来工作的翻砂厂房更是还没有形,扩初设计也没搞。厂里也没有办公楼,现在能看到的厂大门口那个办公楼都是后建的。

图2 海红汉江大桥初步建成　　图3 1971年机修车间厂房地面平整

当时我爱人张尧旭分到机修车间工作,他带领大家盖了翻砂的临时厂房,自制300冲天炉,解决厂里生产急需的铸件。1972年,他接受了翻砂厂房扩初设计的任务,这对他来说是信任,也是考验。以前从来没干过,所以必须努力才能完成任务。他办事认真,干什么学什么,克服各种困难出色地按时完成任务。后来哈轴来的老师傅退休了,他接任了翻砂工段长一职。接任后,新厂房建成,我们开始安装设备和自制非标准设备。我厂的铸造是机修车间的一个工段,是最后建成的厂房。工作需要他经常去洛阳出差,他一走我就自己一个人带两个孩子,早晨广播没响就得起来做早饭,饭后抱着小的领着大的去幼儿园,然后再去上班,真累呀!

我们的铸造厂房,当时在全国轴承行业属于最先进、最现代化的厂房,不仅厂房高大,宽敞明亮,选择的设备也很先进,全部熔炼设备均采用电加炉,其中有1.5吨无芯工频化铁炉两台,150千克无芯中频化钢炉两台,300千克有芯工频化铜炉一台,熔化工人的工作环境焕然一新。配砂有两台碾砂机,砂型烘干有台车(自制)式电阻炉,打箱有震动落砂机,大大减轻了工人的劳动强度。翻砂车间属于粉尘大、污染严重车间,我爱人张尧旭就自制了自激式水力除尘器,有一个进口把灰尘吸进去,通过一个大管子弯水池里,把翻砂铸造车间生产过程中产生的粉尘污染排出去,降低粉尘对职工身体的损害。这些设备有买的标准设备,也有自制的非标准设备,非标准设备全由我们自己设计、制造、安装。

翻砂工段有三台离心浇注机(两台买的、一台自制的),每逢开铜炉时,全工段人(木型除外)一起上阵。这个时候我一般承担检查任务,主要检查铸筒的长度、内径和外径,大家齐心协力,总能保质保量完成任务。

在翻砂工作期间,我主要负责精密铸造、型砂实验室和化学分析室的工作。精铸的设备除化钢炉外,基本都是非标准的,化蜡炉、压型机、转动工作台、搅拌机流态化撒砂器、脱蜡松等全部要自己设计、制造、组装并开动使用。这些运行正常以后,1981年我被调到设备处负责全厂工业炉窑大修工作。1983年工业炉窑划归动力处管理,我也跟着调动到动力处,后改名为能源管理处。我除了负责全厂工业炉窑大修外,参加了企业节能升级工作。由于我们的努力工作及大家支持,我厂很快就升级为国家二级节能企业。我们的组长黄村斗还被评为厂劳模。

图 4　被采访人李化英在动力处工作期间　　图 5　被采访人一家在厂三用堂（俱乐部）门前合影

翻砂的人员，除哈轴来的三位老师傅（邱正洪、刘本国、刘发恩）外，其余大部分是从本地招收的学徒工和转业兵，还有几个西安下乡的知青、两名哈轴来的技校生。没有老的技术人员，我和我爱人在哈轴实习过，其余几位大学生（高鹏、卢中原、蒋修治、陈风岭）直接在海红上班。不论是哪来的，大家都很能干，吃苦耐劳，不怕脏累，没有因铸件而影响生产，后因工作需要我们都陆续离开翻砂。

除完成生产需要外，还为房产处铸造家用炉门、炉盖子、炉篦子等铸件。同时还为三用堂（有三个使用功能的大礼堂：会议、演出、放电影）座椅浇注支架，并承担安装任务，大家加班加点，为保证三用堂按时使用做出极大贡献。

1972年正式投产，建在深山里的工厂，产品成本很高，生产用的所有材料，火车只能运到阳平关或略阳，然后再用大汽车拉回厂。阳安线通车以后是火车运到勉县，大汽车再从勉县拉回厂。生产的产品也是这样发出去。即使这样，从投产以来，年年能完成国家下达的生产任务，工资也能按时发放，基本保证了职工的正常生活。正式投产以后，基建的活逐渐减少，工厂开始考虑如何改革职工的物质生活和文化生活。

城市生活农村化

上班后我被分到机械加工站，几个人看一台锯床（备料用的），活不多，离家近，这样给孩子喂奶很方便。在加工站干了不太长时间，我到机修车间上班。奶奶走后，孩子送进了幼儿园。那时的幼儿园条件不太好，我们早上把孩子送去，中午还要接回家吃午饭，下午上班前再把孩子送去，这样一来，中午时间很紧张。有时吃完饭连碗都顾不上洗便出发了。厂里面有蒸汽锅炉，给每一个职工发一个饭盒，人们早晨上班，把米饭和水放好，放到蒸锅里，下班的时候，直接把蒸好的饭拿回去。由于饭盒是统一发放的，为了不拿错，每家就在饭盒外面套一个网兜，网兜都是各家用尼龙线自己编织的，有的上面拴个小铁环，有的上面绑一朵小塑料花，还有的干脆就使用自己家重新购买的饭盒，都是为了不拿错，即便如此也还有经常拿错饭盒的情况。厂里在厂大门口（家住沟里）、锻造车间（家住沟外）两个点都设了蒸汽饭锅。这样大家中午12点下班，回到家炒点菜就能吃饭，下午1点半就可以按时上班了。

刚到厂里的时候，我们家中上下水都没有，在一栋平房的紧把头的地方才有一个水龙头，十几户人家淘米、洗菜、洗衣服等都在那里，更不用提卫生间和暖气了。1970年11月份到的厂里，没有洗澡的地方，一个冬天都没洗澡。直到快过年时，厂里派大客车拉着大家去汉中市区洗澡，这才第一次洗上澡。那天洗澡，汉中澡堂有大池子和单间，一个单间里头可以两个人同时洗澡。条件还可以，就是卫生条件不行。我第一次去洗澡就是跟杨军（被采访人二女儿张琨的同学，后考入清华大学，现在南京工作）的妈妈，那阵子杨军妈妈还怀着身孕。第一天来了没洗上，人太多没排上，单间一次只能进去两个人洗，外面有个大池子，人们洗澡都喜欢在大池子里面泡，再说为啥喜欢在大池子里泡，你想想一冬天没洗澡了，不得好好地在大池子里搓搓啊。厂里的大客车连着拉了好几天人去市区洗澡，大伙儿才算是干干净净地过了年。第二年厂里自己修了澡堂子，再后来，一些有粉尘、高温的车间，像锻造车间、翻砂车间也都建了澡堂，用生产车间产生的热蒸汽把水熏热，职工下班后就可以在车间直接洗热水澡了。

起初什么都得自己解决。吃粮要到离厂八里地远的高潮粮店去买，后来厂里给房子，他们把粮食放身边。每周日他们来人卖，职工可以少跑路了。粮食主要是大米、白面，杂粮是玉米或玉米面。烧煤要厂里自己买煤，拉回厂，再卖给职工，按证购买。点炉子用的劈柴也需厂里自己派人进更深的山里去买,回来后再卖给各户。我们老百姓的生活也不轻松,一到周日(当时每周只休一天),买粮、洗衣服、做煤球、劈柴,样样都得干,根本没有休息的时间。正如人们所说的,周日休息比上班还累。

　　刚到的时候厂里没有理发店,理发要去三里地以外的黄沙镇,人多、等候时间长不说,理发用的毛巾都看不出颜色,围到脖子上也不知是什么味。无奈之下,我们自己买了推子、剪刀、削发器等理发工具,学着自己理发。先给孩子理,尽管水平不高,但方便、卫生,后来连我爱人的也理。就这样我儿子一直到上大学以后才去理发店理发。

　　这里也没有缝纫店,我们只好自己买缝纫机,学会自己做新衣服,虽然不太好看,但解决了穿衣服难的问题。每逢过春节,孩子们穿上新衣服很高兴,我也很高兴。

　　总之,感觉三线厂就像一个刚立户的家一样,什么都没有,什么都得自己想办法解决,艰难的很,真是又苦又累。

　　当时厂区只有一个公家菜店,还经常没有菜。平时买菜要到黄沙镇去买,与上班的车间是两个方向,路途比较远,腾不出时间。早饭和晚饭就只吃咸菜,中午炒一个菜,不够就再吃点咸菜。酱油经常要托人从北京带酱油块,回来自己加水兑成酱油。醋要买天津产的米醋精,自己按比例兑上水当醋吃,这就是好的了。每月每人供应半斤肉,这里供应的肉连皮带骨头,开始还要到黄沙镇去买,谁能挤进去谁先买,我根本买不到好的。后来在家属区(三区)设立了肉站,买肉才不用走那么多路了。

　　日常生活困难,刚出生的小孩子们吃奶、吃点心更不容易。从哈尔滨往勉县搬家的时候,在哈尔滨买了10瓶奶粉,大女儿断奶后就靠这些奶粉度过,还算是好过点。等到生了二女儿,就只好托出差的人从外地带回来几瓶奶粉,后来在附近农村老乡的家里订了羊奶,每天一斤我和两个女儿喝。等到生老三的时候,除了吃我的奶,就是靠每天一斤的羊奶了。勉县不像大城市可以买到一些点心,孩子们常吃的就是玉米面做的大方饼干,四毛八一斤,每次去拿个面口袋买好几斤回来,然后用方桶装好、盖严实以免受潮。汉中的小方饼干就是白面做的了,六毛五一斤。我爱人每次去市区就给孩子们买好多,因为市区也不是有机会老去。尽管今天想起来觉得苦,但在那时候也算是好生活了。翻砂车间有同事李仙芝家在西安,每次过年从家里回来,都会给孩子们带一包蛋黄饼干,那就属于奢侈品了。

路也不是那么好走的,全是土路,正如人们所说,好天是扬灰路,下雨是水泥路。在这里水鞋是派上了大大的用途。

除了吃喝拉撒睡,看病也是一个大问题。如身体健康还好,要是有病去县城医院或市区的医院要走三里多路,才能到川陕公路的公交车站,车半个小时一趟,折腾一次,小病也变成大病了。后来在沟外平房有一套间,有几个医生看病。1974年厂里的职工医院建成,医院有内科、外科、儿科、中医科、妇产科,并且还有化验和理疗,还能做一些手术,像阑尾切除、接生孩子、绝育手术等。职工看个小病不用愁了。大病刚开始去勉县医院,后来觉得勉县医院水平不行,就去汉江职工医院或者汉中地区医院。我那年肩膀长了个脂肪瘤,就是在汉江职工医院做的手术。职工看病全部是公费,家属是半价,但是每个人去看病都要交5分钱的挂号费。别小看这5分钱,还有家属看病的半价收费,医院挂号收费的人,就是这样贪污了好几万元。她是在厂财务科交钱的时候碰上了院长,院长无意听说了上缴的款项发现不对,说是前几天刚有一个家属出院,光这个家属病人的缴费就不止这些钱。厂里立即去调查,发现了犯罪事实。当事人被判刑两年,监外执行。考虑到她丈夫是转业军人,厂里也没有开除她,把她从医院调到单身楼当管理员去了。

工厂的生活就是上下班,比较单调。这个放广播是海红厂的一个特色:每天早晨6点半准时放广播。广播一响无论家属、单身都知道该起床了,再晚就来不及了。起床、吃饭、送孩子去幼儿园,然后去上班。到了中午12点,广播一响,正式下班。中午广播一些厂内新闻,比如基建动态、好人好事、通知等等,播放时间半小时。下午上班之前,广播一响,大家就知道,该走了,否则会迟到的。

在这大山沟里基本上没什么娱乐活动。业余时间,我们自己找点生活乐趣。我爱人夏天带着孩子们到汉江里去游泳,孩子们就在汉江里都学会了游泳,汉江边上抓几个小螃蟹。

有一次,我爱人带着孩子们,跟那个叫徐培业的同事上沟里的山上去摘黄花菜,我没去。给他们买了几个厂食堂做的面包,买了一斤哈尔滨红肠,两瓶啤酒,还用军用旅行壶,又带着水、黄瓜。早晨出发,下午3点多钟回来的。我把这些黄花菜择洗干净,搁锅里蒸了,又晒出去。晒干以后是整整一斤干黄花菜。那阵买一斤干黄花菜才一块二。我算了算四个人八个面包就一块六,一斤红肠大概是三块,两瓶啤酒是一块二毛几,还有四个人搭上那工夫,就摘回一块二毛钱的黄花菜。从经济角度看实在不合算,但那是找个乐趣,就像现在人们出去野炊一样了。

当地的文化很落后,黄沙镇在工厂来之前有的居民连女同志穿裙子都没有见过,他们说:"海红厂的女人穿的裤子一个腿腿。"新盖起的大厂房、红砖墙、玻璃窗,又高又大,他们也从没见过这样的房子。有一次有几个打猪草的农民进到厂房里到处看,问他们想干什么,他们说:"我们也见见广。"就是俗话说的开开眼界,长长见识。

整个厂子就像一个小社会,还有派出所、邮局、银行分理处,厂子给他们盖的房子,他们用电啥的,都得厂子给他们投钱。当时西北地区还有几个轴承厂:兰州有个兰州轴承厂,天水有一个叫海林,青海是海山轴承厂,银川有一个西北轴承厂。兰州轴承厂那个厂办的主任就是我们哈工大的校友,学管理的。人家等于是在兰州,起码交通还方便,你像咱厂子这种交通太差,人家不管咋的,有些东西是社会上管,你像咱们厂那块在那个地方派出所、邮局、银行分理处都得是咱们厂子给人家房子、水电气,都得供着人家。厂子就像办社会一样,城市人生活有的我们都有了,就是地方太偏僻,在农村。后来关红(大学同学关荣镇的女儿)的舅老爷来探亲,说我们的生活是城市生活农村化。

说说咱们"沟里人"

我认为海红厂的人主要可分为四类:

第一类是从哈轴搬迁过来的人,包括搬迁职工、家属及子女,还有哈轴技校分配来的人,这类人是海红厂的宝贝,这类人是工厂的领导,厂级领导基本全是,各车间的主任、工组长等开始也大部分由这类人担当。他们当中有一部分是七级和八级技术工人,手艺很好,当时都号称大工匠,人们尊称为××八级,比如邱八级是八级造型工,刘本国是七级造型工,张维焕是八级车工,赵国凡是八级电工,韩八级、张八级是大修钳工,都是机修车间的,工具车间有没有八级工不太清楚,生产车间就没有这些大工匠。大工匠都在机修车间,这是维修、大修设备的。如果没有这些大工匠,厂子也不可能撑下来这么多年。

这些从哈轴来到三线的人,情况各有不同。大部分人是工作需要服从厂里分配来的,但也有的人为解决夫妻两地分居而来的,也有的人为了子女不下乡到三线而进厂而来。解决两地分居问题来的人就面临着安排另一方和随迁子女的工作问题。从老厂来的一些老职工的老婆,有的是农村的,有的是外地的,最主要是这些人缺少文化。到三线以后,就成立了五七连,专门安置这些随迁家属。一开始搞基建需要人多,她们就搞基建,就像民工似的干活,后来多半都成了幼儿园的阿姨,或者食堂的炊事员。再往后有一大部分转成正式职工,其余的就是大集体了。大集体干啥的都有,厂里收废品的、清洗的,也有上车间去干活的。翻砂工段那时候就有个大集体的女工帮忙的,打个硅铁、锰铁、小料之类的。

不管什么原因,这些来三线厂的人都是好样的,都知道建厂阶段工作是累的,生活是苦的,条件是差的,大家还是来了,而且干得很卖力。当然也有人家来不长时间,等于在哈尔滨有人就调回去了,那毕竟是少数。

第二类人主要招收的是下乡知识青年,其中以西安知青和北京的知青为主。还有招收的五局四的子弟。这些人有一定的文化,是工人中的骨干,因为下过乡,吃过苦,受过锻炼,所以工作中表现比较好,有的后来也升为车间主任、工组长等,受到厂里的重视。北京知青主要招的是在陕北下乡的,后来返城政策出台的时候,他们都结婚有孩子了,有的人自己带着孩子回到北京,有的人就把子女的户口整回去了,像马军他们把孩子户口整到北京去了。住我家楼上的黄总工的大儿媳妇就是北京知青,按照政策自己带着孩子返回北京,丈夫就留在厂里一直干到退休才去北京。黄总大儿媳妇回北京以后户口跟父母落到一起,临时住在她娘家妈家,但是工作总也解决不了,还带着上学念书的孩子。无奈之下,只好开了一个煮腊汁肉的摊子卖熟食,后来还挣下了一个店铺,在北京买了房子,孩子也工作了。现在听她小叔子说他嫂子就把那个店铺租出去,光收房租就行了。

厂里还有一些上海人,属于从哈尔滨轴承厂派来的。主要是南京机校毕业后去哈尔滨工作,然后哈尔滨轴承厂又把他们派过来的,像谈炎(大女儿的同学)他家就是这样过来的,还有像段广中(大女儿的同学段铁梅的父亲)他们。据说他们来汉中是自己愿意来的,因为东北都吃粗粮,他们不太习惯,汉中有大米吃,他们南方人爱吃大米就主动要求来了。

第三类人是国家分配来的大学、中专毕业生,这些人是最听话、最好管的人,因为他们是知识分子,必须接受工农兵的再教育。这些人被分配在各个车间,先是当工人,后来成为技术人员,再后来就成了厂里重要的技术力量。我是1968年分来的六七届哈工大毕业生,因铸造无老技术员,所以我们必须每个人能独当一面。虽然在哈轴实习两年,但还是感到压力很大。整体来看,海红厂的技术力量不算太强。工厂设有技术科,负责轴承产品的一切技术工作。各车间都有技术组,负责全车间技术工作。后来又成立了轴研所(轴承研究所简称)和工艺科。技术人员除了从哈轴调过来的外,1968年从哈工大、上海交大、西工大等学校分来十几名六七届毕业生。1970年又从合肥工大、武汉大学等名校分来十几名大学生。后来又分来一些一机部下放的干部(这些人后来大部分又调走了,但他们也不是都回北京,而是自己找单位调动)。粉碎"四人帮"以后,国家恢复了高考,又重视教育了,这类人在厂里的位置也得到相应的提升,大部分人被提拔为厂级和车间领导,或基本上都获得了工程师、高级工程师职称,他们对三线建设做出了重大贡献。我爱人张尧旭那时候研制FA611型气流纺纱机轴承成功,获得陕西省机械工业厅科技进步二等奖和机械电子工业部科技进步三等奖。后来研制陶瓷管型加热炉成功,获得了国家专利。还翻译发表《垂直分型型内球化工艺》《锌在铸造行业的应用——锌铝重刀铸造合金》等论文。那时候做科研都是给工厂解决实际问题。

厂里到汉中以后陆陆续续每年都分来大学生,但不是很多,都是陕工院(陕西工学院简称,今陕西理工大学)的,汉师院(汉中师范学院简称,今陕西理工大学)的,再就是咸阳机校(咸阳机器制造学校简称,现更名为陕西工业职业技术学院)的,还有个别是陕西机械学院的,现在叫西安理工大学,那都是极个别的,所以后来厂里的技术队伍就是咸阳机校的毕业生人数最多,很少名牌大学毕业生了。这地方在大山沟谁愿意来啊,我们那阵是大家都绝对服从组织安排。我爱人当副厂长,有一段时间分管人事工作,为了能给厂里多分配些大学生下了很多功夫。当时洛阳工学院有个轴承专业,是全国高校唯一的轴承专业(哈瓦洛是当时全国轴承行业三大巨头)。那一年毕业了一个轴承专业的大学生,叫孙国华,家是陕西白水县的,学生会主席。我爱人就想让他来,人家到厂里看了一圈不愿意,我爱人就让我在家炒了几个菜,炸的小黄花鱼,准备了一瓶酒,请他在家里吃饭,给他讲厂里的发展。最后他就留在了厂里。孙国华来了就在轴研所(轴承研究所)上班,后来厂里搬迁到西安,轴研所解散,他就去子弟校当数学老师。前些年子弟校改制被未央区教育局收走,他也就跟着学校一起走了,结局还算好。子弟校现在是事业单位了。

  第四类是在本地招收的学徒工和转业兵。这些人以当工人为主,也有少数人成为领导、工组长等,绝大部分在工人岗位退休。他们是完成生产任务的主力军。我工作的翻砂工段就有不少当地人和转业兵。那时候招工,1970 年招一批,就是那些没下乡、初中毕业的年轻人。后来还招了一批转业兵。招工的时候就确定了工种,不管是厂子弟还是社会青年、转业军人,今年招你进来是什么工种,你以后就是这个工种的。你要是嫌弃工种不好,你就别进厂,就招别人了,执行得非常严格。所以像翻砂、锻工这样又脏又累的工种也能招到人。

  无论是哪一类人,没有成家的和子女成人的都有婚恋之事,从哈尔滨来的那些个老职工的子弟都不太愿意找那个当地招收的工人。厂子弟找个厂子弟,哈尔滨技校来的找技校的,西安的知青找西安知青,有门当户对的意思。但是也有个别人,因为没有合适的对象,也有知青找厂子弟的。后来由于进厂时间久了,当地招收的工人不那么土了,因为进工厂有收入了,穿戴逐渐跟哈尔滨、北京、西安来的也有点像,就也有找当地人的,但是比较少,更多还是门当户对那种情况多一些。

房子、票子和孩子

  1970 年刚到海红厂时,家属区只有沟外(三区)盖有几栋平房,还有四栋家属楼。我们就分到了平房的一个小单间。当时分房子既要看工龄还要看人口数量,主要是看人口。哈尔滨轴承厂来的那些老职工,工龄长,都拖家带口的,人比较多,所以大多数都分的套间房。像我们这些年轻的新结婚的,带着一个小孩的,就给一个小单间,有了两个小孩以后,小单间就变成大单间,三个小孩和三个以上的就可以分个套间。套间就是一个厨房之外,两间卧房。过两年有老二以后,我们家搬到沟里就调成一个大单间。1974年生了老三,我们就住上了套间。1984年,我爱人当副厂长,可以住三室,我们就住了一个套间加一个大单间。虽然是分房,但是也要交房租。1995年搬迁到西安后就实行房改买房子了。当时沟里厂子弟校那个山上修建了几排平房,是按工龄排队分,主要是分给在附近上班的医院大夫和子弟校老师的。当时子弟校教化学的宋老师,教数学的董老师,厂医院的几个大夫都分上了那里的房子。后来还盖过那种有两室和三室的房子,职工叫"红眼楼",那个楼每户都有凉台,屋内有独立卫生间,所以大家都想住,就叫"红眼楼"。是自己申请,申请完以后按工龄排队分房。1995年厂子整体脱险搬迁到西安市,大家就按照房改政策买房。虽然是买也要按照工龄、学历、职称综合打分排队。

房改以前住房要交房租,很便宜,我家住大单间的时候,连厨房算上18平方米,厨房3平方米,一个月缴费1.28元。在沟外住的小平房,13平方米一个月缴费0.9元,都在每个月的工资里直接扣除。

刚一开始,电费是按着灯头数收的,房间一个灯,厨房一个灯。一个灯头一个月收3角钱,当然那时候除了灯以外也没有什么其他电器了。有的人在家里悄悄用电炉子,被发现后就按照偷电处理。改革开放以后就开始装水表、电表了,不是厂里要求装的,是国家要求的,就像厂里15千瓦以上的电炉都要装表核算一样。收水费一开始是按照人数扣除,后来有的家庭孩子上大学走了,家里不用水了,但扣的时候还是按着原有人数扣的,就有职工去厂里反映。厂里就根据户口,迁走一个就减去一个人的水费。

刚毕业在哈尔滨轴承厂实习的时候,铸造属于特殊工种,工人都有保健,就是一个月有一斤肉、一斤鸡蛋、半斤油、半斤白糖,而我们大学生没有。后来车间组长(姓孙)、副组长(姓郭),在车间开会讨论该不该给我们保健,有的人认为我们是实习的,不应该有。但是组长孙国学说了一句话:"大家都在一样的环境里干活,要有保健大家就该都有,要没有就都没有。"车间领导觉得他说得有道理,也就给我发保健了。后来到汉中来的时候还有保健,标准和哈尔滨轴承厂一样,就是干部是工人的一半,因为干部参加劳动少,我们属于干部。保健发放有时候是发各种票证,有时候发钱。发钱就是领工资的时候按照一天三毛还是几毛的标准发。翻砂铸造车间还有劳保,就是发工作服、帽子和大头鞋。劳保只有特殊工种才有,比如高温的、粉尘的、热处理车间的,还有锻造的。在哈尔滨轴承厂的时候,我属于热处理车间,我爱人在机修车间。翻砂开炉还有那个高温补助也属于保健。

我们1968年分配到哈轴时工资是46元,是按照六类地区的工资标准,相当于1958年进厂的三级工,他们是45.8元。铸造车间蜡型工艺几个女工是二级工,38.9元,但是她们每个月有5.6元的附加工资。我们这一届大学生很亏,应当1967年毕业,可是1968年才安排实习,那就应该1969年转正,又拖到1972年才转正,转正以后的工资是56元。但是陕西是八类地区,应当是58.5元,不知道为啥这么低。20世纪70年代中期又调整过一次工资,涨到62元了,那个时候62元也算可以的了。

那时候涨工资,一是调整不定期,啥时候涨没有固定时间,而且每次是给不给你涨也不一定。1985年前后有一次涨工资,只有百分之几十的人能涨,有限制。工资80元以上的都不涨,给低工资的调整。我那阵刚调到一车间上班,组长黄村斗是高级工程师,工龄长也没资格调,因为他的工资都超过80元了。

第二是涨工资工人、干部两条线,级差不一样,工人的级差都比干部的大。就好比说,这次涨工资,这个干部的一个级差是5元,工人的就是7元。那时候当工人比当干部强。我们单位谭师傅两口子,是从哈尔滨技校来的,有一段时间既可以当干部也可以当工人,就让自己选择,选干部按照干部的级差涨工资,当工人就按照工人的级差涨工资,就得在工人岗位上上班,他两口子就都选当工人,直到退休都是工人身份。我们刚毕业大学生是干部23级,一年后转正,就是干部22级,干部级越少钱越多,工人是级越少钱越少,不一样。当时从哈轴来的工人有七级、八级工,八级工是102元工资。再就各个单位、各个行业都不同了,全国涨工资没有统一标准,但是几级是多少钱,是一定的。

1998年我退休了,退休时候的工龄是31年,可以按百分之九十领退休金,退休金每月600多元。退休金多少只与工龄有关,30年以上(包含30年)的百分之九十,然后依次是百分之八十五、百分之八十,根据年限来的。要是病退,必须得有医院的证明。退休的时候我是高级工程师,但是退休金和职称不挂钩。那时候岗位工资跟职称有关系,退休的时候都加到里面去了,然后按百分之九十计算的。我是1993年评上的高级职称,我爱人是1989年。男同志都是60岁退休,女的、干部55岁退休,工人50岁退休,像翻砂、锻造、粉尘这些特殊工种45岁退休。一开始我们都不知道特殊工种可以提前退休,或者加工龄,干一年加3个月工龄。1996年大学同学聚会的时候才听说,我都53周岁了,1997年我正好够30年工龄。但是厂里也没人去找去要求,我给我爱人说咱们也不去找了,好像就咱俩要求加工龄,1997年咱工龄就够30年了,反正百分之九十,剩下那些就不管了。我那阵要找成了,我们这特殊工种干了8年,24个月,就相当于2年,可以多补回不少钱。

当年到勉县落户的时候,要办理粮本。买粮不是用户口本,是用粮本。在老厂时每人每月粮食定量,女的是38斤,男的是42斤。结果到勉县去办粮本的时候,那人不懂,什么男的女的都是42斤,然后我也就变成每月定量42斤了。最早在哈尔滨的时候,我俩每月80斤的粮食吃不完,搬迁的时候还有点米呀啥的。后来奶奶来帮着看孩子,我们的粮食就有点紧张了。那时住平房,隔壁那一家就老两口。老头得了胃癌,上南宁看病去,到处走。家里的粮食吃不完,就给我们一桶面,要不然粮食都不够吃了。

粮食吃的多主要是没有副食,另外就是孩子越来越多。小孩刚生下来每个月7斤粮食。1岁以后涨到10斤,以后就涨1岁涨1斤粮,小孩的粮都不够小孩吃的。住到沟里大单间的时候,隔壁邻居家有三个儿子、一个女儿,吃饭都分开,一个人多少都分好,免得吃饭打起来。那阵吃饭没油水,都吃得多,要不然也够吃。

随着这些小孩的长大,教育也是个大问题。开始的时候,厂里有一个学校,小孩去念书要自带板凳。后来建了厂子弟校,子弟上学不交学费,就是收点书本和本子费。子弟校学生多老师少,厂里就从西安下乡的知识青年中挑几个分到学校当老师。这些小学基本上都在子弟校念。升入初中以后,有些人说是锻炼小孩,其实就是嫌子弟校教学水平低,把孩子转到社会中学上学去了。我们家三个小孩都转出去了。那时候社会中学对厂矿子弟去上学有歧视,要么招生不招收厂矿子弟,要么偶尔招生的分数线,对厂矿子弟单独画线,要远远高于县城城关镇和农村的学生。我的大女儿和小儿子当年小学毕业想去勉县最好的中学勉县一中读书,他们那两年就是不招厂矿学生，多少分都不要。没办法，只好托熟人把大女儿转到勉县二中读书，小儿子转到勉县三中就读。二女儿运气好，小学毕业那年，勉县一中面向全县招生，厂矿子弟也收，她就顺利考进去了。后来他们三个人都考上了勉县一中的高中，他们高中就收厂矿子弟学生了，但是中考的录取分必须达到中专录取线才可以录取。那时候海红厂子弟在外面念书的比较多，一到开学的时候，因为平时都住校，学生要拿行李到学校，报到那天把行李拿到厂门口，厂里派大客车挨着个的学校送，基本上就是在勉县一中、二中、三中上学。平时就是星期六下午安排厂里每天接送二班工人的大客车去学校接，星期天下午再把学生们送回去。接送二班的班车每天都有，但是只到达县城指定地点。只有周末接送学生才会绕道到学校去。整体来说，子弟们在勉县社会学校上学交通还是厂里提供了很多便利条件的。这些孩子们也很争气，海红厂年年都有高分考生，清华、北大也隔两年就有考上的。我们家三个孩子分别考上了陕西师范大学、北京邮电学院（今北京邮电大学）、西安电子科技大学。大女儿后来读了博士，现在大学里当教授，二女儿当年以勉县第一名成绩考到北京邮电学院，保送上了研究生，现在北京一家通信公司当副总。小儿子当年以勉县第三名成绩考到西安电子科技大学，保送读研究生，后来留校当了老师。其他的子弟，也有很多人考上大学，现在有在国外的，有在北京、上海、深圳、广州的，到处都有，只要考到大专以上的，基本毕业后都没有回到厂里工作。子女教育最不好的就是还有一批下乡的。就是那些最早的，从哈尔滨省会城市跑到三线大深沟中的那些职工，因为他们搬家来的时候子女都是在校生，不属于招工范围里头的，所以他们下乡到勉县的镇川和小河公社。他们下乡的时间不是很长基本就都出来了，都招工了。

　　我们算是三线的第一代。后来在厂里工作的三线第二代，基本上都是上厂里技校的毕业生，技校毕业以后就上车间当工人。考出去念书的中专、大专和本科毕业的，也有回来的，但是比较少，多数还都是在外面找工作。厂技校搬到西安就没了。

锻工车间外面的夺命坡

　　三线厂都建在深山里，海红厂也不例外，厂区从黄沙镇过了汉江大桥开始,一直到沟里,沿着山沟两侧分布着厂房、家属楼和医院、学校、食堂,绵延十里地。每天上下班,厂里都要派大客车把职工从沟外到沟里的拉进拉出。夏季山洪暴发是常有的事,这也是后来工厂搬迁的一个缘由——地质灾害比较严重。山大坡陡,安全事故也时有发生。最危险的当属锻工车间厂房外的夺命坡,因为有两名职工在那个坡上送了命。

图6 20世纪90年代初海红厂二区远眺

海红厂当年建厂时买农民的地,虽然六车间(锻工车间)厂区里面的路修得很好,但是要生产给飞机配套的轴承,就要保密,就不能让所有的人都从厂区里面走。当地的农民上黄沙镇需要通道,就重新在锻工车间外面修了一条路。那条路修在一个大坡上,坡下面是一个大沟。有一天晚上,没到下班时间,大柿子沟里生产车间一个看库房的女职工,没啥事了,看要下大雨,想着在下雨之前赶回家,就提前回家了。从大坡上骑自行车下来,估计骑得比较快,就掉到沟里去了。第二天被人发现时,已经死亡多时了。因为她提前下了夜班,所以路上也没人发现。她爸是搞基建的,叫王一民,她妈姓杨,在劳人处上班。她爸妈那时候已经调走了,就她留在厂里上班。从那以后厂里再有职工调走,就要求把子女一并调走,不再留在厂里。

那个坡我还经历过一次危险,现在想起来都后怕。有一次我和一个女同事上黄沙镇,她用自行车带着我一起去,说回来的时候买些东西用自行车推回来。然后我俩就去了,结果她骑自行车到那个大坡我忘了下车,当时刹车也刹不住了,我只好就不吭声地在后面坐着,她带着我冲下去直到拐弯的上坡处我才下来。下来后我俩站在那,我就说:"哎呀,你把我都吓死了,我心都提到嗓子眼了!"她说:"你寻思我不是嘛!早知道咱俩这样提前下来好了。"幸亏她体重比我还重点,再就是她骑车技术也还行,要不然真是后果不堪设想。

后来厂里还有一个中年男职工,也是下夜班骑车冲下去没有刹住车,摔到沟里。不过他当时被人看到及时送到了厂医院,在厂医院只看到一点皮外伤。住院观察的时候,晚上他单位领导去看他,突然发现他不认识人了,就赶紧送到汉江职工医院,结果到了医院没多久人就死了。

这个大坡夺去了两个人的生命,厂里就把路面用水泥处理成搓板路,贴上警示牌。人们从那里骑车都要提前下来,推车走下去。

本文图片来源:

[1] 图1、2、3、6翻拍于《海红轴承厂投产二十周年暨新址奠基纪念册(1972—1992)》第50、49、52、5页。

[2] 图4、5由被采访人提供。

作者简介:张慨,女,山东昌邑人,陕西师范大学历史学博士,东南大学艺术学院博士后,上海大学上海电影学院教授。

从三线学兵连到三线企业

采访对象：李仙芝（女，1954年生于陕西西安市。1970年初中毕业于西安市七十二中。1971年参加三线学兵连，前往安康参加襄渝铁路修建。1973年招工进入海红轴承厂，1995年随工厂搬迁到西安市，2006年退休）

采访地点：西安海红轴承总厂家属院

采访时间：2018年1月23日

采访整理：张慨

采访者按：

三线学兵连是20世纪70年代初，陕西省到秦巴山区参加修建中国三线建设重点战备工程（代号2107工程）——襄渝铁路的25 000名初中毕业生。这些毕业生按照部队编制，组成了141个连队，直接由铁道兵部队指挥。"2107工程陕西省建设指挥部"将这些学生连队命名为"学生民兵"连，统一编号，从"2107工程学生民兵第1连"依次排到"2107工程学生民兵第141连"。本文的被采访人李仙芝为学兵连第124连学生。

要让毛主席睡好觉

我是1954年2月13日出生的，家就在西安市胡家庙金属结构厂家属院。我父亲是陕西金属结构厂（今陕西建设机械厂）工人。我母亲是河南农村的，当年就冲我爸是在西安市的工人才嫁过来的。我小学是在建工部五局二小念的，初中在胡家庙的西安市七十二中就读。1970年初中毕业后，我还念了半个学期的高中,直到第二年初,也就是1971年3月份参加了学兵连去三线修建铁路。

当时国家修襄渝铁路①人力有限,就召集了一些民工,结果人员还是不够。铁道兵就跟陕西省"革委会"商量,说能不能给他们补充一部分人力。省"革委会"随后就开始在全省的毕业生中抽调劳动力,按照部队编制组建。当时毛主席有句话说,三线建设搞不好他睡不着觉。当时我们的想法都很单纯,就是要让毛主席他老人家睡好觉,让毛主席放心,为国家出力,热血青年都要去三线!甚至有人担心去不成,当时还有写血书的。

上三线必须家长表态同意,家长不表态就不能成行。当时我心里就很胆怯,害怕我爸不同意。记得一天我爸刚一下班,没等他进家门,我就直接拉着他到学校去表态,因为那个场面热烈,气氛一烘托多数家长就同意了。当然也有一些思想"落后"的家长坚持不表态,最后没有去成的。去三线学兵连还需要把户口也一起迁走,我那时候是班长,要挨家挨户去同学家收户口本。经常遇到的情景是:我说"叔叔我来收户口本来了",同学爸爸说"你等着啊",转身回屋拿出来户口本,然后开始东拉西扯磨磨蹭蹭就是不想给我,经过再三督促才不情愿地递过来。天下父母心,想想把十来岁尚未成年的子女送去深山老林难免不舍。我所在学兵连的目的地是陕南安康地区,这样我的户口就从西安市迁到了安康的瀛湖岚河口镇。

我报名参加三线学兵连还有招工的因素。1970年陕西省招了一次工,六九届初中毕业生去了三线以后,剩下还没下乡的就直接分配工作了,我那时候也在我们厂检查过身体,准备招工。可到最后厂里的工宣队说,本厂子弟太多,以后不好分配。我那会儿在学校当个小班长,老师就跟我说,等到下次国防厂招工,优先推荐你去。我说算了,我还是到三线去吧。就这样报名到了三线。

我们这一批学兵主要以六九、七〇两届毕业生为主。1969年的初中毕

---

① 襄渝铁路:东起湖北襄阳(原襄樊),西至重庆。自1968年4月开始修建,1970年8月铺通到四川省达县(今达州市),1975年11月临时运营,1979年12月全线建成并正式交付运营。这条铁路横贯鄂、陕、川、渝三省一市,是联络中原和西南地区的交通大动脉。铁路正线长859.6千米,由铁道部第二、三、四勘测设计院和电气化工程局设计,铁道兵担负施工。参加施工的铁道兵部队有8个师以及隶属铁道兵141个三线学兵连、2个独立团,另有铁道大桥工程局、电气化工程局和湖北、陕西、四川等省民工。

业生是第二年8月份去的三线,他们的人数比较少。我们1970年毕业的初中生去的反倒多。1971年3月份,铁道兵部队派人来招学兵,初审过后还有政审,家里有政治问题的又被筛掉了一些,后来在西安、咸阳、宝鸡、兴平等地又招收了一些社会青年,其中以西安人数最多,基本上是应该下乡但是没能下乡的。总共招收了25 800多名学兵,其中女生有5 000多。我们班20多个女生去了4个,男生去了差不多20个。我所在的编制是5761部队铁11师第52团第124连。

从关中平原来到秦巴深山

我们连是女子连,由西安市东郊十几个学校200多个女学生组成。我离开西安前往陕南的日子是1971年3月29日,这个日子我一辈子都忘不了。给我们送行的是我们称之为乔大哥的人,他一大早过来帮我们收拾行装,整理背包、旅行包,送我们坐上大卡车,总共10辆大卡车,每辆坐20多人。队伍出发的时候,还安排了欢送仪式,红旗飘飘,锣鼓喧天,很是热闹。学兵们也一个个雄赳赳气昂昂,一路上可开心了,还唱着歌。快到秦岭的时候,大家都很激动,对着大山大喊起来。到了第二天就不那么激动了,接下来是天天看不完的深山。

我们当天下午穿过秦岭,到宁陕住了一晚上,第二天下午到了安康县城。到安康后没有宿舍,就地搭建帐篷,被子往地上一铺就睡。在县城待了两天,4月1日安排乘船去驻地,当时大家情绪依然很高昂。来接我们的两艘船,一个小机动轮船,另有一个大帆船。我们乘船在汉江前行,一路高歌,巴不得立刻就能投身到火热的三线建设中去。最后到了瀛湖,弃船步行,上岸后看到前来接应的几个先行到达的男生,其中一个男生是和我同一学校毕业的回族同学,他似乎有些饥饿,询问我们有没有随身带食品,我们就拿出不少干粮给他。他很高兴,连声道谢:"够了够了,你们自己留点!"我们回答说不用,到了部队就有吃的了。我的回族同学苦笑一下说:"你还是留点吧,都是吃不饱的。"

从安康的郭家河到岚河口,我们走了20多里路。到达目的地后,临时分班住帐篷,一个帐篷住20多人。说是帐篷,实际就是个大布幔,麦草往地上一铺,再往上面铺上塑料布和随身带来的被褥,一人一条席子就这么将就着睡觉。住帐篷的时间比较长,有好几个月。有几个班算是幸运的,被安排住到当地老乡的土坯房里。

图 1　被采访人当年参加襄渝铁路修建的工地安康岚河镇

简单安置好后,我们每天都要上山砍柴火,把砍好的枝条捆好背回来,挑选粗一点的树枝自己搭"棍棍床",也不在乎什么硌不硌,能有"床"就不错了。接下来再改善"住房",每天一早端个脸盆到河滩去刷牙洗脸,然后装满一盘大鹅卵石扛到半山腰,因为潮湿,不能在山脚河边搭房子,就把鹅卵石堆放在半山腰,用来平场地,奠房基,接着架屋檩,铺油毛毡,造了四排简易房子。前面一排两个大间,每间住 50 来个人,后面两排住了 100 多人。连部还有自己单独的房子,又修了厕所。这个速度算得上快了,在夏天到来之前,我们就搬进了"新居"。

环境造就人

学兵连的管理跟部队是一样的,吃饭也是全班集合,先是背诵毛主席语录,诸如"下定决心,不怕牺牲,排除万难,去争取胜利"之类。背完以后才吃饭,每天一样,周而复始。最初,部队派了军代表到学兵连指导工作,炊事班就是部队来的炊事兵帮着做饭,后来学兵连自己做。当时一个连有四个排和一个工作班,工作班有文书、卫生员和通讯员。

学兵连学生吃饭男女定量都一样,都是一个月50斤粮食,没有啥油水,又都年轻长身体,干的是体力活。刚开始没有肉吃,后来才有。男生基本不够吃,可怜到什么程度,人家铁道兵的待遇好,人家往饱吃,吃不完的馍扔到泔水桶里,男学兵就去捞起来吃。所以今天我们都有个习惯,吃饭从来不浪费。现在大家条件都好了,还是坚持光盘行动,不多要,不浪费。当初在连队的时候,能吃上咸菜就已经知足了。两年半时间里,我可能只吃过一次面条,因为面条是病号饭,只有生病了才能有这个福利。

刚来的当年夏天,汉江发大水,粮食运不过来,我们大部队都在江对岸眼巴巴张望着。很快就断炊了,200多号人就只能把仅剩的小半麻袋蚕豆,用雨水泡了泡,再拿水一煮,一人分一小勺。小姑娘们一个个嚼着蚕豆边吃边哭。挨到半夜,团部决定冒险派铁道兵开着轮船,顶着大浪把粮送到江对岸,我们就穿着雨衣去背粮,一个人背两袋面差不多有一百斤。我的体重也不过一百斤,扛着两袋面,天上下着雨,脚下是泥泞,边上是急流,炸出来的山坡随时都有塌方的危险。背两袋面累了也不敢放,一放地上就湿了,就这样扛着,脸上不知道是眼泪还是雨水,走了3公里路。

好在后来粮食供应慢慢好转起来,学兵连基本上能吃饱了。为了改善伙食,学兵连还自己种地,在当地老乡帮助下我们班种了萝卜、蚕豆和南瓜,样样都获得了丰收。后来,我们又开始养猪,猪长得很壮,头一年年底,自己不会杀,找老乡帮忙杀。到了第二年,几个十七八岁的年轻姑娘袖子一撸,就把一头猪给杀了。有啥不能干啊?环境造就人呗!

生存算是有了保障,但是条件毕竟还是太差。拿洗澡来说,学兵连没有澡堂,天热的时候就在岚河里趁着夜色洗一洗,到了冬天,就只能用脸盆接点热开水再兑上凉水,擦几下就是了。牙膏肥皂之类的生活用品也只能等到星期天去镇上购买,我们这个班12个人,平时需要买啥都先登记着,到了星期天就轮流着去一趟岚河镇。去的时候要过江,一个排四个班,每个班派一个人,搭帮去岚河镇。那时候两个多月能看上一次电影,看电影得跑到汉江对面的大河滩上,记忆最深的是看《卖花姑娘》。晚上也没有电灯,都是点煤油灯,9点钟熄灯号一响准时睡觉。

学兵连的管理和部队一样，纪律森严，两个人出门都得报备，女同学和男同学同行离得很远，可以说目不斜视，遇到认识的异性，见了也得装作不熟悉，不能随便打招呼。我们连首长都是女性，指导员38岁了还未出嫁，后来到了60多才结婚。回头想想，管理严还是对的，至少当年没闹出什么骇人听闻的事情出来。

那时候大家都要求进步，我是在学校入团的，到了三线想要入团入党就不那么容易了，我们整个连也就几个人入了党。

样样都能干

三线建设时期，整个汉江沿线通常布满帐篷，一到晚上两岸灯火通明，很是壮观，就是新闻中经常报道的"百万大军战襄渝"的那种场景。

修筑铁路，我们连主要是干辅助工作，后来挖隧道的营需要帮忙，抽调了连里的两个排近50人过去支援。第一年主要是维修公路，山上的公路很长，所谓公路实际上就是便道，把山一炸，然后把旁边小水沟挖出来的片石一铺就算是一条路。安康的石头都是发黏的页岩，是一片一片的风化石头，易于夯填筑路。

后来我们为铺铁轨打碎石子，一边制作预制板和水沟盖板，都是自己搅拌水泥。预制板做完了接着打水泥板，一部分人砸备料、砸石头、砸道砟。一般三个人一组，一个人坐在小板凳上砸，另外两个人就抬筐子备料。备的料就是我们在河里捡的石头。三个人一天要砸3立方米。穿着补丁衣服砸石头，裤子都被砸出来的石头崩坏了。夏天就是下午2点多去，坐在山顶上，戴个草帽，拿个小锤，拎个小板凳就下去砸。那时候年龄小，光顾着干活了，也没有觉得岚河口多么美，近几年那里建成了风景区，我们回去看过，确实是风光旖旎，游人如织。

刚来时学兵们跟着铁道兵一起学习在山洞里打隧道，铁道兵示范怎么打风枪，怎么施工。我们三到五个人一个风枪，起初谁都打不住风枪，后来练就了一个人就能打一个风枪，一个隧道有五支风枪。但是每个人任务都不一样。风枪打完了装炸药，然后爆破、清渣、出渣，洞很长，打一个主道，旁边还有很多小隧道。

图2　1971年22连1排部分女兵合影于工地

施工的环境异常艰苦。当时陕西省有几批家长慰问团去了,学兵们的父母亲也就是三十八九岁的样子,不到40岁,因为那时候都结婚早。去了以后,家长提出来想看看孩子工作的地方。组织上不想安排,基本上能压都压着,那些家长说,我们来就是想看看我们孩子工作的环境,一定要看,要不让看,那我们就不回去了。拗不过只好让去。结果进去十来分钟,有的家长,男的呀,捂着脸就哭着跑出来的。孩子就是光脚丫子穿个裤头,啥都没有,在洞里打风枪。施工的时候只带点水,用的风枪都是苏联制造的老风枪,尘土打得四处飞散,全身没像样的保护措施。进洞的时候好好的,洞里出来后就剩牙齿是白的。男生穿得很破,也不理发,长头发,烂兮兮的,穿着补丁裤子补丁衣服,跟乞丐没两样。

图3　1973年4月1日五八五二部队学生连合影于安康

打隧道的男生太累了,有时候就出了受伤的事情。前几年,在一个晚会上有个表演节目的女演员,说她两个哥哥一个嫂嫂都是三线的学兵,那时候她妈经常给她哥送东西。有一次她哥干活太累了,就在隧道的洞口睡着了。

一辆运输车经过,司机没有看到她哥哥,运输车把他脚趾头轧掉了,剧烈的疼痛才把他疼醒。

工地人手不够的时候,学兵连就去支援。有一回,我们破碎石头,就是把洞里边开采大岩石一样的石灰石,大个的挑出来,送到破碎机上破碎。有个男学兵在操作破碎机,有个女生有点胖,我就把她安排跟一个操作破碎机的男生挨着,她捡过来就传给男孩,我们在底下不停传料。过一会,那个男生冲着我们招手,就把机器停了,我说咋了?他说,她的脚给砸流血了。你说她,把脚砸流血都不吭气儿,还在传,也不说把她给换换。他们两人那时候都想着要当先进,要立功受奖。那时候部队重视政治宣传,一说嘉奖立功什么的,精神劲儿就上来了。

男学兵虽说都是十七八岁的学生,还经常吃不饱肚子,可是干起活来却是生龙活虎,连铁道兵都叹服,觉得不可思议。后来铁道兵就想把这批人招走。陕西省不同意,这才重视起来,给每位学兵发了一身劳动布工作服,冬天又发了个棉袄。

我们25 800名学兵中,有119个年轻的生命永远长眠在襄渝铁路线上。此外,受伤的人也不少,这些年聚会,缺胳膊缺腿缺眼珠子的都有。当时的口号是:"宁死三个当兵的都不死一个学生。"确实当兵的牺牲的更多,主要就是施工隧道塌方引起的。

岚河隧道出过一次事故,隧道里面塌方,一下子着火了,火倒着吹,烧死20多人。其中一个叫王忠定的民工被烧死了,他爸爸妈妈虽是农民,可是挺有觉悟,坚持让他妹妹接哥哥的班继续修铁路。

施工的时候,一听说塌方死人就紧张。我认识54团的一个男学兵,叫冯新秦,后来是西安碑林区政法委书记。他就说他在三线的时候,要过生日了,就提前几天开始准备。那时候想法简单,能吃上馒头就是幸福的事。他每天省出一个馒头,攒了五六个,准备到了生日那天,请他的几个好哥们儿一起吃馒头。但是就在生日那天,他最好的一个朋友塌方死了,没出来。从那以后,他这一辈子就再也不过生日了。

1972年7月份的一个晚上,我们正在岚河边乘凉。突然有人跑过来喊我,因为我是一班的班长,他通知我马上赶到连部去。我虽然不知道什么情况,但还是很快赶了过去。一到连部,连长就跟我说,你们班同学康海霞的表弟王涛出事了,你现在赶快去现场看看。我一听惊呆了,赶紧挎上那个上面有"为人民服务"字样的小黄书包,把茶缸一拿,就和康海霞一起往事发地赶去。当时已是半夜,船就在汉江边等着我俩。急匆匆来到团部才知道详情:康海霞姑姑家的孩子王涛遇难了,夏天人又不能放,让我们去看看伤情,以后好给死者家人有个交代。到了现场,所有人都在山底下等着我们,军医示意把死者抬过来,那时候我也只有17岁,第一次面对死亡,也没有感觉到特别害怕。军医掀起白布,看到死者穿个白衬衣,脸煞白,嘴角流着血。团参谋长就说,你们看仔细了,他这是内伤,塌方砸了内伤,没有外伤,你们做个证明,回头给他爸爸妈妈一个交代。我们看完后,遗体就被民工抬上山去掩埋了。那是半夜12点多,当时我年龄小,上了山头就想,他们在那挖坑,我没事干,就自己顺山头挨着个看墓碑吧,看是男的还是女的,哪个学校的。也没想到让同学陪着,就顺着山头走了很远,胆子真是够大的。等到掩埋结束大家伙发现我不在现场,很是紧张,连声追问:"那个女生到哪去了?"这是我人生第一次面对死亡。人死了也不通知家里人来看,就直接埋了,但在当时也是常见的处置办法。后来他爸爸和哥哥来了,哭得很悲恸,但也只能接受现实。这个男生是六九届的,比我们早来了一年。几十年后,三线学兵连有了自己的网站,我把这次经历写了一篇纪念文章发表在上面。

20世纪70年代,安康地区的户政管理还不是很严。后来学兵连在安康集体落户的时候,连队说把我们户口落到岚河镇了。有人说,这下完了,我们这辈子就得在这地方待着了。这么一说,大家全都不干活了,铁锨镐头一撂,每个人背个小壶歇着,晚饭也没人去领,各班都不领饭。到晚上,整个那片山就开始唱"我的家在东北松花江上",没完没了地唱,颇为壮观。200多人,岚河那么静,歌声显得格外悲壮。指导员听着听着感觉不对,小姑娘们饭都不吃了,就紧急召开会议,给我们做思想工作。她说你们的粮食关系跟着人走,人在安康,你户口不落到这不行,要买粮食。再说了,如果你们户口落到这里不回去,就你们这200多人留到这,人家这也养不活你们,是吧?人家还嫌弃你们跟人家争吃的呢。姑娘们听了这一番话才想通,开完会9点多了才去食堂打饭。

我们在那里一干就是两年半,过年也不能回家,当然也有人家里有事或有病回去的。那时候大家思想都很单纯,也不愿脱队,一直在坚持。

最后去了三线企业

修完铁路后,我们这些人就被招工了,算是1972年的招工指标。1970、1971、1972年三年分配的,全部算1972年的指标。陕西省1972年以后暂停招工,一直到1975年才恢复。

当时招工就是各个单位的人事部门去学兵连挑人。汉中的海红轴承厂到了我们连,来了以后先把人事档案审查一番,挑选出拟招收的学员,然后通知安排调动。海红厂来招工的负责人是刘学文,他当过兵,人很聪明很精干。他去我们一排多一些,他就掐着名单挑人。因为名单上第一个一般是班长,第二个是班副,就这样挑了我们10个人吧。当时我们也有照顾招工回到省城工厂的,如果家里有哥哥姐姐下乡的,招工就直接回西安了。但是像我不属于照顾的范围。我说是家里老大希望照顾回西安,连里就说你是老大,但是底下妹妹在西安很快就会长大的。这样我就只能去了汉中的工厂。

我所在的女子连有10个人被招到海红轴承厂,加上25个男学生,一共有35个人去了海红厂。汉中三线企业,包括012基地①、57、6、8号信箱加上一、二、三厂等共招收了近3000名学兵连学生。当时一说要到汉中去,大伙心情就不好。从那个大山里走出来,又进了另一个大山里。当年的海红厂尚在布局之中,厂区到处都是泥泞的土路,当然泥巴路比学兵连的环境还是要好点,最起码住的是楼房。我们分配结束,离开安康的时候,行李就被厂人事处的刘学文和杨三(海红厂车队司机)用大卡车直接拉到汉中的厂里去了。然后回到西安家里休了24天假。没多久海红厂就发通知让赶快回去报到。随后就乘火车沿宝成铁路②到阳平关下车,厂里派车把我们从阳

---

① 012基地曾是三线建设时期,中华人民共和国第三机械工业部(后改为航空工业部)在汉中地区建立的一个军品生产基地。该基地相关信息曾属中华人民共和国机密。20世纪90年代后拆分重组,主体企业陕西飞机制造厂改组为陕西飞机工业(集团)。

② 宝成铁路是一条连接西北地区和西南地区的交通动脉,是我国第一条电气化铁路,也是新中国第一条工程艰巨的铁路。宝成铁路于1952年7月1日从成都端动工,1954年1月,宝鸡端也开始施工,1956年7月12日两端于甘肃黄沙河接轨。1958年元旦正式通车。宝成铁路自宝鸡站向南,跨过渭河,经过27千米的展线群爬升680米通过秦岭隧道,到秦岭站后沿嘉陵江而下,经过甘肃省后穿过大巴山区,到广元站继续向西南,过剑门山进入四川盆地,经过绵阳德阳两市到达成都市。这条铁路的建成,改变了"蜀道难"的局面,为发展西南地区经济建设创造了重要条件。

平关拉到目的地,时间是 1973 年 8 月份。

刚到厂里的时候,我们住到一个独栋楼,在澡堂子对面。我们十个女生分了一个大单间和一个套间,大单间四个人,套间有两个小房间共住六个人。楼里虽然有两个厨房,但基本上不自己做饭,平时吃饭都是去厂里食堂。

那时候设在山沟里的车间已经投入生产了。两年后,我在翻砂车间的师父姜亚超,觉得住在单身楼里的一伙人就知道成天贪玩不好好学习,建议我搬出来。加上后来进厂的职工逐渐增多,需要我们腾让宿舍,我就第一个搬出来,搬到大沟里水库边的楼去住了。

1973 年 8 月份刚进厂的时候,我们是学徒工,工资是 28 块,一直领了三年直到 1976 年出徒。出徒以后工资是 34 块 7 毛,定级为工人一级。两年以后是二级工,二级工每个月工资 40 块 1 毛,拿了好多年。再后来一次涨工资涨到 47 块 2 毛。当时给我们在这一批学兵连学生按照 1973 年进厂开始计算工龄,是重新学徒,可亏了。我们去三线那年就招工进厂的同学,一进厂就 17 岁,就开始学徒,我们呢,就是 19 岁多才进厂,才开始学徒,而且学三年,28 块钱学三年。工龄人家就比我们多三年,我们不服气,就去厂里找。后来厂里重新给我们认定了工龄,从去三线当年算起。

我是 1997 年退休的,按照翻砂工特殊工种计算 90% 开退休工资,是 603 块 3 毛 3 分。和我同时进厂的同班同学的退休工资是 580 元左右,我在那班工资还算高的,因为我退休前是车间的机台长,岗位工资比较高,所以退休工资就高一点。进厂的时候粮食定量是按工种,一般都 37 斤粮,特殊工种的工人,比如厂里的翻砂工和锻工都是 42 斤粮。

说到家庭,我刚来的时候分配到二车间,来了以后认识陈雪峰,谈了好几年对象,他家也是西安的。1978 年我们就结婚了,当时的条件很有限,结婚也没有添置什么物件。不过我们家是厂里买电视机最早的。有一天,厂供销科的一个熟人给我整了张电视机购买票,说这张票还有几天就作废了,让我赶紧买电视机。当时我们家存折上就 400 块钱。我跟同单位的李工程师说了,她就把她家的存折都给了我。当时她家折子上有 120 块钱,我取出来 100 块,给她家留了 20 块。然后跟翻砂车间的刘秀兰师傅,又借到了 20 块,共借了 120 块钱。那时候我们夫妻都是二级工,工资每个月是 80 块钱零2毛工资,我们借了120块钱,都是5块、10块的。我早上数了半天,还有1块、2块的。第二天我让我爱人装到黄书包里,把口系得死死的,坐隔壁邻居潘家良开的拉货车,一块去把电视机买回来。买回来看的第一个电视节目是越剧《三凤求凰》,坐了一屋子人在我家看电视。我就记得审判江青那天晚上还是直播,我们家那个小屋里,坐的、站着的、火炕靠着的十几个人,我们那个楼的都到我家来了。

进厂以后我一直在二车间翻砂工段干木型工。1987年,我爱人陈雪峰当了翻砂工段的工长,就把我调到了热处理车间(七车间)。那个车间主任李庆明对我的工作表现特别满意,问当时的副厂长张尧旭(他原来是翻砂工段工段长),还有没有这样的工人了,再调进来两个。

厂里的子弟在厂里干活都不太受欢迎。那时候能上七车间的都是有门路的,当时七车间在生产车间算好的了,不那么艰苦。有些个厂子弟他本来没有那个本事,但是非得给他安排到一个好的岗位上,结果他就胜任不了,干不了。比如有位领导的儿子,给他安排到三车间管仪表,但他根本就不懂仪表,他有点技术活儿就请计量科的人来帮忙。就因为他那仪表的问题,高温炉烧坏了两次。职工子弟招工进厂的多是照顾性的,想想也是,父母辈从哈尔滨来到这大山沟做了那么大牺牲,对子女照顾一下解决点后顾之忧也是人之常情。

在海红厂工作时间久了,也成了家,对厂里渐渐也有了感情。后来觉得厂子建得也还可以,有洗澡地方,还有公共蒸馒头、米饭①的地方。看电影也方便,起初放映电影都是在露天,沟里一场,沟外一场。后来厂里还建了个俱乐部,看电影也不在露天了,还能看舞台演出。那时候人们也没有过多的物质奢求,感觉虽然身处大山沟,但跟城市比也似乎不缺什么,商店啥的都有,除了周围是给农村包围着。当然厂里各项配套上去了周边的乡村也受益,附近的老乡靠着海红厂,生活质量比原来提高了不少。

---

① 当时工厂在第二厂区的食堂设了一个大蒸锅,方形,有柜门,供职工蒸米饭、馒头使用。具体是:职工早晨上班之前将米和水放入饭盒中,放进蒸锅,食堂根据下班时间和米饭蒸煮时间,到点打开蒸汽,下班时职工将蒸好的米饭带回家。这在当时社会生活中还极为少见。

天下学兵是亲人

三线学兵是一家,这些年我们不定期会举办一些聚会,有的人虽是初次谋面,但只要一说是修铁路的,就问你是哪个市的,哪个团的,就觉得亲姊妹一样,因为我们受过同样的苦。现在我们还利用网络、微信经常联系,我的群名都是跟三线相关,学兵连还专门有个三线战友俱乐部。当年认识一个铁道兵,他当时是我们团唯——个有照相机的人,现在搞工程监理。我们加了QQ号,他给我发过几十年前的安康老岚河的照片,看得人泪眼婆娑。前些年,三线学兵还在海南的三亚万泉河一带搞了个旅游基地。

图4　2016年1月25日部分三线学兵连战友在西安聚会

安康当地老乡对我们感情很深。1998年的时候我们学兵几百人还集体组织回了趟安康,在汉江边的山上造了个三线学兵连植树林,我们都捐了款。现在也经常有人不时回安康,我也回了好几次。有一回,整个学兵连都回去了,有一个人是抱病前往,爬山时候还是众人给搀上去的,他也就是想在有生之年再看一眼当年为之奋斗过的地方。

本文图片来源：
图1、2、3、4均由被采访人提供。

作者简介：张慨,女,山东昌邑人,陕西师范大学历史学博士,东南大学艺术学院博士后,上海大学上海电影学院教授。

在 531 工程建设的日子里

采访对象：付怀林、刘金华
采访日期：2020 年 5 月 18 日
采访地点：洛阳刘金华、付怀林家里
采 访 人：杨润萌
整理时间：2020 年 5 月 20 日

我（付怀林）和我的夫人（刘金华）是在 1970 年建厂之初来到 531 基地的，在这里我们工作了三十多年，直到 2002 年左右退休。三线建设时期，我们两个都工作在 531 总部，我负责工厂的选点与勘测，她主要从事会计工作。后来，531 总部撤销后，我们又调到了 531 电管所工作。

一、筹建前工作

我们分别是在 1970 年的 2 月和 7 月来到 531 基地的，在此之前，我和我的夫人都工作在北京第五工业机械部勘测研究院。我是 1965 年从河北地院毕业的，专业是水文地质，我夫人是 1964 年从西安仪专毕业的，专业是工业会计，毕业后我们就被分配到了五机部。

1970 年 2 月中旬，我接到部里的命令，到太原集合去准备 531 工程的选址筹建工作。我们五机部的工作人员和中央军委、炮兵司令部来的同志一起组成了选址队伍。

当时因为国际形势很严峻，国家正在积极搞备战，许多工厂企业也都往内地搬。在这种危急的情况下,北京有许多重要的单位都搬到了三线地区,有的搬到南阳、襄樊……所以,531工程的任务下发得很紧急。当时正值农历正月,年还没过完,大概是正月十一左右,我们设计院的同志和中央军委、炮兵司令部的同志集合在一个大院里开会,开始准备531项目,之后坐火车到太原开始选址工作。

我夫人是1970年7月接到支援三线建设通知的,当时我们的孩子只有10个月大,但在接到单位的通知后,还是给孩子断了奶,毅然决然地投入到三线建设中来。那时我们的政治觉悟很高,不需要组织做太多的动员工作。在听到党"支援三线建设"的口号后,也没有想太多,更没有和组织谈条件,严格遵守和服从组织的安排——到三线去!"没有火车坐汽车去,没有汽车骑毛驴去"……这种口号在当时喊得非常响亮。党和国家对三线建设极其重视,时任五机部的副部长亲自接见了她们,经理也敲锣打鼓、给她们戴着大红花,把她们送上了火车。

当时,我们单位大概来了有二三十个人,大都是单位根据工程需要直接安排的,政审程序等都是组织安排好才告诉我们的,具体什么样的人来了三线,组织出于什么样的考虑这样安排的,不得而知。"好人好马上三线",能去三线参加工作的都是技术过硬、政治过硬的人员,政治审查都是很严格的。"地、富、反、坏、右"等五类分子是排除在外的。本来毕业后能分配到五机部这种单位上班的大学生,家庭成分就是很好的。我们家里的长辈都是老共产党员,政治条件都是过关的。

到了济源之后,看到眼前的情况,心理落差还是很大的。建厂初期,厂区还是一片荒地,什么也没有,吃住也只能在周边的老乡家里。不仅交通不方便,连生活都有很大问题,洗澡、取水都极其困难。说实话,一开始心态还真有点转变不过来,因为条件确实太艰苦了,但后来想到作为一个年轻人要服从党和组织的安排,还是坚持了下来。

二、筹建初期(1970年2月—1972年)

工厂选址的原则是"靠山、分散、隐蔽",工厂必须放在大山里。此外,还要考虑用水、通电是否方便,以及土地面积是否够用。当时还要考虑当地的群众基础,审查建厂地区群众的政治情况,凡涉及"五类"分子都需迁走。

在三线建设之初,国家就计划在豫西北地区、临汾以南地区建设高炮基地。我们的选址工作也是从临汾开始,由北向南进行的。1970年2月中旬,在中央军委和炮兵司令部的领导下,我们开始了531工程的选址工作。我们一开始来到山西的临汾、运城闻喜一带进行地质勘测,勘测过后发现这一带,水文条件较差,地下水量不足,不能满足531工程的生产、生活用水。此外,这里的建厂面积不足,工厂在这里很可能摆不开。而且,山西地区的主食主要是粗粮,粮食供应可能也是一个问题。毕竟531工程是一个非常宏大的项目,计划要建13个分部,用水、用地、用粮的规模都是惊人的,这个地方很明显不具备建厂条件。后来,我们在闻喜县"革委会"开会讨论的时候,一个当地的老革命提议说,你们可以到河南看看去,刘邓大军在王屋山那块打过游击,那里山高沟深隐蔽,很适合建厂。我们一听到这个消息后,从北京来的十几辆吉普车就开到了王屋山地区。用了四十多天,到5月份,厂址基本就选好了,确定在了济源以西地区以及黄河附近的小浪底水库地区、孟县地区。河南地区还是很不错的,气候也好,物产也丰富,建厂很合适。

531基地生产的需水量是极大的,它的锻钢设备是从瑞典引进的水压机,需要大量的水作为动力。我们决定在济源定址后,就开始开辟自己的水源地,在工厂附近的曲阳水库周边一共打了20口深水井,才满足了一到四分部的需水,至于其他分部的用水情况根本考虑不到,只能就近取用山沟里的水。而原来闻喜地区的厂址就成了需水量不大的541基地。这两个基地一南一北,隔着一个太行山。

为了保证安全,在531工程建设的同时,国家在湖南雪峰山地区也筹建了一个同样的厂,但还没等开建,531工程的部分项目就开始下马了,这个厂也就只能作罢。

厂址选好以后,军代表最先进厂,除了配备的部分专业人员外,其他的人员组成基本上全是军代表。军代表来自不同的军分区,厂里的所有工作也都由军代表管理和负责。531工程的上级主管部门是五机部,经费来源、设备引进等也都由五机部来负责。我夫人是在总部财务处工作的,对这个情况很清楚,基本情况是这样的:经费由五机部直接下发到531总部,总部再将经费下发到各个分部、民兵师团和基建工程兵部队,以用于工厂的基本建设;总部再根据生产需要,向五机部打报告,由五机部外事部门到国外购买设备,如果部里的采购人员不懂技术,厂里也会派人陪同。531工程的生产设备主要采购于瑞典,仅仅在短短两年内就购回了大批设备,并同时引进外国专家过来调试设备。

五机部给予总部的拨款也是非常充足的,因此当时的建设场面非常红火,一到八分部全部都被安排上了,干得是热火朝天。筹建初期,建设队伍中民兵占了很大比例。民兵队伍很是庞大,有好几万人,他们来自安阳、新乡、商丘,实行师、团、营、连的军事化编制,衣食住行也是和我们分开的,住宿和口粮都要靠自己来解决,对工厂贡献很大。民兵团支援三线的时候都是整建制过来的,他们自己带的有医院、护士、炊事班……机构很齐全。

因为当地比较落后,是一个穷山沟沟,交通很不方便,修的路一段一段的,街道也很窄。我们用的电还是接的济源县的电,不够用的时候老是停电。自来水也没有,取水都是从农民自己挖的井里打水。工厂要建设就必须解决这些问题,于是总部就成立了"三通"指挥部,"三通"指的就是水通、电通、路通。"三通"指挥部成立以后,我和夫人就从531总部调到了这里,我负责"水通",我夫人负责财务。搞"三通"的时候场面非常壮观,人们的建设热情也很高,当时号称有十万大军,干部也一起参加劳动,所有的项目全部铺开一块上。差不多一年多的时间"三通"工作就基本上做完了。

"三通"工作使厂区面貌发生了很大的改变。我们刚到531的时候,是租用附近老乡的房子办公和生活的。后来,工厂搭起了简易的铁皮房,我们就搬到里面开始办公。直到民兵团把楼盖起来后,我们才真正住到房子里。当时的条件还是很艰苦的!职工所需的粮食由当地粮站来供应,工厂统一开伙,到食堂去吃饭。因为交通不方便,我们买生活用品都是靠采购员跑到30里外的济源县城去买。洗澡也成为生活上最大的难题,我们好多人几乎半年都没洗过澡,大家意见很大。随着工厂的建设,各种配套设施也随之建起来了。大概在1971年的时候,厂里建了531总部商店、医院、新华书店、浴室……商店里边就像一个百货公司一样,东西很齐全,书店里也是各种新校的图书都有。各种机构设施,应有尽有,就像一个小社会一样。

三、筹建中后期(1972年—)

531工程前期规划得非常庞大,共有13个分部。因为这个地方位于后方,很安全,当时说的是北京的炮兵司令部、炮军研究所都要搬到这里来。同时,国家又在这里安排了海军航空兵飞机场、炼油厂两个项目作为配套厂,加上焦枝铁路和可以生产坦克的洛阳拖拉机厂,这一带就形成了一个兵器生产基地。

531的生产任务是生产特种钢材,然后造成高射炮管,这种炮管是粗加工,需要运到包头、沈阳进行精加工后才能使用。一开始,上级下发的任务是大概每年30门高炮、20门海炮。筹建期间因为职工人数多,工厂没建成前许多职工处于空闲状态,为了充分发挥劳动力资源,为企业创收,工厂还建了许多小的附加厂,如炼钢厂、水晶厂等。后来,部里停止拨款,企业自负盈亏后,工厂的工人也会到外面揽活来维持收入。

我们下班后的业余生活较少,一般就是看看电影、赶集、去大戏台看豫剧。一开始的时候条件比较艰苦,职工都是不允许带子女来三线的,1975年工厂办起了子弟学校,中小学校都有,而且职工宿舍也都建得差不多了,职工子女才开始转过来。学校和医院条件虽然和城里的差得远,但在当地可是非常有名的,医院里好多医生都是从上海的医科大学毕业的,都很厉害的。531红火的时候许多当地的姑娘都愿意找厂里的子弟结婚,感觉能嫁到厂里是件很了不起的事。以前的531就像当地的一个风向标,周围人的衣食住行都要向厂里看齐。建厂的时候正值"文化大革命"时期,晚上基本上还会参加政治学习,一个小组在一起,一个人负责念文件、念报纸,其他人讨论、发言。"文革"期间工厂基本上没有停工。

531建厂对当地的影响是很大的。一方面,工厂会吸收当地的青年到厂里当学徒工,促进当地的就业,另一方面,工厂对当地经济带动作用是巨大的,好多工厂附近的农民都富起来了。我们刚去的时候,村子里只有一头骡子一辆车,现在村子里的人好多人都办起了炼钢厂,买了车,盖了房,生活好得不得了。周围群众对531的依赖也很大,当厂里部分项目搬迁的时候,老百姓都挖沟不让我们走。厂里还支援济源市的工业建设,带动着济源市的发展。济源靠着531发展很快,从当时的一个小县城发展到现在的省辖市,市里街道、商店有的比洛阳建得还要好。

我们从二十几岁来到531,到现在已经在济源生活和工作50多年了,儿子、女儿毕业后也都在这里工作,可以说是把"青春""子孙""终身"都留在了这里,所以对这里的感情是很深的。我们平时也很喜欢看一些网上写的关于三线的文章,看到之后都会收集过来,这种三线情结是一直都在的!

作者简介:杨润萌,男,上海大学文学院历史系中国史专业2018级硕士研究生。

辉煌与落幕：岷山厂记忆

黄士德（原天水市岷山机械厂职工）

天水岷山机械厂（以下简称岷山厂）曾经是西北地区最大的枪械生产军工企业。20世纪80年代初期，生产高射机枪的平凉华丰机械厂并入天水岷山厂，使天水岷山厂成为拥有近5000名职工的大型军工企业，成为真正的西北第一枪厂。20世纪80年代三线企业调整改造，"军转民"，岷山机械厂从繁华逐渐转向衰弱，终于在2012年破产倒闭，存在了43年的军工厂就此灰飞烟灭。

一、天水岷山厂选址始末

1969年3月，珍宝岛自卫反击战后，身处黑河地区北安的中国第一冲锋枪厂庆华厂（代号626）风声鹤唳。在这之前，根据国家三线建设的要求，庆华厂已经分批向北京、重庆、贵阳、湖北、辽宁、吉林等地输出大批技术人员建厂，可是留在北安老厂的人员还有几万人。边境的紧张局势迫使中央再次命令庆华厂向内地西迁。

1969年5月，五机部责令北安626庆华厂成立新厂选址工作小组，赴陕西考察选址建厂。五机部为什么要让庆华厂到陕西选址呢？原来，1954年由于626庆华厂在抗美援朝中的卓越贡献，引起了中央有关部门的高度重视，战争结束后，就酝酿把工厂由黑龙江省北安迁往陕西。当时二机部从湖南、广西、四川几个兵工厂抽调技术力量汇集到陕西，落脚在西安第一制造厂，进行庆华厂搬迁基本建设规划。经过一段时间的紧张工作，庆华厂搬迁基本建设规划出来了,也正是在这时,周总理视察陕西来到了西安第一机器厂。住在厂里搞庆华厂搬迁规划的负责人向周总理做庆华厂搬迁宝鸡蔡家坡计划的汇报,并把压缩得不能再压缩的工厂基本建设规划所需资金的报告呈交给了周总理。总理当时看了报告说:国家现在还很穷啊!要拿出1000多万元是很困难的。庆华厂目前还是考虑就地发展。庆华厂的第一次搬迁因为国家资金匮乏的问题,没有得到周总理的批准。这一次五机部也是旧话重提,让庆华厂在陕西宝鸡选址建厂。

庆华厂在接到五机部的指示后,马上从工厂各部门抽调了专业技术干部组建了选址小组。由生产科郭琦、基建科倪家让、材料运输科付宝贵、动力科米忠恕、电力邓维录、财务预算张思海、后勤服务李敬宜等七人组成了赴陕西选址小组。庆华厂选址小组成立后马上赶到北京五机部听取指示,五机部领导大致确定在陕西宝鸡蔡家坡地区选址。蔡家坡位于陕西省关中平原西部,北靠碛雍塬,南依秦岭。当时是宝鸡市岐山县的一个镇。1969年6月初,庆华厂选址小组到达蔡家坡考察,才发现蔡家坡早已是工厂林立,当时蔡家坡区域内驻有陕汽、陕齿、西北机器厂、陕西国棉九厂、渭河工模具总厂等省部属企业,还有很多市属工厂,根本就没有建立大型军工企业的可能了。

蔡家坡地区已经没有建厂希望了,庆华厂选址小组在西北三线总指挥部的建议下又赶往宝鸡渭河以南、秦岭北麓考察,来到了宝鸡市的渭滨区。渭滨区地处关中西端,秦岭耸峙于南,渭河穿越其中,陇海铁路、宝成铁路纵横贯穿其境,南接太白县、凤县,西邻甘肃天水,北与宝鸡市区相连。由于渭滨区地理位置优越,当时有很多国防三线企业聚集在此。庆华厂选址小组来到宝鸡,在同属五机部系统的宝鸡某军工厂招待所住了下来。兄弟厂热情接待了庆华厂的选址人员,并且派人派车帮助选址小组四处寻求厂址。十几天过去了,选址小组早出晚归认真考察,还是没有找到理想的厂址,大家十分着急。

6月中旬的时候,厂招待所住进了几名军人,听说是兰州军区分配到厂里军代室工作的驻厂军代表。由于都在厂招待所食堂吃饭,听口音还有一位东北老乡。闲聊中,得知这位林姓军官的老家就在沈阳,而庆华厂的前身正是沈阳的90兵工厂。在陕西宝鸡见到老乡,显得格外亲切。又得知这位军官毕业于哈尔滨军事工程学院,他知道北安庆华厂,在庆华厂军代室还有他的同学。他了解到选址小组因为选址遇到困难的一些情况后,就告诉选址小组说,可以到天水去看看。林姓军官告诉庆华厂选址人员,他就是兰州军区天水步兵学校的教官,3月份天水步兵学校被撤销,准备交给地方。他说天水步兵学校占地1 600余亩,生活区与办公区非常齐全,校园内有多个训练场,空地很多,建个工厂不成问题,离宝鸡也就几个小时的路程,交通很方便。选址小组听完林教官的介绍后十分感兴趣,马上向部里请示准备到天水步校考察,五机部很快回电表示同意。林教官告诉选址小组,到天水后就住在步校招待所,吃住和工作都很方便,林教官又给留在步校做善后工作的同事写了一封信,交给庆华厂选址小组。

6月22日,庆华厂选址小组从宝鸡搭上西去的火车,当天晚上到达天水步兵学校。天水位于甘肃省东南部,东距陕西宝鸡市130千米。天水南依西秦岭山脉,北靠黄土高原,是长江流域与黄河流域的交汇点。1951年2月,中国人民解放军第一高级步兵学校在天水东关东门外原孔繁锦的造币厂建校,占地1 000多亩。步校为军级单位,专门培养西北军区各部队的营连级干部。1969年的3月17日,兰州军区天水步兵学校接到撤销命令,鬼使神差!96天后黑龙江北安庆华厂选址小组来到天水步兵学校。一个招待所的偶遇,一次老乡见老乡的倾诉,成就了三线建设史上的一段传奇。

6月23日,庆华厂选址小组与当时步校内留守人员取得联系,出示了五机部与西北三线总指的介绍信,以及林教官的信件。步校留守领导热情接待了选址小组,并安排人员带领选址小组进入步校考察。两天的初步考察,令生产布局的郭琦和基建科倪家让十分高兴,校园内近1 000亩土地足够满足年产15万支枪械的生产布局。步校内还有许多建筑稍加改造就可以变成生产车间、仓库和办公场所。步校办公区与生活区更是令选址小组成员感到惊喜万分。步校紧邻天水市东关,就在城市旁边,生产生活物资保障很方便。步校现有建筑的利用可以节省大量资金,减少建厂时间,能尽快投产。总之,天水步校令庆华厂选址人员个个满意。

7月2日,庆华厂选址小组通过十天的仔细考察,一致达成共识,将初步考察报告、工厂生产车间布局草图等立即上报五机部和西北三线总指,决定就在天水步兵学校内建厂,请求五机部和西北三线总指挥部协调兰州军区与甘肃省委落实建厂事宜。五机部与西北三线总指对庆华厂选址非常重视,7月8日,五机部、西北三线总指挥部、部分庆华厂选址人员赶赴兰州。7月10日他们在兰州军区受到当时的甘肃省"革委会"主任、兰州军区政治委员、军区党委第一书记冼恒汉的接见。

冼恒汉是天水步兵学校的首任政治委员、党委副书记,他对天水步校的情况相当熟悉。交谈中,冼恒汉得知庆华厂就是生产三角标志56式冲锋枪的厂家时非常高兴,他指出:兰州军区所属部队陆军单兵装备大多是56式枪械,由于兰州军区地域广阔,气候条件恶劣,枪械损坏率高,维修十分不便。虽然各军分区都有枪械修理所,可是专业技术人员奇缺,机械设备简陋,缺乏零部件,不能承担大批量维修、翻新。如果庆华厂在天水建厂,就完全有可能解决这个问题。冼恒汉表示,兰州军区和甘肃省坚决支持庆华厂在天水步校建设大型枪厂,并提供一切便利条件,坚决执行西北三线总指挥部和五机部的决定。冼恒汉的表态完成了组织上的工作程序,为庆华厂在天水步校内建厂打下坚实的基础。

7月20日,五机部正式发布文件,批准庆华厂选址甘肃天水建厂。8月5日,西北三线总指挥部向甘肃省"革委会"致电,同意黑龙江北安庆华厂在甘肃天水建设年产15万支冲锋枪厂。8月20日至22日,五机部、西北三线总指挥部分别向国务院、中央军委汇报庆华厂在甘肃天水步兵学校建厂事宜。9月1日,兰州军区发布命令,天水步兵学校留守人员必须在9月30日前全部撤离,并无条件地向庆华厂移交步校所有设施和全部营具。9月8日,甘肃省"革委会"发文,责令甘肃省国防工业办公室,组成以主任梁仁芥、副主任刘德夫、田浩、王观潮、呼育之等人组成的领导小组,专门协调庆华厂在天水步兵学校建厂工作。

9月20日,庆华厂选址小组更名为庆华厂天水筹建处。9月21日,天水步校开始向筹建处移交校内外的建筑设施、办公用品及营具。据不完全统计,天水步兵学校向庆华厂筹建处移交了苏联设计并督造的三层办公大楼,这座办公楼可以说是当时天水市最好的建筑。步校移交的时候,各办公室桌椅、文件柜等齐全,电灯电话可用,进入就可以办公。二层小楼40几个房间的卫生所,一些小型医疗设备和床柜都留了下来。造型别致,有二十几间不同档次的苏式招待所,所有房间设施完善,来客人就能住。200门电话交换机台,广播通讯系统齐全。400座位的军人俱乐部的电影放映设备,舞台音响、灯光设备也全部留了下来。几百人同时就餐的大食堂,包括全部炊具、灶具及桌椅。步校子弟学校有二十几间教室和办公室课桌椅全部留下。步校保育院是专为步校子弟修建的一所寄宿制保育院,条件非常好,院里有果园、大木船、滑梯、秋千等,也都留给了工厂,步校没有拿走任何物品。步校的室内篮球馆、天水市唯一的游泳池、百余亩地的农场、三个苹果园全部移交。步校建校18年,先后建成了360多套砖木结构、样式不同、功能不同、等级分明的步校高级军官住宅区,校尉级军官住宅区,以及普通教职员工住宅区。军校为这360多套的住宅配套了不同制式的家具,步校撤离的时候这些住宅内的家具全部都留下来了。步校还留下了大约2600多套床头柜、1800套课桌椅、3000多块床板和大量物资,以致后来岷山厂家家都有步校留下的营具。

在校区内,步校的可用建筑也非常可观,从后来岷山厂的生产布局来看,真是节省了大量资金和人力物力,缩短了投产时间。岷山厂的工具科、刀具车间、磨具车间、总装车间、电力车间、理化室、材料科、修建科、检验科、后勤房产科、医院、学校、幼儿园等用房都是步校的原来建筑。

9月27日上午11时,甘肃省"革委会"、兰州军区、西北三线总指挥部、五机部、省国防工业办公室、天水地委及市委、庆华厂、天水步兵学校等各方代表在天水步校办公大楼门前举行交接仪式。随后,步校人员全部撤离。9月27日下午,黑龙江北安庆华厂天水筹建处正式挂牌,接管天水步兵学校。1970年10月,五机部下达文件,将甘肃天水正在筹建中的工厂剥离出庆华厂建制,直接归五机部所属,由甘肃省国防工业办公室管理,并更名为:五机部第5206工厂,对外称:天水岷山机械厂。

二、"五脏俱全"的小社会

岷山厂当时在三线建设中是个很特殊的军工厂,它是建在城市中的一座兵工厂,这在那个年代是很少见的。有了天水第一军工的称号,有了特殊的地理位置,在那个年代能进到岷山厂工作的人是非常幸运和荣耀的。当时岷山厂内高级干部子女很多,省上的,军队的,地区的,市上的,县里的,省内各大企业领导的亲属们,就连北京迁到天水的医院领导的子女也为进入岷山厂而感到自豪。

岷山厂是部属大三线军工厂,也是个小社会,麻雀虽小却五脏俱全。从锻造的一车间到总装的十车间,10个车间的生产线就让钢铁变成了枪。保障他们正常生产的是工具科、机修车间、电力车间、动力车间、检验科、材料科、运输科、后勤总务科等辅助科室和车间。步校留下等级分明的各个功能区,也被岷山厂照单接纳。厂干部住进原步校将军院,中层干部和工程技术人员住进了原步校机械化院,教职员工宿舍成了职工住房,步校留下的营具成了职工的家具。步校为岷山厂留下了丰厚的财产,有当时天水唯一的一座室内篮球馆,有当时少有的游泳池,还有能容纳千人的俱乐部和圆形室内大舞厅。

岷山厂有自己独立的供水、供暖、通信、配电系统,学校、技校、幼儿园、托儿所、医院、招待所、大食堂、单身楼、消防队、警卫队,还有商店、粮站、澡堂、理发馆、文化宫、图书馆等一应俱全。厂里组织了篮球队、男女乒乓球队、文艺宣传队,编印《神剑》文艺期刊等,极大丰富了职工家属的业余生活。就连家属们都有自己的组织:五七连和五七小工厂。

岷山厂区和职工生活区连成一片,封闭的地理环境,使得岷山厂成为了一个独立的小王国,所有设施一应俱全,应有尽有。一座小城市里有的,这里都有,人的一辈子基本不用出厂区,就可以在厂里度过。岷山厂是一个比较封闭的小社会,父辈们大都是从老626厂西迁到天水,孩子们是一个家属区里长大的,父辈之间基本上都是世交,各家几口人、在哪个单位工作,都知道得清清楚楚。你会发现从小到大跟你一起读书的这一群人,上班工作后每天抬头低头还是这一群人。

1972年,我的父母从北大荒的626厂西迁到天水岷山厂,我们家先后有十余人在岷山厂工作。岷山厂内的婚姻状况也很有特点,因为大部分干部职工都是从626庆华厂迁来的,家长们是同事、是熟人,子女们大都是原庆华中学的学生,或是一起在北大荒插队的同学,互相都比较熟悉。现在又一同来到天水,又同处一厂,自然就成为婚姻的互选对象。刚到天水听不懂天水地方话,所以和市内接触很少,封闭的小社会让婚姻的选择只能在岷山厂区这个小圈子内完成。

三、由盛转衰

每天早晨，厂广播站的号音响起，工厂大门敞开，如潮的人流涌入厂区，消失在绿树成荫的各个厂房。几千人的岷山厂成为当时天水最引人注目的地方。

好运不长，岷山厂的荣耀随着改革的浪潮逐渐暗淡，传统军工渐渐开始走下坡路。"军转民"的政策让军工人困惑，"等、靠、要"的习惯让军工人的思想僵化，自认为不倒的军工是国家的依靠，让军工人忽略了市场的可怕，忽略了市场可以大浪淘沙。"军转民"初期，兵器工业部还是很看好岷山厂的，因为岷山厂的地理位置和交通条件都优越于其他在大山里的三线军工厂。

这其中岷山厂失去了好几次兵器部给予的难得的机会，更重要的是也失去了兵器部对岷山厂的信心，也埋下了以后岷山厂被逐出兵器工业系统的隐患。随着国际局势的稳定和军品的改新换代，1985年后工厂军品锐减，上级要求彻底转轨变型，军转民，生产民品。军品任务越来越少，几千人的生计成了问题，工厂的前途和命运摆在了岷山决策者们的面前。在那个风起云涌改变着每个人命运的时代，随着岷山厂的领导层像走马灯一样轮换，岷山牌的各种民用产品也开始出现。岷山厂的工程师们在学校学的是武器设计和制造，他们在工厂干的也是武器生产工艺流程，他们对民用产品的设计和使用，还停留在军工产品设计的理论层面上。

在那个年代，岷山的工程技术人员和广大基层干部与职工对岷山厂充满了实实在在的感情，真的不愿看到工厂在改革的路上倒下。岷山制造的民用产品很多，质量很好，因为用的是军工材料，用的是军工成本核算，所以成本很高。岷山厂生产了养鱼池的增氧机、汽车防滑链、汽车修理工具、家庭用绞肉机、矿山选矿机械、石油增压机、太阳能、大理石、塑钢材料及门窗等等。工厂为此专门成立了销售科，从全厂抽调一批精干人员跑市场，到全国各地推销工厂产品。但市场是无情的，产品质量再好，但是价格却远高于同类产品，岷山厂生产的民品在市场上犹如昙花一现，很快就被低价产品所淘汰了。

在商海苦苦挣扎了几年后，岷山厂所有的民品都没有形成规模，没有一个主打产品来支撑几千人的生计，工厂真的走到了生死边缘。1988年，兵器部终于对岷山厂彻底失去了信心，以国家的名义，把岷山厂在内的共13家"不争气"的军工企业连人带厂划归首钢。岷山厂被兵器部甩出来，全厂震惊，老军工们号啕大哭，岷山厂在时代改革的大潮中败下阵来。

四、首钢岁月

划归首钢后，双方的工作与心态磨合成了最大的问题。首钢是钢铁冶金企业，它的粗放管理与军工企业的精细管理格格不入。改革开放初期的优惠政策让首钢成为国企骄子，借着优越的地理位置和钢材的供不应求，首钢急剧扩张。首钢财大气粗，根本不把兵器部甩出来的13家军工企业放在眼里。首钢认为13家军工企已是山穷水尽，无路可走，是首钢大发慈悲，看在国家的面子才收留接纳，是让首钢养活的叫花子。首钢人把13家军工厂统称为外埠厂。

划归首钢是13家军工企业的不幸，也是首钢的不幸。岷山厂归首钢后，就利用厂里的机加设备为首钢生产各种备品备件，工厂几百名青壮年职工组队到首钢各单位去检修、抢修炼钢设备。抢修冶炼设备是个又脏、又累、又苦的活，首钢人是不干的，原来是外包，现在有了有技术的军工人来干，首钢别提多高兴了。岷山厂划归首钢，解决了一部分人的吃饭问题，但是军品生产线拆了，机械加工设备大部调往首钢，整个工厂一分为二，在改革开放的年代，岷山人开始了两地分居的生活。留在天水的是一些老弱病残和机关干部，整个工厂看不到一点光明的未来。就在岷山人感到困惑和绝望时，首钢为岷山人准备好了一块甜美的大蛋糕。

1. 天上掉馅饼

1992年，首钢从国外拆回的二手炼钢设备试车成功，准备把钢产量提高至1000万吨/年，备品备件就成了问题。机械加工历来是首钢的短板，现在有了13家军工厂的机加工能力，就准备扩大备件生产的能力。首钢在京、津、唐交汇点——河北省燕郊镇有几百亩土地和一些简易厂房，首钢计划在燕郊建设一个年加工 5 000 吨规模的备件基地,以保证首钢完成年产 1 000 万吨钢的产能。

首钢定下备件生产基地方案后,第一个想到的是天水的岷山厂。天上掉馅饼了,而馅饼正好落在岷山厂头上。首钢明确备件基地细节要求,生产加工 5 000 吨备件,需要 1 500 人左右。要岷山厂抽调 1 400 名干部职工,到首钢燕郊备件加工基地工作。这 1 400 人先期要协助首钢建筑公司在燕郊建设厂房和住宅楼房、学校等系列设施。这 1 400 人可以带直系亲属并解决河北燕郊户口。也就是说,岷山厂这 1 400 人连同他们的亲人从此脱离贫瘠的西北,到首都近郊工作与生活。这不是梦吧,天上真的掉馅饼了?

2. 谁之错

当时岷山厂在北京设立了办事处,在首钢成立了工程部、机加部、检修部和京天公司。特别是机加部已在首钢大院成立了两个机加车间,把工厂一半的机加设备调到北京。当时岷山厂在首钢工作的人数已有约千人,岷山厂也想利用首钢的区位优势在北京干点事情。对这天上掉下来的馅饼,驻京办迅速通知天水岷山厂决策者们。面对这一天大好事,厂党委马上召开扩大会议研究决策。会议开了一下午,参会人员争吵了一下午,没有拿出一个具体方案。吃过晚饭接着开,意见还是不能统一。最大的问题是谁去谁留。因为当时全厂有 2 500 余名干部职工,都知道去了燕郊,就是去了天堂,并且惠及子孙后代。留在天水的人员,还要继续留在贫瘠的西北黄土高原,等待工厂破产。党委扩大会开到后半夜,在反复争论下,总算拿出了几条意见,让驻京办反馈给首钢商议。几条意见是:

(1) 让驻京办和首钢协商再增加几百人,赴燕郊总人数越多越好。

(2) 机加设备只能调现在首钢机加部两个车间的设备,天水老厂机加设备不能去燕郊,因为天水剩余人员还要生存吃饭。

(3) 岷山厂参加燕郊备件基地建设的人员一切费用由首钢承担,包括工资、生活补助等。

(4) 岷山厂赴燕郊人员及家属的搬迁费用由首钢提前拨付。

同时厂领导通知驻京办让工程部、机加部派人去燕郊备件基地考察,并拿出燕郊基地生产区、生活区的初步规划设计方案。

我当时在工厂驻京工程部工作,接到工厂通知后,工程部领导王干才等人马上组织人去燕郊考察,我跟随工程部的考察组去了燕郊。20世纪90年代初,那时的燕郊还很荒凉,首钢备件基地只有几栋简易厂房,是当地早已废弃的乡镇企业,几百亩土地大部分是荒滩野地和荒废的农田。燕郊地理位置非常好,距北京只有三十几公里。听说首钢在燕郊建厂要从天水岷山厂调人,我格外高兴和兴奋。那时我才三十几岁,在闭塞贫瘠的西北工作生活了十多年,我们这一代人怎么都行,可下一代人还像他们的父辈一样窝在西北吗?现在天上掉馅饼了,有这么好的绝佳机会,一下子从西北迁到首都近郊,为下一代的前途和发展提供了非常好的基础保证。

3. 生死博弈

当时的岷山厂决策者们可能已经忘了摩托车和电冰箱的惨痛教训,也忘了是什么原因被兵器部所抛弃。当岷山厂党委扩大会议刚结束,当争吵了近十个小时才统一的四点意见还没有到达驻京办的时候,远在平凉大山中的一个人却得到了岷山厂党委扩大会议的缘由和准备上报首钢的四点意见内容。

平凉大山深处的5207厂(跃进机械厂),也是1988年划归首钢的13家军工厂之一。跃进厂在平凉土谷堆的大山中已苦苦挣扎了20多年了,得到消息的人是当时跃进厂的厂长康润。康润知道首钢准备在燕郊建备件基地的事情,跃进厂也想拿到这个千载难逢的项目。当康润得知岷山厂反馈给首钢的四点意见后,非常震惊和兴奋。震惊的是首钢已选择了岷山厂,兴奋的是感觉到跃进厂的机会来了。康润来不及召开会议,带着工厂总工和财务主管连夜驱车前往北京。康润到京后亲自拜访首钢负责燕郊备件基地事务的部门领导,希望首钢考虑跃进厂进驻燕郊的请求。康润同时以工厂党代会名义,以正式文件方式郑重向首钢提出四点意见:

(1)跃进厂无偿调出所有机加设备和生产辅助设备,利用燕郊基地现有的简易厂房边生产边建设。

(2)跃进厂独自承担建设首钢燕郊备件基地的全部费用,包括生产区、生活区、功能区,不要首钢一分钱。

(3)严格遵守首钢限定燕郊基地的规定的1 400人数,不增加1人。厂里剩余人员由跃进厂自行解决。

(4)跃进厂搬迁燕郊基地的费用全部由跃进厂承担,包括所有设备、人员及家属搬迁。

明眼人一看就知道康润提出的四条意见，都是明显针对岷山厂的四条意见。相对比较之下，首钢各级决策者们开始动摇，天平开始向跃进厂倾斜。康润掌握了岷山厂的底牌，势在必得。康润在首钢还没有明确表态的情况下，又做出重大决定，他通知跃进厂马上召开全厂职工大会，向全厂职工讲明燕郊基地对跃进厂的重要性，对自愿去燕郊工作的干部职工必需按工厂规定数额集资备用，马上拆除各车间机加设备和辅助设备紧急运往燕郊，在简易厂房组织生产。并严令各部门抽调精干力量进驻北京燕郊，尽快做出燕郊备件基地的建设规划报告，给首钢各级有关部门一个既成事实的印象。

4. 馅饼让别人吃了

而这时，岷山厂上下还沉醉在一片喜悦之中，厂领导正纠结于让谁去、不让谁去的矛盾中。岷山厂决策者们以一种舍我其谁的自我良好感觉，等待首钢对岷山厂四条意见的答复。跃进厂是破釜沉舟、背水一战，康润用实际行动来争取千载难逢的机会。岷山厂是沾沾自喜，讨价还价，四平八稳地等待馅饼落在自己头上。有些事从一开始就注定了结局。当岷山人突然得知天上的馅饼没有了的瞬间，并没有太多的惊诧，并没有伤心欲绝，只是隐隐感觉从梦中惊醒，心在痛，针扎似的痛。感到无助又无奈。这种结局不是我们普通老百姓能够控制的，我们只能载满着惆怅，暗自叹息而已。当梦想与希望支离破碎之时，剩下的只有无可奈何的心情了。

康润成功了，跃进厂实现了历史意义的大迁移！在荒凉的深山苦熬苦斗了20多年的跃进人终于告别了饮马河，告别了土谷堆，告别了平凉，冲出了大山。跃进厂全部干部职工不剩一人的、做梦似的来到首都工作，安家落户。康润是跃进厂的贵人，跃进厂的子孙后代一定会记住康润这个名字。

五、告别岷山厂

寂静的岷山厂区秋风萧瑟，灰蒙的天空黯淡无光。我在杂草丛生、残垣断壁的厂区缓缓前行，心情惆怅。遥望惨淡荒芜熟悉的旧地，我的心在隐隐作痛，无奈间，仰天长叹。多年后又走进我曾经工作三十多年的旧地，走进荒草丛生、熟悉而又陌生的厂区，废弃的厂房依然孤零零地竖在那里，斑驳的墙壁上，依稀能看到曾经那些鼓舞人心的标语。站在空旷荒废的厂房前，记忆之河随着时光倒流，记忆如同一幅幅画册再现在眼前，那段激情燃烧的岁月扑面而来。

1972年，我们一家迁到天水岷山厂，我们家先后有十余人在岷山厂工作。从1979年到2000年，我一直在厂里。我先是在医院的总务科，后来调到了厂办，也在北京待了四五年。大白楼（厂办公楼）和岷山医院是我印象最深的地方。我在这两个地方工作时间最长。现在大白楼已经封了，变成危楼了。岷山医院早已拆除，变成了天水妇幼保健院。

工厂的东南角，T字形的厂房是岷山厂二车间。二车间也叫精铸车间，是母亲曾经工作的地方。母亲在北安庆华厂也在车间工作，是一位蜡模修复工。迁到天水岷山厂后还是二车间，还是蜡模工。母亲在一个岗位工作了一辈子，一直到退休。我曾经去过母亲工作过的二车间，一个长长的木质工作台，两边是长条板凳，两排女工对坐，每人手拿一把用钢锯条磨成的各式小刀在修刮蜡模上的毛刺，行话叫"打毛刺"。蜡模工几乎全是女同志，工作不太累，但要心细手稳马虎不得。母亲技术很好，带过很多徒弟。我记得母亲有一个旧铁皮文具盒，里面是母亲自己磨制的各种样式的小刀，那是母亲工作的专用工具。一个工种干一辈子，这也许就是军工企业的一个特点。工厂破产后，二车间早已改建成小商铺、花鸟市场、啤酒夜市……虽然商业味十足，但是工厂的厂房还在，厂房的筋骨还在，当年母亲和工友们种下的小树已参天。在现在的改造过程中，二车间将被拆除，不复存在。

走在厂区里，工具科、总装车间、圆形教室、圆形舞厅……这些当年步兵学校留下的教室如今破败不堪，树倒房塌，荒草比人还高。试枪靶场如今只残留一间房子，三个射击平台窗口被旧纸板盖住，半地下全封闭的射击场荡然无存。一号锅炉房也只剩下一根孤零零的大烟囱，高高耸立。电力车间是步校过去留下的老房子，是父亲曾经工作过的地方。父亲工作的电气材料库房已经不见了。在二号锅炉房旁边有一座精致的二层小楼，这座木楼梯、木地板的小楼是原工厂修建科以及后来动力车间的办公室，是原步兵学校建校初期的苏联专家楼。工具科是一座日字形四合院，实际是由两个院落组成。四合院很大，东西长约150米，南北约100米，四合院是砖木结构平房，院中是花草树木，环境十分优雅安静。这里曾经是天水步兵学校的战术教研中心，专门培养连排级干部的地方。当年工具科是厂里的一流单位，不是谁都可以进的。后来，从工具科走出了很多厂级、科级干部和专业技术人员。

岷山划归首钢后，由于首钢打乱了原来岷山厂的领导体系和管理体系，再加上20世纪90年代首钢自身的效益下降，短短几年内，岷山厂迅速垮了下来。90年代，下岗大潮袭来，工人们买断工龄，很多精英留在了北京。我就是那时候买断了工龄，去学了地质勘探，离开岷山厂。大概在2004、2005年，在拿到最后的补偿费之后，岷山正式脱离首钢，更名"天水岷山机械有限公司"。厂里仅有的几百位工人日益锐减，大量厂房空置、破败或出租，厂里的地被一块一块被历任厂领导卖掉，用来弥补亏损和发工资……

我不想评论这座大楼里的人的功过是非，我也没有心情和资格来评说那些早已过去的往事。办公楼如今成了危楼，大门紧闭，破烂不堪，没有了往日人来人往的热闹。大楼四周杂草任意的生长，仿佛想要掩盖过去的痕迹。面对这些静默的建筑物，我无言以对，它们伫立在这里，以洞察岁月的心境坦然面对风霜雨雪，阅尽人情冷暖！岷山厂往事把我的思绪完全带回到了那个只讲奉献的时代。应该这样说，那个时代的人，是有一种精神的，这种精神曾经支撑起了共和国的脊梁。

告别岷山厂，我们的时代在改革中燃尽。告别岷山厂，我们只能这样简陋地告别。来不及打点新的行程，就急匆匆走到了退休的年龄。倚着斜阳在故地漫步，踏着杂草丛生的、当年曾经走过的小路重温往事，仿佛又回到岷山无限辉煌的时光，又做起岷山昔日无限荣光的梦。荡漾在昔日岷山厂的往事中，当我伫立其间，内心更多的只是一份对过往的凭吊与辞别。

告别岷山厂是我们不可更改的宿命，所有的一切都像是一场梦。从前的一切回不到现在，就这样一点一点地失去记忆，失去往事。告别远去的辉煌！告别昨天的伤痛！告别昨天的我们！告别今天不在的岷山厂！告别我们最后留在心中的岷山厂！

专题四
三线建设研究

三线调整改造回顾

采访对象：甘子玉（原任国家发改委副主任，能源局局长）
出生日期：1929 年 10 月
采 访 人：攀枝花中国三线建设博物馆筹备组人员
采访时间：2013 年 11 月 29 日
采访地点：国家发改委某办公室
整 理 人：何鑫
整理时间：2019 年 6 月 27 日

  第一个问题，我想谈一下，在三线建设调整改造的过程中，差不多有 20 多年的时间，我们做了哪些工作，达到什么效果，收到什么成效吧。
  第一件事是改善、调整。调整这些单位生产经营的环境，改善他们的生存、生活条件，这个是很重要的。三线建设，在一个特殊的历史阶段，怎么也是战略性的努力，很重要的事情，由于历史的条件和当时我们的认识、工作水平，存在一些遗留问题。大体上来说，当时三线建设地址比较边远，自然灾害比较多，交通当然都不便，竞争能力也差，更不要说发展了，没法发展了。这个问题必须要解决，当时的措施，实际上就是条件调迁，调整的第一件事要做的，就是要把它调到生存条件比较好的地方，然后让它有发展的空间，发展下去。
  第二件事情，也就是做效果，就是稳定了三线建设单位的队伍，也遏制了当时已经在发生的人才流失现象。到我们去看的年代，那已经到 20 世纪 80 年代了。到三线已经十来年了，年轻的人结婚了，生孩子了。去的时候，有十多年了,没孩子的有孩子了,原来有孩子的跟去的,慢慢孩子也大了,像上学啊这些问题都来了。所以人呐,很难留得住,这是实际的情况。去的时候都是响应中央的号召,响应毛主席的号召,响应国家、组织的号召,有的整个厂搬去了,有的一部分人去了。去了留不住,这是实际的情况。

第三件就是调整生产的产品。调整产品结构和技术改造相结合,加快了军民结合以及技术进步的步伐。因为如果想通过调迁让企业处于一个比较有利的生存和发展的条件,就必须把产品结构也进行调整。原来定的是一个军工产品,有的时候军工产品需要变化了,产品结构必须要调整。再加上原来的技术又落后了,经过这么多年就更不行了,技术要改造。那个时候我们提出来,不但要搬迁,而且要有产品、有效益。看看现在的三线企业,大家都会感到各个三线企业产品跟过去今非昔比啦,技术改造头一件,所以说整个企业就活起来了。

第四件是推进了三线单位的改组、改制和组织结构的调整。原三线企业经过调整改造以后,好多了,成立公司的了,使用上了现代化的管理制度,有的有很多民品,后来甚至民品占多数了,有的是上市了,成了股份制公司,它的整个经营方式——典型的军工计划经济——这么一个方式,转变为现代化的企业管理方式,这在过去是不可想象的。

第五件已经做了的事情是要有一个对内对外的开放问题。三线不完全是军工,但是为军工服务的多,军工企业是需要对外保密的,原来的生产方式都不是对外开放的。那么既然要生存、要发展就得对外开放,不开放,它没法生存啊。对外,更得开放啊,不然市场在哪儿呢?国内没有那么大市场,有的军工转产的民产品,那也是新产品,不开放就没法出去啊。所以对外开放、引进技术成了必须的,所以很多厂子都做了,对内开放,对外开放,这样它才合理,没有对内对外开放,企业就没法生活,没法发展下去。当然效果也很大啊,现在看是有目共睹啊,而且也觉得没什么稀奇。当时是很大的一个变革,很大的一个革命,对内对外都开放,这样的企业才能发展下去。同时,我想另一方面,它和当地的经济发展有机结合了。

所以这五件事我觉得就是我们在三线建设单位,在这20年发展当中做的主要工作,而且是作为发展的一个基础条件,继续往前进行的,一直到现在。今后还是啊,咱们国家不还是在继续进行改革开放嘛!改革开放只有进行时,没有过去式,还要继续开放。就是这样一条路径,使得我们三线企业经过调整改造注入新的活力,得到新的发展机会,今后还得努力啊!还有很多要我们改革、发展的,有很多我们要继续开发的、继续加强管理的。

我们充满活力的攀枝花,这是块宝地啊!是非常好的地方。记得选址那时候,我就跟这个工作有一点关系了,我了解过那里地质条件非常艰苦,地质人员到那个地方就跟探险似的,很荒芜,那是很少有人去的地儿,他们真的很辛苦,找这个地址找到这块地,我觉得非常对,我去看过。当然没考察得那么细,跟着首长们去看看攀枝花这些投资是不是值得。我想说,三线建设这么一个大的概念,当时我们测算过,从1964年主席做出建设后方战略基地,后来叫大三线,建设大三线决策开始,到1980年或者1983年,差不多20年的时间。这段建设里面,我们国家总共的财政投资大概是2 060多亿元。我记得是这么一个数,我手边也没有档案,2 060多亿元投资,总投资都是国家财政,那是举国动员建设三线,人力物力,那没得说。第二,调整改革用了多少钱?用了多少资金?记得加起来是200多亿元的调整改革投资。整个三线企业单位调整工作持续到2006年。开三线建设调整改革20周年总结大会的时候,我记得包括钱敏同志在内,我们老说那样的话,说200多亿元盘活了2 000多亿元的投资,就这么一个效果,当时地方领导同志说,这回可是四两拨千斤呀,这么大摊子,这么多企业都盘活,都能生存了,没问题了,而且发展也发展了。

当然盘活的程度各有不同,但都发展能生存就不简单了。能花200多亿元把2 000多亿元这么一个宝贵财富、这么一个伟大的战略资产,给盘活了,这是很好的事。我记得有各种统计,当时认为有2/3的国防军工三线企业,都得到了调整,地址搬迁了,或者得到比较大的改造。还有1/3呢,就是地改了,都有差不多,应该说,这个工作量是比较大的,投资效果我认为是很有效的,到现在来看,我认为也不落后。钱敏同志是我的老领导,去年我俩一起住院,他是10月份出的院,记得当时他坐着轮椅、我站着聊天。钱敏同志脑筋很清楚,他回忆他是怎么到三线的,陆陆续续地跟我说。实际上我知道三线建设开始跟他去有关,钱敏当时是西南大三线建设指挥部副总指挥,他还跟彭德怀共事过,彭德怀挨红卫兵抓的时候,是钱敏把他护送回北京的,这是钱敏自己说的,他在病中还跟我回忆这一段。

1983年，经国务院批准，成立国务院三线建设调整改造规划办公室。1993年在机构改革以后，这个机构压缩编制，改作国家计委三线建设调整办公室。1998年机构改革中，转变为国家科工委三线建设协调中心。当时是由鲁大东同志当的主任，郑汉涛和钱敏同志担任副主任，当时是他们三个人。他们到国务院向领导同志汇报工作，经过领导同意成立国务院三线建设调整改造规划办公室。

三线调整时期船舶工业的调整与改造

采访对象：王荣生（原任中国船舶工业公司总经理）
出生日期：1932 年
采 访 人：攀枝花中国三线建设博物馆筹备组人员
采访日期：2013 年 11 月 20 日
采访地点：北京王荣生家中
整 理 人：龚雪玲
整理时间：2019 年 6 月 30 日

　　在三线大调整的时候，船舶总公司还处于没有完全形成的阶段，我就调到北京来了，走上了船舶总公司的领导岗位，负责四川、云南、湖北的所有三线企业，还有贵州的部分企业。当时我们的重点工作实际上就两点，就是四川省和云南省的军工任务。应该说我们的三线建设，是在内河里面搞海里面的装备建设，工程的投入是很大的，到总公司成立以后，正好遇上三线要进行大调整。

　　我当时遇到的第一个问题就是"八字方针"怎么贯彻？即调整、巩固、充实、提高，让三线发挥作用。后来讲的话就是四个字：关、停、并、转。这个工作量很大，花了很多精力来做这方面的工作。三线建设不是包袱，要让它发挥作用。所谓关、停、并、转，就是要根据经济和国防建设发展的需要，着眼于未来，凡是有基础条件也比较成熟的，企业能够坚持的，就加以巩固、加以改造、加以提高，充分利用起来；有的不行了的话，就与第一线、第二线的厂子合并；有的就迁建了，当时采取了很多的办法。

我们船舶总公司留在三线的，特别是重庆建成直辖市以后，我把重庆市所属的厂重新进行了布局提高，把外线的都搬到重庆北碚这一带去，成立了一个大的基地。这是第一个抓法。第二个抓法就是狠抓结构调整与产品的开发，"军转民"，"军民结合"。比如说479厂，原负责生产机械部分的毛坯件，后来利用479厂的基础，进行结构调整，转产为铁路建设配套服务。在北碚搞了个基地以后，就利用原来厂的基础，搞了五洲牌的自行车，一个厂生产几套部件，然后搞一个总装厂。当时的五洲牌自行车搞得还是很成功的。现在结构又调整了，像风力发电啊，整个的这一套设备在四川。所以从三线建设整体来看呢，把现代工业的有些基础生产能够带到西南、西北开发这一方面来，对于改变整个工业布局的情况，是功在当代、利在千秋的。对于我们国家的工业布局各方面的发展，我想恐怕今后还有很长的一段时间，才能看到它的一些效应，只有通过时间才能统一这方面的认识。但是必须看到，我们三线建设的职工，几代人都为三线的开发建设作出了贡献。

你们准备在攀枝花搞一个三线建设博物馆，我觉得应该从各个方面很好地总结一下。中国人民的智慧确实了不得。你看三线都是从无到有的。山沟里面造船，那时候我们就想，构造好了怎么移动船啊，把一个钢板吊到山顶上去，慢慢地再加工运下来成为一条船，再从哪里下水，开始都不可想象。所以我想从正面来讲的话，意义重大呀，显然是中华民族的一个创造智慧的体现。

我们现在就整个船舶工业的形势来看的话，应该说是很不错的。虽然能力过剩，但是它正在由大往强的方面转。强的话就是各式各样的船我们都可以造。军船民船，海上建设以及各方面的，包括水底下的，包括上天的，从这些方面来看，我们都是有用武之地的。得一步步地来。从这个过程来看的话，中国船舶工业的产量差不多位居世界第一，但是它的品种和各方面的需要，我们还需要加强。船舶工业是一个综合的机械工业，而且是个高技术产业。那就是国家需要什么东西，它都能够拿得出来，搞得上去，对不对？我国现在已经进入到世界船舶工业的前列，应该说先进这个方阵我们是包括进去了。那今后有些事情人家办不到的，我们就要能够办到，你想航天就是这样一个情况，对不对？我们就走在了前面，但从整个水平来看，有些地方还是有些差距的。有的是控制水平,有的是整个比较粗犷,管理也比较粗放。

最后,我希望不要忘记过去参加三线建设的一些劳动大众,我们还要寄托于我们的子孙后代,能够在国家富强这条复兴之路上继续往前走。

兵器工业三线企业调整改造的双重转型

采访对象：马之庚（原任中国兵器工业集团公司总经理、党组书记）
采 访 人：攀枝花中国三线建设博物馆筹备组人员
采访时间：2013 年 11 月 29 日
采访地点：北京中国兵器工业集团公司马之庚办公室
整 理 人：韩惠玲
整理时间：2019 年 6 月 28 日

我是 1968 年大学毕业的，从江苏进了四川山沟里，那时才 23 岁。我进的那个厂叫 216 厂，位置在四川南溪县一个叫大观区新添乡的山沟里。我进厂时是从当工人抬土、建厂开始做起的，然后当技术员、车间主任、"革委会"副主任、副厂长，到厂长，1986 年调西南兵工局当副局长。建设三线的时候，我是参加者，我开玩笑说我一辈子干了一件事——建大三线。从当工人抬土建厂，又再当厂长，管理一个生产大口径机枪的厂。

20 世纪 80 年代国际形势缓和了，中央要求国防工业进行产业结构调整，搞军民结合，把多余的军工生产能力转到民用品上，进行军民结合的结构调整。军民结合调整同时呢，多余的生产能力，有一部分在建的工厂或还没有建成的工厂，全部下马、停建。这种情况四川地区很多。

第三个阶段叫作大规模的搬迁和技术改造调整，产业升级调整。这个第三个阶段就是因为当时建许多厂的时候，地理条件不行，水电、地质状况都不符合工业生产的要求，中央决定对其进行搬迁调整。搬迁调整一定要跟产业结构调整、产业升级结合起来。从20世纪80年代初期一直到20世纪末,兵器行业前后作了将近20年的搬迁调整。我们调了54家企事业单位。我所在的那个216厂,也在搬迁调整范围之内,从山沟里的南溪县搬迁到成都郊区彭州。现在通过调整以后,这个厂发展很好,军品产业升级了。所有通过调整的,保留军工生产能力的企业,跟军品的发展方向结合起来,进行主产品的改造、升级,这样使军工的生产能力跟世界水平相接近。就是没有军品项目的转为民品,进行民用产品的生产,转到国民经济建设上去。汽车、摩托车是我们兵器工业的主要产业。同时,民爆炸药,民用枪弹,包括比赛用的枪支,都是我们初级的民用产品。另外呢,搞冰箱,搞自行车。在军民结合的后期,就是整个把军民结合如何形成产业链,产业结构又作了升级。那些年我们除了常规的机械、化工外,我们还往石油化工这个方向转移、从国内向国外转移。因为我们的军品生产换取资源,解决国家能源不足、稀有金属不足的困难,使我们整个产业结构,民用产品的产业结构得到大幅度提升。所以一举扭转了兵器行业的困难局面与13年的亏损,产业结构更完善了。军品的升级上水平,民用产品的结构更完善,完整的工业体系使我们兵器工业得到了很大的发展。

三线建设时期,军工生产能力翻了2倍。三线调整完了以后,产品结构也作了调整,剩下的第三代产品的生产能力又是三线建设时候的2倍,技术得到发展了,生产能力扩大了,而且民品的产业结构更加合理了。现在每年盈利百把个亿,除了上缴税收,利润是近100个亿。我一辈子干过的事,就是建大三线,建完了就调整大三线,最后又搬迁大三线。整个三线建设的过程我都参与了,调整改造大三线,使三线建设的整个能力得到了很好发展。2008年以后,我就调到人大督导组工作了。

在兵器工业行业干了45年,整个过程最难忘的就是军民计划,就是军工的产业结构调整、产品升级和军民结合。贯彻中央军民结合的方针,军民融合发展,这是世界上军事工业发展的潮流吧。

工厂搬迁出来以后,技术改造提高了,生产能力很大,大量的出口。一个搞军工的(企业),由计划经济转向市场经济,自己开发产品,自己找市场,才能把产业结构调整过来。这是整个计划经济向市场经济的转型。这个军工人最大的观念转变,我们这代人是经历了。第二个,军工由计划经济完全生产军工向军民结合转移。搞军工的人,就整个国家来讲,多了一个困难,是军工向民用转移。国家是计划经济向市场经济转移,我们既要军工向民用转移,又要由计划经济向市场经济转移,双重困难。所以遇到的困难是一般的人不可以预见的。所以我们好多人,就是搞军工的人,献了终身献子孙,一辈子都是搞军工。

到今天,我好多同学,当时我们一起从江苏分配到四川,今天活着的还不到一半,建厂的时候累死了一批。二十几岁,一天到晚抬土,困难时期,可能你们不太能理解,20世纪60年代到70年代的时候,四川山沟里生活很困难,吃不饱,几个月吃不到肉,吃不饱肚皮还要干工作,那是很困难的。有个同学毕业的时候身体就不太好,不到两年就累死了。条件很艰苦,医疗条件也不行,生活条件也不行。一个年轻人离开家,到大三线去,江苏人跑到四川山沟里,跟广大群众一起参与建设。那时候工人和新来的大学生都是一样的工作。那时候真的接受再教育,大学生承担的任务、劳动负担比一般的工人要重,我那位同学他就累死了嘛。那时候不像现在还有什么抚恤金啊,什么都没有啊,人去世了,把一个骨灰盒送回老家就完了。

我们去的所有同学都按照专业分配到自己的岗位了,最大的困难是刚才讲的,就是我们没有一个很好的工作条件。晚上睡工棚,山区里蛇多啊,那女同学都吓坏了,睡一睡,就跟蛇睡到一起了。第二个,就是吃不饱。那还得干,还得工作啊,当时三线的厂啊,都是从原来的老厂分出来的,就是老厂的技术干部,加上我们这批新去的大学生,结合起来。当时在技术上应该不是什么难题,就是条件艰苦,对大家来说是个考验。生产原料从老厂一起搬过来,当时最缺的是老厂来的技术干部数量太少。一个是艰苦条件,第二个是技术干部缺少,就说我们的大学生来了,白天建厂,晚上还要搞工作。当时分配来的大学毕业生,基本上都是三线建设的技术骨干,一边建设,一边生产,而且通过这样的艰苦磨炼的过程,到20世纪80年代初期,这些技术骨干大多数走上了领导岗位。那个艰苦的锻炼建设过程,培养了一大批的年轻干部。当时我们建厂的时候,那个党委书记、厂长都是老红军,都是经过长征的这批老革命。通过他们榜样的力量,三线建设时期培养了一大批年轻干部。我记得1968年我们一批从华东地区到四川来的有300多个大学毕业生,当时华东地区大量的大学生进入云贵川三省,通过十多年的锻炼、考验，这批人变成各个场所的重要力量。后来这批人都陆续退下来了，又培养了新的一批。

三线调整建设，第一个是改变了我们国家的战略布局，不光是军事工业的战略布局，也改变了我们国家的工业布局，使我们国家得到比较大的调整，从一线、二线到三线，都得到比较大的调整。第二个是军民结合，使国防工业结构上得到了很大的变化。第三个是搬迁和产业升级，使国防工业腾飞，走向了世界，参与了国际国内市场的竞争。我们通过几十年的努力，把我们的国家建成一个世界上强大的国家。

记得1982年我第一次出国访问时，看到人家城市的发展，我就跟我同事说，我们一辈子能把中国建设成这样，我们就心甘情愿了。我们这一辈人就是奉献啊，把国家建设好，建成现代化的国家，就是这种愿望。我认为三线建设的精神在今天这个情况下有更重要的现实意义。实现中华民族伟大复兴，我们也要倡导这种艰苦奋斗的精神。

军队三线企业的调整改造

采访对象：温尧忱（原任中国人民解放军三线工作办公室主任）
出生日期：1944 年 4 月
采 访 人：攀枝花中国三线建设博物馆筹备组人员
采访地点：北京攀钢宾馆
整 理 人：瞿颖
整理时间：2019 年 6 月 30 日

  1985 年 1 月 8 日，国务院、中央军委下发文件，明确了军队三线企业同样执行国务院、中央军委制定的新时期政策。这个文件对解决三线艰苦地区国防科技工业离退休人员的安置和职工夫妻长期两地分居的问题，以及稳定加强国防工业三线建设的问题，作了若干政策规定。
  文件中的有关规定适用于三线艰苦地区的企事业单位，凡符合文件规定的非军人、科技人员和职工，可以照此办理。具体执行单位以及有关事宜，由总后勤部商有关部委下达。从这个文件下发以后，我们重点做了几项工作：一是会同国家各部委，如劳动部、人事部、商业部、公安部、国防科工委等，共同就军队的三线企业的问题作了规定，划定了几个三线单位。这个审定是从战略布局和三线单位所处的地理位置、艰苦程度考虑，由各基层单位征得当地政府部门的同意，由主管部门上报、三军三线办公室统一综合平衡，平衡后由国家有关部委根据报告、影像资料、照片等开会审定，由总后勤部正式下发，分为一、二、三类三线企业。这是一项工作。之后，我们就逐步根据国家政策，给符合定入三线类别的单位，有比例地提高职工的津贴，然后就开始着手办理"农转非"。

办"农转非"的问题上,当时定了是年满40岁、三线工龄8年以上,工龄20年以上,如果是夫妻分居的,给办理"农转非"。当时的指导思想是该办的一个不漏,不该办的,一个不办。全军当时在办理"农转非"的过程中,由于各个单位严格地执行政策,没有发现一起告状的事件。

以后根据三线工作的效果进展和市场经济的需要,实施战略转移。总后勤部就成立了三线企业战略移动规划组,当时审定386个三线企业实施战略转移。比如6909厂,它的小学、中学什么的,全部都是那山沟里,自成体系。而到了昆山以后,社会的配套非常完善,这些都不需要办,减轻了负担,而且生活都得到了改善,也有些在搬了以后呢,出现产品调整不好,整个就破产的。

三线战略转移的过程当中,我们部队的和国家的三线企业搬迁方式不大一致。国家的三线企业搬迁是完全财政部拨款,我们部队的经费基本上由军委办公会议确定,给三线拨一部分的资金。另外,部队三线企业还有主管部门,主管部门也拨了一些资金,再加上工厂自筹,基本采用这种方法。在实施战略转移过程中,我们还有一个想法,就是能搬迁的、成熟的,就搬迁,有些实在搬不了的,可以到大中城市开窗办分厂。这样的例子也不少。比如3303工厂整体在武汉山沟。但是在上海办了一些分厂,跟地方合作,帮助上海大众汽车公司生产一些汽车靠垫、座椅等,也取得了一定成绩。再比如总参的1206工厂,它是从山西一个山沟搬到河北廊坊,整体搬迁廊坊以后,在各个方面都得到了改善。有些搬迁以后,有产品结构调整和随着军队生产经营的体制调整,完成了历史任务后就转移到地方了。再有就是后期,根据国家有关财政优惠的政策,我们实施了三线的退税工作。退税工作由企业向当地的税务部门申报,由财政部驻各地专研办来审核,全年退税一共是完成了将近18个亿。这些经费对发展企业的生产起了非常良好的作用,在企业来讲得到了实惠,改善了职工生产和生活条件,大家反映非常好。在退税的问题,应该讲不但是稳定了企业、促进了发展,同时在这个退税过程中,没有出现一个虚假现象。

军队企业的话,它有几个组成部分,一个是装备保障,一个是后勤保障。这两个保障是直接为战斗力服务的,它在企业是实行军队企业化管理,由军队直接管理。比如说空军有飞机，海军有修船的，通过部分有修常规武器的，后勤部门有生产装备的，食品的设备，这些都是为军队直接服务的。在三线当中，军队这些三线企业按照当时国家的三线政策搬了不少，在搬的当中，也确实受到一定干扰，比较分散，进山比较深，在山沟里困难比较多。所以的话，在实施当中，我们还是基本上按照国务院、中央军委当时定的原则和财政部税政司国家税务局定的杠杠，一同来执行的。

我们在上海，用军委拨付的资金和企业主管部门的资金，加上工厂自筹一部分，在上海浦东搞了几栋房子。后期呢又在厦门利用原南京军区7318的分厂的一部分土地，请开发商代建，我们得到了2万多平方米建筑，解决了350户从大中城市到三线艰苦地区工作人员回来安置的住房。另外，我们在稳定职工队伍时还有一项政策，就是说，在三线安置的一些同志啊，到大中城市安置的房屋和军队安置企业的在城市的房屋。我们军队当时有个总后生产体制，有个生产管理部，我们专门组织一个委员会，把三线职工住房和军队在各地的一些房屋，都按照地方政策进行修改，跟地方并轨，这样的话基本都是同等价格了，对此大家反映很好。

我们搞三线建设，我觉得中国老百姓最能吃苦、最能战斗、最能理解的。他们所要的条件并不高，我们要本着对三线负责的精神，凭着责任感，让他们这些献了青春献终身、献子孙的人得到合理的补偿。

军队三线企业调整改造时期的生存发展

采访对象：陈玉山（原任中国人民解放军三线工作办公室副主任）
采 访 人：攀枝花中国三线建设博物馆筹备组人员
采访时间：2013年12月18日
采访地点：上海大学乐乎楼
整 理 人：何鑫
整理时间：2019年6月26日

军队开始搞"农转非"的目的，就是要稳定这部分工程技术人员队伍和管理人员队伍，当然还包括职工队伍。我正式介入这个工作是在1985年。随着有计划的市场经济到市场经济的转变以后，如何提高对军队的服务质量成为摆在我们面前的一个大问题。说句老实话，这些企业的职工在当时连饭都吃不上，又怎么给你军队奉献呢？你只有把他们的后顾之忧解决好了，他们才能够更好地为军队服务。

我们有一部分老同志，献了青春献终身，献了终身献子孙，到老了，没办法了，还在那个山沟里，怎么办？只好异地安置。因为我们中的大部分人，是从南京这一带过去的，还有一部分是从沈阳老工业基地过去的。这部分人要进行异地安置，全军"三线办"才开始实施战略转移。

这个事是从1989年开始的。1991年我们在北戴河开的全军三线工作会议，正式决定进行战略转移。为什么呢？因为企业没活路。在山沟里，企业除了周围那几个农村，那几个老百姓，抬头是山，低头还是山，市场在哪里啊？企业没办法生存，所以我们才开始搞战略转移。我们原来六个三线企业，实施战略转移的有三个，其中〇九厂搞得是最好的。全军三线工厂一共有189个，我和温尧忱主任大部分都去过，基本都跑遍了。凡是搞三线工作，你没有特殊感情，就搞不了这个事儿。我们就是受到那个温主任的影响。说句老实话，开始起步很难，各部委要一个一个地去做工作，就是要有磨嘴皮、跑折腿、锲而不舍的精神。为了三线企业的生存与发展，我们找各部委等，一次不行，两次，两次不行，三次，三次不行，四次，什么时候能行了，什么时候算。最后也感动了他们，全部解决了。

我们现在基本上都解决了，不留尾巴。凡是搬迁的工厂，我们也就地有偿转让。为什么呢？我们有教训，其中有一个厂，〇四厂，一年派了三十八九人，花几十万元，昼夜巡逻都看不住。所以老厂就有偿转让了。然后把这部分钱抽回来，用于新厂建设。因为它不是三线企业，它本身竞争能力就强，三线企业当时是企业办社会，所以负担就重。这个肯定有差别，你只有把这个问题解决了以后，三线企业才能在同一个起跑线上竞争啊！才能应对市场经济啊！三线企业，都这个样子，企业办好了是财富，办不好就是包袱！对不对？办好了以后的话呢，给社会、给国家、给军队，不光提高服务质量，还能创造财富。办不好，连饭都吃不上的时候，将心比心，恐怕谁都受不了吧。所以，我们也是想方设法，尽我们最大的努力，满足企业的需要。干这事儿，没点奉献精神也不成的。

我们过去考察工厂，一天几乎是看四个厂，两个小时一个厂。你想这一天，这一趟出去以后就要考察几十个工厂，看他们有些什么问题需要解决。考察下来发现最大的问题就是企业如何生存和发展，如何提高服务质量为军队服务。这个过程很难，技术这个东西不是光靠吹吹牛就能吹出来的，那是要脚踏实地地干出来的。像六九〇九厂那个万厂长，他是靠什么精神啊？干了几天几夜不吃不喝不睡觉，晕倒在实验室里，输输液，醒过来，继续再干，没这种精神，怎么干三线企业？所以现在来看呢，三线实施战略转移，一方面得益于三线建设精神的发扬，用三线精神适应现在的市场经济，就比其他的非三线企业更有竞争力！因为吃过苦、受过罪的人，他最珍惜今天的好的生活。另一方面靠企业领导的责任，要想方设法把企业办好，只有办好了，才能不断地提高企业服务质量，才能不断地提高职工的生活水平，发展才是硬道理！

像我们六九〇九厂，因为有这么一个好厂长，他就能够带动一个企业不断腾飞，他就能够带动一个班子不断去奋斗。你没有一个这样敢于去奉献的带头人，这个企业就没有希望。只有立党为公，才能够做到。

过去我总以为国有企业搞不好，是所有制问题。现在这个观点转变了，我认为不是所有制问题，关键还是人的问题，你有这个公心没有？有这个奉献精神没有？为什么呢？个体企业也有垮台的，而且垮台的很多。把人选好了，大家齐心协力一起奋斗，就能够把这个企业搞好，同样把这个企业搞得好，甚至比个体企业搞得还要好。一个人连自己的命都不要了，我就不相信，还有什么事儿干不好，有一个好的带头人，有一个好的班子，有一支好的队伍，企业才能腾飞，职工也越干越有劲儿，精神头越来越高；反过来，那些干部整天想的就是自己的事儿，这个企业非垮不行，一年换一个厂长，绝对是死路一条！

所以过去总以为是个人所有制问题，后来我经过考察这些工厂以后，得出个结论：不是所有制问题，是个人问题！而且他们在培养人才，发现人才，你事业还得继续啊，工厂今天开门明天还得继续开啊，希望明天门开得更好，步子走得更大，那大家老老少少才越活越有心气儿啊！部队才满意，领导才满意，他们满意，职工满意，何乐而不为啊！

三线企业调整改造
对国防科工发展的意义

采访对象：王毅韧（国家国防科技工业局副局长）
采访地点：北京国防科工局
整 理 人：龚雪玲
整理时间：2019 年 7 月 2 日

  三线建设对我们国家经济的发展和国防科技工业体系的建立有着非常重要的意义。在 20 世纪六七十年代，我们是准备打仗。在这样的情况之下，为了备战，建立起我们自己的国防工业体系，同时也是为了建立起内地的工业体系，毛主席做出了一项伟大的决策，就是要在三线地区建设一批工业企业，这里面包括一些国防军工企业，同时也包括为军工配套的一些钢铁、化工、机械、建材、冶金等企业，形成一个比较完整的工业体系，所以我认为三线建设对中国生产力的布局，对国防工业科技的发展，具有很重要的意义。

  改革开放以后，国内外形势发生了变化，当时中央提出来要以经济建设为中心，军工企业面临的困难就是任务不足，要实行"军转民""军民结合"，除了完成军工任务以外，还要发展民品。同时，由于受当时思想认识的局限性，三线建设在选址、定点方面，可能出现了一些偏差，企业钻山过深，过于偏僻，经常遭遇泥石流、洪水，还有一些地方病等，这对企业的长远发展产生了很大的影响。另外由于交通不便，信息不灵，有一部分三线企业在市场销售、原材料采购等方面都面临种种困难。改革开放以后，以经济建设为中心，对这些企业来讲，就需要改变过去这种状态，所以当时就提出了"调整改造，发挥作用"的八字方针。调整改造的主要任务第一个是要通过搬迁等形式，脱离险情地区，所以面临调整、搬迁、重新选址等等。另外一个改造就是说不是简单地搬迁，而是要通过这个技术改造来提升我们的技术水平，实现产品的更新换代，通过调整工业结构之后发挥更好的作用。

三线调迁是从1980年以后开始，一直干到2000年，大概是干了20年，通过调迁，不光对三线企业的发展发挥了积极的作用，同时也改善了国家生产力的布局，优化了工业的布局，对促进国防科技工业的发展都发挥了很好的作用。调整改造之后，这些企业都获得了新生。当然，调整改造也不是鼓励都往东部搬或者是往大城市搬，也是就近，还在中西部地区。这样的话进一步增强了中西部地区工业的基础，原来这些中西部地区，很多地方都没有什么工业，三线建设给这些地方奠定了一定的工业基础。另外就是通过三线建设，促进了一些地方的城镇化建设，很多地方由于三线企业的建设而慢慢变成了一个城镇，后来又变成了一个城市，出现了城市化。三线调迁使部分面临困境的三线企业选择了一个合适发展的地方，但这些企业仍然还在中西部地区，并没有改变国家工业体系纵深的布局，只是优化了这个布局。

三线调迁之后，这些企业都焕发了新的活力，脱离了险情，解决了基本的生存问题。另外还优化了产品结构，实施了继续改造。在三线调迁中，国家强调不是简单地搬迁，而是要通过调迁实现技术上的跨越和升级，找到新的产品，要优化人员队伍。三线调迁对这个企业等于是脱胎换骨的机会。现在来看，三线调迁，干得很成功。

调迁完了之后，我们在2003年做了一次三线调迁的总结。经过调迁的企业都得到了长足的发展和进步，技术水平得到了提升，产品结构得到了优化，人员队伍得到了稳定，很好地保障了国防军工这些武器装备科研生产任务的完成。同时企业大力发展民品，为当地经济的发展、为国家经济的发展做出了巨大的贡献。现在我们的整个国防军工企业，军品可能占很小部分，民品占大多数，基本是既为国防军工的武器装备发展服务，同时又为国民经济建设服务。现在国家实行的"西部大开发"，还有"老工业基地改造"，实际上就是国家对这些企业的一种继续支持。三线建设为整个国家的工业布局奠定了一个很好的基础，尤其对中西部地区的发展，三线地区的发展。三线调迁优化了结构,让这些企业在中西部地区站稳了脚跟,扎下了根,促进了当地经济的发展,为今后的发展,为今后缩小中西部地区的差距,为今后西部的开发、中部的崛起,都奠定了很好的基础。

我觉得这一段历史确实是很难忘的,国防科技工业发展实际上是通过这些三线企业调迁实现了技术的跨越。因为原来在一些困难地区人才留不住、引不进,信息的获取、信息的交流、人员的交流都受到了很大的影响,通过三线调迁,这方面得到了大大的加强。科研生产条件得到了很大的改善,吸引了人才,也留住了人才,使他们能安心地创业,促进了国防军工技术水平的提升,研发出了一大批先进的武器装备。我到过很多三线企业,调迁前后发生了巨大的变化,现在这些企业都很稳定,都能吸引到高端的人才,也能够留住人才,在技术开发的方面,在创新方面都是发挥了很大的作用,在武器装备的提供、研制方面也发挥了很好的作用。

三线的经验,我觉得最重要的还是艰苦奋斗、奉献国防的精神。三线建设时集中了全国最好的人才到山沟里,到偏远的地方来干军工,这些人是献了青春、献了子孙的,像两弹元勋邓稼先等,这些都是比较典型的。他们中的很多人的第二代都留在了军工企业。现在这些老同志基本都退了,但是他们中的第二代很多人都在原来的企业。另外,这些年又招收了很多大学生、专业技术人才,继续在企业发展方面发挥作用。他们当时都是离开了大城市,离开了生活条件比较优越的地方,到了一个艰苦的地方去,现在我们三线企业并没有完全都出来,有一部分企业出来了,有一部分就是说条件虽然艰苦,但是没有太大的险情也留下来了,另外有些生产线和产品不合适于在城市,也还在山里面。现在我们军工人呢,还在继续传承这种艰苦奋斗的精神来奉献国防,为国家的国防建设和经济建设奉献力量。

改革开放以后军工企业一个很大的亮点就是军民结合,发展民品。而我们发展民品从初期的什么都干,像自行车、手表、缝纫机、电视机、电冰箱等等,逮着什么干什么,那是一个初级阶段。到了现阶段,主要是干有我们军工特色的、有优势的主导产品。我前面说过,现在我们国防科技工业里面总产值一大半,都是干民品,军品只占了很小的比例。我们国防科技工业改革开放以来,跟整个国家经济一样,发展很快。但是现在跟世界先进水平相比还是有差距,有些差距还不小,现在实际上我们还在追赶世界的先进水平,在某些领域我们已经接近或者已经达到,但是在很多领域,我们跟世界最先进的水平相比,还是有差距。这些年我们发展很快,追赶的势头也很快,但是现在毕竟还在追赶的过程当中,下一步我们的目标就是建设先进的国防科技工业。我们离这个目标还有不小的差距,无论是三线企业,还是国家其他的军工企业,都在朝这个方向努力奋斗。

三线建设与我国航空工业的发展

采 访 对 象：朱育理（原任中国航空工业公司总经理）
出 生 日 期：1934 年 2 月
采 访 人：攀枝花中国三线建设博物馆筹备组人员
采 访 时 间：2013 年 11 月 28 日
采 访 地 点：北京中国航空工业公司朱育理办公室
录音整理人：周璐婷，何鑫
整 理 时 间：2019 年 7 月 2 日

  三线建设是中国历史、特别是中国国防工业历史上一件重大的事情。尽管开始我没有直接参与到这项伟大的工程中去，但后来当我走上领导岗位之后，还是做了不少与三线建设有关的事情，也还是了解了不少三线建设一些值得颂扬、值得人们记忆的事情。

  中国的三线建设，从技术上说是高水平的，从规模上说是空前的。当时首先确定在三线的航空项目之后就要把人调过去，因为筹建一个所总得有人啊！

  我记得我们这个研究所调去了大概有上百号人，就是到小三线所在的那些研究所，而且水平都是很高的。不但调人，还调设备，然后还要支援这些场所。在当地建设过程当中所需要的一些非标准设备的研制，这些东西也是我们这个一线二线的研究单位和企业帮助他们搞的。比如说像我们这个江油，有一个有名的航空研究院，叫发动机研究院。这个名字还是我在当部长的时候，给它取的名字。原来它叫航空发动机研究所，我说你们人这么多,水平这么高,不要叫所,叫院!当时它的好多设备都是非标准的。所谓非标准就是市场上买不到的,只能自己根据它的需要设计研制。最主要的高空试车台,就是这个航空发动机啊,制造好了之后呢,要把它放在一个模拟高空的一个环境里来做实验。它是个试车台,但是实际上它是模拟,比如说模拟1万米高空状态下发动机的工作情况,这个就是一线相应的发动机的研究所和工厂帮助搞的。直到今天,这台设备还在运作,尽管受汶川地震影响,在精度上受到了些损失,但是经过修理现在还在用。这个设备是搬不出来的,放在山沟里就只能放在那儿了。但是现在这个研究院,整体都搬出来了,搬到靠近成都的地方。

所以我说呢,对于三线建设历史性的评价,我们要历史地、辩证地来看。首先一定要充分肯定党和毛主席所作的这样一个战略性的决策。其次,三线建设,它是靠一线、二线的这些企业单位和各方面的大力支援及全国人民的支援建设起来的,当时的选址原则是靠山、隐蔽、分散,我们几个企业也是这样。像前面我说的江油这个发动机研究院啊,从生活区到那个高空试车台的科研区,整个三十里地都是些山沟子,生活是很苦的。但是大家没有怨言,以一种无私的情怀,默默地作贡献。我当时也参与了,到三线去探访。记得1966年,我们还出差到江油,去跟他们所领导商量,有什么非标准设备,需要我们帮助设计和制造,就搞这个调研。那时我是技术科科长,跟着所长、技术员一起去,给我印象很深,也很亲切。因为那里也有我们研究所调过去的一些同志,到那儿去连他们也看望一下。它旁边绵阳还有一个我们国家老科工委管的一个基地。是什么基地呢?就是大型的风洞,叫风洞指挥部,简称"风指"。里面都是穿军装的,由科工委管辖。那里边就有我在苏联留学时一个学校的两个同学,是一对夫妇,他们一回国就分到三线建设这个单位去了。我还专门去看了这对夫妇。

大三线的建设实际上是我们国家最早的西北大开发,这个历史功绩是不可磨灭的。当时好多人都是高科技人才啊。你想航空航天、电子就不都是嘛,还有火车机车,包括轻工业好多的资源,都支援给了三线。所以三线建设就给改革开放之后开发大西北,积累了人才、技术和一些物质条件,打下了一个坚实的基础。

三线这个地方的这些人才不但为三线建设做了贡献,他们也为我们航空工业的发展,做出了突出的贡献。尽管这过程中遇到了"文化大革命",但是它的建设并没有停下来。

我在1992年走上领导岗位,当时我们与科工委不算领导与被领导关系,但是它是归口管理我们的。国家计委的常务副主任、党委副书记甘子玉同志是直接管我们国防工业经费的。我跟甘子玉同志也很熟,三线建设是他一直在负责的。他对我们航空工业的支持也很大,我指的是什么呢?当时建设了一批航空工业场所,这些航空工业,在那么艰难的条件下,包括在"文革"时期,都坚持下来了,而且做出了突出的贡献。改革开放之后,又面临着把三线的企业事业单位从山沟沟里逐步搬迁到靠近城市或者进入城市的地点,这又是一项伟大的工程!进山沟,"山散洞",然后出山沟。不过出山沟时候建设的规模和质量,就比那个时候好多了。因为那个时候我们搞三线建设,说老实话,国家的财力是有限的,大家都是勒紧裤腰带啊,在那儿建设三线,所以好多东西它是因陋就简的。

这个三线建设,在改革开放之后啊,又为国家输送了很多优秀人才。人家说三线精神嘛,艰苦奋斗、自力更生、不怕牺牲、勇于奋斗等等。三线精神很好。另外有个三线建设精神是奉献的献,就是说,献了青春献终身,献了终身献子孙,我们这两个三线建设的口号,都很振奋人心!那么三线建设这些人呢,有的干了一辈子,现在还在呢。有的老人就长眠在那个地方了,他们是无怨无悔的!

我每次陪着领导,或者我单独到三线出差,都会去看一看。去看望退休的老同志,因为他们都是从东北沈阳啊,哈尔滨啊这些厂调过来,从此就在这里扎根的。所以,你到了安顺的飞机厂,到了平坝黎阳的发动机工厂,这里的职工小孩子说的都是东北话。他们都是从哈尔滨、沈阳来的老工人和他老伴儿,孩子是从小就带来的,有的就是在那边生的,幼儿园的保姆阿姨,都是东北去的职工的老婆或者媳妇什么的,所以都是东北人。那些厂子说的都是东北话,很有意思。我们去了也感到亲切,因为我们这个行业发源于东北,扩散到全中国。

本人曾经由国家派去留学苏联。1957年,苏维埃革命四十周年的时候,毛泽东率领了庞大的代表团,去参加世界共产党和工人党的大会。开完了这个会啊,参加苏联的十月革命节。10月7日接见我们留学生,在莫斯科大学的礼堂里。主席跟我们说,世界是你们的,也是我们的,但是归根结底是你们的。你们年轻人朝气蓬勃,好像早晨八九点钟的太阳,未来是属于你们的。能够亲耳聆听到毛主席的亲切讲话,对我们殷切的嘱托和希望,大家都很感动。尽管毛主席的讲话是对我们留苏的学生讲的,但是他说的那番话,其实对所有年轻人都适用,是对所有年轻人讲的。直到现在,我们还用主席的这些话,还在用三线的无私奉献的精神,来教育我们职工做好我们的工作,来丰富我们航空工业的企业文化和进行思想教育。

三线建设时期的
中国航空工业发展

采访对象：刘赪（中国航空工业集团公司科技委专业委员会副主任）
出生日期：1943年7月
采 访 人：攀枝花中国三线建设博物馆筹备组人员
采访时间：2013年11月22日
采访地点：北京攀钢宾馆
整 理 人：龚雪玲
整理时间：2019年6月28日

20世纪60年代末70年代初，国家号召大城市的一线航空工业要支援三线建设。那个时候大家都是很震动，踊跃报名。我们是在1970年去的。当时航空工业两个大的三线基地——011基地，012基地。011是在贵州，012基地是陕西汉中航空工业基地，最后我去了汉中。

从20世纪60年代末70年代初，汉中航空工业基地最早建的厂是中原机械厂，也叫521厂。这个厂是1965年开始建的，是汉中的第一个厂。

到了20世纪70年代中后期，将近30个单位在那里，有飞机工厂、导弹工厂、机载设备工厂，还有一些学校、医院等配套的设施。在三线建设过程中，体现了咱们中华民族国防战线上的员工那种艰苦奋斗、无私奉献的精神。举个简单的例子，我当时到了汉中以后，在一个工厂，就是住在附近老乡的家里，和老乡家一家老小住一起。有的年轻的、单身的职工，就住在盖起来的第一个厂房里。洗澡呢，就在一个房子后面，端上脸盆，打些井水冲一下。那会儿还没有自来水冲澡。因为赶紧要出产品,就是叫作先生产、后生活。那会儿咱们要自强自立、自力更生,形成自己的国防工业。所以,那时在汉中搞航空工业建设的是工程兵部队,两三千平方米的一个三层办公楼,一个礼拜就能建好,速度很快。为了加快建设,房子里面还都是湿的,就装设备,就生产。员工们白天上班,下午下班的时候,每人还要背50块砖,背到正在建设的工地旁边。一座座厂房建在山沟里面,距离一座比一座远。但每个员工都想办法搬50块砖,保证建设速度,有时还供应不上呢。还有就是先建设车队,先建设汽车修理厂,保证运输呀。车队半夜12点、1点、2点运来了水泥、运来了砖,那广播喇叭一响,凡是有人住的地方都能听到。有时半夜广播,比如说12点50分汽车能到哪个山坡旁边,请哪些单位的员工到哪里卸水泥、卸砖、卸沙子,没有不去的。男同志,女同志,卸完水泥都成泥人了,就用凉水冲一下。员工们为了能把三线建设好,为了毛主席能睡好觉,为了我们国家的富强,那种爱国的主人公精神,确实非常令人钦佩。现在回忆起来,三线建设在创造物质财富的同时,这种精神是应该传承和发扬的。

在三线建设过程中,由于我们对山区的地质状况不了解,当时做地质考察很匆忙,是边建设,边钻探,结果就出现了问题,我们在汉中的一个飞机厂,两万平方米的大厂房就建在山坡旁边,1969年夏天的一场大雨,山体滑坡,造成厂房位移。那厂房里已经开始生产,山体滑坡,危及厂房的安全和人身安全,还有产品安全和生产进度。当时就向北京的三机部领导和国家计委请示,于是进行"治滑保产大会战"。后来就制作了20多米、30米长的那种钢筋水泥桩,然后从山坡这里往下打,把山体固定,让它别滑坡。这个艰苦的创举保证了厂房的安全,保证了建设进度和生产进度。

那个时候的员工也好,领导也好,都是夜以继日地工作。那会儿的口头语叫作"厂房建设,穿裤衩,戴草帽"。不知道别的同志给你们介绍过没有,那意思就是厂房只要有半截墙,就等于有裤衩了,只要上面房顶盖好了,不漏雨了,戴了草帽,设备安装进去就开始生产。所以这种拼搏精神,这种争时间、抢速度的精神,也推进了三线建设的速度加快。我用这几个简单的例子,就是说明我们那会儿职工队伍、干部队伍,这种奉献拼搏的精神,在三线建设里充分体现了。

三线建设过程中也出现过一些实际问题。比如说水,我们现在的饮用水都有国家标准,但是三线建设的时候,进山的也好,边远地方的也好,由于水引起的生理上的疾病很多。另外,还有材料运进去、产品运出来的运输问题。另外呢,生产环境,保证产品所需的温度、湿度,精密产品受到影响。所以在20世纪80年代的初中期,国家进行了三线建设的调整。

国家在20世纪80年代的三线调整重大决策,推进了国防军工企业的再发展,这些三线建设调整过程,我都经历了。一直到1998年把我从012基地的领导岗位调到了北京的航空工业的领导机关。从到北京以后再回头看,三线建设给国家军工产业形成了一个相对全面的布局,那会儿叫炸不垮、打不烂,现在形成了生态和社会进步的发展、物质和文化的发展,再加上基础设施建设和环境保护的发展,客观体现了三线调整以后,有更巨大的生产力和发挥更大的国民经济发展的重要作用。三线军工企业和研究所的这些人才,目前都成了国防军工企业里的骨干和主力,不是技术带头人,就是领导干部。三线军工企业不仅出了产品,还出了人才,这些人才在那种艰苦条件下锻炼,在那个环境接受培养,让他能够有舞台。三线建设调整也是明智的举动,通过调整,使原来那些不合理的、高成本的、生产生活不方便的企业,得到了新生。这个调整不仅解决了运输成本问题、制造成本问题,还解决了招商引资问题。通过改造,再加上整个国家经济发展的现代化,基础设施的大跨度,使我们三线建设已经形成的基础可以发挥更好的作用。

三线建设研究中
应该注意的几点问题

采访对象：戴鞍钢（复旦大学历史系教授）
采访时间：2013年12月19日
采　访　人：攀枝花中国三线建设博物馆筹备组人员
采访地点：上海
整　理　人：何鑫
整理时间：2019年6月27日

从1949年新中国建立，到现在已经60多年了，所以当代史的研究近年来有非常大的推进，复旦大学也不例外，复旦大学有当代史的博士点，专门做相关的研究，其中三线建设是重点之一。因为大家知道，20世纪60年代有一个特定的历史时期，依据当时的国际国内形势，战备是一个非常急迫的问题。

对这一点，现在的年轻人可能体会不深，但我们是过来人，记忆犹新，当时我国周边地区的形势是非常严峻的。怎么来应对可能发生的战争危机，在战争危机来临的时候，怎么保存我国国防的有生力量，怎么来维持我们国家的安危，这些都是非常现实的问题。所以中央下了很大决心，搞了一个大三线，其中还包含着一个小三线的建设，这个就是一个时代的背景，我想要理解或者认识三线建设的必要性，应该要非常清晰地认识当时的时代背景的。在今天强调这一点是非常重要的，因为很多年轻人对这一段历史不了解，他们往往看到了三线建设中的一些缺陷，即从现在人的眼光看起来的一些缺陷，以致对三线建设有没有必要都有很多的疑问，我想这个从历史学研究的角度是不能成立的，任何一种历史现象都应该放到特定的历史背景下去考查，这是第一点。第二点对三线建设的一个成果的评价，我想这个成果是不容置疑的，这一点就是应对了当时的一个非常严峻的局面，这个直接关系到国家的安危。第三点，从一定程度上改变了我们国家的一个工业布局的问题。因为从近代以来，中国工业发展以后，一直有一个过分偏重于东部沿海的问题，这从国家的战略布局来讲，是不合适的。所以怎么在一个全国通盘考虑的情况下，来适当地改善工业布局偏颇的问题，其实也是一个很现实的经济问题。所以在这样一个严峻的背景下，也是一个契机，或许各方对这样一个大动作可能有不同的认识。但是在当时的时代背景下，从上到下对这一点，我想大概是有一个共识的，就是东部沿海地区，把一些比较重要的工业企业，适当地转移到内地，拿现在的话讲，这个小三线和大三线恰恰是过去工业比较薄弱的一个地带。那我们现在有些年轻人认为进山沟、钻山洞好像匪夷所思，其实这也是对当时的时代背景了解不够。第二是对当时为什么选择这些地方认识不够。为什么呢？因为东部沿海地区的一些工业企业是制造业，但是中国的工业的资源是矿产，具体来讲就是矿产基本上是在内地。所以即使从工业布局来讲，就地取材也是合理的。从世界的工业发展角度来讲，也是一个普遍性的规律，适当地在矿产资源丰富的地区做一些必要的工业设施建设，即使在和平年代也是可取的。况且从战争的角度来讲，更有它的合理性，实际上这一点我们现在也可以看得很清楚。因为改革开放以后尽管整个中国经济局面发生了很大的变化，但是内地的一些工业企业，特别像攀枝花钢铁厂、四川绵阳的一些老企业、贵州遵义的一些重要的工业企业等等，它们依然在中国重要的工业领域发挥着一些很关键的作用，对当地的经济和社会的发展起到一些引领性的作用，这也是有目共睹的。所以我想从历史全局来看，大三线、小三线的建设，大大缩短了东西部之间的经济发展的差距，有力地填补了一些多年来明显的空白，或者薄弱的环节。这一点对我们国家可持续发展，特别是各地区之间的经济协同发展是非常关键的。

当然我们也不必讳言，三线建设也有它可以重新探讨的地方。但是我想探讨的前提还是要尊重历史，我们不能有后见之明，现在大多数人太随意地、以后见之明来看待当时的一些决策和当时的一些布局。比如我刚才提到的，当时战争阴云是客观存在的，当然战争没有爆发，这是有很多的因素。但你不能说因为战争没有爆发，而否定当时的一些重要决策。因为谁也不知道，当时也很难预料战争到底会不会发生，是吧？从国家层面讲，有备无患永远是必要的。所以三线建设整个历史的功过，应该放在特定的历史条件中去评，非常冷静地客观地去审视它。改革开放以后，很多人认为三线建设得不偿失，其实这个问题应该分两个方面看，一个我们渡过了难关，之所以渡过难关，因为有各种各样的原因。客观地讲，三线建设也是一个重要的支撑力量。我认为，中国这么大动作的三线建设，某种程度上也遏制了可能的外患威胁，从敌对势力来讲，它不得不有所害怕，因为我们是有准备的，所以我想这一点是应该要强调的，从现代人的角度讲，当时确实有偏颇的地方，或者说选址过分偏僻，与市场经济脱节，有一些工程没有产出应有的效益，但是我想这些都是局部性的问题。

历史研究非常反对一叶障目，就是一些枝节问题，影响了我们对整个局面的判断。所以我想三线建设在新中国发展的历程中间，有其不可磨灭的历史功绩，无论从国家安危的角度，无论从经济布局的角度，无论是和当代联系的角度，都应该是大书特书的。我知道攀枝花在搞一个博物馆，我想这是一个功德无量的事情。因为我在大学里任教，深感当代史的研究对培养青年人正确的历史观和对国家的忠诚度是非常重要的。以确凿的事实，以客观的分析，完整地展示共和国在艰难困苦中走过的历程，我想这个无论是对当时的亲历者，还是对现在的年轻人和未来的孩子们，都是非常重要的。建博物馆一个是非常必要，第二个是非常重要，第三个是非常及时。

就三线建设我们现在应该重新反思的地方，可能有这么几点：第一点，在一定程度上过分强调了隐蔽性，实际上工业生产有一个上游产业和下游产业的问题，还有一个交通运输的问题，所以这一点我们应该有一个通盘考虑，从工业建设角度来讲，从现代化经济建设的角度来讲，既要注意到矿产资源问题，同时又要注意到运输问题，还有个上下游产业问题。现在讲起来还有产业集群的问题。第二点，还应该注意与当地社会互动的一个问题，根据我看到的材料，当时比较强调保密问题。所以呢，某种程度不确切地讲是一个孤岛形式。当时来讲是比较合理的。或许是有一定的保密性，因为整个是在战备的条件下，但是从怎么来与当地的社会经济产生更好的互动作用，从互补互动的角度来讲，其实有很多值得检讨的地方。因为我们现在看到的三线建设，就当时来讲，对当地经济社会的拉动作用不是太明显。那么现在在和平年代，这一点应该引起重视的，也就是说现在还有一些重要的三线企业在继续经营，这些企业如何与当地的打成一片，更好地拉动当地的经济发展，这个都是有很多文章可以做的，现在各地其实都已经注意到这个问题，我想攀枝花就是一个很成功的例子。

上海支援三线建设情况

采访对象：张励（上海市委党史研究室副研究员）
出生年月：1961 年 7 月
采 访 人：攀枝花中国三线建设博物馆筹备组人员
采访时间：2013 年 12 月 19 日
采访地点：上海
整 理 人：何莹英，韩惠玲
整理时间：2019 年 6 月 30 日

因为之前我参与我们单位写的一本书《上海支援全国》，里面也涉及上海在三线建设当中的一些作用的表述。这次我就围绕这个方面，从三个方面谈一下。

第一个我想谈的就是当时中央在提出三线建设决策以后，对包括上海在内的各沿海地区，是怎么样的一个定位。因为当时毛泽东在谈三线建设时，曾经多次直接点名点到了上海，上海一定要支持三线建设，要进行一些工厂的搬迁。后来周恩来也提到过。上海市档案馆有一份简讯中提到就是1969 年国庆节的时候，周恩来会见当时上海国庆观礼代表团的时候提出，上海一定要带头把三线建设做好。从这些材料当中可以看到当时中央这些领导人对于上海在三线建设中的作用是非常重视的。

我觉得从几个方面进行阐述吧，第一个方面就是上海市当时是我国一个比较传统的老工业基地，它的工厂不仅是数量比较多、门类比较齐全，上海当时可能除了一些采矿没有之外，其他大的工业种类都是有的。毛泽东当时就提出了，如果战争打起来，那么我们上海肯定是要搬迁的，上海是不能留给敌人的。从第二个方面来说，上海当时也是一个技术力量比较强的城市，有很多的科研院所，像中科院，当时也有很多研究所都在上海，从这方面来说，希望上海能发挥这方面的优势。当时周恩来提出包括像上海在内的沿海城市要为三线建设出技术、出人才的要求。第三个方面我是这样理解的，当时提出三线建设这个决策，从国际环境来说，是为了应付可能爆发的这样的一个战争环境，但是从另一个角度来说，毛泽东也有这样的想法，希望通过三线建设来协调东部和西部的发展。我们知道，新中国成立以后，为了支援推动中西部地区的发展，在"一五"计划的156项重点项目中，很多都是放在东北、西部那边，这在当时对西部地区的发展是很有推动作用的。到1956年以后，随着国际形势的缓和，毛泽东于1956年4月写了《论十大关系》，他说要重新考虑这个东部和西部、沿海和内地的关系，从那以后，把工作重心逐步转回来了，当时对上海的发展，他就提出了上海有前途、要发展这样一个要求。

从那时候开始，把发展的重点又转向东部沿海地区，那么在一定程度上造成了东部和西部的差距，有一种逐步缩小的趋势，有点改变。从这个时期以后，客观上，东西部的差距在不断地扩大。毛泽东希望通过三线建设来推动西部的发展。我是从这三个方面来理解当时三线建设当中，中共对上海定位和作用的。

第二个我想谈一下，上海在三线建设中具体做了哪些工作，之前去上海市档案馆查了一些资料，不是很全面，我就归纳了一下，当中有过两次高潮时期，第一次就是我们常说的三线建设刚刚开始这个阶段，就是六四、六五、六六年这几年，当时中央指示给上海的搬迁任务还是比较重的，我掌握的资料可能不是很全，因为我看到一些档案中，它大概涉及四五百家厂，这些厂搬的时候不是整个厂搬出去，而且这些厂要一分为二、一分为三，可能会迁到不同的地方去。最多的像上海重型机械厂要一分为六，一家厂要搬到不同的六个地方，这个搬迁任务对上海来说也是非常重的。从上海来说，从市委到下面的工厂对中央的号召还是积极响应的，上海还成立了专门的机构来从事这些工作，在做的时候，也是考虑得非常周到，一个是在搬迁进度上，这边的厂先要关掉，那边再建一个新厂，其实要经历很长的时间，所以在搬迁进度安排的时候,要尽量把工厂停止生产的时间压到最短,等新厂建好能够用的时候,上海这边的厂再停掉,然后再把机器、人员搬过去,尽量不影响生产。在人员包括机器的一些安排上,能够把最好的人员、最好的机器搬过去,如果说厂里有两套机器的,就搬一套过去,如果只有一套,那也就先搬过去。

至于上海这边,依靠工人,克服困难,自己生产,包括人员也是厂里面同时抽调人员配了两套班子,一个班子搬过去,一个班子留在上海,这些对于工人来说也非常不容易。从上海到西部,一方面路上很辛苦,而且到一个陌生的环境,大家也是克服了很多的困难,我们知道"文革"期间,三线建设的有些项目还受到了一些影响。"文革"以后,上海支援三线建设这个过程就从高潮走入了一个相对的低谷,一直到1969年,我国的三线建设又重新启动,一些大的项目,包括成昆铁路啊重新启动,还有刚刚我们在那个片子中看到的二汽啊等等这些都重新启动了。为此,上海市委专门召开了一个支内会,对支援的工作重新进行了部署,从这个时候开始一直到1971年左右,上海支援三线建设又进入新的发展高潮,当然与前一个阶段主要是通过搬迁工厂这个形式是不一样的,这一阶段主要围绕了一些比较重要的项目,就是开展一些包建项目,主要有第二汽车制造厂(二汽),还有那个我们看到的那个像贵州的061基地,还有包括云南昆明的钢铁厂(昆钢)。这些项目上海采用了一些包建,即包设计、包设备的安装、包建设这样的一些形式来做的。从我所了解的情况看,基本上就是这两个比较高潮时期,我觉得其中有一些比较出彩的工作。

第三个问题我就是想说一下,上海在三线当中的作用。可能会不全面,从我个人的一些理解来说,第一个就是上海通过这样一些工厂的搬迁,包括一些包建的项目,在这些地区建立了一批骨干的工厂,以这些骨干的工厂为基地,带动了当地的工业生产体系的发展,像比较有代表性的、像上海援建的贵州061基地,它是一个航空航天军工方面的项目,它现在是我国航空航天重要的研究基地,也是上海援建的。贵州的长征电气集团,现在也成为我国西南最大的一个工业电气生产基地。第二个就是上海援助的一些科研力量、一些工厂技术人员过去以后,推动了当地一些项目的发展。比如现在那个攀枝花钢铁厂,在建造高炉的过程中,遇到了技术上的难题,我记得当时上海一些钢铁冶炼方面的专家,像周仁啊等等,他们也是参与的,在攻克这些技术难题的过程中,发挥了很多的作用,保证了高炉的建设。那么从总的来说,上海当时过去的这一批技术人员,整个实力来说是选的最好的,他们当中的一些工人、技术工人,他们的技术等级也是比较高的,这些人过去以后,一方面是带去了一些先进的生产技术;一些企业的管理人员,把上海企业的管理经验,带到这些地区,我觉得对工厂管理,包括工厂生产管理、发展,都是有一些作用的。那么第三个,我觉得就是通过一些工厂企业的迁入,包括一些人员的到来,推动了当地的一些工业城镇的发展,相对以前,这些城镇因为地理位置的关系,可能交通也不发达,人员也比较少,三线建设企业和人员的到来,带动了这些地区的发展,我觉得是形成了一些新兴的工业城镇吧。

"816"工程工业遗产改造的记忆再生路径分析

丁小珊

近年来,三线工业遗产①因其建设年代距今较近,部分厂房、建筑保存状况良好,通过重新规划改造,更容易融入当今社会发展,成为当地新的文化空间和景观风貌,赋予新的社会意义和功能,进而得到了国家的重视,国家工信部推出三批"国家工业遗产名单"里有12项属于三线工业遗产。但由于当下一些年轻人对三线建设不了解,网络中亦存在质疑三线建设必要性的历史虚无主义言论,不少人甚至用负面眼光看待这段历史,因此,三线工业遗产改造不仅要对原来的老建筑、老厂房进行改造,更重要的是探寻其中孕育的文化和精神,将珍贵的遗产及精神普惠后世,从而凸显国家的文化自信、科技自信。可见,三线工业遗产改造重视社会记忆的复现与再生有着重要的时代价值。

"816"地下核工程以"世界上已知最大的人工洞体、全球解密的最大核军事工程"著称,可谓中国三线建设的典型代表。目前对于"816"工程工业遗产改造虽然有学者关注,但成果并不丰富②。本文在实地调查"816"工业遗产改造的基础上,重点关注改造中如何实现记忆的复现与再生。

---

① 吕建昌在《三线工业遗产概念初探》(《宁夏社会科学》2020年7期)中指出:三线工业遗产是三线建设时期在我国西部地区建设的军工企业及配套服务于军工生产的企业留下的工业文化遗存。
② 相关研究有谢长发、郑志宏的《重庆816三线军工特色小镇建设研究》(《长江师范学院学报》2018年第1期);罗晶的《"816"星光文旅小镇——寻找时代记忆场所,弘扬三线精神文化》(《美与时代》2020年第2期);陶喜宝的《时代记忆里的816小镇》(《公民导刊》2020年第6期)。

一、"816"军工小镇概况

"816"地下核工程位于重庆市涪陵区白涛镇,建于 1966 年,直至 1984 年全面停工,工程秘密建设了 17 年。2002 年 4 月被解密后,"816"核军工洞才得以重见世人。2019 年,"816"地下核工程被评选为第三批国家工业遗产项目。"816"工程工业遗产核心内容不只是核工业洞体,而是包括"816"工程的配套职工生活区、堆工机械加工厂、烈士陵园等在内的完整区域。值得一提的是,"816"工程工业遗产从开发伊始,就从空间上实施分区域打造。对于"世界第一大人工洞体"本着原真性的保护态度,重在突出洞体给人的特殊空间体验,只是用光电、玻璃凸出壮观的核反应堆、核热能及处理等核工业遗产,并未破坏洞体的原真性。

"816"工程工业遗产改造项目命名为"816"军工小镇,改造重点放在配套厂区——堆工机械加工厂及麦子坪生活区区域,一期位于堆工机械加工厂旧址。"816"军工小镇距离核工程洞体 8 公里,占地 200 亩,有近 50 栋建筑、100 多台军工设备、数百亩厂区土地,小镇生活区至今仍有 3 万余名"816"人居住。该区域拥有较多的特色资源,有山、河、森林,自然地貌丰富多彩,有老厂房、营房、烈士陵墓、职工生活区文化设施等。起伏较大的地形,丰富的建筑类型,各种单层或多层的红砖墙厂房和住宅区形成了复合型文化旅游景观。(图 1)

"816"军工小镇改造始于 2018 年,整个小镇改造和运营由民营资本注入,运营方式主要依靠市场模式,由文创公司着力打造,项目共分二期规划建设,第一期主要以文教、文旅为主,以弘扬三线精神、家国情怀和工业旅游为主的场景再现,第二期将深入文教、文创项目植入,包括爱国教育基地、党建培训基地、中小学研学基地等。未来将会建设成为集主题教育、休闲旅游、创意设计、生态农业等多样业态于一体的文创小镇。目前,以堆工机械加工厂为核心的小镇一期项目开放仅一年时间,就迅速成为重庆网红地,各个年龄段的参观者慕名而来,100 余家单位党团活动也选择在此地开展。

图1 "816"军工小镇示意图(图片来源:"816"小镇公众号)

二、"816"军工小镇记忆再生效果分析

笔者先后两次前往"816"军工小镇实地调查,并于2020年10月2日采取现场发放问卷调查的形式,重点调查参观者对"816"核工程的记忆程度、参观"816"军工小镇后的记忆情况以及对"816"军工小镇的整体印象。这次调研总共发放调研问卷50份,回收46份。调研问卷总共设计了11个题项,3个类别。

第一个类别是调研人群的基础信息情况(表1)。国庆长假期间,受天气因素影响,游客人数并不算多,游客类型主要以家庭出游、情侣出游为主。经过整理,可以看到被调查的"816"军工小镇参观人群年龄、职业较为多元化。因为"816"军工小镇开发时间不足一年,所以来此地游玩的参观者仍以本地居民为主,其他省市参观者很少。

表1 调研人群基础情况

年　龄	人数	职　业	人数	职　业	人数	常住地	人数
18岁以下	2	学生	4	公务员、事业单位工作人员	7	重庆涪陵区	28
18—30岁	11	工人	6	军人	0	重庆其他区	16

续表

年　龄	人数	职　业	人数	职　业	人数	常住地	人数
30—50 岁	21	农民	5	退休人员	8	四川省	2
50 岁以上	12	公司职员	7	自由职业者	9	其他省市	0

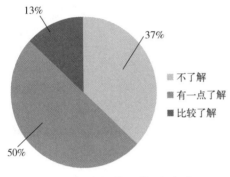

图 2　参观前对"816"了解程度

第二个类别是对"816"核工程了解程度的调研（图 2）。经过整理，可以发现被调查者对"816"核工程了解程度参差不齐。有 23 人在参观前对"816"核工程有一点了解，有 17 人不了解，只有 6 名本地人选择比较了解。在回答什么时候了解"816"核工程这一问题时，有 32 人选择大学、工作以后。对"816"核工程了解渠道显得较为单一，只有互联网、当地流传两种方式。分析出现参观者了解不深刻的原因有以下两点：一是"816"核工程于 2010 年才正式解密开放，开发时间不长，当地相关部门亦没有高度重视，宣传力度不够，外地人知之者甚少；二是"816"核工程所在地涪陵区白涛镇，直到 2020 年国庆前后才正式开通高速公路，从重庆主城区到"816"核工程所在地需开车两个多小时，长期交通不便是影响外界关注的另一个重要因素。

第三个类别参观"816"军工小镇后的记忆情况。通过问卷整理可以发现一个特别的现象，46 位被调查者参观"816"小镇后一致表示了四个认同。第一，46 位被调查者均选择前来旅游的目的是休闲放松、了解三线建设文化，参观完"816"军工小镇后，均表示对三线建设、"816"核工程有更深刻的理解；第二，46 位被调查者在参观后均表示认同"816"核工程的时代价值；第三，46 位被调查者在参观后均表示认同"816"精神包括不畏牺牲、无私奉献、执着理想、艰苦奋斗，忠于祖国、忠于党，勇于创新、自力更生。第四，46 位被调查者均认同"816"军工小镇的改造效果，认同"816"军工小镇有浓厚的三线建设时代文化气息。在回答主观题现在对"816"核工程最大印象是什么时，被调查者写下了"共和国的记忆"、"一个无法抹去的生命代号"、"震撼永存心中"、"激情燃烧的岁月"等字句,这充分说明了被调查者在参观"816"军工小镇后成功实现了记忆的再生。

此外,通过图3还可以看到,被调查者选择"816"军工小镇印象最深刻的场所(多选)时,军工陈列馆被列为印象最深刻之地,46人均选择了军工陈列馆。其他依次为无边际水池、山楂树、星光草坪、星光书院、摄影馆。可见,"816"军工陈列馆是实现记忆再生的主要载体。

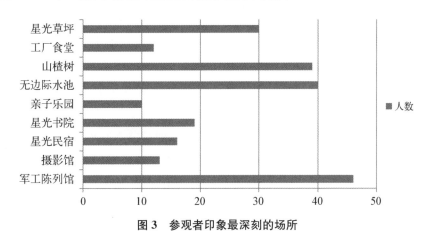

图3 参观者印象最深刻的场所

三、"816"军工小镇的记忆再生路径分析

"816"军工小镇改造成功的一个重要原因在于抓住了三线建设文化内核,高度重视社会记忆的创造性再生。"816"军工小镇的核心打造区域——"816"军工陈列馆群落是承载社会记忆的主要载体。设计者紧紧围绕"弘扬家国情怀,传承时代记忆"这一主题,旨在通过展陈让参观者走进历史,对什么是家国情怀,什么是赤胆忠诚,当年的建设者为何有如此坚定执着的理想信念等问题进行深度思考。

1. 有序的线路规划

"816"军工小镇对记忆场景的再现有着清晰的线路规划。首先,设计者改变并延长陈列馆入口流线,参观者需要经过两次由低到高的空间转折,穿越"混凝土时光机",有了更强的洞体空间体验感后,走出来抬头就可看到巨大的三线建设展板图文介绍。展板对三线建设的时代背景、整体情况、对当地经济社会发展的影响几个部分做出生动形象的介绍,在大量基础数据面前,参观者对当年三线建设的战略价值与意义有了初步认知。

接下来进入陈列馆内部参观。军工陈列馆融合三线精神,对"816"核工程建设进行了深度展陈。陈列馆以时间轴为线索,分"816"由来、绝密"816"、建峰奋斗史三大展区,讲述了"816"核工程建设经历的急建、缓建、停建三个阶段,以现代设计、动态视频、历史文献、珍贵实物、机械设备等多种形式,浓缩了这段共和国特殊时代的历史,其间穿插了当年建设者的小故事,让参观者体会到三线建设时期,在国家物质条件还不丰富的情况下,工人、干部、技术人员、解放军官兵义无反顾地从全国四面八方来到了一穷二白之地,这些技术精英和骨干离开城市,天当罗帐地当床,两块石头一口锅,用血肉之躯、用自己的青春年华挖出了这个庞大的工程,这样的艰苦奋斗、无私奉献的三线精神不可忘记。可贵的是,陈列馆并未在停建后叙述戛然而止,而是继续讲述停建后成立的建峰集团在"军转民"过程中艰难的创业之路。建峰企业面对国家拨付的捉襟见肘的生活费,没有简单地进行职工遣散,而是从头做起,全厂从开垦荒山、栽茶树、做玩具、糊纸扇、养蚯蚓、种蘑菇、打铁钉中探索创业,当时很多名校毕业的技术人才甚至在业余时间烤面包、卖鸡蛋进行生产自救。经过不懈努力,到 1989 年底,"816"人依靠自己的力量开发出了 16 个项目,当年实现产值 3977 万元,基本实现了自己养活自己的目标。到 2003 年,建峰集团已形成以化肥为龙头,多品种、多行业的经营格局①。陈列馆这个板块通过图文展示了让人动容的"816"两代人可贵的团结协作、勇于创新的三线精神。

陈列馆参观完毕之后进入的是李杰三线摄影作品展馆。该展馆照片展陈背后讲述了更多平凡建设者不平凡的故事。例如核工程要求建设者要对工程内容绝对保密。上不告父母,下不告妻儿,工程建设者们守在大山深处,任劳任怨,坚守秘密,在山洞工作一辈子,却遵守组织纪律,未在山洞里完整走一遍,直至 2010 年"816"核军工洞作为景点对外开放后,他们才前往参观。建设者坚守党规党纪、对党忠诚的政治品格由此可见一般。

走出摄影作品展馆后,映入眼帘的是当年建设者种植的石榴果园和绿

---

① 涪陵辞典编纂委员会编,《涪陵辞典》,重庆:重庆出版社 2003 年版,第 193 页。

草茵茵的草坪,参观者可以在开阔的绿化空间和云舒霞卷、群山远黛的地方消化之前的参观内容,将这段记忆刻入心间。

通过充满仪式感的线路设计,参观者可以深入了解"816"核工程、三线建设文化,并通过浸润式体验,认同三线精神,知晓家国情怀不只是教科书里的故事,今天的中国仍需我辈接力传承,进而得到精神洗礼。

2. 空间场所营造时代意象

记忆的存在依托于场所,场所中的某一建筑、物件、空间特征等总能唤醒场所记忆,给人亲切感、归属感。"816"军工小镇设计者非常善于用现代设计手法解构老厂建筑,重叙当年故事,重现空间场所记忆,激发参观者对红色年代的记忆。

"816"军工小镇有三线时期特色建筑40余栋,红砖楼、青砖楼、石头楼建筑造型独特,具有红色时代的建筑印记,本身有较强的观赏价值。"816"军工小镇改造处处彰显对老建筑的敬畏和尊重,在整个改造中,"816"军工小镇注意将建筑分类型打造。第一类,保留烟囱、水塔等时代符号建筑,尊重旧有建筑,将公共厕所、花坛、工厂食堂等尽可能地保持原貌。这些建筑符号扮演了情感支点的角色,最能唤起生动有力的记忆,具有强烈的年代代入感,让参观者仿佛置身于火红的建设年代。第二类,小尺度空间、功能改造。改造重在原貌基础上使用微更新方式进行局部空间、功能改造,通过小尺度改造最大限度地保留历史底色,留住建筑本体的底蕴。例如,将曾经的食堂兼礼堂舞台演出厅的石头楼改造为"芳华大礼堂",目前这里是党员活动学习基地和国防安全教育基地会场,也是拍摄时代情景剧的绝好之地。第三类,重视原有结构及物件再利用的同时,增加异质元素。例如,曾经的工厂办公楼在保留原本布局的基础上,被改造成星光民宿,民宿保留了办公楼外墙和20世纪六七十年代的混凝土预制槽板屋面结构,增添了历史的厚重感,同时也扩建了新的玻璃体块,轻盈透亮的玻璃体量与原建筑外立面形成材质对比,两种材质所构成的空间亦形成对比;曾经的仓库改造成的"星光书院"也是延续这类空间特征并对其适用性再利用原则,在不破坏原空间的同时,植入玻璃、钢结构,满足采光、通风及空间划分要求。

在整个改造中,"816"军工小镇营造出了红色时代记忆的意象,让参观者身在其间获得更好的浸润式红色文化之旅,进而激发对红色年代的美好向往。

3. 记忆的创意表达

第一，注重可视性景观的表达。物质载体被刻写了话语与文化意义，是人们接触和重构社会记忆的实践场所。"816"军工陈列馆作为物质载体，成为体验和感知时代记忆的实践场所。设计者收集了大量历史资料和老物件，包括车床和各种工程设备、书籍、照片、衣物、影像资料等，向社会公众展示工程建设者们不怕牺牲、勇于奉献、敢于担当的爱国主义精神和英雄主义情怀；设置了流金岁月老电影放映区，复原特殊年代时代记忆。设计者借鉴了"816"洞体最具代表性的"隧道"元素，陈列馆从入口逼仄的通道开始，让每个人进入了一个可以感受到历史和老建筑在"重新叙事"的场域空间，身体充分感受逼仄空间中的紧迫感，心灵却在一大片映照天地和自然的无边际水池、一排排充满历史感的机械设备、一张张先辈们艰苦卓绝的工程建设图片、一句句充满时代感的标语中完成洗礼，升起对历史的感动、对和平的珍视、对家国情怀的坚守。

第二，重视核心符号的使用。"标语口号、报纸条幅"等"文字符号"形式是社会记忆的继承和流传的主要方式。在核心陈列馆区域，处处可见设计者用红黄白三色醒目书写的"弘扬家国情怀，传承时代记忆"的改造主题。另一个核心符号就是"隧道"，设计者提取核工程洞体元素，修建了"混凝土时光机"，还原当年6万名建设者开山凿洞的场景，让参观者在局促的空间里行走，感到身体受限的同时，让"816"人半个世纪以来的奋斗、执着、悲伤、苦难都在想象中立体了起来，心灵上升起一股对建设者的敬畏之情。至于"雷厉风行、永争第一"、"排除万难、争取胜利"、"浪费是可耻的"等这些具有年代感的文字符号，在"816"小镇更是随处可见。"816"小镇用符号化的形式保存并承载了社会记忆，实现对记忆的复现。

第三，重视非物质化设计表达。景观的创造不仅注重物质空间形态的塑造，同时还要契合人们精神上的需求，引领社会真善美风尚。"816"小镇在改造中注重文化与艺术创造的融合，进而调动参观者尤其是年轻人的认同感。"816"小镇改造并未单纯凸显核军工业主题，更多的是通过艺术创造让时代记忆融入其中，起到润物细无声的效果。例如，小镇拥有书院、草坪元素，草坪上有醒目的"816"标识，既有标示性又让人产生亲切感，设计者在白墙上手写的诗歌也具有较强的视觉冲击力和与众不同的视觉特征,这就营造了一种休闲与轻松的氛围,让现代都市人在其中暂时忘却工作的烦恼、生活的压力。同时,也促使身处和平时代的人们感恩那个时代甘愿牺牲自我、奉献青春的建设者。

第四,注重自然—文化互相建构。自然、景观、空间这些地理要素的感知、体验不仅反映了已有的文化意义与价值,也对文化有再建构与再生产的作用。"816"军工小镇尤为重视三线建设文化意象的营造。例如对机械加工厂建筑群的改造,拆掉正对陈列馆中间的厂房,取掉所有墙体,只保留了钢铁骨架,打通了之前闭塞的格局,设计成"水池",水池形成天然的镜面,倒映出整个建筑群,和天地、树木、建筑形成独特的天光景象,激发参观陈列馆完毕的参观者思考那一代人从不问"值不值得"的牺牲精神之于我们的意义。再如星光草坪上的山楂树,这棵已过古稀之年的珍贵山楂树,有着遒劲有力的枝干,尽显自然之美之余,被赋予丰富的意义与情感。山楂树象征着纯真、爱情、希望,寄托了"816"开拓者和继承者渴望守护故乡家园的相同意象。这些意义与情感依恋、认同会对体验自然的实践产生反馈作用,人性中对美好生活的向往能激活年轻人的情感共鸣。通过情感共鸣连接了过去与现在,从而实现价值的认同。

从上述分析可见,"816"军工小镇改造的特点是始终围绕弘扬家国情怀、传承时代记忆这个三线建设文化内核来改造,通过影像、实物、场景反映出该厂区的原有历史价值,凸出了三线建设文化、工业文化,避免了有壳无核,遗产的空心化、虚无化的现象。通过景观重塑,时代记忆意象的营造,沟通了过去与现在,将三线工业历史与现代的审美有机结合,引发了参观者情感共鸣,从而实现了文化价值的认同。

四、结语

社会记忆理论认为,社会记忆不是一个简单复制的问题,而是对过去的一种选择性建构,它是一个意义生产的过程,只有通过去粗取精、求同存异才能实现交流互动。其关键在于提取最核心的价值判断,并通过整合为符合时代需求的方式进行再现。"过去的遗产不经过现在便不能走向未来。

正是现在的事物改变了过去的事物,并往往会赋予后者以一种形式使它成为未来的事物。"① 社会记忆与人的记忆一样存在遗忘性,有很多珍贵的社会记忆在历史的浪潮中没有传承,最终就消失在历史长河之中。因此,工业遗产改造如何实现记忆的再生是一个非常重要的问题。三线工业遗产改造更重要的是探寻其中孕育的文化和精神,将珍贵的遗产及精神普惠后世。"816"军工小镇改造给三线工业遗产改造的重要的启示:一是改造中要重视社会记忆的再生。陈列馆、博物馆等建筑群的改造一定要将吸引物、具体停留点、停留时长等主观判断和核心价值观植入其中,构建态度明确的信息传递方式,最终实现展示的意义,引发参观者的情感共鸣,实现社会记忆的复现与再生;二是三线工业遗产改造中要重视记忆再生创新实践路径。记忆的再生核心是需要唤起人们的社会情感,通过景观叙事、仪式启动、视觉传达,让参观者在时代记忆氛围中获得感知,并产生情感共振,进而实现价值认同,达到记忆再生的目的。

作者简介:丁小珊,成都信息工程大学马克思主义学院。

---

① 尼·瓦·贡恰连科:《精神文化——进步的源泉和动力》,北京:求实出版社1988年版,第45页。

中原特殊钢厂的前半生：
原国营5147厂的筹建过程探析[①]

杨润萌

中原特殊钢厂地处河南省济源市，是中国兵器装备集团公司所属大型骨干企业，其前身为三线建设重点军工项目531工程骨干企业——国营5147厂。该厂于1970年4月开始筹建，1985年1月完成竣工验收，建厂之初归于531工程总指挥部领导，后隶属于第五工业机械部（后改名兵器工业部）。期间，厂名经过多次变更，1984年2月改名为国营中原特殊钢厂。到2014年6月，工厂资产总额达30.34亿元，职工3 700余人，主要工艺设备1 687台（套），拥有国内最大的一条精密锻造生产线，产品广泛应用于军工、汽车、轴承、工模具、石油、机械、冶金、铁路、化工等行业，对当地经济发展发挥了重要作用[②]。

5147厂目前已走过近半个世纪，经过三线建设、调整改造、发展上市等多个历史时期。作为三线建设中的一个典型企业，其筹建过程在一定程度上折射出当时三线建设过程中的一些缩影。目前，学界对于三线建设的实施过程研究多集中宏观或区域范围，而针对某一具体三线企业筹建过程的研究关注还较少。本文以5147厂为研究对象，将其筹建过程放入时代背景下，通过评析一般三线企业在筹建过程的问题与解决方法，以期对三线企业

---

① 本文是2017年度国家社科基金重大项目"三线建设工业遗产保护与创新利用的路径研究"（项目编号17ZDA207）阶段性成果。

② 河南中原特钢装备制造有限公司，公司简介，http://zytg.csgc.com.cn/g1373/m4391.aspx。

的筹建工作做出更为全面的认识。

一、基本概况

（一）立项与选址

1. 531 工程立项

兵器工业建设是三线建设的一个重点门类，主要是按照改善布局、扩大品种、增加产量、提高水平的原则规划的①。1964 年 8 月中央做出三线建设的决策后，国防工业部门经过对三线地区的考察，制定了兵器工业建设规划方案，其总体设想是：从根本上改善兵器工业过于集中在东北和沿海地区的布局，增强应变能力，建设起战时拖不垮、打不烂的兵器生产体系。实施步骤是：首先建设以重庆为中心的常规兵器工业基地，随后建设"三西"（豫西、湘西、鄂西）生产基地，以及高射武器和光学仪器的专项建设②。

依据规划实施步骤，重庆常规兵器工业基地最早开始建设，于 1965 年动工，1967 年第一批建设项目基本完工。之后，"三西"兵器工业基地分别于 1967 年与 1969 年间开始建设。随之，高射武器的专项建设被提上日程。

1969 年 3 月，珍宝岛自卫反击战成为 531 工程立项的"催化剂"。珍宝岛自卫反击战后，中苏关系降至冰点，中国来自北部边疆的军事压力日益严峻。为应对中苏之间随时可能爆发的大规模战争，毛主席出于对国际局势的估计，发出了"要准备打仗"的号召③，在全国范围内掀起了三线建设的第二次高潮。除原有的三线项目得到进一步发展外，一大批新的三线建设项目也被安排上马，进行投资建设。为抢在战争爆发之前使高炮厂投产，弥补部队大口径高炮短缺的问题，中央军委于 1970 年 4 月开始着手高炮基地的建设工作，代号为"531 工程"。

---

① 三线建设编写组：《三线建设》（内部资料），1991 年，第 150 页。
② 陈东林：《三线建设：备战时期的西部大开发》，中共中央党校出版社 2003 年版，第 303 页。
③ 陈东林主编：《中国共产党与三线建设》，中共党史出版社 2014 年版，第 244 页。

531工程设计之时,三线建设正处于"大军工"规划时期①,因此,工程规模十分庞大。总工程初步设计13个项目,分为高炮厂、高炮弹厂以及雷达、指挥仪、电机厂等部分,并设立五三一指挥部进行统一领导与管理,其中高炮厂由一〇〇高炮厂、五七高炮厂、毛坯厂组成,并计划于1972年建成②。国营5147厂为毛坯厂代号,是531工程的第一指挥分部。根据五机部〔70〕五机字第226号文件,确定5147厂的生产纲领为:年产100毫米高炮毛坯500门,57毫米高炮毛坯1 000门,并供应晋南、信阳坦克炮厂水压机锻件4 300门份;鄂西军炮厂水压锻件500门份,共计年产毛坯锻件3.62万吨,总投资9 371.2万元③。5147厂采取对口包建的形式进行建设,包头高炮厂(447厂)为其对口厂。建厂初期的勘测工作主要由第五工业机械部勘测公司负责,并由包头铜铁研究院承担全厂总图和厂房的设计任务。

2. 选址与定址

不同性质的企业对于选址原则存在着较大的差异,一般企业选址都会考虑到原料、市场、能源等导向因素,根据企业性质,选择最佳厂址方案。与一般企业不同,三线建设企业的主体为军工企业,"战备"是最主要的导向因素,其选址也必定要满足战争时期工厂的空间分布要求。

"靠山、分散、隐蔽"是三线企业选址的基本方针④。靠山,可以有效地借助山体、森林对工厂起到隐蔽作用,防止敌人空袭的轰炸;分散,则是将原来较大的项目进行分割,使厂区面积小型化,减小空中侦察被发现的概率。531工程的选址也严格遵守了该方针,并将此作为建厂的指导思想⑤。1970年3月,中央军委炮兵司令部开始组织实施大口径高炮的选址工作,成立五

---

① 彭敏:《当代中国的基本建设:(上)》,中国社会科学出版社1989年版,第128页。
② 中华人民共和国第五机械工业部:《关于豫北高炮生产基地(代号五三一工程)的建设方案有关事项通知》(1970年9月15日),国营第五一四七厂志编纂委员会《国营第五一四七厂志》(内部资料),1988年,第424页。
③ 国营第五一四七厂志编纂委员会:《国营第五一四七厂志》(内部资料),1988年,第4页。
④ 《六十年代三线建设决策文献选载》,《党的文献》1995年第3期。
⑤ 国营第五一四七厂志编纂委员会:《国营第五一四七厂志》(内部资料),1988年,第39页。

三一选厂组,奔赴晋南、豫北等地开展选址工作①。晋南、豫北之地山河相间、地势险要、易守难攻,素有"表里山河"之称,是理想的屯兵、用兵之地,非常符合三线建设的选址要求,因此,被作为厂址首选的目标。531工程选址初期主要将重心集中在晋东南的黎城、长子县等地,后扩大范围,将晋城、豫北地区也列为考察对象,并对焦枝铁路沿线的焦作到黄河沿岸地区进行了反复的调查。经过对多地的实地勘察比较,最后选厂组建议将济源县以西地区作为建厂地址。4月30日,选厂组正式向中央军委提交了《关于大口径炮厂厂址选择报告》,认为济源地区"靠山、分散、隐蔽"、"打洞"以及地理位置、交通、工厂布置等条件较好,建议将济源作为第一选址方案②。

通过反复的比较与论证,1970年5月3日,中央军委批复了选厂组的选址报告,同意将大口径高炮厂厂址选在河南省济源县以西地区③。工程选址严格遵守了"靠山、分散、隐蔽"的原则,除第十三分指挥部外的所有的厂址都做到了"进山",大大小小十几个工厂延绵"分散"在数百公里的山脉之中(图1)。

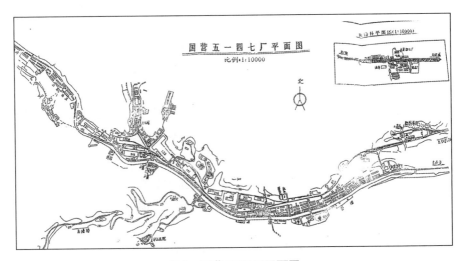

图1 国营5147厂平面图

(来源:《国营第五一四七厂志》)

---

① 国营第五一四七厂志编纂委员会:《国营第五一四七厂志》(内部资料),1988年第39页。

② 国营第五一四七厂志编纂委员会:《国营第五一四七厂志》(内部资料),1988年,第40页。

③ 国营第五一四七厂志编纂委员会:《国营第五一四七厂志》(内部资料),1988年,第424页。

5147厂的厂址选定在济源县承留乡小寨村,北临五三一指挥部4公里,所处地形为山谷地带,西、南、北三面环山,东部为蟒河、沁河冲积平原。工厂东距济源县城20公里,厂区一号公路干线与省道相连,厂区铁路长达35.5公里,在轵城车站与焦枝线接轨,交通运输较为方便。工厂水源主要来源于距厂8公里外的曲阳水库附近的管井,并通过输水管线送入厂区,满足厂内的生产、生活要求①。自此,531工程选址工作宣告完成,工程内其他各厂的具体厂址也陆续得到了确定。

(二)筹建过程

基建是工厂建设的首要工作,也是工厂建设工程量最大的工作。对于选址在"靠山"地带的三线企业来说,基建工程量尤为庞大。一般情况下,三线企业的基建工作由民兵和工程兵来承担。民兵主要负责"三通一平"(路通、电通、水通、厂地平整)工作,工程兵则主要承担土建施工任务和设备安装任务。此外,工厂职工在无生产任务的情况下,通常也会参与到工厂建设当中去。

选址工作完成以后,1970年5月,军代表与首批职工等二十余人开始进厂,工厂建设进入基建阶段。1970年9月1日,工厂拉开了"三通决战"的序幕,21日正式动工兴建。为支援三线建设,河南省"革命委员会"以军事化建制组织新乡、安阳两个民兵师团,共计3.5万人,于1970年9月和11月分两批开赴531工程基地支援三线建设工作。参加5147厂建设的是新乡民兵师,共计6个民兵团17 000余人,主要工作是承担厂区防洪设施的土方开挖和部分住房的施工任务。基建工程兵232部队2 000余人于1971年4月进点,主要负责工厂地大型土建工程与部分设备的安装。

"三通"建设阶段是建设工程中最为艰苦的阶段,基建队伍白手起家,艰苦创业,为此付出了巨大的心血和努力,甚至有的战士为此付出了自己年轻的生命。在此建设期间,他们"开山挖河住牛棚",寒暑不停,晴雨不辍,日夜苦战,承受着最艰苦的生活环境,干着最苦最累的

---

① 国营第五一四七厂志编纂委员会:《国营第五一四七厂志》(内部资料),1988年,第40—41页。

活,但大家不计个人得失,始终把工程建设放在第一位,在施工机械落后的情况下,采用"土洋结合"的办法,较高质量地完成了施工任务。经过三年的努力,至1973年,厂区公路、水源地基本建设完成,厂区面貌得到了很大的改善。"三通"工作完成后,民兵部队于1973年9月全部撤离。

为节约建设时间,5147厂采取"边设计、边施工、边投产"的"三边"建设经验,其设计和勘测与厂区的建设都是同时进行的。由于当时规定外国专家禁止进入三线企业,这些工作全都是由中国人自主设计完成的。1970年5月,五机部勘测公司与包头铜铁公司设计研究院进驻工厂,开始分别开展相关的勘测与设计工作。与此同时,职工与工程兵也投入到设备的安装与调试工作中,以期达到迅速投产的效果。由于工厂建设规模大、时间长、设计变化频繁,设计与勘测工作持续时间长达16年之久,单位变换多达十多个,至1985年才基本完成。

在建设过程中,5147厂的生产纲领多次发生变更(表1),致使工厂一直处于基建阶段,迟迟未能投入生产。1980年,五机部再次对工厂生产纲领做出调整,进一步缩小工厂规模,要求先打通"一条小龙"生产线。为尽快完成任务,五一四七厂组织全体职工自营施工,经过三年奋战,到1984年,火炮毛坯"一条龙"生产线基本建设完成,相应的生产设备得到安装,基建工作基本结束。

表1 1970—1985年5147厂生产纲领变更情况

时间	年生产纲领	规模变更情况
1970年8月	火炮毛坯锻件3.62万吨	原计划规模
1970年11月	合并5127、5137厂的铸钢以及锻造任务	规模扩大
1972年6月	毛坯锻件2万吨	规模缩小
1980年2月	火炮毛坯锻件5 000吨	规模缩小
1984年	各类钢材产品2万吨	规模扩大

(三)职工队伍组建

毛泽东主席曾多次强调要加快三线建设进度。为保证建设进度,中央强调要以老基地带新基地,老厂矿带新厂矿,老工人带新工人的"三老带三新"的办法进行三线建设①。新厂的建设一般由老厂进行对口援建或包建,由老厂提供一定的人才和设备,通过这种形式可以使三线企业迅速形成生产能力,投入备战生产。中央军委在531工程开始筹建之初就下发文件规定,531工程筹建机构由军委炮兵负责组建,基本建设机构由军委炮兵负责组建,基本建设由武汉军区负责领导,五机部协助②,并自此开始了531工程职工队伍的筹建。

1970年4月,5147厂的职工队伍开始筹建,初期的具体筹建工作由军代表和来自447厂的首批职工等二十余人具体负责。企业在成立之初,职工队伍人才匮乏是当时面临的一大难题。虽然国家一般会通过支援、包建等方法为新工厂提供一定的职工数量,但仍不能完全解决新工厂人员短缺的问题,工厂往往需要多种途径招收新工人,以满足职工队伍建设的需求。国营5147厂的职工来源也较为多样,前期的技术骨干主要来源于包建厂,同时又通过招收退伍军人、接收大中专毕业生、其他工厂调迁以及从附近招工等方式来充实职工队伍。5147厂的包建厂为包头447厂,其生产产品主要为高射炮及各种火炮,与5147厂生产产品对口。根据五机部相关文件,由该厂负责5147厂的包建工作,5147厂建厂初期的职工及技术骨干主要来自于此。之后,为扩充职工队伍,加强技术骨干力量,又陆续调入的职工达200余人,成为工厂初期建设的基本力量。同时,又从济南军区、总参及炮兵司令部接收退伍军人400余人,以及附近地区招工120人,职工队伍得到进一步加强。至1971年底,职工人数已达1 000余人。此后,工厂又根据发展需要,不断引进人才,招收新工人,至1980年底,全厂已具备3662名职工,至此,职工队伍人数趋于稳定(表2)③。

---

① 三线建设编写组:《三线建设》(内部资料),1991年,第21页。
② 国营第五一四七厂志编纂委员会:《国营第五一四七厂志》(内部资料),1988年,第424页。
③ 国营第五一四七厂志编纂委员会:《国营第五一四七厂志》(内部资料),1988年,第223—226页。

表2　1970—1980年5147厂新进职工人数统计表

职　工　来　源	1970—1971年	1972—1975年	1977—1980年
447厂（包建厂）	21	200	—
五三一工程其他工厂转入	—	130	500
其他各地单位职工调配	—	40	50
退伍军人	400	—	—
新招收工人	120	240	482
其他	—	20	—150
全厂年度人数总计	1 048	2 295	3 662

（注：负值为工厂迁出人数）

二、问题评析与讨论

（一）问题评析

1. 选址的评析

济源地区山脉纵横，是神话《愚公移山》的故事处，其北靠太行山，西依中条山，南临黄河，地处山河环抱之势，地理位置十分险要，是理想的战略纵深地带。济源背后的中条山脉是华北通往大西北乃至大西南的捷径之一，具有十分重要的军事价值。抗日战争时期，以卫立煌为首的国民党军队在此依据地形优势，共击退了日军13次大规模的军事扫荡，坚持三年有余，成为日军眼中的"盲肠"①，对抗战形势的走向起到了重要作用。不仅如此，该地还蕴含着煤、铁等矿产资源和丰富的水力资源，可以为工厂提供良好的生产、生活条件。除地利优势外，济源还占尽了人和优势，济源是老解放区，群众基础好，建设热情高，且当地群众有修建大型工程的经验，有利于为厂区的基建提供大量的劳动力。与此同时，于1969年动工的"三西"战略交通大动脉——焦枝铁路此时也几近完工，便利的交通条件更使该地战略地位突

---

① 张仰亮：《抗战时期国民政府作战指导体制探析——以中条山战役为中心》，《民国档案》2018年第4期。

出,成为绝佳的选址地点。

选厂址是进行工厂建设的第一步,它既关系着国家的工业布局和国防要求,又关系着拟建企业建设、生产、经营等方面合理程度,所牵连问题很多,对于工厂的后续建设工作影响非常大,是一项既重要又困难的工作。三线建设过程中曾出现过多家企业因选址不当,而造成企业更换厂址的情况,例如陕西省有 368 个项目分散在 48 个县境内,其中有 40 多个项目由于选在地质条件很差、环境十分恶劣的山区,在建设过程中被迫弃点另建①;四川锦江厂因选址不当,引起职工不满,更是三易其址,不仅延误了工期,还造成了严重的建设费用的浪费②。5147 厂在选址时对多地方案进行了较为充分的考察,在一定程度上避免上述情况的发生,但以战备为目的的选址原则仍然给工厂的建设、生产、生活带来了很大的问题。

2. 建设过程的评析

"靠山"选址对工厂的建设与生产工作影响是巨大的,复杂的地形、地址环境,无疑增加了工厂的建设难度和基建工程量以及额外增加建设项目过多等问题,进而影响到工厂的建设进度。三线企业一般数量较多,占地面积较大,大量工厂的涌入必定造成当地土地的紧张,为照顾当地农民的利益,做到"不占或少占耕地",三线企业多依山就势而建,通过开垦荒地、平整坡地等方法开辟厂址。这意味着与平原地区相比,山区建厂要投入更多基建时间与费用,以年产 5 000 吨火炮毛坯的"一条龙"生产线为例,5147 厂花费 15 年才建成该生产线,预计要比位于平原地区建厂多出 10 年时间,在 19 869.3 万元的总概算投资中,其他基建费用(主要包括勘测设计费、征用土地费和培训费)高达 4 452.3 万元③。1970—1985 年间,全厂的非生产建设和其他基建费用占到投资总额的 1/5 强(表 3)。

---

① 三线建设编写组:《三线建设》(内部资料),1991 年,第 225 页。
② 张勇,肖彦:《三线建设企业选址的变迁与博弈研究——以四川三家工厂为例》,《贵州社会科学》2017 年第 5 期。
③ 国营第五一四七厂志编纂委员会:《国营第五一四七厂志》(内部资料),1988 年,第 61 页。

表3　1970—1985年国营5147厂各项基本建设投资概况

	生产性建设	非生产性建设	其他基建费用
金额(万元)	22 649.75	1 728.57	5 031.63
总计(万元)	29 409.95		

(表格来源：作者自绘)

山区建厂，还需要增加防洪、护坡等工程建设，以应对自然灾害。5147厂在建设中，防护工程投资达746.46万元①，即使如此，这些防护工程仍难以做到一劳永逸，自然灾害依旧时有发生，对职工的生命安全与工厂的财产安全造成了巨大的威胁。据统计，从1971年至1982年，因山洪暴发、风灾、滑坡等重大自然灾害造成的损失就达270.4万元，因自然灾害而造成的铁路路基下沉的损失高达178.53万元，共计多达448.93万元，其中1979年狂风暴雨自然灾害造成了企业工人一死两伤的重大安全事故(表4)②。

表4　1970—1985年重大自然灾害对5147厂人员或经济损失情况

时间	灾害原因	经济或人员损失
1971年8月	山洪暴发	部分基建物资被冲至曲阳水库
1973年初秋	风灾	部分建筑屋面受损，经济损失16.3万元
1976年8月	山洪暴发	建筑、材料、设备等损失达100万元
1977年12月	滑坡	管道设施损坏6.5万元，清理土方及工程维护25.8万元
1979年6月	狂风、暴雨	建筑、设备等损失24万元以上，人员一死两伤
1982年7、8月	山洪暴发	各项损失共计97.8万元
1973—1980年	铁路路基下沉	共计178.53万元
总计	—	448.93万元

(表格来源：作者自绘)

"靠山"选址还往往由于地形、交通、水源的限制，造成工厂生产车间

---

① 国营第五一四七厂志编纂委员会：《国营第五一四七厂志》(内部资料)，1988年，第61页。
② 国营第五一四七厂志编纂委员会：《国营第五一四七厂志》(内部资料)，1988年，第416—418页。

空间布局比较分散,战线拉得较长,项目之间和项目内部的生产流程被割裂,造成了管理上的不便与生产成本的增加。5147厂由于厂区位于狭长的河谷地带,工厂车间很难做到紧凑有致,只能依据地形,呈条带状镶嵌分布,厂区东西长达7公里左右。整个531工程的空间分布更是长达数百公里,使原本有机联系与协作的13个厂被高山地势隔断,上下游协作较为困难。

"三边"建设方针虽然在理论上可以节约建厂时间,使工厂迅速投产,但在实际实施中却产生了严重的负面效果。首先企业往往会因为中期生产计划的变更,造成一部分工程的中途下马,还有些则长期不能投产,造成了严重后果,带来了经济损失。工厂设计规模与生产纲领在建设过程中几经更变,多次修改扩初设计①,多处厂房已建设完成的项目被迫下马。下马工程的设备报废损失十分严重,特别是在20世纪80年代初调整改造时期尤为凸显,531基地也由13个项目压缩为2个②,大批厂房与设备遭到停建与报废(表5)。5147厂的生产项目虽被保留,但也受到了较大影响,其中停缓建工程与设备2 203.27万元,报废设备与工程1 161.44万元③。此外,"三边"建设方法严重违反了勘测、设计、施工的基本程序,有的项目因缺乏科学施工方案,造成严重的重大质量事故。例如,工厂204工房热处理地坑为追求施工进度,在缺乏相关的地质资料勘测的情况下便开始施工,加之未制定施工方案,给工厂造成了巨大的损失。1978年,该事故被列入全国16项重大质量事故之一。

表5　1985年5147厂停缓建设备处理损失情况

报废项目	报废损失金额
201、205—208、111等六项工程	419.49万元
部分停缓建工程设备	98.07万元

---

① 国营第五一四七厂志编纂委员会:《国营第五一四七厂志》(内部资料),1988年,第426—427页。
② 王立等:《当代中国的兵器工业》,当代中国出版社1993年版,第82页。
③ 国营第五一四七厂志编纂委员会:《国营第五一四七厂志》(内部资料),1988年,第9页。

续 表

报 废 项 目	报废损失金额
部分可供外调的在建设备	273.23 万元
部分库存设备	6.06 万元
总　计	789.85 万元

注：另有107和408工号土建项目工程，建设银行和兵器工业部同意列入报废，待国家计委审批

（表格来源：作者自绘）

工厂建设之初，国内正处于"大军工"规划时期，大搞大基地建设，单凭主观意志制定建设方案，毫无根据地提出两年建成的建设目标。"大跃进"式的建设方式，造成了工程项目规划混乱，各项工程盲目乱上、遍地开花，在长时间内难以形成生产能力。由于缺乏科学规划，工厂内部结构也极不合理，企业包袱很重，难以发挥优势。

"靠山"选址致使三线企业筹建工作困难重重，出现建设、生产成本增大，经济效益低下，员工情绪不稳定等问题，这是必然的结果。在其时代背景下，企业领导往往无力对厂址进行变更，虽有天水等地区的部分企业在选址过程中与中央部门的博弈中取得"胜利"①，但也仅限于一般保密性质的三线企业，对于像531工程如此大规模、高级别的项目，这种现象并不存在，企业领导只能在有限的权限范围内对工厂筹建工程中的一些问题进行修正。至于建设过程中各种冒进思想，则直到20世纪70年代末才得到消除。直至20世纪80年代初，中央提出多次对531工程重新进行科学规划，5147厂的工作才逐渐步入正轨。

3. 职工队伍建设的评析

职工队伍的迅速扩张，一方面为工厂建设注入了充裕的劳动力，另一方面却由于工厂基础设施不完善，这些劳动力难以转化成为有效生产力，造成了一系列的问题。

首先是员工培训问题。对新进员工进行技能培训，提高员工技术素质，是工厂提高生产效率和核心竞争力的重要举措②。在新进的员工中，退伍

---

① 段伟：《甘肃天水三线企业的选址探析》，《开发研究》2014年第6期。
② 林森：《国内外员工培训理论研究综述》，《对外经贸》2012年第3期。

军人、徒工由于缺乏生产经验,技术水平普遍较低,难以产生生产能力,必须对其进行职能培训,才能上岗。但由于工厂尚处于筹建阶段,各项服务机构设施十分落后,培训机构还尚未设立,工人的培训只能借助其他工厂的力量,通过将新进工人输送至其他的工厂代为培训,这样不仅费用开销巨大,而且周期较长,造成了较大的劳动力浪费。工人在培训完返厂后,由于当时工厂尚处于基建阶段,生产任务尚未开始,基建任务繁重,为了尽快完成基建任务,工人只能长期从事基建工作,专业技能被暂时搁置,造成了较大的人才浪费。

其次,大量员工的进入,使原本就捉襟见肘的后勤工作更加雪上加霜。三线建设中,由于过分强调"先生产后生活",学校、医院、商店等匮乏,造成职工生活十分困难,人心不稳定①。5147厂建厂之初,职工没有住房,只能居住在当地农民的牛棚,或自己盖的油毡蓬,条件极为艰苦。之后,虽然突击建设起一批单身宿舍与家属宿舍,但住房问题仍然十分紧张,住房条件很差,不仅厕所、用水没有配备,甚至有的楼房墙体都未粉刷,地未抹平,职工洗澡只能用水盆打水简单冲洗,或翻山到数里外的531总部洗浴,生活十分不便。加之,工厂生产结构的调整,531工程大部分分厂下马停建,多数职工思想动荡不定,不愿留在山区工作②。

政治建厂是较为普遍的稳定职工队伍的方法③。工厂领导一方面通过加强思想政治教育稳定职工情绪,请老红军、老八路讲传统,并结合当时的国际、国内形势,学习毛主席关于三线建设的指示,进行革命主义精神教育。同时,开展文化体育活动,丰富职工生活。有的组织还依据成员特点,有针对性地开展业余活动,比如:工厂团委为青年团员举办舞会、爬山、集体婚礼等活动④。思想文化工作的开展取得了良好的效果,职工情绪很快得到

---

① 陈东林:《三线建设 备战时期的西部大开发》,中共中央党校出版社2003年版,第438页。

② 国营第五一四七厂志编纂委员会:《国营第五一四七厂志》(内部资料),1988年,第326页。

③ 陈熙,徐有威:《落地不生根:上海皖南小三线人口迁移研究》,《史学月刊》2016年第2期。

④ 国营第五一四七厂志编纂委员会:《国营第五一四七厂志》(内部资料),1988年,第354页。

了安定。但仅靠精神上的鼓励还是完全不够的,其根本还是要解决职工生产、生活上的实际问题。为此,工厂努力加紧后勤建设,提高生产、生活标准。厂区陆续建立起医院、菜站、幼儿园、商店、浴室等生活设施,以改善职工生活条件,提高福利水平。1973年,公司还成立起劳动服务公司,解决了部分家属与待业青年的工作问题,使职工的家庭生活得到了较好的稳定,同时也为职工生活提供了便利。针对职工培训问题,从1975年开始,工厂还成立起培训机构,对员工的培训方式也由外培转为内培,培训人数和次数也大大增加,逐步满足了工厂的发展需要。

至1980年,工厂的建设开始步入正轨,各项设施也逐渐完善,职工队伍的筹建工作基本结束。

(二) 问题讨论

国营5147厂以其轰轰烈烈的方式完成了筹建工作,紧接着以积极的姿态贯彻执行国家的"调整改造,发挥作用"方针,在国家经济体制转型中,勇于接受市场经济的挑战,在激烈竞争中求发展。工厂筹建的背后既见证了无数三线建设者的辛苦与汗水,同时也带给我们多方面的经验和思考。

首先,选址问题是一般三线企业在建设和发展中存在的最大问题。三线建设工厂筹建过程中,往往把选址工作放在一个较高的位置,有时候选址问题甚至被上升到政治路线问题的高度。在备战的时代背景下,"靠山"成了一般三线企业的标配,而"靠山"所引起的一系列后续问题,严重制约着企业的发展。5147厂在筹建过程中遇到的这些问题,在其他三线企业也有较为普遍的存在,这在很大程度上是由时代背景所决定的。三线企业的建设目标主要是为了满足备战需求,在建设中考虑的重心会与一般企业的建设有所不同,这也是三线企业在建设中出现的一些偏差的根本之所在。三线企业的选址问题,也因此一直是学界争论的焦点。

但选址的区位优势并不是一成不变的。随着经济的发展,以及各项工业基础的完善,更多的企业发展为"运输指向"型企业,部分三线企业因为周围交通条件的改善,经过调整改造重新焕发了生机。5147厂便是如此。建厂之初,该厂位于山区,由于缺乏城市功能的辅助,建设和发展受到了很大制约。但随着近50年的发展,济源城市化面积迅速扩大,原本远离城市的

5147厂,现在毗邻济源市区,原来的制约因素也都已不复存在。这种情况在洛阳等地的三线企业中也较为普遍的存在。如此来看,我们需要对原来花费巨资搬迁的三线企业进行重新审视,它们的搬迁是否都是完全必要的。

其次,是三线企业的调整与改造问题。20世纪80年代,三线建设进入"调整、改造"时期,许多三线军工企业经过"调整改革"和"军转民"的转型后,成为主要生产民品的企业,后又经资产重组上市,成为股份制上市公司"中原特钢",进入发展的"第二春"。但有些上市后发展并不顺利,经济效益长期低迷,有的甚至连年亏损,最后为市场所淘汰。中原特钢依据自身生产特种钢材的特点,瞄准市场定位,积极进行石油钻具等民品的开发,是国内最早开发石油钻具产品的企业之一,其中无磁钻具占据全国60%的市场份额①。此外,工厂还制定了灵活的生产的纲领,"以销定产",充分考虑当订货不足时,剩余生产能力的转化②。工厂在经过调整,最终于1985年交付生产,并顺利建成军品、民品两条生产线,生产工作逐步走向正轨③。5147厂建设起步晚,建设周期长,工厂尚在筹建阶段便已面临"军转民"的调整时期。因生产线未完全定型,5147厂拥有较大的调整余地,这是该厂便于调整改造的独特条件,在三线企业中并不具有一般性。因此,针对三线企业的调整改造问题,如何找好市场定位、发挥自身条件优势是我们值得注意的。

三、结语

三线企业是特殊历史背景下的产物,不同企业之间筹建过程有着极大的相似性。5147厂作为三线建设中的一个历史缩影,同样也折射着其所处的背景时代。筹建过程中选址问题成为工作的关键,对后续工作产生了巨大影响,最为直观的是三线企业建设过程中的浪费问题。三线建设工业布局往往因为太过侧重政治与国防等因素,而忽视客观经济规律,造成了各方

---

① 河南中原特钢装备制造有限公司. 公司简介. http://zytg.csgc.com.cn/g1373/m4391.aspx.

② 国营第五一四七厂志编纂委员会:《国营第五一四七厂志》(内部资料),1988年,第111页。

③ 国营第五一四七厂志编纂委员会:《国营第五一四七厂志》(内部资料),1988年,第97页。

面建设成本的增加。不切实际的建设口号,违反规范的基建程序,多次更变的建设纲领,无疑使工厂筹建雪上加霜。技术职工的过早加入与培训,却因工厂的长期不具备生产能力,只能从事简单的基建工作,造成了严重的人才搁置。缺乏建设经验,轻视职工生活,导致工程质量与效率低下。以上种种,造成的结果是工厂长时间占据国家紧缺的人力、物力与资金,却难以形成生产能力、产生效益。

国防工业的布局与选址具有较大的特殊性,除要考虑自然、经济等因素外,更主要的是要考虑政治与国防等要素,但强调后者,并不是要抛弃前者。国防工业布局本质上仍属经济范畴,其生产必须遵循客观经济规律①。三线建设是一种临战体制,建设时间与资源都极其宝贵。但如5147厂在规模几经缩小的情况下仍长期不能投产,这在应对战争威胁的过程中是极为不利的,战争一旦爆发,必定贻误战机,反而适得其反,得不偿失。

5147厂虽在三线建设时期受时代条件所限制筹建过程困难重重,但工厂领导还是尽可能地对问题进行了解决。工厂领导通过政治建厂、增加业余文化活动、改善生活设施等问题稳定职工队伍,并通过自营施工等方式加快工厂建设进度。期间,三线建设者也表现出了顽强的毅力和无畏的奉献精神。调整改造时期,工厂抓住历史机遇,找准市场定位,使企业焕发生机。随着国家社会经济的发展,原来制约工厂发展的交通、生活等问题也发生了巨大转变。至此,5147厂完成了其筹建过程,这也便是中原特钢厂的前半生。

作者简介:杨润萌,上海大学历史系硕士研究生,主要研究方向:三线建设史。

---

① 庄思勇:《国防工业布局》,哈尔滨工程大学出版社2010年版,第194页。

发展与隐忧：20世纪60—70年代安徽省小三线建设

张　胜　吴洁琼

一、安徽小三线建设决策

20世纪60年代初，新中国面临着复杂而四面环敌的严峻形势，国家安全问题和备战再次成为中共中央和毛泽东首要考虑解决的问题。1964年5月9日，中央军委总参谋部作战部就经济建设如何防备敌人突然袭击的问题正式提出报告，该报告随后得到了毛泽东重视①。在6月6日的中央工作会议上，毛泽东指出："要搞三线工业基地的建设。"②在毛泽东的指示下，1964年8月19日，李富春、薄一波、罗瑞卿向中共中央和毛泽东提出报告，决定成立专案小组并规划：一切新的建设项目，不在第一线特别是15个百万人口以上的大城市建设；在第一线的现有老企业，特别是工业集中的城市的老企业，要把能搬的企业或一个车间，特别是有关军工和机械工业的，能一分为二的，分一部分到三线、二线；能迁移的，也应有计划地有步骤地迁移；在一线的全国重点高等学校和科学研究、设计机构，凡能迁移的，应有计

---

①　中央档案馆编：《共和国五十年珍贵档案（上）》，中国档案出版社1996年版，第900页。
②　薄一波：《若干重大决策与事件的回顾（下）》，中共党史出版社2008年版，第843页。

划地迁移到三线、二线去,不能迁移的,应一分为二①。此后,规模浩大的三线建设工程在新中国开始启动。

在大三线筹备建设的同时,毛泽东考虑,一、二线部分省市也可以有三线建设。早在 1964 年 6 月 8 日,毛泽东就提出:"每个省都有一二三线嘛。"②1964 年 10 月 18 日,广东省委向中央和中南局提交了《关于国防工业和三线备战的请示报告》,具体提出了在省后方建立办工厂、将广州及沿海城市的部分民用工厂和高等院校迁至三线(小三线)的规划,得到了毛泽东的肯定③。嗣后,周恩来于 25 日同罗瑞卿等人具体研究了相关问题并于 29 日起草了《中共中央关于加强一、二线的后方建设和备战工作的指示》,要求各省、市、自治区党委根据具体情况,"于 12 月提出明年和今后三年加强后方建设和备战工作的具体规划"④。此后,一、二线的后方小三线建设逐步开展。

按照规划,三线建设要将彼时新中国的 6 个大区建设成为 6 个独立体系,在建设布局上要"靠山、分散、隐蔽"。"华东地区 6 省市多数处在沿海地区,面临第一线,而安徽、江西是华东地区后方基地,因此,小三线建设重点就自然落在两省的山区境内。"⑤"1964 年 9 月,华东局国防会议初步确定安徽省在 1965—1967 年三年内建成 11 个项目,建成一套步兵轻武器工厂,其中确定在 1965 年开始建设的有 6 项。"⑥这里所指项目主要按产品划分,即"小型化、专业化、广泛协作、就地成套的要求,每'项'可由若干各专业厂和

---

① 中央档案馆编:《共和国五十年珍贵档案(上)》,中国档案出版社 1999 年版,第 901—902 页。
② 中共中央文献研究室、中国人民解放军军事科学院:《建国以来毛泽东军事文稿(下卷)》,军事科学出版社、中央文献出版社 2010 年版,第 225 页。
③ 薄一波:《若干重大决策与事件的回顾(下)》,中共党史出版社 2008 年版,第 845 页。
④ 《中共中央关于加强一、二线的后方建设和备战工作的指示(1964 年 10 月 29 日)》,中央档案馆编:《共和国五十年珍贵档案(上)》,中国档案出版社 1999 年版,第 912 页。
⑤ 欧远方:《回忆李任之》,安徽人民出版社 1991 年版,第 182 页。
⑥ 中共安徽省委党史研究室:《中国共产党安徽历史第二卷(1949—1978)》,中共党史出版社 2014 年版,第 318 页。

分几个小型厂组成"①。根据中央华东局国防工业办公室《关于下达1965—1967年后方建设规划的通知》,安徽省确定后方建设项目共55个,总投资15 486万元。其中地方军工企业17项,投资8 880万元;配套工业(冶金、机械、化工、电力医疗器械)14项,投资3 710万元;交通8项,投资1 832万元;通信16项,投资1 064万元。随着三线建设的发展,后又陆续增添了12个配套建设项目,其中地方军工企业1项,理化计量中心、物资转运站、医院、研究所、学校、干休所、招待所等11项②。不过由于后续整体建设规划的调整,安徽小三线建设并未完全按照以上计划执行③。

二、安徽小三线的早期建设

1964年8月国防工业会议后,华东地区由中共中央华东局国防工办主任孙力余任组长,五机部从部机关、勘测公司、第五设计院以及轻武器、弹药等有关厂,选派出领导干部及技术人员参加大行政区的选厂小组,协助省、区、市看察地形、选择厂址、编制建设规划。各省、区、市的地方军工厂址,是在总参谋部作战部提出的21块后方基地范围内选择的,经大行政区审查同意后,由国家计委和国务院国防工办正式批准。安徽省小三线建设,主要选址在"六安县、霍山县、舒城县和淮南市"④。1965年4月30日,安徽省委发出《关于成立安徽省三线建设指挥部的通知》,李任之任指挥,"小三线建设指挥部全权负责动员、组织、实施小三线建设方案,统一指挥勘察、设计、施工、人力、资金、物资和设备的调整"⑤。"李任之以主要精力抓安徽'小三线'建设,兼任了省国防工业领导小组组长,他和专业人员一起,跋山涉水,

---

① 《关于贯彻华东局九月国防会议精神的初步打算的汇报》(1964年9月30日),安徽省地方志编纂委员会:《安徽省志·军事工业志》,安徽人民出版社1996年版,第249页。
② 安徽省地方志编纂委员会:《安徽省志·军事工业志》,安徽人民出版社1996年版,第169页。
③ 参见:本文表1。
④ 本书编委会:《地方军事工业》(内部发行),1992年印,第32页。
⑤ 《关于成立安徽省三线建设指挥部的通知》(1965年4月30日),安徽省三线军工博物馆提供。

赴实地考察选址,主持勘探设计,在大别山区和皖南山区安排了几十个军工生产厂和配套单位及多所科研所"①。这一时期是安徽小三线建设的大发展阶段。在全国小三线大规模建设发展背景下,安徽小三线立足于打大仗和快搬、早搬的指导思想,进行了快速建设。然而,随着1966年"文化大革命"的开始,安徽小三线建设进入低潮。

1967年1月3日,国家计委、国家建委、国防工办向中共中央和国务院联合提出《关于小三线当前建设情况和今后三年补充规划的报告》。该报告指出,1967年是小三线三年规划的最后一年。三年规划共700多个项目,到1967年底估计只有70%的项目基本完成。报告分析了建设项目不能全部完成的原因,主要是受到了"文化大革命"的影响,并认为,三年建设规划要延长到1968年才能完成,并建议在前三年建设的基础上,在"三五"计划的后三年,再补充一部分小三线的建设项目②。

另一方面,在中共中央果断决策应对,以及安徽省广大共产党员和工人、农民、解放军指战员、知识分子、知识青年和各级干部的共同努力下,"文化大革命"的破坏亦受到不同程度限制,小三线建设取得了一定成就③。"三五"计划期间,安徽早期建设的小三线单位如990厂、942厂、9322厂等均已建成投产(表1)。有关部门总结"文革"背景下"三五"计划取得一定成就更为深层的原因:"一是经过1967、1968年两年大的动乱之后,广大干部和群众迫切希望把生产搞上去;二是战备工作的展开,特别是三线建设的全面铺开,要求加快生产的发展;三是随着经济权限的下放,在一定程度上调动了地方的积极性,各地纷纷提出建立自己的经济体系,使地方工业得到了迅速的发展。"薄一波在此基础上进一步补充:第一,毛主席关于"抓革命、促生产"、"把国民经济搞上去"的指示,对广大关心国家和社会利益的党员、干部、知识分子和工农群众是一个很大的支持,而对林彪、"四人帮"反党集团及其操纵的一小撮坏人拿"革命"压生产、破坏生产建设的行为则是有力的打击;第二,周总理紧紧地掌握着党中央和国务院业务班子的领

---

① 欧远方:《回忆李任之》,安徽人民出版社1991年版,第331页。
② 徐棣华:《中华人民共和国国民经济和社会发展计划大事辑要》(1949—1985),红旗出版社1987年版,第265页。
③ 中共安徽省委党史研究室:《中国共产党安徽历史第二卷(1949—1978)》,中共党史出版社2014年版,第474页。

导实权,并且保护了中央各部委的一批领导干部,使他们能够在一定的岗位上坚持组织生产建设工作;第三,大批干部和工程技术人员忍辱负重,有的甚至白天挨批斗,晚上抓工作,以此表示他们对错误路线和对林彪、江青反党集团横行无忌的抗争,表达他们对党、对国家、对人民的赤胆忠心①。

表1　早期安徽小三线建设情况表

单位代号（名称）	1965	1966	1967	1968	1969	1970	1971	1972	1973	备注
9307			▲			○				
973	▲				○					
9336		▲				○				
9346		▲				○				
9356		▲				○				
990	▲	○								
9373			▲				○			
9361		▲				○				
942	▲	○								
9322	▲	○								
9324		▲				○				
9374		▲				○				
9335			▲					○		
9375					▲		○			
6891						▲			○	
9409		▲				○				
9419					▲			○		
9359						▲		○		
9308			▲			○				

① 薄一波:《若干重大决策与事件的回顾(下)》,中共党史出版社2008年版,第854页。

续表

单位代号（名称）	1965	1966	1967	1968	1969	1970	1971	1972	1973	备注
9393			▲	○						1978年下放淮南市
9436			▲			○				1971年与9356厂合并
金光钢厂			▲			○				1976年交冶金厅
朝阳制药厂	▲		○							1976年下放六安地区
皖中医院		▲	○							
皖西医院		▲	○							
910所						▲	○			
物资转运站						▲	○			
545库								▲	○	1984年改为干部学校
大江机械工业学校									▲	

注："▲"代表开工建设，"○"代表投产或建立。
资料来源：《安徽省军工志》第171—172页。

三、安徽小三线早期建设成效与发展隐忧

由上观之，安徽省小三线始建于1965年，1966年后在"文化大革命"中，边建设边生产，到1972年，19家军品专业生产厂和配套厂相继建成、投产，至20世纪70年代中期，小三线系统共建成大小十几条军品生产流水线，"提高了企业的专业化、自动化水平，对支持国防、发展山区和贫困地区经济起到了积极作用"①。

---

① 安徽省地方志编纂委员会：《安徽省志·计划统计志　上册（计划）》，方志出版社1998年版，第69页。

总体而言,安徽小三线建设发展不仅为国家和地方军事工业作出了贡献,同时带动了地方社会经济发展,改善了建设地区农村群众的物质文化生活,并为当代乡村发展留下了宝贵遗产。

尽管早期小三线建设取得了一定成效,但碍于历史的局限,其发展隐忧日渐凸显。首先,外来职工的思想波动。小三线单位成立时期,其技术工人主要来自部分中心城市对口单位的支援。以霍山县为例,"建厂初期的行政管理、技术干部和关键工种技术工人是从南京、合肥、徐州、上海、重庆、昆明等城市的有关工厂调配的,一般工种的工人从本县退伍军人和知识青年中招收"[1]。尽管,安徽省外来支援的小三线建设骨干有力推动了三线企业生产与发展,然而,随着时代变迁以及家庭等原因,部分职工思乡之情也逾显浓郁。其次,山区环境恶劣。主要表现为冬、夏气候极端。山区夏季的暴雨对于部分小三线厂早期兴建的干打垒宿舍危害极大。而且,山区亦不能避免山洪暴发的潜在危险。冬季大雪封山是小三线单位最为担忧的事情。据亲历者回忆:"山区最怕过年大雪封山,一旦封山就完全没法出去,交通条件很差,生产、生活都会受到影响。"[2]再次,人口不断增加,给企业增加压力。安徽小三线自1965年开始建设,随着时间推移,有关单位人口逐年增加,青年职工多结婚生子,小三线职工家属、子女生活就业问题日益凸显。加之,企业选址布局的分散、交通不便等问题对于生产的负面影响,使安徽小三线可持续发展受到限制,其早期建设日渐显现的负面因素制约着小三线企业的长远发展,也为改革开放以后,国家经济调整形势下的调整搬迁埋下了伏笔。

作者简介:张胜、吴洁琼,上海大学。

---

[1] 霍山县地方志编纂委员会:《霍山县志》,合肥:黄山书社1993年版,第300页。
[2] 采访吴连虎(原江淮机械厂军代表),2020年11月7日,常州市武进宾馆。

以文为魂　以文聚力　以文兴旅
——铸就1964文化创意园品牌

何可仁

三线工业遗址具有历史、科学、社会和文化价值,不仅是中西部地区发展的历史见证,也是我国工业遗产的重要组成部分。而如何使工业遗址能够更好地受到保护和利用,甚至带来经济效益,这是我们三线精神守护人思考最多的问题。国内外文化创意园的成功经验给了我们很多启示,在我的家乡遵义需要发展文化创意、艺术交流,以及丰富多彩的文化产业。于是在中央、省、市各级政府和中国三线建设研究会的指导下,2016年5月,遵义1964文化创意园正式开园。园区建成以来,积极开展各项工作,旨在守护三线文化,传承三线精神,同时荣获"中国三线建设研究会指定研讨基地""中国三线建设研讨会论坛基地"称号。城市发展需要留下记忆,无疑1964文化创意园肩负着历史的使命,秉着"守护人"的宗旨,我们如火如荼推进着园区各项工作。

一、品牌建设成效显著

遵义1964文化创意园开园以来,先后获国家部委、贵州省、遵义市、区各级党委、政府和中国三线建设研讨会等授予的"全国中小学生研学实践教育基地""贵州省文化产业示范基地""贵州省科普示范基地""贵州省爱国主义教育基地""遵义市文化产业示范园区""遵义市科普教育基地""遵义市青少年教育基地""遵义市爱国主义教育基地"

"遵义市职工教育培训基地""遵义市青年之家""汇川区创业就业基地"称号。

二、在当代政治思想工作中发挥积极作用

遵义1964文化创意园是利用三线企业老厂房改造建成的。而遵义1964文化创意园中的子项目遵义三线建设博物馆,不仅展陈了遵义三线建设时期的珍贵实物史料,更是记录了一个时代的历史足迹和辉煌,浓缩了一段遵义工业发展的历史和文明,是三线文化与红色文化、三线精神与时代精神的有机融合,现在已成为全党开展"两学一做"的重要场所,在当代政治思想工作中发挥积极作用。

(一)组建1964园区联合党委

1964园区联合党委由洗马路街道党工委牵头,将洗马路街道所辖的1964文化创意发展有限公司党支部、高泥社区党总支、汇川公安分局洗马路派出所党支部、遵义市第八中学党支部、遵义市第七小学党支部这五个党组织联合组建成立,是在不改变党组织隶属关系、不干涉内部事务的前提下,建立的复合型党组织。通过成立联合党委,增强区域内各单位间优势互补、资源整合、凝聚人心,实现共筑共建、共治共享,推动区域经济社会全面发展,创建区域化党建新品牌。

(二)建立了党员政治生活馆

三线精神是新中国民族精神、斗争精神的重要组成部分,是我们的宝贵精神财富。遵义,红色基因代代相传,革命精神沁入血脉。1964党员政治生活馆与遵义三线建设博物馆一脉相承,是为党员了解政治生活搭建的窗口和平台。旨在让党员了解党的历史、学习三线精神、感受榜样力量,锤炼党性、回望初心。在当下全党开展"不忘初心、牢记使命"主题教育活动的伟大实践中,1964党员政治生活馆,将为各级党组织和广大党员干部,提供一个独具特色的党性教育场所,也必将激励广大党员干部,更加不忘初心,牢记使命,以坚定的理想信念,共同圆"人民美好生活向

往"梦。

三、文化建设和精神文明建设成效显著

遵义1964文化创意园充分利用公共空间,开展爱国主义、科普教育、艺术作品展、文艺演出、文化论坛、专题讲座等系列活动,吸引150余万人次参加,极大地丰富了广大市民的文化生活、提升市民文化素质、提高城市文明程度,在我市文化建设和精神文明创建中成效显著。

(一)全国首批中小学生研学实践教育基地

经国家旅游局推荐,2017年11月,1964文化创意园荣获"全国首批中小学生研学实践教育基地"称号。园区积极打造"三线精神传承人"研学品牌,针对不同学段学生,结合"艰苦创业、勇于创新、团结协作、无私奉献"的三线精神,设计开发了包含三线博物馆学堂、飞机模型拼图、文化艺术体验、乐高模型编程等内容的多个系列精品特色课程,旨在让广大中小学生走出校园去认知社会、拓展视野、丰富知识,体验益智增能的实践活动,让学生在活动中感受中华传统美德、感受革命光荣历史、感受改革开放伟大成就,培养学生的社会责任感、创新精神和实践能力,提高广大青少年的综合素质能力。

(二)丰富多彩的文娱活动

遵义1964文化创意园结合自身多功能厅、美术馆、梧桐树广场等场地资源,持续开展夜月婵娟——梅里斯二重奏遵义音乐会、1964海之翼动漫嘉年华、情系千里　孕育希望——世界著名吉他艺术家莫勒遵义音乐会、"黔韵秦风　多彩遵义"陕黔两省书画展、西南地区古琴文化交流演奏会、纪念改革开放40周年暨遵义1964美术馆开馆——遵义名家书画精品收藏展、1964·礼物婚纱电音节等精神文明创建活动,开园至今,园区共举办了近200场文娱活动,满足了新时代人民群众的精神文化需求,提升了全民思想道德素质和科学文化素养。

四、三线遗产保护与利用研究

(一)积极深入三线建设研究

2018年,为全面保护利用遵义三线建设遗产资源,提升遵义市产业发展顶层设计谋划水平,提炼三线建设遗产利用的有效路径,真正服务于遵义市委市政府的决策,遵义1964文化创意园委托贵州省三线研究院并签订了协议,积极配合深入遵义三线企业,对三线遗产保护和利用进行调研,并向遵义市市委提出了遵义三线遗址保护和利用的建议。同年8月,贵州省社会科学院协同中国社会科学院当代中国研究所的专家,完成"贵州三线建设遗产保护利用规划研究"课题,形成《关于贵州三线建设遗产保护利用的七条建议》的"甲秀智库专报",2018年9月1日获得谌贻琴省长批示。鉴于遵义的三线建设遗产十分富集和特色显著,并已出现以"1964创意产业园"为代表的三线建设遗产保护利用成功实践,成为贵州乃至全国三线建设遗产"价值共识、价值保全、价值再生、价值联动"的典型。

(二)三线遗址与旅游开发研讨会

2017年11月28—29日,由中华人民共和国国史学会三线建设研究分会、遵义长征产业投资有限公司共同主办的"三线遗址与旅游开发"研讨会在1964文化创意园召开。研讨会规模盛大,共征集到论文60余篇,有26个省市、100多个企业和机构、140名三线建设老领导、专家、学者、旅游界专家报名参会。这是党的十九大之后,全国三线建设研究专家与旅游界精英齐集,围绕"三线遗址与旅游开发"主题,就全国三线遗址与旅游开发的成功经验,共同探讨如何在新形势下推动三线遗址保护与旅游开发,促进文旅融合发展的广泛而深入交流的一次盛会。会议更是受到全国各新闻媒体网站和三线群体的关注,获得了诸多好评,反响热烈,全国各地参加与未参加大会三线人都发出了声音,他们有感想和体会,更有很多想法和建议。会议通过总结、分析三线遗址与旅游开发的关系、特点,探索三线遗址与旅游开发的模式、规律,提出三线遗址在保护开发过程中,一定要坚持保护与开发并举,发挥三线遗址的独特性,做好文化旅游融合这篇大文章,让三线遗产焕发新的生机。

（三）三线岁月摄影展

50多年来,随着经济建设迅速发展和遵义工业布局调整,三线建设时期遗留下来的老厂房、老矿区、旧设备正在损毁和消失,为了更好地保护三线文化,传承三线精神,近日准备由园区牵头组织摄影师到遵义三线企业进行采风,围绕"遵义三线建设"的主题,以摄影展览的形式,拍摄三线建设遗存、三线企业生产生活场景,举办三线岁月摄影展,对遵义的三线企业、三线人、三线故事、三线精神进行多方位、多角度的展示,用艺术的方式弘扬三线文化,传承三线精神。

五、园区的社会影响力不断提升

遵义1964文化创意园主题定位、改造效果、业态布局、运营状况得到了社会各界的高度关注与好评。遵义1964文化创意园开园以来,得到中央、省、区、市各级领导的关心和支持,先后有中宣部、国家文化部、国家旅游局、国务院参事等领导亲临园区视察和指导工作。上海、浙江、江苏、四川、重庆、云南、甘肃、陕西、青海等省市部门领导到园区参观、考察和调研。1964文化创意园,现已成为中央、各省、自治区、直辖市来遵领导的主要参观和考察点。

遵义1964文化创意园以三线建设特色改造的文化产业园区为全国首例,独特的三线文化魅力吸引众多文创企业纷至沓来,同时也吸引了国内外专家、学者来园区进行参观调研。为进一步深化中越两国青年友谊,引导两国青年坚定共产主义信仰,促进双方青年组织交流合作,由中国共产主义青年团中央委员会、越南胡志明共产主义青年团中央委员会共同主办的"第19届中越青年友好会见"在遵义开展,并在1964文化创意园成功举办了中越青年创业友好交流座谈会。百名越南青年代表团在1964文化创意园进行了参观考察,了解了遵义长征产业投资有限公司将工业文化遗址改造成1964文化创意园的经过,学习了1964文化创意园吸引大量青年创业就业的成功经验,并在园区多功能厅与 1964 商户代表们进行了友好的创业经验交流。除此外,园区还接待了来自韩国、印尼等国的友人来园参观交流。

据不完全统计,1964 文化创意园已累计接待各界人员 120 万余人次,国家、省、市媒体先后对园区进行了报道。1964 文化创意园的名声已从遵义迅速向全国乃至世界传播。

1964 文化创意园基于三线遗址建设,不仅保存了三线建设的历史记忆,同时也承担着发展遵义文化创意产业、时尚休闲产业、文化旅游产业的任务,在传承历史记忆和工业文明的同时,也成为推动遵义文化旅游产业实现"井喷式"增长的新引擎。1964 文化创意园还很年轻,但已逐渐成为文化创意产业的一大品牌。2017 年,中国三线建设研究会在 1964 文化创意园召开"三线遗址与旅游开发研讨会",会上我们很荣幸受到各界对 1964 文化创意园"是贵州乃至全国具有标杆意义的三线主题文化创意产业基地"的赞誉,我们深感任重道远,我们将秉着"三线精神守护人"的宗旨,继续不断努力,丰富文化旅游内涵,拓展旅游空间,为推动文旅产业融合发展,促进文化创新和繁荣做出新的贡献。

六、创新发展中的 1964 文化创意园

遵义 1964 文化创意园位于遵义市汇川区西安路、温州路和南宁路的交会处,园区占地 105 亩,总建筑面积 10 余万平方米;园区距著名的红色旅游景点遵义会议会址 1 000 米,距崇遵高速公路遵义入口 800 米,地理位置十分优越。园区以原三线建设军工企业遗址贵州长征电器集团公司长征十二厂原址为主体,该厂区建于 20 世纪 70 年代,红砖砌成的厂房高大整齐、保存完好,承三线文化的气质、融海派文化的风韵,是难得的优秀三线建设工业文化遗产。

"遵义 1964 文化创意园"于 2014 年 6 月 19 日经遵义市人民政府批准,由遵义长征产业投资有限公司总体策划、投资建设、运营管理。园区被列入遵义市八大旅游文化精品工程项目,也是遵义市文化产业示范园区。园区围绕创意、时尚、休闲、怀旧四大主题,划分为文化创意区、遵义三线建设博物馆、旅游休闲区、艺术广场区、管理服务区五大功能区,主要包括创意办

公、多功能展厅、艺术中心、健身中心；三线建设博物馆；旅游休闲区；梧桐树广场、岁月广场；三线文化主题酒店等。

遵义1964文化创意园，在历史与现实、工业遗产与现代生活中，承载三线建设的历史和情怀，展示了创意生活的时尚与美好，点点滴滴融入艺术创作、创意设计、三线建设博物馆、艺术画廊、艺术广场、音乐酒吧、怀旧咖啡、特色餐饮、旅游休闲之中。

作者简介：何可仁，遵义长征产业投资有限公司董事长。

1964 品牌的诞生

罗德生

1964,一个品牌,是诞生于文化创意园的文化品牌,更是一个独立的、具有丰富内涵和鲜明个性、具有强大生命力和影响力的品牌。

一、1964 的提出

长征电器基地是根据国家三线建设部署,20 世纪 60 年代中期由上海内迁遵义组建。始建于 1971 年的长征基地长征十二厂,位于遵义市中心城区主干道南宁路、温州路交会处,红砖砌成的厂房,高大整齐,排列有序,完整地保留了三线企业的面貌,承三线文化的气质,融海派文化的风韵,是宝贵的三线工业遗产。

随着遵义经济和社会的发展和城市规划的扩大,长征电器基地完成了三线建设历史使命,实施企业改革改制和"退城进园",分布在上海路沿线的长征电器基地企业厂房已变成一幢幢商厦,零零散散的老旧家属房默默地向世人述说着三线建设的奋斗历史。"献了青春献终身,献了终身献子孙"的长征人,渴望能保留下当年的厂房和记忆。

北京 798,上海 M50、红坊、国际时尚中心、1933、成都东郊记忆等,都是利用原来老厂房改造成为艺术创作区、文化交流区、旅游休闲区的,在工业遗址保护和利用方面有着不少成功的案例。在党中央、国务院提出全面发展文化产业、推动社会主义文化大发展大繁荣的背景下,长征公司做出了一项重大的决定,利用长征基地长征十二厂厂房和场地,建设遵义 1964 文化创意园,在保留三线记忆、三线文化的基础上充分挖掘工业遗产的潜力,发展文化产业。

二、品牌的策划

三线建设,大批企业、管理人员、科技人员、企业职工从上海、北京等发达城市来到遵义,不仅推动历史名城遵义经济社会发展,还架起了一座遵义与上海等发达地区交流、融合的桥梁,他们把先进的设备、技术、产品带到遵义的同时,也把先进的理念、文化和时尚的生活方式带到了遵义,在与遵义人民共同学习、工作、生活、交流和接触过程中,他们引领潮流的生活方式和先进的文化,影响着遵义人民,对推动遵义经济社会发展和文化进步产生深远的影响。

在上海、广州、成都等地充分考察调研基础上,结合遵义文化产业发展和长征十二厂的特点和区,确定了"突出文化主题、提升艺术气质、发展文旅产业"的规划思路,确立了"创意、时尚、休闲、怀旧"四大主题,提出了建设文化创意、三线文化展示、旅游休闲、艺术广场、管理服务五大功能区的思路。按现代的设计理念对老厂房进行新规划、新设计,融入丰富的历史文化和创意元素,不仅保留三线建设的历史记忆,也不仅是工业遗存的体验空间,更是时尚、休闲、创意产业的聚集地。

三、品牌宣传推广

为宣传推广1964品牌、展示品牌形象、提高品牌影响力和知名度,一是从品牌形象设计入手,确定了品牌视觉形象标志,并充分运用在品牌各种宣传物料中,固化品牌形象。标志采用对三线建设有着重要历史意义的1964年份数字和腊梅花作为LOGO的主要元素,腊梅风骨俊傲、凌霜斗雪、迎春绽放,激励人立志奋发。二是强化品牌保护意识。1964已成功向国家工商总局商标局申请了"1964"注册商标,1964不仅是文化创意园,更是一个文化品牌。三是设计制作各类品牌宣传物料。先后设计制作了不同版本园区宣传片、广告片、宣传册、导游图,编辑印刷了《1964诞生记》,设计确定了园区吉祥物,开发制作了品牌标志和吉祥物系列衍生品等。四是通过各种媒介宣传推广1964品牌。前期通过报纸、杂志、广播电台、市区LED屏、公交车载视频、电影贴片、广告机、园区公众号等平面媒体、网络媒体、自媒体等进行宣传推广;现主要围绕品牌主题,以活动为载体,通过开展与1964品牌定位和形象相符的艺术作品展、文创作品大赛、文艺演出、文化论坛、音乐会、动漫展等系列文化活动,吸引更多游客和市民进入园区,聚集人气,推广园区,固化园区主题和形象。

为了让1964品牌走出遵义、走出贵州,提升品牌影响力、知名度和美誉度,借各级党委、政府领导莅临园区参观、考察、调研之机,通过官方媒体宣传报道,1964品牌知晓度从遵义迅速向全国扩散,知名度不断提高。

四、品牌建设成果

创意、时尚、休闲、怀旧的品牌定位,吸引着无数游客和市民,他们从四方走来,融入到1964的艺术创作、创意设计、三线建设博物馆、艺术画廊、艺术广场、音乐酒吧、怀旧咖啡、特色餐饮、旅游休闲之中。中央部委、各省市区领导到园区参观、考察和调研。1964品牌定位、业态布局、建设效果、运营状况得到社会各界和游客的高度关注与好评。国家部委、省、市先后授予"全国中小学生研学实践教育基地"等各类称号。为进一步拓展品牌内容,丰富品牌内涵,1964已建成遵义三线建设博物馆、遵义1964美术馆,正在组建遵义1964书画院。

1964,从三线建设历史中走来,伴随着文化创意园的策划、设计、建设、运营、推广而成长。

1964,是文化创意产业集聚地,是工业遗存体验空间,展示着创意生活的惬意和美好。

1964,有悠扬的音乐、瀚墨的飘香、咖啡的味道、红酒的浪漫,还有口口相传的故事。

1964,是一粒种子,从大地中吸取营养,从阳光中获取力量,从遵义出发、走出贵州、面向全国,已成为具有区域和行业影响力的文化创意园,名城遵义的文化地标。

1964,是一个时代,是文化创意园,是时尚休闲地,是文化旅游区,是一杯红酒,是一杯咖啡,是一首歌,是一只浴火重生的凤凰,也许都是……

作者简介:罗德生,遵义长征产业投资有限公司副总经理。

是遗产,更是财富

陈玉兰

在三线建设成为历史、工业化奠基时代渐渐离我们而去的时候,三线建设已成为距我们最近的工业遗产,三线建设还形成了"奉献祖国、艰苦创业、团结协作、开拓创新"的三线精神,这种精神正是实现中华民族伟大复兴的中国梦所必需的正能量,激励后人砥砺前行。

永不磨灭的三线精神岁月渐行渐远,三线建设那段历史已逐渐融入了苍茫的历史之中。然而,它所留下的影响仍在发酵。

对此,著名社会学家费孝通评价道:三线建设使西南荒塞地区整整进步了50年。没有当初三线建设,就没有现在大西南、大西北的工业基础。

半个世纪前,无数儿女,响应祖国的号召,远离故土,从繁华的大城市,怀着满腔的热情和一颗炽热的心,来到"地无三尺平,人无三分银"的黔北,结集在乌江之畔、娄山之中,实现自己的人生价值。

回忆那段历史,遵义老一辈建设者朱世德对"蒙蒙细雨湿黔岭,重峦叠嶂路难行;党发号召建三线,荒野扎营豪气升"的日子记忆犹新。想当年,建设者们住草棚、干打垒、喝雨水,生产生活条件异常艰苦,但他们自豪的是,突破重重难关,筑起了通天的跑道。

遵义三线建设的成功既在于各方支援、通力协作,还在于有一支政治素质高、技术过硬的勘察、设计、施工及科研、生产队伍。

林泉电机厂的李世安,在多年的拼搏进取中参与设计了十多个项目,以重大科技成果填补了国家空白,然而他自己由于忘我工作却积劳成疾,在住院单和去靶场试验"通知书"面前,他隐瞒了病情,忍受着癌症晚期的痛苦带队出征,一直坚持到试验成功,自己却含笑九泉,英年早逝。

302研究所的女工程师朱伟,因忙于某型号机动发射车的实验,中午在厂里没能回家,幼小的女儿跑到山坡上看妈妈,不幸从坡上滚落到桃溪河里,永远地闭上了眼睛。当朱伟抱着再也不会喊妈妈的孩子时,巨大的悲痛使她昏了过去。可当她醒来想到工作,依然忍悲含泪走上了实验台。

梅岭化工厂的陈敦祥,在我国1964年成功地爆炸第一颗原子弹的资料目录里,就可以找到他的名字。为了航天电源,他如痴如醉,经常在实验室里一泡就是几天几夜。

三线建设中涌现出了无数的时代楷模,他们的事迹具有浓郁的时代特征和年度记忆,他们的精神直到今天依然有着强大的激励力量。

中国作协副主席、著名作家陈荒煤曾动情地写下一段话:三线人的光辉形象时时清晰浮现在我眼前。他们是点燃我灵魂的一簇圣火。世上没有什么比一个民族灵魂的燃烧更壮观、更有深远意义、更具美好的力量,那就是无论在多么艰难的条件下,三线人那种对人民、对祖国、对社会主义建设事业无比忠诚和无私奉献的精神。这簇点燃民族灵魂的圣火,从来没有熄灭过,如今燃烧得越来越辉煌了。

踏着历史足迹,穿越时光隧道,我们仿佛看到三线建设者们怀着"祖国要我守边卡,打起背包就出发"的爱国情怀、强国精神,听从祖国召唤,义无反顾奔赴西部的丛丛身影,远离故土亲人,从四面八方奔赴荒山野岭、戈壁沙漠等艰苦环境扎根,为了国家的强大而不畏艰险、坚忍不拔、艰辛创业,无私奉献、勇于牺牲。在他们身上体现出的三线精神,和同时代广泛宣传的大庆精神,堪称当时我国工业建设一南一北的两面旗帜。然而,由于当时三线建设国防保密等原因,这面精神旗帜却鲜为人知。

拂去岁月的尘埃,这座新中国发展史上的精神丰碑,依然光芒闪耀。遵义文化学者曾祥铣先生说,三线精神是长征精神在新时代的延续,是中华民族伟大复兴不可或缺的精神财富,是当前践行社会主义核心价值观和实现中国梦的强大精神引擎。它仍持续影响着西部大开发,以及当地社会经济发展。

为加速遵义经济社会发展,遵义市大力倡导继承弘扬"长征精神、遵义会议精神、三线精神",为坚持红色传承、推动绿色发展,奋力打造西部内陆开放新高地提供强大的精神动力。

遵义是国家三线建设的重要基地之一，在五十多年的建设和发展过程中，为国防建设和经济社会发展建功立业，创造了历史的辉煌，形成了独具特色的艰苦创业、敢打硬拼、顾全大局、团结协作、爱国奉献、不怕牺牲的"三线文化"。精神是民族的脊梁，文化是民族的血脉。在浩荡的历史长河里，三线文化、三线精神永远是一簇荡气回肠的激流。遗产保护期待新生。近年，三线建设遗产日益受到各地的重视，关于遗产的保护和研究正在全面推进。三线建设的学术研究也在不断深入。2014年3月23日，中华人民共和国国史学会三线建设研究分会在北京成立。在三线建设工业遗产保护和研究中，学者强调应特别重视精神遗产的传承。中国社会科学院当代中国研究所副所长、中华人民共和国国史学会三线建设研究分会副会长武力撰文认为，从史学的功能和文化传承来看，应以发扬中华民族精神、增进正能量、提高中国软实力为目的。

2015年1月，贵州省社会科学院成立了三线建设研究院，这是省级学术研究机构成立的第一家专门研究三线建设史的科研机构。贵州省社会科学院长吴大华表示，三线建设是贵州经济的增长点，是贵州文化和贵州精神的重要组成部分，三线精神与长征精神一样都是最可宝贵的精神财富。最可喜的是，贵州已经把三线文化的挖掘和利用列入全省"十三五"规划中。

对遵义三线文化的挖掘和保护，遵义人有着自己的思考和努力。作为三线建设重要企业下属企业的长征产投公司，作出了大手笔，着力打造1964文化创意产业园，作为一个重要载体，对遵义的三线文化进行发掘、保护和传承，将起着重要的作用。

让荒废的厂房焕发新的活力，正是1964文化创意园诞生的初衷。

由于遵义大力实施退城进园，长征电器集团原有的厂房大多被作为新的房地产开发项目，建起了一幢幢高楼。将老厂房开发房地产，一下子就可以获得可观的资金，可是，从内心的情感出发，"献了青春献终身，献了终身献子孙"的长征人，渴望能保留下一片当年的厂房和记忆。

如何保留？从国际上来看，在保留工业遗址的前提下进行新的开发和利用有着不少的先例。德国的鲁尔工业区、英国的曼彻斯特工业城市……都是将原有的工业厂房改造成为新的商业区、文化创意区成功的例子。从国内来看,北京的 798 工厂,被艺术家改造成为了艺术创作区、文化交流区、休闲旅游区;上海的 M50、红坊、国际时尚中心、1933 等文化创意旅游项目,都是利用原来老厂房改造而来。

这些现象启发了长征人,遵义也需要发展文化创意、艺术交流,以及丰富多彩的文化产业,于是做出了一项重大的决定,要保留三线记忆、三线文化,并在此基础上充分挖掘工业遗产的潜力,助推遵义文化产业的发展。在长征电器投资控股集团公司的建议下,2013 年 1 月,市政协委员罗德生联合 50 多位市政协委员联名拟定了提案,希望保护三线文化、建立三线文化创意园。

这一提案引起了遵义市委、市政府的高度重视,市四大班子相关领导多次到现场指导帮助,排忧解难。市政府、市政协为此专门组队到上海、成都等地进行考察,并于 2014 年 6 月 19 日正式明确建设三线文化创意园,而项目的名称最后敲定为"遵义 1964 文化创意园",对三线建设的纪念铭记其中。

"1964 文化创意园不仅仅有三线建设的记忆,也有创意产业、时尚产业、休闲产业。"不是所有的企业都可以进入 1964 文化创意园区的,那些具有鲜明创意文化、时尚感受的项目才会成为我们招商的目标,我们的目标在长远,在于打造一个独具魅力的创意、时尚、休闲、怀旧的城市新地标。

1964 文化创意园位于汇川区西安路、温州路与南宁路交会处,这里原是三线企业——长征十二厂旧址,红砖砌成的厂房高大整齐,让人不禁穿越时空,回到那激情燃烧的三线时代。这一难得的三线工业遗产,被 1964 文化创意园充分利用起来了,原来的老厂房,保留其外观不变,园区内规划建设三线文化展示区、文化创意区、旅游休闲区、艺术广场区等。1964 文化创意园于 2014 年 6 月被列入全市八大旅游文化精品工程项目。1964 文化创意园的建设被定位为"遵义市最有影响力的文化创意产业集聚区、弘扬三线精神的爱国主义教育基地、中心城区重要的文化地标"。人们对它充满期待。

城市发展需要留下记忆,1964 文化创意园无疑会让人们记住三线建设曾为遵义带来的巨变。传承三线文化的还有遵义师范学院教授王佳翠。在她的影响下,多名学生走进师院后就开始关注三线建设历史,甚至把三线命题作为毕业论文进行准备。六盘水籍学生陶光华就是其中之一,他说:"自从师从王老师,才开始了解家乡六盘水和三线建设密不可分的关系。没有三线建设就没有六盘水的今天,昔日西南煤都六盘水曾经为新中国工业进程发展作出较大贡献,身为一名六盘水人,深感骄傲和自豪。不朽的三线精神,感人至深,激励自己搞好学业,有朝一日能为家乡作出自己的贡献。"年轻的"00后",俨然已成为传承三线文化的接力者。

身为老三线人,已近80高龄的八五厂原计划生产处负责人高言常谈及三线建设,原本情绪平和的他顿时激动起来。高老是《八五春秋》的主编,伴随八五厂在遵义兴建发展衰落的历史,高老也走过了自己近40年的"八五春秋",浓烈的三线情结伴随他的一生。"如今关注三线的人多起来了,这是对默默无闻奋斗一生的三线人的肯定,这是对三线建设历史的一种'精神朝圣'。因此我感到无比欣慰。"

地处深山的5707厂,是负责修理航空发动机的重要三线企业,由于特殊的保密性,5707鲜为人知。得知1964文化创意园要征集5707的相关资料,5707厂领导十分激动,积极委派相关人负配合征集人员,对三线历史文化表现出一种与众不同的重视。该厂宣传部负责人说,让身处深山的神秘三线企业撩开神秘面纱,让世人去了解它的峥嵘岁月和不凡贡献,让三线精神得以广泛宣传、弘扬,那是我们三线人的荣光。毋庸讳言,三线企业搬迁以后,不少原来的遗址也陷于封闭和荒废之中。如何利用这笔丰富的工业遗产,是需要我们思考和挖掘的。

三线建设是新中国工业发展史上的一座丰碑,也在遵义创造了不朽的工业传奇。同时,也铸就了宝贵的精神财富,堪称一部气壮山河的英雄史诗,三线建设所留下来的遗产,正期待新生。

作者简介:陈玉兰,遵义杂志社。

后　　记

　　三年前的一个春天，我与攀枝花学院中国特色社会主义理论教育学院朱云生院长一起在攀枝花中国三线建设博物馆参观，遇到了该馆莫兴伟馆长。交谈中获悉，该馆在筹备阶段就组织人员对攀枝花三线建设者进行了口述史采访与视频录像的拍摄，这些资料在博物馆开馆后，有一部分视频资料在展览中播放，既作为博物馆展示空间不足的一种补充，又增加了展示内容的鲜活性。莫馆长有个心愿，希望将这批口述录音资料进行文本化处理，经过整理编辑后公开出版，以服务于公众，产生更大的社会效益。但苦于博物馆人力不足，经费有限，这项工作一直未能开展。我与朱院长交流后，建议上海大学中国三线建设研究中心与攀枝花学院中特学院及中国三线建设博物馆三方合作，优势互补，资源共享。当即商定：口述史录音资料由攀枝花中国三线建设博物馆负责挑选与提供；口述录音资料的文字记录由攀枝花学院中特学院负责完成；口述录音的文本校勘与最后的整理编辑出版工作由上海大学中国三线建设研究中心负责。于是，三方一拍即合，达成口头协议，合作由此展开。

　　在三方的共同努力下，才有了今天的成果，本文丛口述史专集顺利面世。在此，我首先要感谢攀枝花中国三线建设博物馆莫兴伟馆长，由他提供的攀枝花三线建设者口述史采访录音资料是本书基础（约占本专集的三分之二的篇幅）；其次，我要感谢攀枝花学院朱云生院长，他带领学生康黎、龙琴、方萍、吴艳婷、龚雪玲、何鑫、周璐婷、瞿颖、韩惠玲、熊晓玲、何莹英、廖滔、李文萍等，对口述录音资料进行了文字记录，没有他们的付出，后续的整理编辑是无法继续的；再次，我要感谢遵义长征产业投资有限公司何可仁董事长与罗德生副总经理,是他们提供了遵义长征电器集团、1964文创园的回忆文章,增厚了本专集三线建设内容的分量。另外,我也要感谢我的几位研究生杨润萌、胡海洋、王刘苏粤、张智慧、施天妤、李舒桐等,他们为本书的整理、编辑做了初步的梳理。最后我还要感谢上海大学出版社常务副总编傅玉芳编审,她在百忙之中加班加点地校审文稿,为本专集的质量保证和早日出版,付出了许多精力与时间。

  关于本书中文章的版权,本文丛专集出版合同期满后,由攀枝花中国三线建设博物馆所提供的口述史文章,版权归攀枝花中国三线建设博物馆所有;由遵义长征电器集团提供的口述史文章,版权归长征产业投资有限公司所有;其他各篇口述史文章,版权归提供文本的各口述采访编写者所有。

编 者

图书在版编目(CIP)数据

激情岁月的记忆：聚焦三线建设亲历者/吕建昌，莫兴伟主编.—上海：上海大学出版社，2021.6 (2021.11重印)
 ISBN 978-7-5671-4238-1

Ⅰ.①激… Ⅱ.①吕… ②莫… Ⅲ.①国防工业－经济建设－经济史－研究－中国 Ⅳ.①F426.48

中国版本图书馆 CIP 数据核字(2021)第 113077 号

责任编辑　傅玉芳
封面设计　柯国富
技术编辑　金　鑫　钱宇坤

激情岁月的记忆
——聚焦三线建设亲历者

吕建昌　莫兴伟　主编

上海大学出版社出版发行
(上海市上大路99号　邮政编码200444)
(http://www.shupress.cn　发行热线 021-66135112)
出版人　戴骏豪

*

南京展望文化发展有限公司排版
上海华业装潢印刷厂有限公司印刷　各地新华书店经销
开本 710mm×1000mm　1/16　印张 30.5　字数 453 千
2021 年 6 月第 1 版　2021 年 11 月第 2 次印刷
ISBN 978-7-5671-4238-1/F·216　定价　60.00 元

版权所有　侵权必究
如发现本书有印装质量问题请与印刷厂质量科联系
联系电话：021-56475919